OEUVRES COMPLÈTES

DE M. A. DE

LAMARTINE

TOME V

VOYAGE EN ORIENT

LAGNY.—TYPOGRAPHIE DE VIALAT et Cie

CAP COLONNE.

ŒUVRES COMPLÈTES

DE M. A. DE

LAMARTINE

NOUVELLE ÉDITION

ILLUSTRÉE DE 34 BELLES GRAVURES SUR ACIER

ET DU PORTRAIT DE L'AUTEUR

TOME CINQUIÈME

PARIS
21, quai Malaquais

ÉDITEURS:

CHARLES GOSSELIN, FURNE et Cie, PAGNERRE,

DUFOUR et MULAT

—

1850

SOUVENIRS, IMPRESSIONS

PENSÉES ET PAYSAGES

PENDANT

UN VOYAGE EN ORIENT

1832-1833

OU

NOTES D'UN VOYAGEUR.

AVERTISSEMENT

DE LA PREMIÈRE ÉDITION.

Ceci n'est ni un livre, ni un voyage; je n'ai jamais pensé à écrire l'un ou l'autre. Un livre, ou plutôt un poëme sur l'Orient, M. de Chateaubriand l'a fait dans l'Itinéraire; ce grand écrivain et ce grand poëte n'a fait que passer sur cette terre de prodiges, mais il a imprimé pour toujours la trace du génie sur cette poudre que tant de siècles ont remuée. Il est allé à Jérusalem en pèlerin et en chevalier, la Bible, l'É-vangile et les Croisades à la main. J'y ai passé seulement en poëte et en philosophe; j'en ai rapporté de profondes impressions dans mon cœur, de hauts et terribles enseignemens dans mon esprit. Les études que j'y ai faites sur les religions, l'histoire, les mœurs, les traditions, les phases de l'humanité, ne sont pas perdues pour moi. Ces études qui élargissent l'horizon si étroit de la pensée, qui posent devant la raison les grands problèmes religieux et historiques, qui forcent l'homme à revenir sur ses pas, à scruter ses convictions sur parole, à s'en formuler de nouvelles : cette grande et intime éducation de la pensée par la pensée, par les lieux, par les faits, par les comparaisons des temps avec les temps, des mœurs avec les mœurs, des croyances avec les croyances, rien de tout cela n'est perdu pour le voyageur, le poëte ou le philosophe; ce sont les élémens de sa poésie et de sa philosophie à venir. Quand il a amassé, classé, ordonné, éclairé, résumé l'innombrable multitude d'impressions, d'images, de pensées, que la terre et les hommes parlent à qui les interroge; quand il a mûri son âme et ses convictions, il parle à son tour, et, bonne ou mauvaise, juste ou fausse, il donne sa pensée à sa génération, ou sous la forme de poëme, ou sous la forme philosophique. Il dit son mot, ce mot que tout homme qui pense est appelé à dire. Ce moment viendra peut-être pour moi ; il n'est pas venu encore.

Quant à un voyage, c'est-à-dire à une description complète et fidèle des pays qu'on a parcourus, des événemens personnels qui sont arrivés au voyageur, de l'ensemble des impressions des lieux, des hommes et des mœurs, sur eux, j'y ai encore moins songé. Pour l'Orient, cela est fait aussi; cela est fait en Angleterre, et cela se fait en France en ce moment, avec une conscience, un talent et un succès que je n'aurais pu me flatter de surpasser : M. de Laborde écrit et dessine avec le talent du voyageur en Espagne et le pinceau de nos premiers artistes; M. Fontanier, consul à Trébisonde, nous donne successivement des portraits exacts et vivans des parties les moins explorées de l'empire ottoman; et la Correspondance d'Orient, par M. Michaud, de l'Académie Française, et par son jeune et brillant collaborateur, M. Poujoulat, satisfait complétement à tout ce que la curiosité historique, morale et pittoresque, peut désirer sur l'Orient. M. Michaud, écrivain expérimenté, homme fait, historien classique, enrichit la description des lieux qu'il parcourt de tous les souvenirs, vivans pour lui, des croisades; il fait la critique des lieux par l'histoire, et de l'histoire par les lieux; son esprit mûr et analytique se fait jour à travers le passé comme à travers les mœurs des peuples qu'il visite, et répand le sel de sa piquante et gracieuse sagesse sur les mœurs, les coutumes, les civilisations qu'il parcourt; c'est l'homme avancé en intelligence et en années, conduisant le jeune homme par la main et lui montrant, avec le sourire de la raison et de l'ironie, des scènes nouvelles pour lui. M. Poujoulat est un poëte et un coloriste; son style, frappé de l'impression et de la teinte des lieux, les réfléchit tout éclatans et tout chauds de la lumière locale. On sent que le soleil d'Orient luit et échauffe encore dans sa pensée jeune et féconde, pendant qu'il écrit à son ami; ses pages sont des blocs du pays même, qu'il nous rapporte tout rayonnans de leur splendeur native. La diversité de ces deux talens s'achevant l'un par l'autre fait de la Correspondance d'Orient le recueil le plus complet que nous puissions désirer sur cet admirable pays; c'est aussi la lecture la plus variée et la plus attrayante.

Pour la géographie, nous avons peu de choses encore; mais les travaux de M. Caillet, jeune officier d'état-major que j'ai rencontré en Syrie, seront sans doute publiés bientôt, et compléteront pour nous le tableau de cette partie du monde. M. Caillet a passé trois ans à explorer l'île de Chypre, la Caramanie, les différentes parties de la Syrie, avec ce zèle et cette intrépidité qui caractérisent les officiers instruits de l'armée française. Rentré depuis peu dans sa patrie, il lui rapporte des notions qui eussent été bien utiles à l'expédition de Bonaparte et qui peuvent en préparer d'autres.

Les notes que j'ai consenti à donner ici aux lecteurs n'ont aucun de ces mérites. Je les livre à regret; elles ne sont bonnes à rien qu'à mes souvenirs; elles n'étaient destinées qu'à moi seul. Il n'y a là ni science, ni histoire, ni géographie, ni mœurs; le public était bien loin de ma pensée quand je les écrivais : et comment les écrivais-je? Quelquefois à midi, pendant le repos du milieu du jour, à l'ombre d'un palmier ou sous les ruines d'un monument du désert; plus souvent le soir, sous notre tente battue du vent ou de la pluie, à la lueur d'une torche de résine; un jour dans la cellule d'un couvent maronite du Liban; un autre jour au roulis d'une barque arabe, ou sur le pont d'un brick, au milieu des cris des matelots, des hennissemens des chevaux, des interruptions, des distractions de tout genre d'un voyage sur terre ou sur mer; quelquefois huit jours sans écrire; d'autres fois perdant les pages éparses d'un album déchiré par les chacals, ou trempé de l'écume de la mer.

Rentré en Europe, j'aurais pu sans doute revoir ces fragmens d'impressions, les réunir, les proportionner, les composer et faire un voyage comme un autre. Mais, je l'ai déjà dit, un voyage à écrire n'était pas dans ma pensée. Il fallait du temps, de la liberté d'esprit, de l'attention, du travail; je n'avais rien de tout cela à donner. Mon cœur était brisé, mon esprit était ailleurs, mon attention distraite, mon loisir perdu; il fallait ou brûler ou laisser aller ces notes telles quelles. Des circonstances inutiles à expliquer m'ont déterminé à ce dernier parti; je m'en repens, mais il est trop tard.

Que le lecteur les ferme donc avant de les avoir parcourues, s'il y cherche autre chose que les plus fugitives et les plus superficielles impressions d'un voyageur qui marche sans s'arrêter. Il ne peut y avoir un peu d'intérêt que pour des peintres; ces notes sont presque exclusivement pittoresques; c'est le regard écrit, c'est le coup d'œil d'un passager assis sur son chameau ou sur le pont de son navire, qui voit fuir des paysages devant lui, et qui, pour s'en souvenir le lendemain, jette quelques coups de crayon sans couleur sur les pages de son journal. Quelquefois le voyageur, oubliant la scène qui l'environne, se replie sur lui-même, se parle à lui-même, s'écoute lui-même penser, jouir ou souffrir; il grave aussi alors un mot de ses impressions lointaines, pour que le vent de l'Océan ou du désert n'emporte pas sa vie tout entière, et qu'il lui en reste quelque trace dans un autre temps, rentré au foyer solitaire, cherchant à ranimer un passé mort, à réchauffer des souvenirs froids, à renouer les chaînons d'une vie que les événemens ont brisée à tant de places. Voilà ces notes: de l'intérêt, elles n'en ont point; du succès, elles ne peuvent point en avoir; de l'indulgence, elles n'ont que trop de droits à en réclamer.

SOUVENIRS

IMPRESSIONS

PENSÉES ET PAYSAGES.

—

Marseille, 20 mai 1832.

Ma mère avait reçu de sa mère au lit de mort une belle Bible de Royaumont dans laquelle elle m'apprenait à lire, quand j'étais petit enfant. Cette bible avait des gravures de sujets sacrés à toutes les pages. C'était Sara, c'était Tobie et son ange, c'était Joseph, ou Samuel, c'était surtout ces belles scènes patriarcales où la nature solennelle et primitive de l'Orient était mêlée à tous les actes de cette vie simple et merveilleuse des premiers hommes. Quand j'avais bien récité ma leçon et lu à peu près sans faute la demi-page de l'Histoire sainte, ma mère découvrait la gravure, et, tenant le livre ouvert sur ses genoux, me la faisait contempler en me l'expliquant pour ma récompense. Elle était douée par la nature d'une âme aussi pieuse que tendre, et de l'imagination la plus sensible et la plus colorée; toutes ses pensées étaient sentimens, tous ses sentimens étaient images; sa belle et noble et suave figure réfléchissait, dans sa physionomie rayonnante, tout ce qui brûlait dans son cœur, tout ce qui se peignait dans sa pensée; et le son argentin, affectueux, solennel et passionné de sa voix, ajoutait à tout ce qu'elle disait, un accent de force, de charme et d'amour, qui retentit encore en ce moment dans mon oreille, hélas! après six ans de silence! La vue de ces gravures, les explications et les commentaires poétiques de ma mère, m'inspiraient dès la plus tendre enfance des goûts et des inclinations bibliques. De l'amour des choses au désir de voir les lieux où ces choses s'étaient passées, il n'y avait qu'un pas. Je brûlais donc, dès l'âge de huit ans, du désir d'aller visiter ces montagnes où Dieu descendait; ces déserts où les anges venaient montrer à Agar la source cachée pour ranimer son pauvre enfant banni et mourant de soif; ces fleuves qui sortaient du Paradis terrestre; ce ciel où l'on voyait descendre et monter les anges sur l'échelle de Jacob. Ce désir ne s'était jamais éteint en moi : je rêvais toujours, depuis, un voyage en Orient, comme un grand acte de ma vie intérieure : je construisais éternellement dans ma pensée une vaste et religieuse épopée dont ces beaux lieux seraient la scène principale; il me semblait aussi que les doutes de l'esprit, que les perplexités religieuses devaient trouver là leur solution et leur apaisement. Enfin, je devais y puiser des couleurs pour mon poëme; car la vie pour mon esprit fut toujours un grand poëme, comme pour mon cœur elle fut de l'amour. Dieu, Amour et Poésie, sont les trois mots que je voudrais seuls gravés sur ma pierre, si je mérite jamais une pierre.

Voilà la source de l'idée qui me chasse maintenant vers les rivages de l'Asie. Voilà pourquoi je suis à Marseille et je prends tant de peine pour quitter un pays que j'aime, où j'ai des amis, où quelques pensées fraternelles me pleureront et me suivront.

Marseille, 22 mai.

J'ai nolisé un navire de 250 tonneaux, de dix-neuf hommes d'équipage. Le capitaine est un homme excellent. Sa physionomie m'a plu. Il a dans la voix cet accent grave et sincère de la probité ferme et de la conscience nette : il a de la gravité dans l'expression de la physionomie, et dans le regard ce rayon droit, franc et vif, symptôme certain d'une résolution prompte, énergique et intelligente. C'est de plus un homme doux, poli et bien élevé. Je l'ai examiné avec le soin que l'on doit naturellement apporter dans le choix d'un homme à qui l'on va confier non-seulement sa fortune et sa vie, mais la vie de sa femme et d'un enfant unique, où la vie des trois êtres est concentrée dans une seule. Que Dieu nous garde et nous ramène!

Le navire se nomme *l'Alceste*. Le capitaine est M. Blanc, de la Ciotat. L'armateur est un des plus dignes négocians de Marseille, M. Bruno-Rostand. Il nous comble de prévenances et de bontés. Il a résidé lui-même longtemps dans le Levant. Homme instruit et capable des emplois les plus éminens, dans sa ville natale, sa probité et ses talens lui ont acquis une considération égale à sa fortune. Il en jouit sans ostentation, et, entouré d'une famille charmante, il ne s'occupe qu'à répandre parmi ses enfans les traditions de loyauté et de vertu. Quel pays que celui où l'on trouve de pareilles familles dans toutes les classes de la société! Et quelle belle institution que celle de la famille qui protége, conserve, perpétue la même sainteté de mœurs, la même noblesse de sentimens, les mêmes qualités traditionnelles dans la chaumière, dans le comptoir ou dans le château!

25 mai.

Marseille nous accueille comme si nous étions des enfans de son beau ciel ; c'est un pays de générosité, de cœur et de poésie d'âme ; ils reçoivent les poëtes en frères ; ils sont poëtes eux-mêmes, et j'ai trouvé parmi les hommes du commun de la société, de l'Académie, et parmi les jeunes gens qui entrent à peine dans la vie, une foule de caractères et de talens qui sont faits pour honorer non-seulement leur patrie, mais la France entière. — Le midi et le nord de la France me paraissent, sous ce rapport, bien supérieurs aux provinces centrales. L'imagination languit dans les régions intermédiaires, dans les climats trop tempérés ; il lui faut des excès de température. La poésie est fille du soleil ou des frimas éternels : Homère ou Ossian, le Tasse ou Milton.

30 mai.

J'emporterai dans mon cœur une éternelle mémoire de la bienveillance des Marseillais. Il semble qu'ils veuillent augmenter en moi ces angoisses qui serrent le cœur quand on va quitter la patrie sans savoir si on la reverra jamais. Je veux emporter aussi le nom de ces hommes qui m'ont le plus particulièrement accueilli, et dont le souvenir me restera comme la dernière et douce impression du sol natal : monsieur J. Freyssinet, monsieur de Montgrand, messieurs de Villeneuve, monsieur Vangaver, monsieur Autran, monsieur Dufeu, monsieur Jauffret, etc., etc., tous hommes distingués par une qualité éminente du cœur et de l'esprit, savans, administrateurs, écrivains ou poëtes ; puissé-je les revoir et leur payer à mon tour tous ces tributs de reconnaissance et d'amitié qu'il est si doux de devoir et si doux d'acquitter !

Voici des vers que j'ai écrits ce matin en me promenant sur la mer, entre les îles de Pomègue et la côte de Provence ; c'est un adieu à Marseille, que je quitte avec des sentimens de fils. Il y a aussi quelques strophes qui portent plus avant et plus loin dans mon cœur.

ADIEU.

HOMMAGE A L'ACADÉMIE DE MARSEILLE.

Si j'abandonne aux plis de la voile rapide
Ce que m'a fait le ciel de paix et de bonheur ;
Si je confie aux flots de l'élément perfide
Une femme, un enfant, ces deux parts de mon cœur ;
Si je jette à la mer, aux sables, aux nuages,
Tant de doux avenirs, tant de cœurs palpitans,
D'un retour incertain sans avoir d'autres gages
    Qu'un mât plié par les autans ;

Ce n'est pas que de l'or l'ardente soif s'allume
Dans un cœur qui s'est fait un plus noble trésor ;
Ni que de son flambeau la gloire me consume
De la soif d'un vain nom plus fugitif encor ;
Ce n'est pas qu'en nos jours la fortune du Dante
Me fasse de l'exil amer manger le sel,
Ni que des factions la colère inconstante
    Me brise le seuil paternel.

Non, je laisse en pleurant, aux flancs d'une vallée,
Des arbres chargés d'ombre, un champ, une maison
De tièdes souvenirs encor toute peuplée,
Que maint regard ami salue à l'horizon.
J'ai sous l'abri des bois de paisibles asiles
Où ne retentit pas le bruit des factions,
Où je n'entends, au lieu des tempêtes civiles,
    Que joie et bénédictions.

Un vieux père, entouré de nos douces images,
Y tressaille au bruit sourd du vent dans les créneaux,

Et prie, en se levant, le maître des orages
De mesurer la brise à l'aile des vaisseaux ;
De pieux laboureurs, des serviteurs sans maître,
Cherchent du pied nos pas absens sur le gazon,
Et mes chiens au soleil, couchés sous ma fenêtre,
　　Hurlent de tendresse à mon nom.

J'ai des sœurs qu'allaita le même sein de femme,
Rameaux qu'au même tronc le vent devait bercer ;
J'ai des amis dont l'âme est du sang de mon âme,
Qui lisent dans mon œil et m'entendent penser ;
J'ai des cœurs inconnus, où la muse m'écoute,
Mystérieux amis, à qui parlent mes vers,
Invisibles échos répandus sur ma route
　　Pour me renvoyer des concerts.

Mais l'âme a des instincts qu'ignore la nature,
Semblables à l'instinct de ces hardis oiseaux
Qui leur fait, pour chercher une autre nourriture,
Traverser d'un seul vol l'abîme aux grandes eaux.
Que vont-ils demander aux climats de l'aurore ?
N'ont-ils pas sous nos toits de la mousse et des nids ?
Et des gerbes du champ que notre soleil dore,
　　L'épi tombé pour leurs petits ?

Moi, j'ai comme eux le pain que chaque jour demande,
J'ai comme eux la colline et le fleuve écumeux ;
De mes humbles désirs la soif n'est pas plus grande,
Et cependant je pars et je reviens comme eux ;
Mais, comme eux, vers l'aurore une force m'attire,
Mais je n'ai pas touché de l'œil et de la main
Cette terre de Cham, notre premier empire,
　　Dont Dieu pétrit le cœur humain.

Je n'ai pas navigué sur l'océan de sable,
Au branle assoupissant du vaisseau du désert ;
Je n'ai pas étanché ma soif intarissable,
Le soir, au puits d'Hébron de trois palmiers couvert ;

Je n'ai pas étendu mon manteau sous les tentes,
Dormi dans la poussière où Dieu retournait Job,
Ni la nuit, au doux bruit d'étoiles palpitantes,
  Rêvé les rêves de Jacob.

Des sept pages du monde une me reste à lire :
Je ne sais pas comment l'étoile y tremble aux cieux,
Sous quel poids de néant la poitrine respire,
Comment le cœur palpite en approchant des dieux !
Je ne sais pas comment, au pied d'une colonne,
D'où l'ombre des vieux jours sur le barde descend
L'herbe parle à l'oreille, ou la terre bourdonne,
  Ou la brise pleure en passant.

Je n'ai pas entendu dans les cèdres antiques
Les cris des nations monter et retentir,
Ni vu du haut Liban les aigles prophétiques
S'abattre au doigt de Dieu sur les palais de Tyr ;
Je n'ai pas reposé ma tête sur la terre
Où Palmyre n'a plus que l'écho de son nom,
Ni fait sonner au loin, sous mon pied solitaire,
  L'empire vide de Memnon.

Je n'ai pas entendu, du fond de ses abîmes,
Le Jourdain lamentable élever ses sanglots,
Pleurant avec des pleurs et des cris plus sublimes
Que ceux dont Jérémie épouvanta ses flots ;
Je n'ai pas écouté chanter en moi mon âme
Dans la grotte sonore où le barde des rois
Sentait au sein des nuits l'hymne à la main de flamme
  Arracher la harpe à ses doigts.

Et je n'ai pas marché sur des traces divines
Dans ce champ où le Christ pleura sous l'olivier ;
Et je n'ai pas cherché ses pleurs sur les racines
D'où les anges jaloux n'ont pu les essuyer !
Et je n'ai pas veillé pendant des nuits sublimes
Au jardin où, suant sa sanglante sueur,

L'écho de nos douleurs et l'écho de nos crimes
Retentirent dans un seul cœur.

Et je n'ai pas couché mon front dans la poussière
Où le pied du Sauveur en partant s'imprima ;
Et je n'ai pas usé sous mes lèvres la pierre
Où, de pleurs embaumé, sa mère l'enferma !
Et je n'ai pas frappé ma poitrine profonde
Aux lieux où, par sa mort conquérant l'avenir,
Il ouvrit ses deux bras pour embrasser le monde,
    Et se pencha pour le bénir.

Voilà pourquoi je pars, voilà pourquoi je joue
Quelque reste de jours inutile ici-bas.
Qu'importe sur quel bord le vent d'hiver secoue
L'arbre stérile et sec et qui n'ombrage pas !
L'insensé ! dit la foule. — Elle-même insensée !
Nous ne trouvons pas tous notre pain en tout lieu ;
Du barde voyageur le pain c'est la pensée,
    Son cœur vit des œuvres de Dieu !

Adieu donc, mon vieux père, adieu, mes sœurs chéries,
Adieu, ma maison blanche à l'ombre du noyer,
Adieu, mes beaux coursiers oisifs dans mes prairies,
Adieu, mon chien fidèle, hélas ! seul au foyer !
Votre image me trouble, et me suit comme l'ombre
De mon bonheur passé qui veut me retenir :
Ah ! puisse se lever moins douteuse et moins sombre
    L'heure qui doit nous réunir !

Et toi, terre, livrée à plus de vents et d'onde
Que le frêle navire où flotte mon destin !
Terre qui porte en toi la fortune du monde !
Adieu ! ton bord échappe à mon œil incertain !
Puisse un rayon du ciel déchirer le nuage
Qui couvre trône et temple, et peuple et liberté,
Et rallumer plus pur sur ton sacré rivage
    Ton phare d'immortalité !

Et toi, Marseille, assise aux portes de la France
Comme pour accueillir ses hôtes dans tes eaux,
Dont le port sur ces mers, rayonnant d'espérance,
S'ouvre comme un nid d'aigle aux ailes des vaisseaux ;
Où ma main presse encor plus d'une main chérie,
Où mon pied suspendu s'attache avec amour,
Reçois mes derniers vœux en quittant la patrie,
    Mon premier salut au retour !

13 juin.

Nous avons été visiter notre navire, notre maison pour tant de mois ! Il est distribué en petites cabines où nous avons place pour un hamac et pour une malle. Le capitaine a fait percer de petites fenêtres qui donnent un peu de lumière et d'air aux cabines, que nous pourrons ouvrir lorsque la vague ne sera pas haute ou que le brick ne se couchera pas sur le flanc. La grande chambre est réservée pour madame de Lamartine et pour Julia. Les femmes de chambre coucheront dans la petite chambre du capitaine, qu'il a bien voulu nous céder. Comme la saison est belle, on mangera sur le pont, sous une tente dressée au pied du grand mât. Le brick est encombré de provisions de tout genre que nécessite un voyage de deux ans dans des pays sans ressources. Une bibliothèque de cinq cents volumes, tous choisis dans les livres d'histoire, de poésie ou de voyages, c'est le plus bel ornement de la plus grande chambre. Des faisceaux d'armes sont groupés dans les coins, et j'ai acheté, en outre, un arsenal particulier de fusils, de pistolets et de sabres pour armer nous et nos gens. Les pirates grecs infestent les mers de l'Archipel ; nous sommes déterminés à combattre à outrance et à ne les laisser aborder qu'après avoir perdu la vie. J'ai à défendre deux vies qui me sont plus chères que la mienne. Quatre canons sont sur le pont, et l'équipage, qui connaît le sort réservé par les Grecs aux malheureux matelots qu'ils surprennent, est décidé à mourir plutôt que de se rendre à eux.

17 juin 1832.

J'emmène avec moi trois amis. Le premier est un de ces hommes que la Providence attache à nos pas quand elle prévoit que nous aurons besoin d'un appui qui ne fléchisse pas sous le malheur ou sous le péril : Amédée de Parseval. Nous avons été liés dès notre plus tendre jeunesse par une affection qu'aucune époque de notre vie n'a trouvée en défaut. Ma mère l'aimait comme un fils; je l'ai aimé comme un frère. Toutes les fois que j'ai été frappé d'un coup du sort, je l'ai trouvé là, ou je l'ai vu arriver pour en prendre sa part, la part principale, le malheur tout entier, s'il l'avait pu. C'est un cœur qui ne vit que du bonheur ou qui ne souffre que du malheur des autres. Quand j'étais, il y a quinze ans, à Paris, seul, malade, ruiné, désespéré et mourant, il passait les nuits à veiller auprès de ma lampe d'agonie. Quand j'ai perdu quelque être adoré, c'est lui toujours qui est venu me porter le coup pour me l'adoucir. A la mort de ma mère, il arriva auprès de moi aussitôt que la fatale nouvelle, et me conduisit de deux cents lieues jusqu'au tombeau où j'allai vainement chercher le suprême adieu qu'elle m'avait adressé, mais que je n'avais pas entendu! Plus tard... Mais mes malheurs ne sont pas finis, et je retrouverai son amitié tant qu'il y aura du désespoir à étancher dans mon cœur, des larmes à mêler aux miennes.

Deux hommes bons, spirituels, instruits, deux hommes d'élite, sont arrivés aussi pour nous accompagner dans ce pèlerinage. L'un est M. de Capmas, sous-préfet, privé de sa carrière par la révolution de juillet, et qui a préféré les chances précaires d'un avenir pénible et incertain à la conservation de sa place. Un serment aurait répugné à sa loyauté, par là même qu'il eût semblé intéressé. C'est un de ces hommes qui ne calculent rien devant un scrupule de l'honneur, et chez qui les sympathies politiques ont toute la chaleur et la virginité d'un sentiment.

L'autre de nos compagnons est un médecin d'Hondschoote, M. de la Royère. Je l'ai connu chez ma sœur, à l'époque où je méditais ce départ. La pureté de son âme, la grâce originale et naïve de son esprit, l'élévation de ses sentimens politiques et religieux, me frappèrent. Je désirai l'emmener avec moi, bien plus comme ressource morale que comme providence de santé. Je m'en suis félicité depuis. Je mets bien plus de prix à son caractère et à son esprit qu'à ses talens, quoiqu'il en ait de très-constatés. Nous causons ensemble de politique bien plus que de médecine. Ses vues et ses idées sur le présent et l'avenir de la France sont larges et nullement bornées par des affections ou des répugnances de personnes. Il sait que la Providence ne fait point acception de parti dans son œuvre, et il voit, comme moi, dans la politique humaine, des idées et non pas des noms propres. Sa pensée va au but, sans s'inquiéter par qui ou par où il faut passer, et son esprit n'a aucun préjugé, aucune prévention, pas même ceux de sa foi religieuse, qui est sincère et fervente.

Six domestiques, presque tous anciens ou nés dans la maison paternelle, complètent notre équipage. Tous partent avec joie et mettent à ce voyage un intérêt personnel. Chacun d'eux croit voyager pour lui-même, et brave gaiement les fatigues et les périls que je ne leur ai point dissimulés.

En rade, mouillé devant le petit golfe de Montredon
le 10 juillet 1832.

Je suis parti : les flots ont maintenant toute notre destinée. Je ne tiens plus à la terre natale que par la pensée des êtres chéris que j'y laisse encore, par la pensée surtout de mon père et de mes sœurs.

Pour m'expliquer à moi-même comment, touchant déjà à la fin de ma jeunesse, à cette époque de la vie où l'homme se retire du monde idéal pour entrer dans le monde des intérêts matériels, j'ai quitté ma belle et paisible existence de Saint-Point, et toutes les innocentes délices du foyer domestique charmé par une femme, embelli par un enfant ; pour m'expliquer, dis-je, à moi-même comment je vogue à présent sur la vaste mer vers des bords et un avenir inconnus, je suis obligé de remonter à la source de toutes mes pensées, et d'y chercher les causes de mes sympathies et de mes goûts voyageurs. — C'est que l'imagination a aussi ses besoins et ses passions ! Je suis né poëte, c'est-à-dire plus ou moins intelligent de cette belle langue que Dieu parle à tous les hommes, mais plus clairement à quelques-uns, par la voie de ses œuvres. Jeune, j'avais entendu ce verbe de la nature, cette parole formée d'images et non de sons, dans les montagnes, dans les forêts, sur les lacs, aux bords des abîmes et des torrens de mon pays et des Alpes ; j'avais même traduit dans la langue écrite quelques-uns de ses accens qui m'avaient remué, et qui à leur tour remuaient d'autres âmes ; mais ces accens ne me suffisaient plus ; j'avais épuisé ce peu de paroles divines que notre terre d'Europe jette à l'homme ; j'avais soif d'en entendre d'autres sur des rivages plus sonores et plus éclatans. Mon imagination était amoureuse de la mer, des déserts, des montagnes, des mœurs et des traces de Dieu dans l'Orient. Toute ma vie, l'Orient avait été le rêve de mes jours de ténèbres dans les brumes d'automne et d'hiver de ma vallée natale. Mon corps, comme mon âme, est fils du soleil ; il lui faut la lumière ; il lui faut ce rayon de vie que cet astre darde, non pas du sein déchiré de nos nuages d'Occident, mais du fond de ce ciel de pourpre qui ressemble à la gueule de la fournaise ; ces rayons qui ne sont pas seulement une lueur, mais qui pleuvent tout chauds, qui calcinent en tombant les roches blanches, les dents étincelantes des pics des montagnes, et qui viennent teindre l'Océan de rouge comme un incendie flottant sur ses lames ! J'avais besoin de remuer, de pétrir dans mes mains un peu de cette terre qui fut la terre de notre première famille, la terre des prodiges ; de voir, de parcourir cette scène évangélique, où se passa le grand drame d'une sagesse divine aux prises avec l'erreur et la perversité humaines ! où la vérité morale se fit martyre pour féconder de son sang une civilisation plus parfaite ! Et puis j'étais, j'avais été, presque toujours, chrétien par le cœur et par l'imagination ; ma mère m'avait fait tel : j'avais quelquefois cessé de l'être, dans les jours les moins bons et les moins purs de ma première jeunesse ; le malheur et l'amour, l'amour complet qui purifie tout ce qu'il brûle, m'avaient également repoussé plus tard dans ce premier asile de mes pensées, dans ces consolations du cœur qu'on redemande à ses souvenirs et à ses espérances, quand tout le bruit du cœur tombe au dedans de nous, quand tout le vide de la vie nous apparaît après une passion éteinte ou une mort qui ne nous laisse rien à aimer ! Ce christianisme de sentiment était redevenu une douce habitude de ma pensée ; je m'étais dit souvent à moi-même : Où est la vérité parfaite, évidente, incontestable ? Si elle est quelque part, c'est dans le cœur, c'est dans l'évidence sentie contre laquelle il n'y a pas de raisonnement qui prévale. Mais la vérité de l'esprit n'est complète nulle part ; elle est avec Dieu et non avec nous ; notre œil est trop étroit pour en absorber un seul rayon ; toute vérité, pour nous, n'est que relative; ce qui sera le plus utile aux hommes sera donc le plus vrai aussi; la doctrine la plus féconde en vertus divines sera donc celle qui contiendra le plus de vérités divines, car ce qui est bon est vrai; toute ma logique religieuse était là; ma philosophie ne montait pas plus haut; elle m'interdisait les doutes, les dialogues interminables de la raison avec elle-même; elle me laissait cette religion du cœur qui s'associe si bien avec tous les sentimens infinis de la vie de l'âme; qui ne résout rien, mais qui apaise tout.

10 juillet, 7 heures du soir.

Je me dis : Ce pèlerinage, sinon de chrétien, au moins d'homme et de poëte, aurait tant plu à ma mère! Son âme était si ardente et se colorait si vite et si complétement de l'impression des lieux et des choses! c'est elle dont l'âme se serait exaltée devant ce théâtre vide et sacré du grand drame de l'Évangile, de ce drame complet où la partie humaine et la partie divine de l'humanité jouent chacune leur rôle, l'une crucifiant, l'autre crucifiée! Ce voyage du fils qu'elle aimait tant doit lui sourire encore dans le séjour céleste où je la vois : elle veillera sur nous; elle se placera comme une seconde providence entre nous et les tempêtes, entre nous et le simoûn, entre nous et l'Arabe du désert! Elle protégera contre tous les périls son fils, sa fille d'adoption, et sa petite-fille, ange visible de notre destinée, que nous emmenons avec nous partout. Elle l'aimait tant! elle reposait son regard avec une si ineffable tendresse, avec une volupté si pénétrante, sur le visage charmant de cet enfant, la dernière et la plus belle espérance de ses nombreuses générations! et s'il y a imprudence dans cette entreprise que nous avions souvent rêvée ensemble, elle me la fera pardonner là-haut en faveur des motifs, qui sont : Amour, Poésie et Religion.

Même jour, le soir.

La politique revient nous assaillir jusqu'ici. La France est belle à voir dans un prochain avenir ; une génération grandit qui aura, par la vertu de son âge, un détachement complet de nos rancunes et de nos récriminations de quarante ans. Peu lui importe qu'on ait appartenu à telle ou telle dénomination haineuse de nos vieux partis ; elle ne fut pour rien dans les querelles ; elle n'a ni préjugés ni vengeances dans l'esprit. Elle se présente pure et pleine de force à l'entrée d'une nouvelle carrière, avec l'enthousiasme d'une idée ; mais cette carrière, nous la remplissons encore de nos haines, de nos passions, de nos vieilles disputes. Faisons-lui place. Que j'aurais aimé à y entrer en son nom ! à mêler ma voix à la sienne à cette tribune qui ne retentit encore que de redites sans écho dans l'avenir ! où l'on se bat avec des noms d'hommes ! L'heure serait venue d'allumer le phare de la raison et de la morale sur nos tempêtes politiques, de formuler le nouveau symbole social que le monde commence à pressentir et à comprendre : le symbole d'amour et de charité entre les hommes, la politique évangélique ! Je ne me reproche du moins pour ma part aucun égoïsme à cet égard ; j'aurais sacrifié à ce devoir mon voyage même, ce rêve de mon imagination de seize ans ! Que le ciel suscite des hommes, car notre politique fait honte à l'homme, fait pleurer les anges. La destinée donne une heure par siècle à l'humanité pour se régénérer ; cette heure c'est une révolution, et les hommes la perdent à s'entre-déchirer ; ils donnent à la vengeance l'heure donnée par Dieu à la régénération et au progrès !

Même jour, toujours à l'ancre.

La révolution de juillet, qui m'a profondément affligé, parce que j'aimais de race la vieille et vénérable famille des Bourbons, parce qu'ils avaient eu l'amour et le sang de mon père, de mon grand-père, de tous mes parens, parce qu'ils auraient eu le mien s'ils l'avaient voulu, cette révolution ne m'a cependant pas aigri, parce qu'elle ne m'a pas étonné. Je l'ai vue venir de loin; neuf mois avant le jour fatal, la chute de la monarchie nouvelle a été écrite pour moi dans les noms des hommes qu'elle chargeait de la conduire. Ces hommes étaient dévoués et fidèles, mais étaient d'un autre siècle, d'une autre pensée; tandis que l'idée du siècle marchait dans un sens, ils allaient marcher dans un autre; la séparation était consommée dans l'esprit, elle ne pouvait tarder dans les faits; c'était une affaire de jours et d'heures. J'ai pleuré cette famille, qui semblait condamnée à la destinée et à la cécité d'OEdipe! J'ai déploré surtout ce divorce sans nécessité entre le passé et l'avenir! L'un pouvait être si utile à l'autre! La liberté, le progrès social, auraient emprunté tant de force de cette adoption que les anciennes maisons royales, les vieilles familles, les vieilles vertus, auraient faite d'eux! Il eût été si politique et si doux de ne pas séparer la France en deux camps, en deux affections; de marcher ensemble, les uns pressant le pas, les autres le ralentissant pour ne pas se désunir en route! Tout cela n'est plus qu'un rêve! Il faut le regretter, mais il ne faut pas perdre le jour à le repasser inutilement! Il faut agir et marcher; c'est la loi des choses, c'est la loi de Dieu! Je regrette que ce qu'on nomme le parti royaliste, qui renferme tant de capacités, d'influence et de vertus, veuille faire une halte dans la question de juillet. Il n'était pas compromis dans cette affaire, affaire de palais, d'intrigue, de coterie, où la grande majorité royaliste n'avait eu aucune part. Il est toujours permis, toujours honorable de prendre sa part du malheur d'autrui ; mais il ne faut pas prendre gratuitement sa part d'une faute que l'on n'a pas commise. Il fallait laisser à qui la revendique la faute des coups d'état et de la direction rétrograde, plaindre et pleurer les augustes victimes d'une erreur fatale, ne rien renier des affections honorables pour eux ; ne point repousser les espérances éloignées, mais légitimes, et pour tout le reste rentrer dans les rangs des citoyens, penser, parler, agir, combattre avec la famille des familles, avec le pays ! Mais laissons cela ! Nous reverrons la France dans deux ans ! Que Dieu la protége et tout ce que nous y laissons de cher et d'excellent dans tous les partis.

11 juillet 1832, à la voile.

Aujourd'hui, à cinq heures et demie du matin, nous avons mis à la voile. Quelques amis de peu de jours, mais de beaucoup d'affection, avaient devancé le soleil pour nous accompagner à quelques milles en mer, et nous porter plus loin leur adieu. Notre brick glissait sur une mer aplanie, limpide et bleue, comme l'eau d'une source à l'ombre dans le creux d'un rocher. A peine le poids des vergues, ces longs bras du navire chargés de voiles, faisaient-ils légèrement incliner, tantôt un bord, tantôt un autre. Un jeune homme de Marseille[*] nous récitait des vers admirables, où il confiait ses vœux pour nous aux vents et aux flots ; nous étions attendris par cette séparation de la terre, par ces pensées qui revolaient au rivage, qui traversaient la Provence, et allaient

[*] M. Autran.

vers mon père, vers mes sœurs, vers mes amis; par ces adieux, par ces vers, par cette belle ombre de Marseille, qui s'éloignait, qui diminuait sous nos yeux; par cette mer sans limite qui allait devenir pour longtemps notre seule patrie.

O Marseille! ô France! tu méritais mieux; ce temps, ce pays, ces jeunes hommes, étaient dignes de contempler un véritable poëte, un de ces hommes qui gravent un monde et une époque dans la mémoire harmonieuse du genre humain! Mais moi, je le sens profondément, je ne suis rien qu'un de ces hommes sans effigie, d'une époque transitoire et effacée, dont quelques soupirs ont eu de l'écho parce que l'écho est plus poétique que le poëte. Cependant j'appartenais à un autre temps par mes désirs; j'ai souvent senti en moi un autre homme; des horizons immenses, infinis, lumineux de poésie philosophique, épique, religieuse, neuve, se déchiraient devant moi; mais, punition d'une jeunesse insensée et perdue! ces horizons se refermaient bien vite. Je les sentais trop vastes pour mes forces physiques; je fermais les yeux pour n'être pas tenté de m'y précipiter. Adieu donc à ces rêves de génie, de volupté intellectuelle! Il est trop tard. J'esquisserai peut-être quelques scènes, je murmurerai quelques chants, et tout sera dit; à d'autres; et, je le vois avec plaisir, il en vient d'autres. La nature ne fut jamais plus féconde en promesses de génie que dans ce moment. Que d'hommes dans vingt ans, si tous deviennent hommes!

Cependant, si Dieu voulait m'exaucer, voici tout ce que je lui demanderais : un poëme selon mon cœur et selon le sien! une image visible, vivante, animée et colorée de sa création visible et de sa création invisible; voilà un bel héritage à laisser à ce monde de ténèbres, de doute et de tristesse! un aliment qui le nourrirait, qui le rajeunirait pour un siècle! Oh! que ne puis-je le lui donner; ou, du moins, me le donner à moi même, lors même que personne, autre que moi, n'en entendrait un vers!

Même jour, à 3 heures, en mer.

Le vent d'est, qui nous dispute le chemin, a soufflé avec plus de force; la mer a monté et blanchi; le capitaine déclare qu'il faut regagner la côte, et mouiller dans une baie à deux heures de Marseille. Nous y sommes; la vague nous berce doucement; la mer parle! comme disent les matelots; on entend venir de loin un murmure semblable à ce bruit qui sort des grandes villes; cette parole menaçante de la mer, la première que nous entendons, retentit avec solennité dans l'oreille et dans la poitrine de ceux qui vont lui parler de si près pendant si longtemps.

A notre gauche, nous voyons les îles de Pomègue et le château d'If, vieux fort avec des tours rondes et grises qui couronnent un rocher nu et ardoisé; en face, sur la côte élevée et entrecoupée de rochers blanchâtres, de nombreuses maisons de campagne dont les jardins, entourés de murs, ne laissent apercevoir que les sommités des arbustes ou les arceaux verts des treilles; à environ un mille plus loin dans les terres, sur un mamelon isolé et dépouillé, s'élèvent le fort et la chapelle de Notre-Dame-de-la-Garde, pèlerinage des marins provençaux avant le départ et au retour de tous leurs voyages. Ce matin, à notre insu, à l'heure même où le vent entrait dans nos voiles, une femme de Marseille, accompagnée de ses enfans, a devancé le jour, et est allée prier pour nous au sommet de cette montagne, d'où son regard ami voyait sans doute notre vaisseau comme un point blanc sur la mer.

Quel monde que ce monde de la prière! quel lien invisible, mais tout-puissant, que celui d'êtres connus ou inconnus les uns aux autres et priant ensemble ou séparés les uns pour les autres! Il m'a toujours semblé que la prière, cet instinct si vrai de notre impuissante nature, était la seule force réelle, ou du moins la plus grande force de l'homme! L'homme ne conçoit pas son effet; mais que conçoit-il? Le besoin qui pousse l'homme à respirer lui prouve seul que l'air est nécessaire à sa vie! L'instinct de la prière prouve aussi à l'âme l'efficacité de la prière : prions donc ! Et vous qui nous avez inspiré cette merveilleuse communication avec vous, avec les êtres, avec les mondes invisibles! vous, mon Dieu, exaucez-nous beaucoup! exaucez-nous au delà de nos désirs!

Même jour, 11 heures du soir.

Une lune splendide semble se balancer entre les mâts, les vergues, les cordages, de deux bricks de guerre mouillés non loin de nous entre notre ancrage et les noires montagnes du Var ; chaque cordage de ces bâtimens se dessine à l'œil sur le fond bleu et pourpre du ciel de la nuit comme les fibres d'un squelette gigantesque et décharné vu de loin à la lueur pâle et immobile des lampes de Westminster ou de Saint-Denis. Le lendemain, ces squelettes doivent reprendre la vie, étendre des ailes repliées comme nous, et s'envoler ainsi que des oiseaux de l'Océan, pour aller se poser sur d'autres rivages. Nous entendons, du pont où je suis, le sifflet aigu et cadencé du maître d'équipage qui commande la manœuvre, les roulemens du tambour, la voix de l'officier de quart. Les pavillons glissent du mât; les canots, les embarcations remontent ce bord comme au geste rapide et vivant d'un être animé. Tout redevient silence sur leurs bords et sur le nôtre.

Autrefois l'homme ne s'endormait pas sur ce lit profond et perfide de la mer sans élever son âme et sa voix à Dieu, sans rendre gloire à son sublime auteur au milieu de tous ces astres, de tous ces flots, de toutes ces cimes de montagnes, de tous ces charmes, de tous ces périls de la nuit; on faisait une prière le soir à bord des vaisseaux! Depuis la révolution de juillet, on n'en fait plus. La prière est morte sur les lèvres de ce vieux libéralisme du dix-huitième siècle, qui n'avait lui-même rien de vivant que sa haine froide contre les choses de l'âme. Ce souffle sacré de l'homme que les fils d'Adam s'étaient transmis jusqu'à nous avec leurs joies ou leurs douleurs, il s'est éteint en France dans nos jours de dispute et d'orgueil; nous avons mêlé Dieu dans nos querelles. L'ombre de Dieu fait peur à certains hommes. Ces insectes qui viennent de naître, qui vont mourir demain, dont le vent emportera dans quelques jours la stérile poussière, dont ces vagues éternelles jetteront les os blanchis sur quelque écueil, craignent de confesser, par un mot, par un geste, l'être infini que les cieux et les mers confessent; ils dédaignent de nommer celui qui n'a pas dédaigné de les créer, et cela pourquoi? parce que ces hommes portent un uniforme, qu'ils calculent jusqu'à une certaine quantité de nombres, et qu'ils s'appellent Français du dix-neuvième siècle! Heureusement le dix-neuvième siècle passe, et j'en vois approcher un meilleur, un siècle vraiment religieux, où, si les hommes ne confessent pas Dieu dans la même langue et sous les mêmes symboles, ils le confesseront au moins sous tous les symboles et dans toutes les langues.

Même nuit.

Je me suis promené une heure sur le pont du vaisseau, seul, et faisant ces tristes ou consolantes réflexions; j'y ai murmuré du cœur et des lèvres toutes les prières que j'ai apprises de ma mère quand j'étais enfant; les versets, les lambeaux de psaumes que je lui ai si souvent entendu murmurer à voix basse en se promenant le soir dans l'allée du jardin de Milly, remontaient dans ma mémoire, et j'éprouvais une volupté intime et profonde à les jeter à mon tour à l'onde, au vent, à cette oreille toujours ouverte pour laquelle aucun bruit du cœur ou des lèvres n'est jamais perdu! La prière que l'on a entendu proférer par quelqu'un qu'on aima et qu'on a vu mourir est doublement sacrée! Qui de nous ne préfère le peu de mots que lui a enseignés sa mère, aux plus belles hymnes qu'il pourrait composer lui-même? Voilà pourquoi, de quelque religion que notre raison nous fasse à l'âge de raison, la prière chrétienne sera toujours la prière du genre humain. J'ai fait seul ainsi la prière du soir et de la mer, pour cette femme qui ne calcule aucun péril pour s'unir à mon sort, pour cette belle enfant qui jouait pendant ce temps sur le pont dans la chaloupe avec la chèvre qui doit lui donner son lait, avec les beaux et doux lévriers qui lèchent ses blanches mains, qui mordillent ses longs et blonds cheveux.

Le 12, au matin, à la voile.

Pendant la nuit, le vent a changé et il a fraîchi; j'entendais de ma cabine à l'entrepont les pas, les voix et le chant plaintif des matelots retentir longtemps sur ma tête avec les coups de la chaîne de l'ancre qu'on rattachait à la proue. On remettait à la voile; nous partions. Je me rendormis. Quand je me réveillai et que j'ouvris le sabord pour regarder les côtes de France que nous touchions la veille, je ne vis plus que l'immense mer vide, nue, clapotante avec deux voiles seulement, deux hautes voiles montant comme deux bornes, deux pyramides du désert dans ce lointain sans horizon.

La vague caressait doucement les flancs épais et arrondis de mon brick, et babillait gracieusement sous mon étroite fenêtre où l'écume s'élevait quelquefois en légères guirlandes blanches; c'était le bruit inégal, varié, confus, du gazouillement des hirondelles sur une montagne, quand le soleil se lève au-dessus d'un champ de blé. Il y a des harmonies entre tous les élémens, comme il y en a une générale entre la nature matérielle et la nature intellectuelle. Chaque pensée a son reflet dans un objet visible qui la répète comme un écho, la réfléchit comme un miroir, et la rend perceptible de deux manières : aux sens par l'image, à la pensée par la pensée; c'est la poésie infinie de la double création! les hommes appellent cela comparaison : la comparaison c'est le génie. La création n'est qu'une pensée sous mille formes. Comparer, c'est l'art ou l'instinct de découvrir des mots de plus dans cette langue divine des analogies universelles que Dieu seul possède, mais dont il permet à certains hommes de découvrir quelque chose. Voilà pourquoi le prophète, poëte sacré, et le poëte, prophète profane, furent jadis et partout regardés comme des êtres divins. On les regarde aujourd'hui comme des êtres insensés ou tout au moins inutiles, cela est logique; si vous comptez pour tout, le monde matériel et palpable, cette partie de la nature qui se résout en chiffres, en étendue, en argent ou en voluptés physiques, vous faites bien de mépriser ces hommes qui ne conservent que le culte du beau moral, l'idée de Dieu, et cette langue des images, des rapports mystérieux entre l'invisible et le visible! Qu'est-ce qu'elle prouve cette langue? Dieu et l'immortalité! Ce n'est rien pour vous!

15 juillet, mouillé dans le petit golfe de la Ciotat.

Le vent favorable, un moment levé, s'est bientôt évanoui dans nos voiles. Elles retombaient le long des mâts, et les laissaient osciller au gré des plus faibles lames. Belle image de ces caractères auxquels manque la volonté, ce vent de l'âme humaine, caractères flottans qui fatiguent ceux qui les possèdent; ces caractères usent plus par la faiblesse, que les courageux efforts qu'une volonté rigoureuse imprime aux hommes d'énergie et d'action, comme les navires aussi qui, sur une mer calme et sans vent, se fatiguent davantage que sous l'impulsion d'un vent frais qui les pousse et les soutient sur l'écume des vagues.

Soit hasard, soit manœuvre secrète de nos officiers, nous nous trouvons forcés par le vent à entrer à trois heures dans le golfe riant de la Ciotat, petite ville de la côte de Provence, où notre capitaine et presque tous nos matelots ont leurs maisons, leurs femmes et leurs enfans. A l'abri d'un petit môle qui se détache d'une colline gracieuse, toute vêtue de vignes, de figuiers et d'oliviers, comme une main amie que le rivage tend aux matelots, nous laissons tomber l'ancre. L'eau est sans ride et tellement transparente, qu'à vingt pieds de profondeur nous voyons briller les cailloux et les coquillages, ondoyer les longues herbes marines, et courir des milliers de poissons aux écailles chatoyantes, trésors cachés du sein de la mer, aussi riche, aussi inépuisable que la terre en végétation et en habitans. La vie est partout comme l'intelligence! Toute la nature est animée, toute la nature sent et pense! Celui qui ne le voit pas n'a jamais réfléchi à l'intarissable fécondité de la pensée créatrice! Elle n'a pas dû, elle n'a pas pu s'arrêter; l'infini est peuplé; et partout où est la vie, là aussi est le sentiment; et la pensée a des degrés inégaux, sans doute, mais sans vide. En voulez-vous une démonstration physique? Regardez une goutte d'eau sous le microscope solaire, vous y verrez graviter des milliers de mondes! des mondes dans une larme d'insecte; et si vous parveniez à décomposer encore chacun de ces milliers de mondes, des millions d'autres univers vous apparaîtraient encore! Si, de ces mondes sans bornes et infiniment petits, vous vous élevez tout à coup aux grands globes innombrables des voûtes célestes, si vous plongez dans les voies lactées, poussière incalculable de soleils dont chacun régit un système de globes plus vaste que la terre et la lune, l'esprit reste écrasé sous le poids de calculs; mais l'âme les supporte et se glorifie d'avoir sa place dans cette œuvre, d'avoir la force de la comprendre, d'avoir un sentiment pour en bénir, pour en adorer l'auteur! O mon Dieu! que la nature est une digne prière pour celui qui t'y cherche, qui t'y découvre sous toutes les formes, et qui comprend quelques syllabes de sa langue muette, mais qui dit tout!

Golfe de la Ciotat, 14 au soir.

Le vent est mort et rien n'annonce son retour. La surface du golfe n'a pas un pli; la mer est si plane qu'on y distingue çà et là l'impression des ailes transparentes des moustiques qui flottent sur ce miroir, et qui seules le ternissent à cette heure. Voilà donc à quel degré de calme et de mansuétude peut descendre cet élément qui soulève les vaisseaux à trois ponts sans connaître leur poids, qui ronge des lieues de rivage, use des collines et fend les rochers, brise des montagnes sous le choc de ses lames mugissantes! Rien n'est si doux que ce qui est fort.

Nous descendons à terre sur les instances de notre capitaine, qui veut nous présenter à sa femme et nous montrer sa maison. La ville ressemble aux jolies villes du royaume de Naples sur la côte de Gaëte. Tout est rayonnant, gai, serein ; l'existence est une fête continuelle dans les climats du Midi. Heureux l'homme qui naît et qui meurt au soleil! Heureux surtout celui qui a sa maison, la maison et le jardin de ses pères, aux bords de cette mer dont chaque vague est une étincelle qui jette sa lumière et son éclat sur la terre! Les hautes montagnes exceptées, qui empruntent la clarté de leurs cimes et de leurs horizons aux neiges qui les couvrent, au ciel dans lequel elles plongent, aucun site de l'intérieur des terres, quelque riant, quelque gracieux que le fassent les collines, les arbres et les fleuves, ne peut lutter de beauté avec les sites que baignent les mers du Midi. La mer est aux scènes de la nature ce que l'œil est à un beau visage; elle les éclaire, elle leur donne ce rayonnement, cette physionomie qui les fait vivre, parler, enchanter, fasciner le regard qui les contemple.

Même jour.

Il est nuit, c'est-à-dire ce qu'on appelle la nuit dans ces climats. Combien n'ai-je pas compté de jours moins éclairés sur les flancs veloutés des collines de Richemond en Angleterre! dans les brumes de la Tamise, de la Seine, de la Saône, ou du lac de Genève! Une lune ronde monte dans le firmament; elle laisse dans l'ombre notre brick noir, qui repose immobile à quelque distance du quai. La lune en avançant a laissé derrière elle comme une traînée de sable rouge dont elle semble avoir semé la moitié du ciel; le reste est bleu et blanchit à mesure qu'elle approche. A un horizon de deux milles à peu près, entre deux petites îles, dont l'une a des falaises élevées et jaunes comme le Colysée à Rome, et dont l'autre est violette comme des fleurs de lilas, on voit sur la mer le mirage d'une grande ville; l'œil y est trompé : on voit étinceler des dômes, des palais aux façades éblouissantes, de longs quais inondés d'une lumière douce et sereine ; à droite et à gauche, les vagues blanchissent et semblent l'envelopper ; on dirait Venise ou Malte dormant au milieu des flots. Ce n'est ni une île ni une ville, c'est la réverbération de la lune au point où son disque tombe d'aplomb sur la mer; plus près de nous, cette réverbération s'étend et se prolonge, et roule un fleuve d'or et d'argent entre deux rivages d'azur. A notre gauche, le golfe étend jusqu'à un cap élevé la chaîne longue et sombre de ses collines inégales et dentelées; à droite, c'est une vallée étroite et fermée où coule une belle fontaine à l'ombre de quelques arbres ; derrière, c'est une colline plus haute couverte jusqu'au sommet d'oliviers que la nuit fait paraître noirs; depuis la cime de cette colline jusqu'à la mer, des tours grises, des maisonnettes blanches percent çà et là l'obscurité monotone des oliviers, et attirent l'œil et la pensée sur la demeure de l'homme. Plus loin encore, et à l'extrémité du golfe, trois énormes rochers s'élèvent sans bases sur les flots; de formes bizarres, arrondis comme des cailloux, polis par la vague et les tempêtes, ces cailloux sont des montagnes; jeux gigantesques d'un océan primitif dont les mers ne sont sans doute qu'une faible image.

15 juillet.

Nous avons visité la maison du capitaine de notre brick. Jolie demeure, modeste, mais ornée. Nous fûmes reçus par la jeune femme, souffrante et triste du départ précipité de son mari. Je lui offris de la prendre à bord et de nous accompagner pendant ce voyage, qui devait être plus long que les voyages ordinaires d'un bâtiment de commerce. Sa santé s'y opposait; elle allait seule, sans enfans et malade, compter de longs jours, et de longues années peut-être, pendant l'absence de son mari. Sa figure douce et sensible portait l'empreinte de cette mélancolie de son avenir et de cette solitude de son cœur. La maison ressemblait à une maison flamande; ses murs étaient tapissés des portraits de vaisseaux que le capitaine avait commandés; non loin de là, il nous mena voir dans la campagne une maison où il se préparait, quoique jeune, un asile pour se retirer du vent et du flot. Je fus bien aise d'avoir vu l'établissement champêtre où cet homme méditait d'avance son repos et son bonheur pour sa vieillesse. J'ai toujours aimé à connaître le foyer, les circonstances domestiques de ceux avec qui j'ai dû avoir affaire dans ce monde. C'est une partie d'eux-mêmes, c'est une seconde physionomie extérieure qui donne la clef de leur caractère et de leur destinée.

La plupart de nos matelots sont aussi de ces villages. Hommes doux, pieux, gais, laborieux, maniant le vent, la tempête et la vague avec cette régularité calme et silencieuse de nos laboureurs de Saint-Point maniant la herse ou la charrue; laboureurs de mer, paisibles et chantans comme les hommes de nos vallées, suivant aux rayons du soleil du matin leurs longs sillons fumans sur les flancs de leurs collines.

16 juillet.

Réveillé de bonne heure, j'entendis ce matin sur le pont immobile la voix des matelots avec le chant du coq et le bêlement de la chèvre et de nos moutons. Quelques voix de femmes et des voix d'enfants complétaient l'illusion; j'aurais pu me croire couché dans la chambre de bois d'une cabane de paysans, sur les bords du lac de Zurich ou de Lucerne. Je montai; c'étaient des enfans de quelques-uns de nos matelots que leurs femmes avaient amenés à leurs pères. Ceux-ci les asseyaient sur les canons, les tenaient debout sur les balustrades du navire, les couchaient dans la chaloupe, les berçaient dans le hamac avec cette tendresse dans l'accent et ces larmes dans les yeux qu'auraient pu avoir des mères ou des nourrices. Braves gens aux cœurs de bronze contre les dangers, aux cœurs de femmes pour ce qu'ils aiment, rudes et doux comme l'élément qu'ils pratiquent! Qu'il soit pasteur, qu'il soit marin, l'homme qui a une famille a un cœur pétri de sentimens humains et honnêtes. L'esprit de famille est la seconde âme de l'humanité; les législateurs modernes l'ont trop oublié; ils ne songent qu'aux nations et aux individualités; ils omettent la famille, source unique des populations fortes et pures, sanctuaire des traditions et des mœurs, où se retrempent toutes les vertus sociales; la législation, même après le christianisme, a été barbare sous ce rapport; elle repousse l'homme de l'esprit de famille, au lieu de l'y convier. Elle interdit à la moitié des hommes, la femme, l'enfant, la possession du foyer et du champ; elle devait ces biens à tous, dès qu'ils ont âge d'homme; il ne fallait les interdire qu'aux coupables. La famille est la société en raccourci; mais c'est la société où les lois sont naturelles, parce qu'elles sont des sentimens. Excommunier de la famille aurait pu être la plus grande réprobation, la dernière flétrissure de la loi; c'eût été la seule peine de mort d'une législation chrétienne et humaine : la mort sanglante devrait être effacée depuis des siècles.

Juillet, toujours mouillé par vent contraire.

A un mille à l'ouest, sur la côte, les montagnes sont cassées comme à coups de massues; les fragmens énormes sont tombés, çà et là, sur les pieds des montagnes ou sous les flots bleus et verdâtres de la mer qui les baigne. La mer y brise sans cesse, et de la lame qui arrive avec un bruit alternatif et sourd contre les rochers, s'élancent comme des langues d'écume blanche qui vont lécher les bords salés. Ces morceaux entassés de montagnes, car ils sont trop grands pour qu'on les appelle rochers, sont jetés et pilés avec une telle confusion les uns sur les autres, qu'ils forment une quantité innombrable d'anses étroites, de voûtes profondes, de grottes sonores, de cavités sombres dont les enfans de doux ou trois cabanes de pêcheurs du voisinage connaissent seuls les routes, les sinuosités et les issues. Une de ces cavernes, dans laquelle on pénètre par l'arche surbaissée d'un pont naturel, couvert d'un énorme bloc de granit, donne accès à la mer et s'ouvre ensuite sur une étroite et obscure vallée que la mer remplit tout entière de ses flots limpides et aplanis comme le firmament dans une belle nuit. C'est une calangue connue des pêcheurs, où, pendant que la vague mugit et écume au dehors, en ébranlant de son choc les flancs de la côte, les plus petites barques sont à l'abri; on y aperçoit à peine ce léger bouillonnement d'une source qui tombe dans une nappe d'eau. La mer y conserve cette belle couleur d'un jaune verdâtre et moiré, que voit si bien l'œil des peintres de marine, mais qu'ils ne peuvent jamais rendre exactement, car l'œil voit plus que la main ne peut imiter.

Sur les deux flancs de cette vallée marine montent à perte de vue deux murailles de rochers presque à pic, sombres et d'une couleur uniforme, pareille à celle du mâchefer quelque temps après qu'il est tombé dans la fournaise. Aucune plante, aucune mousse n'y trouve même une fente pour se suspendre et s'enraciner, pour y faire flotter ces guirlandes de lianes et ces fleurs que l'on voit si souvent onduler sur les parois des rochers de la Savoie, à des hauteurs où Dieu seul peut les respirer; nues, droites, noires, repoussant l'œil, elles ne sont là que pour défendre de l'air de la mer les collines de vignes et d'oliviers qui végètent sous leur abri. Images de ces hommes dominant une époque ou une nation, exposés à toutes les injures du temps et des tempêtes pour protéger des hommes plus faibles et plus heureux. Au fond de la calangue, la mer s'élargit un peu, serpente, prend une teinte plus claire à mesure qu'elle découvre plus de ciel, et finit enfin par une belle nappe d'eau dormante sur un lit de petits coquillages violets concassés et serrés comme du sable. Si vous mettez le pied hors de la chaloupe qui vous a porté jusque là, vous trouvez à gauche, dans le creux d'un ravin, une source d'eau douce, fraîche et pure; puis, en tournant à droite, un sentier de chèvres pierreux, rapide, inégal, ombragé de figuiers sauvages et d'azeroliers, qui descend des terres cultivées vers cette solitude des flots. Peu de sites m'ont autant frappé, autant alléché dans mes voyages. C'est ce mélange parfait de grâce et de force qui forme la beauté accomplie dans l'harmonie des élémens comme dans l'être animé ou pensant. C'est cet hymen mystérieux de la terre et de la mer, surpris, pour ainsi dire, dans leur union la plus intime et la plus voilée. C'est cette image du calme et de la solitude la plus inaccessible, à côté de cet orageux et tumultueux théâtre des tempêtes, tout près du retentissement de ses flots. C'est un de ces nombreux chefs-d'œuvre de la création, que Dieu a répandus partout comme pour se jouer avec les contrastes, mais qu'il se plaît à cacher, le plus souvent, sur les cimes impraticables des monts escarpés, dans le fond des ravins sans accès, sur les écueils les plus inabordables de l'Océan, comme des joyaux de la nature qu'elle ne découvre que rarement à des hommes simples, à des bergers, à des pêcheurs, aux voyageurs, aux poëtes, ou à la pieuse contemplation des solitaires.

14 juillet 1832.

A dix heures, brise de l'ouest qui s'élève; nous levons l'ancre à trois heures; nous n'avons bientôt plus que le ciel et les flots pour horizon ; — mer étincelante, — mouvement doux et cadencé du brick, — murmure de la vague aussi régulier que la respiration d'une poitrine humaine. Cette alternation régulière du flot, du vent dans la voile, se retrouve dans tous les mouvemens, dans tous les bruits de la nature; est-ce qu'elle ne respirerait pas aussi? Oui, sans aucun doute, elle respire, elle vit, elle pense, elle souffre et jouit, elle sent, elle adore son divin auteur. Il n'a pas fait la mort; la vie est le signe de toutes ses œuvres.

15 juillet 1832, en pleine mer, 8 heures du soir.

Nous avons vu s'abaisser les dernières cimes des montagnes grises des côtes de France et d'Italie, puis la ligne bleue, sombre, de la mer à l'horizon a tout submergé; l'œil, à ce moment où l'horizon connu s'évanouit, parcourt l'espace et le vide flottant qui l'entoure, comme un infortuné qui a perdu successivement tous les objets de ses affections, de ses habitudes, et qui cherche en vain où reposer son cœur.

Le ciel devient la grande et unique scène de contemplation; puis le regard retombe sur ce point imperceptible noyé dans l'espace, sur cet étroit navire devenu l'univers entier pour ceux qu'il emporte.

Le maître d'équipage est à la barre; sa figure mâle et impassible, son regard ferme et vigilant, fixé tantôt sur l'habitacle pour y chercher l'aiguille, tantôt sur la proue pour y découvrir, à travers les cordages du mât de misaine, sa route à travers les lames; son bras droit posé sur la barre, et d'un mouvement imprimant sa volonté à l'immense masse du vaisseau; tout montre en lui la gravité de son œuvre, le destin du navire, la vie de trente personnes roulant en ce moment dans son large front et pesant dans sa main robuste.

A l'avant du pont, les matelots sont par groupes, assis, debout, couchés sur les planches de sapin luisant, ou sur les câbles roulés en vastes spirales; les uns raccommodant les vieilles voiles avec de grosses aiguilles de fer, comme de jeunes filles brodant le voile de leurs noces ou le rideau de leur lit virginal; les autres se penchant sur les balustrades, regardant sans les voir les vagues écumantes comme nous regardons les pavés d'une route cent fois battue, et jetant au vent avec indifférence les bouffées de fumée de leurs pipes de terre rouge. Ceux-ci donnent à boire aux poules dans leurs longues auges; ceux-là tiennent à la main une poignée de foin, et font brouter la chèvre dont ils tiennent les cornes de l'autre main; ceux-là jouent avec deux beaux moutons qui sont juchés entre les deux mâts dans la haute chaloupe suspendue; ces pauvres animaux élèvent leur tête inquiète au-dessus des bordages, et ne voyant que la plaine ondoyante blanchie d'écume, ils bêlent après le rocher et la mousse aride de leurs montagnes.

A l'extrémité du navire, l'horizon de ce monde flottant, c'est la proue aiguë précédée de son mât de beaupré incliné sur la mer; ce mât se dresse à l'avant du vaisseau comme le dard d'un monstre marin. Les ondulations de la mer, presque insensibles au centre de gravité, au milieu du pont, font décrire à la proue des oscillations lentes et gigantesques. Tantôt elle semble diriger la route du vaisseau vers quelque étoile du firmament, tantôt le plonger dans quelque vallée profonde de l'Océan; car la mer semble monter et descendre sans cesse quand on est à l'extrémité d'un vaisseau qui, par sa masse et sa longueur, multiplie l'effet de ces vagues ondulées.

Nous, séparés par le grand mât de cette scène de mœurs maritimes, nous sommes assis sur les bancs de quart, ou nous nous promenons avec les officiers sur le pont, regardant descendre le soleil et monter les vagues.

Au milieu de toutes ces figures mâles, sévères, pensives, une enfant, les cheveux dénoués et flottans sur sa robe blanche, son beau visage rose, heureux et gai, entouré d'un chapeau de paille de matelot, noué sous son menton, joue avec le chat blanc du capitaine, ou avec une nichée de pigeons de mer, pris la veille, qui se couchent sous l'affût d'un canon et auxquels elle émiette le pain de son goûter.

Cependant le capitaine du navire, sa montre marine à la main, et épiant en silence à l'occident la seconde précise où le disque du soleil réfracté de la moitié de son disque semble toucher la vague et y flotter un moment avant d'y être submergé entier, élève la voix et dit: *Messieurs, la prière!* Toutes les conversations cessent, tous les jeux finissent, les matelots jettent à la mer leur cigare encore enflammé, ils ôtent leurs bonnets grecs de laine rouge; les tiennent à la main, et viennent s'agenouiller entre les deux mâts. Le plus jeune d'entre eux ouvre le livre de prières et chantent l'*Ave, maris stella*, et les litanies sur un mode tendre, plaintif et grave, qui semble avoir été inspiré au milieu de la mer et de cette mélancolie inquiète des dernières heures du jour où tous les souvenirs de la terre, de la chaumière, du foyer, remontent du cœur dans la pensée de ces hommes simples. Les ténèbres vont redescendre sur les flots et engloutir jusqu'au matin, dans leur obscurité dangereuse, la route des navigateurs, et les vies de tant d'êtres qui n'ont plus pour phare que la providence, pour asile que la main invisible qui les soutient sur les flots. Si la prière n'était pas née avec l'homme même, c'est là qu'elle eût été inventée, par des hommes seuls avec leurs pensées et leurs faiblesses, en présence de l'abîme du ciel où se perdent leurs regards, de l'abîme des mers dont une planche fragile les sépare; au mugissement de l'Océan qui gronde, siffle, hurle, mugit comme les voix de mille bêtes féroces; aux coups du vent qui fait rendre un son aigu à chaque cordage; aux approches de la nuit qui grossit tous les périls et multiplie toutes les terreurs. Mais la prière ne fut jamais inventée, elle naquit du premier soupir, de la première joie, de la première peine du cœur humain, ou plutôt l'homme ne naquit que pour la prière : glorifier Dieu ou l'implorer, ce fut sa seule mission ici-bas; tout le reste périt avant lui ou avec lui; mais le cri de gloire, d'admiration ou d'amour, qu'il élève vers son Créateur, en passant sur la terre, ne périt pas; il remonte, il retentit d'âge en âge à l'oreille de Dieu, comme l'écho de sa propre voix, comme un reflet de sa magnificence; il est la seule chose qui soit complétement divine en l'homme, et qu'il puisse exhaler avec joie et avec orgueil, car cet orgueil est un hommage à celui-là seul qui peut en avoir, à l'être infini.

A peine avions-nous roulé ces pensées ou d'autres pensées semblables, chacun dans notre silence, qu'un cri de Julia s'éleva au bord du vaisseau qui regardait l'orient. Un incendie sur la mer! un navire en feu! Nous nous précipitâmes pour voir ce feu lointain sur les flots. En effet, un large charbon de feu flottait à l'orient sur l'extrémité de l'horizon de la mer, puis, s'élevant et s'arrondissant en peu de minutes, nous reconnûmes la pleine lune enflammée par la vapeur du vent d'ouest, et sortant lentement des flots comme un disque de fer rouge que le forgeron tire avec ses tenailles de la fournaise, et qu'il suspend sur l'onde où il va l'éteindre. Du côté opposé du ciel, le disque du soleil, qui venait de descendre, avait laissé à l'occident comme un banc de sable d'or, semblable au rivage de quelque terre inconnue. Nos regards flottaient d'un bord à l'autre entre ces deux magnificences du ciel. Peu à peu les clartés de ce double crépuscule s'éteignirent ; des milliers d'étoiles naquirent au-dessus de nos têtes, comme pour tracer la route à nos mâts qui passèrent de l'une à l'autre; on commanda le premier quart de la nuit, on enleva du pont tout ce qui pouvait gêner la manœuvre, et les matelots vinrent, l'un après l'autre, dire au capitaine : Que Dieu soit avec nous !

Je continuai de me promener quelque temps en silence sur le pont ; puis je descendis rendant grâce à Dieu dans mon cœur d'avoir permis que je visse encore cette face inconnue de sa nature. Mon Dieu! mon Dieu! voir ton œuvre sous toutes ses faces, admirer ta magnificence sur les montagnes ou sur les mers, adorer et bénir ton nom qu'aucune lettre ne peut contenir ! c'est là toute la vie! Multiplie la nôtre pour multiplier l'amour et l'admiration dans nos cœurs! Puis tourne la page, et fais-nous lire dans un autre monde les merveilles sans fin du livre de ta grandeur et de ta bonté !

16 juillet 1832, en pleine mer.

Nous avons eu toute la nuit et tout le jour une belle mais forte mer. Le soir, le vent fraîchit, la lame se forme et commence à rouler pesamment sur les flancs du brick ; lune éclatante qui prolonge des torrens d'une clarté blanche et ondoyante dans les larges vallées liquides, creusées entre les grandes vagues. Ces lueurs flottantes de la lune ressemblent à des ruisseaux d'eau courante, à des cascades d'eau de neige dans le lit des vertes vallées du Jura ou de la Suisse. Le vaisseau descend et remonte lourdement chacune de ces ravines profondes. Pour la première fois, dans ce voyage, nous entendons les plaintes, les gémissemens du bois; les flancs écrasés du brick rendent, sous le coup de chaque lame, un bruit auquel on ne peut rien comparer que les derniers mugissemens d'un taureau frappé par la hache, et couché sur le flanc dans les convulsions de l'agonie. Ce bruit mêlé dans la nuit aux rugissemens de cent mille vagues, aux bonds gigantesques du navire, aux craquemens des mâts, au sifflement des rafales, à la poussière de l'écume qu'elles lancent et qu'on entend pleuvoir en sifflant sur le pont, aux pas lourds et précipités des hommes de quart, qui courent à la manœuvre, aux paroles rares, fermes et brèves, de l'officier qui commande; tout cela forme un ensemble de sons significatifs et terribles qui ébranlent bien plus profondément l'âme humaine que le coup de canon sur le champ de bataille. Ce sont de ces scènes auxquelles il faut avoir assisté, pour connaître la face pénible de la vie des marins, et pour mesurer sa propre sensibilité morale et physique!

La nuit entière se passe ainsi sans sommeil. Au lever du jour, le vent tombe un peu, la lame ne déferle plus, c'est-à-dire qu'elle ne se couronne plus d'écume; tout annonce une belle journée; nous apercevons à travers la brume colorée de l'horizon les hautes et longues chaînes des montagnes de Sardaigne. Le capitaine nous promet une mer calme et plane comme un lac entre cette île et la Sicile. Nous filons huit nœuds, quelquefois neuf; à chaque quart d'heure, les côtes éclatantes vers lesquelles le vent nous emporte, se dessinent avec plus de netteté; les golfes se creusent, les caps s'avancent, les rochers blancs se dressent sur les flots, les maisons, les champs cultivés commencent à se distinguer sur les flancs de l'île. A midi, nous touchons à l'entrée du golfe de Saint-Pierre; mais au moment de doubler les écueils qui le ferment, un ouragan subit de vent du nord éclate dans nos voiles; la lame déjà grosse de la nuit donne prise au vent, et s'amoncèle en véritables collines mouvantes; tout l'horizon n'est qu'une nappe d'écume; le vaisseau chancelle tour à tour sur la crête de toutes les vagues, puis se précipite presque perpendiculairement dans les profondeurs qui les séparent; en vain nous persistons à vouloir chercher un abri dans le golfe. A l'instant où nous doublons le cap pour y entrer, un vent furieux et sifflant comme une volée de flèches s'échappe de chaque vallon, de chaque anse de la côte, et jette le brick sur le flanc; on a le temps à peine de serrer les voiles; nous ne gardons que les voiles basses où nous serrons le vent; le capitaine court lui-même à la barre du gouvernail; le navire alors, comme un cheval contenu par une main vigoureuse et dont on tient la bride courte, semble piaffer sur l'écume du golfe; les flots rasent les bords du pont, du côté où le navire est incliné, et tout le flanc gauche jusqu'à la quille est hors de l'eau; nous filons ainsi environ vingt minutes, dans l'espoir d'atteindre la petite rade de la ville de Saint-Pierre; nous voyons déjà les vignes et les maisonnettes blanches à une portée de canon; mais la tempête augmente, le vent nous frappe comme un boulet; nous sommes contraints de céder et de virer périlleusement de bord, sous le coup même le plus violent de la rafale. Nous réussissons, et nous sortons du golfe par la même manœuvre qui nous y a lancés; nous nous retrouvons au large sur une mer horrible. La fatigue de la nuit et du jour nous fait vivement désirer un abri avant une seconde nuit que tout nous fait appréhender comme plus orageuse encore. Le capitaine se décide à tout braver, même la rupture de ses mâts, pour trouver un mouillage sur la côte de Sardaigne. A quelques lieues du point où nous sommes, le golfe de Palma nous en promet un. Nous combattons, pour y entrer, la même furie des vents, qui nous a chassés du golfe de Saint-Pierre. Après deux heures de lutte, nous l'emportons et nous entrons, comme un oiseau de mer penché sur ses ailes, jusqu'au fond du beau golfe de Palma. La tempête n'est point tombée; nous entendons le mugissement incessant de la pleine mer à trois lieues derrière nous; le vent continue à siffler dans nos cordages; mais, dans ce bassin cerné de hautes montagnes, il ne peut soulever que des bouffées d'écume, dont il arrose et rafraîchit le pont, et enfin nous mouillons à trois encâblures de la plage de Sardaigne, sur un fond d'herbes marines, et dans des eaux tranquilles et à peine ridées. C'est une impression délicieuse que celle du navigateur échappé à la tempête à force de travail et de peine, quand il entend enfin rouler la chaîne de fer de l'ancre qui va l'attacher à un rivage hospitalier. Aussitôt que l'ancre a mordu, toutes les figures contractées des matelots se détentent; on voit que les pensées se reposent aussi; ils descendent dans l'entrepont, ils vont changer leurs habits mouillés, ils remontent bientôt avec leur costume des dimanches, et reprennent toutes les habitudes paisibles de leur vie de terre. Oisifs, gais, causeurs, ils sont assis, les bras croisés, sur les balustrades du bordage, ou fument tranquillement leurs pipes, en regardant avec indifférence les paysages et les maisons du rivage.

17 juillet 1832.

Mouillés dans cette rade paisible, après une nuit de sommeil délicieux, nous déjeunons sur le pont à l'abri d'une voile qui nous sert de tente; la côte brûlée mais pittoresque de la Sardaigne s'étend devant nous. Une embarcation armée de deux pièces de canon se détache de l'île de Saint-Antioche, à deux lieues de nous, et semble s'approcher. Nous la distinguons bientôt mieux; elle porte des marins et des soldats; elle est en peu de temps à portée de la voix; elle nous interroge, et nous ordonne d'aller à terre; nous délibérons; je me décide à y accompagner le capitaine du brick. Nous nous armons de plusieurs fusils et de pistolets pour résister si l'on voulait employer la force pour nous retenir. Nous mettons à la voile dans le petit canot. Arrivés près de la petite barque sarde qui nous précède, nous descendons sur une plage au fond du golfe. Cette plage borde une plaine inculte et marécageuse. Du sable blanc, de grands chardons, quelques touffes d'aloès, çà et là quelques buissons d'un arbuste à l'écorce pâle et grise dont la feuille ressemble à celle du cèdre, des nuées de chevaux sauvages, paissant librement dans ces bruyères, qui viennent en galopant nous reconnaître et nous flairer, et partent ensuite en hennissant, comme des volées de corbeaux ; à un mille de nous, des montagnes grises, nues, avec quelques taches seulement d'une végétation rabougrie sur leurs flancs ; un ciel d'Afrique sur ces cimes calcinées ; un vaste silence sur toutes ces campagnes, l'aspect de désolation et de solitude qu'ont toutes les plages de mauvais air dans la Romagne, dans la Calabre ou le long des marais Pontins, voilà la scène ; sept ou huit hommes à belle physionomie, le front élevé, l'œil hardi et sauvage, à demi nus, à demi vêtus de lambeaux d'uniformes, armés de longues carabines et tenant de l'autre main des perches de roseaux pour prendre nos lettres, ou nous présenter ce qu'ils ont à nous offrir, voilà les acteurs. Je réponds en mauvais patois napolitain à leurs questions ; je leur nomme quelques-uns de leurs compatriotes avec qui j'ai été lié d'amitié en Italie dans ma jeunesse ; ces hommes deviennent polis et obligeans après avoir été insolens et impérieux ; je leur achète un mouton qu'ils équarrissent sur la plage. Nous écrivons ; ils prennent nos lettres dans la fente qu'ils ont faite à l'extrémité d'un long roseau, ils battent le briquet, arrachent quelques branches vertes de l'arbuste qui couvre la côte, allument un feu, et passent nos lettres, trempées dans l'eau de mer, à la fumée de ce feu, avant de les toucher. — Ils nous promettent de tirer un coup de fusil ce soir pour nous avertir de revenir à la côte lorsque nos autres provisions de légumes et d'eau douce seront prêtes. — Puis, tirant de leur bâtiment une immense corbeille de coquillages, *frutti di mare*, ils nous les offrent, sans vouloir accepter aucun salaire.

Nous revenons à bord. — Heures de loisir et de contemplations délicieuses, passées sur la poupe du navire à l'ancre, pendant que la tempête résonne encore à l'extrémité des deux caps qui nous couvrent, et que nous regardons l'écume de la haute mer monter encore de trente ou quarante pieds contre les flancs dorés de ces caps.

18 juillet 1832.

Sortis du golfe de Palma par une mer miroitée et plane, — léger souffle d'ouest, à peine suffisant pour sécher la rosée de la nuit qui brille sur les rameaux découpés des lentisques, seule verdure de ces côtes déjà africaines : — en pleine mer, journée silencieuse, douce brise qui nous fait filer six à sept nœuds par heure; — belle soirée; — nuit étincelante; — la mer dort aussi.

19 juillet 1832.

Nous nous réveillons à vingt-cinq lieues de la côte d'Afrique. Je relis l'histoire de saint Louis pour me rappeler les circonstances de sa mort sur la plage de Tunis, près du cap de Carthage, que nous devons voir ce soir ou demain.

Je ne savais pas dans ma jeunesse pourquoi certains

peuples m'inspiraient une antipathie pour ainsi dire innée, tandis que d'autres m'attiraient et me ramenaient sans cesse à leur histoire par un attrait irréfléchi. — J'éprouvais pour ces vaines ombres du passé, pour ces mémoires mortes des nations, exactement ce que j'éprouve avec un irrésistible empire pour ou contre les physionomies des hommes avec lesquels je vis ou je passe. — J'aime ou j'abhorre dans l'acception physique du mot; à première vue, en un clin d'œil, j'ai jugé un homme ou une femme pour jamais. — La raison, la réflexion, la violence même, tentées souvent par moi contre ces premières impressions, n'y peuvent rien. — Quand le bronze a reçu son empreinte du balancier, vous avez beau le tourner et le retourner dans vos doigts, il la garde; — ainsi de mon âme; — ainsi de mon esprit. — C'est le propre des êtres chez lesquels l'instinct est prompt, fort, instantané, inflexible. On se demande : Qu'est-ce que l'instinct? et l'on reconnaît que c'est la raison suprême; mais la raison innée, la raison non raisonnée, la raison telle que Dieu l'a faite et non pas telle que l'homme la trouve. — Elle nous frappe comme l'éclair sans que l'œil ait la peine de la chercher. — Elle illumine tout du premier jet. — L'inspiration dans tous les arts comme sur un champ de bataille est aussi cet instinct, cette raison devinée. Le génie aussi est cet instinct, et non logique et labeur. Plus on réfléchit, plus on reconnaît que l'homme ne possède rien de grand et de beau qui lui appartienne, qui vienne de sa force ou de sa volonté; mais que tout ce qu'il y a de souverainement beau vient immédiatement de la nature et de Dieu. — Le christianisme, qui sait tout, l'a compris du premier jour. — Les premiers apôtres sentirent en eux cette action immédiate de la Divinité et s'écrièrent dès la première heure : *Tout don parfait vient de Dieu.*

Revenons aux peuples. — Je n'ai jamais pu aimer les Romains; je n'ai jamais pu prendre le moindre intérêt de cœur à Carthage, malgré ses malheurs et sa gloire. — Annibal ne m'a jamais paru qu'un général de la Compagnie des Indes, faisant une campagne industrielle, une brillante et héroïque opération de commerce dans les plaines de Trasimène. — Ce peuple, ingrat comme tous les peuples égoïstes, l'en récompensa par l'exil et la mort! — Pour sa mort, elle fut belle, elle fut pathétique, elle me réconcilie avec ses triomphes; j'en ai été remué dès mon enfance. — Il y a eu toujours pour moi, comme pour l'humanité tout entière, une sublime et héroïque harmonie entre la souveraine gloire, le souverain génie et la souveraine infortune. — C'est là une de ces notes de la destinée qui ne manque jamais son effet, sa triste et voluptueuse modulation dans le cœur humain! Il n'est point en effet de gloire sympathique, de vertu complète, sans l'ingratitude, la persécution et la mort. — Le Christ en fut le divin exemple, et sa vie comme sa doctrine expliquent cette mystérieuse énigme de la destinée des grands hommes par la destinée de l'homme divin!

Je l'ai découvert plus tard, le secret de mes sympathies ou de mes antipathies pour la mémoire de certains peuples est dans la nature même des institutions et des actions de ces peuples. Les peuples comme les Phéniciens, Tyr, Sidon, Carthage, sociétés de commerce exploitant la terre à leur profit et ne mesurant la grandeur de leurs entreprises qu'à l'utilité matérielle et actuelle du résultat; — je suis pour eux comme le Dante, je regarde et je passe.

Non ragionar di lor, ma guarda e passa!

N'en parlons pas. — Ils ont été riches et prospères, voilà tout. — Ils n'ont travaillé que pour le temps; l'avenir n'a pas à s'en occuper. — *Receperunt mercedem.*

Mais ceux qui, peu soucieux du présent qu'ils sentaient leur échapper, ont, par un sublime instinct d'immortalité, par une soif insatiable d'avenir, porté la pensée nationale au delà du présent, et le sentiment humain au-dessus de l'aisance, de la richesse, de l'utilité matérielle; — ceux qui ont consumé des génértions et des siècles à laisser sur leur route une trace belle et éternelle de leur passage; ces nations désintéressées et généreuses qui ont remué toutes les grandes et pesantes idées de l'esprit humain, pour en construire des sagesses, des législations, des théogonies, des arts, des systèmes; — celles qui ont remué les masses de marbre ou de granit pour en construire des obélisques ou des pyramides, défi sublime jeté par elles au temps, voix muette avec laquelle elles parleront à jamais aux âmes grandes et généreuses; — ces nations poëtes, comme les Égyptiens, les Juifs, les Indous, les Grecs, qui ont idéalisé la politique et fait prédominer dans leur vie de peuples le principe divin, l'âme, sur le principe humain, l'utile; — celles-là, je les aime, je les vénère, je cherche et j'adore leurs traces, leurs souvenirs, leurs œuvres écrites, bâties ou sculptées; je vis de leur vie, j'assiste en spectateur ému et partial au drame touchant ou héroïque de leur destinée, et je traverse volontiers les mers pour aller rêver quelques jours sur leur poussière et pour aller dire à leur mémoire le memento de l'avenir; celles-là ont bien mérité des hommes, car elles ont élevé leurs pensées au-dessus de ce globe de fange, au delà de ce jour fugitif.—Elles se sont senties faites pour une destinée plus haute et plus large, et ne pouvant se donner à elles-mêmes la vie immortelle que rêve tout cœur noble et grand, elles ont dit à leurs œuvres : Immortalisez-nous, subsistez pour nous, parlez de nous à ceux qui traverseront le désert, ou qui passeront sur les flots de la mer Ionienne, devant le cap Sygée ou devant le promontoire de Sunium, où Platon chantait une sagesse qui sera encore la sagesse de l'avenir.

Voilà ce que je pensais en écoutant la proue, sur laquelle j'étais assis, fendre les vagues de la mer d'Afrique, et en regardant à chaque minute sous la brume rose de l'horizon si je n'apercevais pas le cap de Carthage.

La brise tomba, la mer se calma, le jour s'écoula à regarder en vain de loin la côte vaporeuse d'Afrique : le soir un fort coup de vent s'éleva; le navire, ballotté d'un flanc à l'autre, écrasé sous les voiles semblables aux ailes, cassées par le plomb, d'un oiseau de mer, nous secouait dans ses flancs avec ce terrible mugissement d'un édifice qui s'écroule ; je passe la nuit sur le pont, le bras passé autour d'un câble ; des nuages blanchâtres, qui se pressent comme une haute montagne dans le golfe profond de Tunis, jaillissent des éclairs et sortent les coups lointains de la foudre. L'Afrique m'apparaît comme je me la représentais toujours, ses flancs déchirés par les feux du ciel, et ses sommets calcinés dérobés sous les nuages. A mesure que nous approchons et que le cap de Byserte, puis le cap de Carthage, se détachent de l'obscurité, et semblent venir au-devant de nous, toutes les grandes images, tous les noms fabuleux ou héroïques qui ont retenti sur ce rivage, sortent aussi de ma mémoire et me rappellent les drames poétiques ou historiques dont ces lieux furent successivement le théâtre. Virgile, comme tous les poëtes qui veulent faire mieux que la vérité, l'histoire et la nature, a bien plutôt gâté qu'embelli l'image de Didon. — La Didon historique, veuve de Sychée, et fidèle aux mânes de son premier époux, fait dresser son bûcher sur le cap de Carthage, et y monte sublime et volontaire victime d'un amour pur et d'une fidélité même à la mort! Cela est un peu plus beau, un peu plus saint, un peu plus pathétique que les froides galanteries que le poëte romain lui prête avec son ridicule et pieux Énée, et son désespoir amoureux auquel le lecteur ne peut sympathiser.

Mais l'*Anna soror* et le magnifique adieu, et l'immortelle imprécation qui suivent, feront toujours pardonner à Virgile.

La partie historique de Carthage est plus poétique que sa poésie. La mort céleste et les funérailles de saint Louis ; — l'aveugle Bélisaire ; Marius expiant parmi des bêtes féroces, sur les ruines de Carthage, bête féroce lui-même, les crimes de Rome ; — la journée lamentable où, semblable au scorpion entouré de feu qui se perce lui-même de son dard empoisonné, Carthage, entourée par Scipion et Massinissa, met elle-même le feu à ses édifices et à ses richesses ; — la femme d'Asdrubal, renfermée avec ses enfans dans le temple de Jupiter, reprochant à son mari de n'avoir pas su mourir, et allumant elle-même la torche qui va consumer elle et ses enfans, et tout ce qui reste de sa patrie, pour ne laisser que de la cendre aux Romains! — Caton d'Utique, les deux Scipion, Annibal, tous ces grands noms s'élèvent encore sur le cap abandonné, comme des colonnes debout devant un temple renversé. — L'œil ne voit rien qu'un promotoire nu, s'élevant sur une mer déserte, quelques citernes vides ou remplies de leurs propres débris, quelques aqueducs en ruines, quelques môles ravagés par les flots, et recouverts par la lame; une ville barbare auprès, où ces noms même sont inconnus comme ces hommes qui vivent trop vieux et qui deviennent étrangers dans leur propre pays. Mais le passé suffit là où il brille de tant d'éclat de souvenirs. — Que sais-je même si je ne l'aime pas mieux seul, isolé au milieu de ses ruines, que profané et troublé par le bruit et la foule des générations nouvelles? Il en est des ruines ce qu'il en est des tombeaux : au milieu du tumulte d'une grande ville et de la fange de nos rues, ils affligent et attristent l'œil, ils font tache sur toute cette vie bruyante et agitée; — mais dans la solitude, aux bords de la mer, sur un cap abandonné, sur une grève sauvage, trois pierres, jaunies par les siècles et brisées par la foudre, font réfléchir, penser, rêver ou pleurer.

La solitude et la mort, la solitude et le passé, qui est la mort des choses, s'allient nécessairement dans la pensée humaine. Leur accord est une mystérieuse harmonie; j'aime mieux le promontoire nu de Carthage, le cap mélancolique de Sunium, la plage nue et infestée de Pestum, pour y placer les scènes des temps écoulés, que les temples, les arcs, les colysées de Rome morte, foulés aux pieds dans Rome vivante, avec l'indifférence de l'habitude ou la profanation de l'oubli.

20 juillet 1832.

A dix heures le vent s'adoucit; nous pouvons monter sur le pont, et filant sept nœuds par heure, nous nous trouvons bientôt à la hauteur de l'île isolée de Pantelleria, ancienne île de Calypso, délicieuse encore par sa végétation africaine et la fraîcheur de ses vallées et de ses eaux. C'est là que les empereurs exilèrent successivement les condamnés politiques.

Elle ne nous apparaît que comme un cône noir sortant de la mer, et vêtu jusqu'aux deux tiers de son sommet par une brume blanche qu'y a jetée le vent de la nuit. Nul vaisseau n'y peut aborder; elle n'a de ports que pour les petites barques qui y portent les exilés de Naples et de la Sicile, qui y languissent depuis dix années, expiant quelques rêves de liberté précoces.

Malheureux les hommes qui en tout genre devancent leur temps! leur temps les écrase. — C'est notre sort à nous, hommes impartiaux, politiques, rationnels, de la France. — La France est encore à un siècle et demi de nos idées. — Elle veut en tout des hommes et des idées de secte et de parti : que lui importe du patriotisme et de la raison? c'est de la haine, de la rancune, de la persécution alternative, qu'il faut à son ignorance! Elle en aura jusqu'à ce que, blessée avec les armes mortelles dont elle veut absolument se servir, elle tombe ou les rejette loin d'elle pour se tourner vers le seul espoir de toute amélioration politique : Dieu, sa loi; et la raison, sa loi innée.

21 juillet 1832.

La mer, à mon réveil, après une nuit orageuse, semble jouer avec le reste du vent d'hier ; — l'écume la couvre encore comme les flocons à demi essuyés qui tachent les flancs du cheval fatigué d'une longue course, — ou comme ceux que son mors secoue quand il abaisse et relève la tête, impatient d'une nouvelle carrière. — Les vagues courent vite, irrégulièrement, mais légères, peu profondes, transparentes ; cette mer ressemble à un champ de belle avoine ondoyant aux brises d'une matinée de printemps, après une nuit d'averse ; — nous voyons les îles de Gozzo et de Malte surgir au-dessous de la brume, à cinq ou six lieues à l'horizon.

22 juillet, arrivée à Malte.

A mesure que nous approchons de Malte, la côte basse s'élève et s'articule ; mais l'aspect est morne et stérile. Bientôt nous apercevons les fortifications et les golfes formés par les ports ; une nuée de petites barques, montées chacune par deux rameurs, sort de ces golfes et accourt à la proue de notre navire ; la mer est grosse, et la vague les précipite quelquefois dans le profond sillon que nous creusons dans la mer ; ils semblent près d'y être engloutis ; le flot les relève, ils courent sur nos traces, ils dansent sur les flancs du brick, ils nous jettent de petites cordes pour nous remorquer dans la rade.

Les pilotes nous annoncent une quarantaine de dix jours,

et nous conduisent au port réservé sous les hautes fortifications de la cité Valette. — Le consul de France, M. Miége, informe le gouverneur, sir Frederick Ponsonby, de notre arrivée; il rassemble le conseil de santé, et réduit notre quarantaine à trois jours.

Nous obtenons la faveur de monter une barque et de nous promener le soir le long des canaux qui prolongent le port de quarantaine. — C'est un dimanche. — Le soleil brûlant du jour s'est couché au fond d'une anse paisible et étroite du golfe qui est derrière la proue de notre navire; la mer est là, plane et brillante, légèrement plombée, absolument semblable à de l'étain fraîchement étamé. — Le ciel au-dessus est d'une teinte orange, légèrement rosée. — Il se décolore à mesure qu'il s'élève sur nos têtes et s'éloigne de l'occident; à l'orient, il est d'un bleu gris et pâle, et ne rappelle plus l'azur éclatant du golfe de Naples, — ou même la profondeur noire du firmament au-dessus des Alpes de la Savoie. — La teinte du ciel africain participe de la brûlante atmosphère et de l'âpre sévérité de ce continent; la réverbération de ces montagnes nues frappe le firmament de sécheresse et de chaleur, et la poussière enflammée de ces déserts de sable aride semble se mêler à l'air qui l'enveloppe, et ternir la voûte de cette terre. — Nos rameurs nous mènent lentement à quelques toises du rivage. — Le rivage bas et uni d'une grève, qui vient mourir à quelques pouces au-dessus de la mer, est couvert, pendant un demi-mille, d'une rangée de maisons qui se touchent les unes les autres, et semblent s'être approchées le plus près possible du flot, pour en respirer la fraîcheur et pour en écouter le murmure. Voici une de ces maisons et une des scènes que nous voyons répétées sur chaque seuil, sur chaque terrasse, sur chaque balcon. — En multipliant cette scène et cette vue par cinq ou six cents maisons semblables, on aura un souvenir exact de ce paysage, unique pour un Européen qui ne connaît ni Séville, ni Cordoue, ni Grenade : c'est un souvenir qu'il faut graver tout entier, et avec ses détails de mœurs, pour le retrouver une fois dans la sombre et terne uniformité de nos villes d'Occident. Ces souvenirs, retrouvés dans la mémoire pendant nos jours et nos mois de neige, de brouillard et de pluie, sont comme une échappée sur le ciel serein pendant une longue tempête. — Un peu de soleil dans l'œil, un peu d'amour dans le cœur, un rayon de foi ou de vérité dans l'âme, c'est une même chose. — Je ne puis vivre sans ces trois consolations de l'exil terrestre. — Mes yeux sont de l'Orient, mon âme est amour, et mon esprit est de ceux qui portent en eux un instinct de lumière, une évidence irréfléchie qui ne se prouve pas, mais qui ne trompe pas et qui console. Voici donc le paysage :

Lumière dorée, douce et sereine, comme celle qui sort des yeux et des traits d'une jeune fille avant que l'amour ait gravé un pli sur son front, jeté une ombre sur ses yeux. — Cette lumière, répandue également sur l'eau, sur la terre, dans le ciel, frappe la pierre blanche et jaune des maisons, et laisse tous les dessins des corniches, toutes les arêtes des angles, toutes les balustrades des terrasses, toutes les ciselures des balcons, s'articuler vides et nets sur l'horizon bleu, sous ce tremblement aérien, sous ce vague incertain et brumeux dont notre Occident a fait une beauté pour ses arts, ne pouvant corriger ce vice de son climat. Cette qualité de l'air, cette couleur blanche, jaune, dorée, de la pierre, cette vigueur des contours, donne au moindre édifice du midi une fermeté et une netteté qui rassurent et frappent agréablement l'œil. Chaque maison a l'air, non pas d'avoir été bâtie pierre à pierre, avec du ciment et du sable, mais d'avoir été sculptée vivante et debout dans le rocher vif, et d'être assise sur la terre, comme un bloc sorti de son sein, et aussi durable que le sol même. — Deux pilastres larges et élégans s'élèvent aux deux angles de la façade; ils s'élèvent seulement à la hauteur d'un étage et demi; là, une corniche élégante, sculptée dans la pierre éclatante, les couronne et sert de base elle-même à une balustrade riche et massive, qui s'étend tout le long du faîte, et remplace ces toits plats, irréguliers, pointus, bizarres, qui déshonorent toute architecture, qui brisent toute ligne harmonieuse avec l'horizon, dans nos assemblages d'édifices bizarres que nous appelons villes, en Allemagne, en Angleterre et en France. — Entre ces deux larges pilastres qui s'avancent de quelques pouces sur la façade, trois ouvertures seulement sont dessinées par l'architecte, une porte et deux fenêtres. — La porte, haute, large et cintrée, n'a pas son seuil sur la rue ; elle s'ouvre sur un perron extérieur, qui empiète sur le quai de sept ou huit pieds. Ce perron, entouré d'une balustrade de pierre sculptée, sert de salon extérieur autant que d'entrée à la maison. — Décrivons un de ces perrons, nous les aurons décrits tous. — Un ou deux hommes, en veste blanche, à figure noire, à l'œil africain, une longue pipe à la main, sont nonchalamment étendus sur un divan de jonc, à côté de la porte ; devant eux, gracieusement accoudées sur la balustrade, trois jeunes femmes, dans différentes attitudes, regardent silencieusement passer notre barque, ou sourient entre elles de notre aspect étranger. — Une robe noire qui ne descend qu'à mi-jambe, un corset blanc à larges manches plissées et flottantes, une coiffure de cheveux noirs, et par-dessus les épaules et la tête un demi-manteau de soie noire semblable à la robe, couvrant la moitié de la figure, une des épaules et un des bras qui retient le manteau ; ce manteau, d'étoffe légère enflée par la brise, se dessine dans la forme d'une voile gonflée sur un esquif, et, dans ses plis capricieux, tantôt dérobe, tantôt dévoile la figure mystérieuse qu'il enveloppe, et qui semble lui échapper à plaisir. — Les unes lèvent gracieusement la tête pour causer avec d'autres jeunes filles qui se penchent au balcon supérieur et leur jettent des grenades ou des oranges ; les autres causent avec des jeunes hommes à longues moustaches, à noire et touffue chevelure, en vestes courtes et pincées, en pantalons blancs et ceintures rouges. — Assis sur le parapet du perron, deux jeunes abbés, en habit noir, en souliers bouclés d'argent, s'entretiennent familièrement, et jouent avec de larges éventails verts, tandis qu'au pied des dernières marches, un beau moine mendiant, les pieds nus, le front pâle, chauve et blanc, découvert, le corps enveloppé des plis lourds de sa robe brune, s'appuie comme une statue de la mendicité sur le seuil de l'homme riche et heureux, et regarde d'un œil de détachement et d'insouciance ce spectacle de bonheur, d'aisance et de joie. — A l'étage supérieur, on voit sur un large balcon, supporté par de belles cariatides et recouvert d'une viranda indienne garnie de rideaux et de franges, une famille d'Anglais, ces heureux et impassibles conquérans de la Malte actuelle. — Là, quelques nourrices moresques, aux yeux étincelans, au teint plombé et noir, tiennent dans leurs bras ces beaux enfans de la Grande-Bretagne, dont les cheveux blonds et bouclés et la peau rose et blanche résistent au soleil de Calcutta comme à celui de Malte ou de Corfou. — A voir ces enfans sous le manteau noir et sous le regard brûlant de ces femmes demi-africaines, on dirait de beaux et blancs agneaux suspendus aux mamelles des tigresses du désert. — Sur la terrasse, c'est une autre scène; les Anglais et les Maltais se la partagent. — D'un côté, vous voyez quelques jeunes filles de l'île tenant la guitare sous le bras et jetant quelques notes d'un vieil air national, sauvage comme le climat; de l'autre, une jeune et belle Anglaise, mélancoliquement penchée sur son coude, contemplant indifféremment la scène de vie qui passe sous ses regards, et feuilletant les pages des poëtes immortels de son pays.

Ajoutez à ce coup d'œil les chevaux arabes montés par les officiers anglais, et courant, les crins épars, sur le sable du quai; — les voitures maltaises, espèces de chaises à porteur sur deux roues, attelées d'un seul cheval barbaresque que le conducteur suit à pied au galop, les reins noués d'une ceinture rouge à longues franges, et le front couvert de la résille ou du bonnet rouge, pendant jusqu'à la ceinture, du muletier espagnol. — Les cris sauvages des enfans nus qui se précipitent dans la mer et nagent sous notre barque, les chants des Grecs ou des Siciliens mouillés dans le port voisin, et se répondant en chœur d'un pont de navire à l'autre, et les notes monotones et sautillantes de la guitare, formant comme un doux bourdonnement de l'air du soir au-dessus de tous ces sons aigus, et vous aurez une idée d'un quai de l'Empsida le dimanche au soir.

24 juillet 1832.

Entrée en libre pratique dans le port de la cité Valette; le gouverneur, sir Frederick Ponsonby, revenu de sa campagne pour nous accueillir, nous reçoit au palais du Grand-Maître à deux heures. — Excellente figure d'un honnête homme anglais; — la probité est la physionomie de ces figures d'homme; — élévation, gravité, noblesse, voilà le type du véritable grand seigneur anglais. — Nous admirons le palais; — magnifique et digne simplicité; — beauté dans la masse et la nudité de vaines décorations au dehors et au dedans; — vastes salles; — longues galeries; — peintures sévères; — escalier large, doux et sonore; — salle d'armes de deux cents pieds de long, renfermant les armures de toutes les époques de l'histoire de l'ordre de Saint-Jean-de-Jérusalem; — bibliothèque de quarante mille volumes, où nous sommes reçus par le directeur, l'abbé Bollanti, jeune ecclésiastique maltais, tout à fait semblable aux abbés romains de la vieille école : — œil pénétrant et doux, bouche méditative et souriante, front pâle et articulé, langage élégant et cadencé, politesse simple, naturelle et fine. — Nous causons longtemps, car c'est l'espèce d'homme le plus propre à une longue, forte et pleine causerie. — Il y a en lui, comme dans tous ces ecclésiastiques distingués que j'ai rencontrés en Italie, quelque chose de triste, d'indifférent et de résigné, qui tient de la noble et digne résignation d'un pouvoir déchu. — Élevés parmi des ruines, — sur les ruines mêmes d'un monument écroulé, ils en ont contracté la mélancolie et l'insouciance sur le présent. — Comment, lui disais-je, un homme comme vous supporte-t-il l'exil intellectuel et la réclusion dans laquelle vous vivez dans ce palais désert et parmi la poudre de ces livres? — Il est vrai, me répondit-il, je vis seul, et je vis triste ; l'horizon de cette île est bien borné ; le bruit que je pourrais y faire par mes écrits ne retentirait pas bien loin, et le bruit même que d'autres hommes font ailleurs retentit à peine jusqu'ici ; mais mon âme voit au delà un horizon plus libre et plus vaste, où ma pensée aime à se porter ; nous avons un beau ciel sur la tête, un air tiède autour de nous, une mer large et bleue sous les regards ; cela suffit à la vie des sens ; quant à la vie de l'esprit, elle n'est nulle part plus intense que dans le silence et dans la solitude. — Cette vie remonte ainsi directement à la source d'où elle émane, à Dieu, sans s'égarer et s'altérer par le contact des choses et des soucis du monde. Quand saint Paul, allant porter la parole féconde du christianisme aux nations, fit naufrage à Malte, et y resta trois mois pour y semer le grain de sénevé, il ne se plaignit pas de son naufrage et de son exil, qui valurent à cette île la connaissance précoce du verbe et de la morale divine ; dois-je me plaindre, moi, né sur ces rochers arides, si le Seigneur m'y confine pour y conserver sa vérité chrétienne dans les cœurs où tant de vérités sont prêtes à s'éteindre ? — Cette vie a sa poésie, ajoutait-il ; quand je serai libre enfin de mes classifications et de mes catalogues, peut-être écrirai-je aussi cette poésie de la solitude et de la prière ! — Je le quittai avec peine et désir de le revoir.

L'église de Saint-Jean, cathédrale de l'île, a tout le caractère, — toute la gravité qu'on peut attendre d'un pareil monument dans un pareil lieu, — grandeur, noblesse, richesses ; les clefs de Rhodes, emportées après leur défaite par les chevaliers, sont suspendues aux deux côtés de l'autel, symbole de regrets éternels ou d'espérances à jamais trompées. — Voûte superbe, peinte en entier par le Calabrèse ; — œuvre digne de Rome moderne dans ses plus beaux temps de la peinture.

Un seul tableau me frappe dans la chapelle de l'Élection ; — il est de Michel-Ange de Caravaggio, que les chevaliers du temps avaient appelé dans l'île pour peindre la voûte de Saint-Jean. Il l'entreprit, mais la fougue et l'irritabilité de son caractère sauvage l'emportèrent ; il eut peur d'un long ouvrage, et partit. — Il laissa son chef-d'œuvre à Malte, la décollation de saint Jean-Baptiste. Si nos peintres modernes, qui cherchent le romantisme par système, au lieu de le trouver par nature, voyaient ce magnifique tableau, ils trouveraient leur prétendue invention inventée avant eux. — Voilà le fruit né sur l'arbre, et non le fruit artificiel moulé en cire et peint en couleurs fausses ; — pittoresque d'attitudes, énergie de tableau, profondeur de sentiment, vérité et dignité réunies ; — vigueur de contraste, et cependant unité et harmonie, horreur et beauté tout ensemble, voilà le tableau. — C'est un des plus beaux que j'aie vus de ma vie. — C'est le tableau que cherchent les peintres de l'école actuelle. — Le voilà, il est trouvé. Qu'ils ne cherchent plus. — Ainsi rien de nouveau dans la nature et dans les arts. — Tout ce qu'on fait a été fait ; — tout ce qu'on dit a été dit ; — tout ce qu'on rêve a été rêvé. — Tout siècle est plagiaire d'un autre siècle ; car tous tant que nous sommes, artistes ou penseurs, périssables ou fugitifs, nous copions de différentes manières un modèle immuable et éternel, la nature, — cette pensée une et diverse du Créateur !

25 juillet 1832.

Du sommet de l'observatoire qui domine le palais du Grand-Maître, — vue d'ensemble des villes, des ports et campagnes de Malte ; — campagnes nues, sans forme, sans couleurs, arides comme le désert ; — ville semblable à une écaille de tortue échouée sur le rocher ; — on dirait qu'elle

a été sculptée dans un seul bloc de rocher vif; — scènes de toits en terrasses à l'approche de la nuit; — femmes assises sur ces terrasses. — David ainsi vit Bethsabée. — Rien de plus gracieux et de plus séduisant que ces figures blanches ou noires, semblables à des ombres, apparaissant ainsi aux rayons de la lune, sur les toits de cette multitude de maisons.
— On ne voit les femmes que là, à l'église, ou sur leurs balcons; tout le langage est dans les yeux; tout amour est un long mystère que les paroles n'altèrent pas; — un long drame se noue et se dénoue ainsi sans paroles. — Ce silence, ces apparitions à certaines heures, ces rencontres aux mêmes lieux, ces intimités de distances, ces expressions muettes, sont peut-être le premier et le plus divin langage de l'amour, ce sentiment au-dessus des paroles et qui, comme la musique, exprime dans une langue à part ce que nulle langue ne peut exprimer.

Ces aspects, ces pensées, rajeunissent l'âme; — elles font sentir le seul charme inépuisable que Dieu ait répandu sur la terre, et regretter que les heures de la vie soient si rapides et si mêlées. — Deux seuls sentimens suffiraient à l'homme, vécût-il l'âge des rochers : la contemplation de Dieu et l'amour. — L'amour et la religion sont les deux pensées ou plutôt la pensée une des peuples du midi; — aussi ne cherchent-ils pas autre chose, ils ont assez. — Nous les plaignons, il faudrait les envier. — Qu'y a-t-il de commun entre nos passions factices, entre la tumultueuse agitation de nos vaines pensées et ces deux seules pensées vraies qui occupent la vie de ces enfans du soleil : — la religion et l'amour; l'une enchantant le présent, l'autre enchantant l'avenir? aussi, j'ai toujours été frappé, malgré les préjugés contraires, du calme profond et rarement troublé des physionomies du midi, et de cette masse de repos, de sérénité et de bonheur répandue dans les habitudes et sur les visages de cette foule silencieuse qui respire, vit, aime et chante sous vos yeux; — le chant, ce superflu du bonheur et des impressions dans une âme trop pleine! On chante à

Rome, à Naples, à Gênes, à Malte, en Sicile, en Grèce, en Ionie, sur le rivage, sur les flots, sur les toits; on n'entend que le lent récitatif du pêcheur, du matelot, du berger, ou les bourdonnemens vagues de la guitare pendant les nuits sereines. — C'est du bonheur, quoi qu'on en dise. — Ils sont esclaves, dites-vous? Qu'en savent-ils? Esclavage ou liberté! malheur ou bonheur de convention! le malheur ou le bonheur sont plus près de nous. Qu'importe à ces foules paisibles qui respirent la brise de mer ou se couchent aux tièdes rayons du soleil de Sicile, de Malte ou du Bosphore, que la loi leur soit faite par un prêtre, par un pacha ou par un parlement? Cela change-t-il quelque chose à leurs relations avec la nature, les seules qui les occupent? Non, sans doute; toute société libre ou absolue se résout toujours en servitudes plus ou moins senties. — Nous sommes esclaves des lois variables et capricieuses que nous nous faisons, ils le sont de la loi immuable de la force que Dieu leur fait; — tout cela, pour le bonheur ou le malheur, revient au même; — pour la dignité humaine et pour le progrès de l'intelligence et de la morale de l'homme, — non, — non; encore faudrait-il examiner avant de prononcer ce non. — Prenez au hasard cent hommes parmi ces peuples esclaves, et cent hommes parmi nos peuples soi-disant libres, et pesez. — Où se trouve-t-il plus ou moins de morale et de vertu? — Je le sais bien, mais je frémis de le dire. — Si quelqu'un lisait ceci après moi, on me soupçonnerait de partialité pour le despotisme ou de mépris pour la liberté. — On se tromperait! — J'aime la liberté comme un effort difficile et ennoblissant pour l'humanité, — comme j'aime la vertu pour son mérite et non pour sa récompense; mais il s'agit de bonheur, et en philosophe j'examine, et je dis comme Montaigne : *Que sais-je?* Le fait est que nos questions politiques, si capitales dans nos lycées, ou dans nos cafés, ou dans nos clubs, sont bien petites vues de loin, au milieu de l'Océan, au haut des Alpes, à la hauteur de la contemplation philosophique ou religieuse. — Ces questions n'intéressent que quelques hommes qui ont du pain et des heures de reste ; la foule n'a affaire qu'à la nature ; — une bonne, belle et divine religion, voilà la politique à l'usage des masses. Ce principe de vie manque à la nôtre, voilà pourquoi nous trébuchons, nous tombons, nous retombons, nous ne marchons pas ; — le souffle de vie nous manque ; nous créons des formes, et l'âme n'y descend pas. — O Dieu ! rendez-nous votre souffle, ou nous périssons. —

Malte, 28, 29 et 30 juillet 1832.

Séjour forcé à Malte par une indisposition de Julia. Elle se rétablit ; nous nous décidons à aller à Smyrne en touchant à Athènes. Là, j'établirai ma femme et mon enfant ; et j'irai seul, à travers l'Asie-Mineure, visiter les autres parties de l'Orient. Nous levons l'ancre ; nous allons sortir du port ; une voile arrive de l'Archipel ; elle annonce la prise de plusieurs bâtimens par les pirates grecs et le massacre des équipages. Le consul de France, M. Miége, nous conseille d'attendre quelques jours ; le capitaine Lyons, de la frégate anglaise *le Madagascar*, nous offre d'escorter notre brick jusqu'à Nauplie, en Morée, et même de nous remorquer si la marche du brick est inférieure à la marche de la frégate ; il accompagne cette offre de tous les procédés obligeans qui peuvent y ajouter du prix : nous acceptons ; nous partons le mercredi 1er août à huit heures du matin. A peine en mer, le capitaine, dont le vaisseau vole et nous dépasse, fait carguer ses voiles et nous attend. — Il nous jette à la mer un baril auquel un câble est attaché ; nous pêchons le baril et le câble, et nous suivons, comme un coursier en laisse, la masse flottante qui creuse la vague et ne paraît pas s'apercevoir de notre poids. —

Je ne connaissais pas le capitaine Lyons, commandant

depuis six ans sur un des vaisseaux de la station anglaise du Levant; je n'en étais pas connu, même de nom; je ne l'avais rencontré chez personne à Malte, parce qu'il était en quarantaine : et cependant voilà un officier d'une autre nation, de nation souvent rivale et hostile, qui, au premier signe de notre part, consent à ralentir sa marche de deux ou trois jours, à soumettre son vaisseau et son équipage à une manœuvre souvent très-périlleuse (la remorque), à entendre peut-être autour de lui murmurer les marins de son bord d'une condescendance pareille pour un Français inconnu, — tout cela par un seul sentiment de noblesse d'âme et de sympathie pour les inquiétudes d'une femme et pour la souffrance d'un enfant. — Voilà l'officier anglais dans toute sa générosité personnelle ; voilà l'homme dans toute la dignité de son caractère et de sa mission. — Je n'oublierai jamais ni le trait ni l'homme. — L'homme qui vient quelquefois à notre bord pour s'informer de nos convenances et nous renouveler les assurances du plaisir qu'il éprouve à nous protéger, me paraît un des plus loyaux et des plus ouverts que j'aie rencontrés. — Rien en lui ne rappelle cette prétendue rudesse du marin; mais la fermeté de l'homme accoutumé à lutter avec le plus terrible des élémens se marie admirablement, sur sa figure encore jeune et belle, avec la douceur de l'âme, l'élévation de la pensée et la grâce du caractère.

Arrivés inconnus à Malte, nous ne voyons pas sans regret ses blanches murailles s'enfoncer au loin sous les flots. — Ces maisons, que nous regardions avec indifférence, il y a peu de jours, ont maintenant une physionomie et un langage pour nous. — Nous connaissons ceux qui les habitent, et des regards bienveillans suivent du haut de ses terrasses les voiles lointaines de nos deux vaisseaux.—

Les Anglais sont un grand peuple moral et politique ; — mais, en général, ils ne sont pas un peuple sociable. — Concentrés dans la sainte et douce intimité du foyer de famille, quand ils en sortent, ce n'est pas le plaisir, ce n'est pas le besoin de communiquer leur âme ou de répandre leur sympathie, c'est l'usage, c'est la vanité qui les conduit. — La vanité est l'âme de toute société anglaise ; c'est elle qui construit cette forme de société froide, compassée, étiquetée ; c'est elle qui a créé ces classifications de rangs, de titres, de dignités, de richesses, par lesquelles seules les hommes y sont marqués, et qui ont fait une abstraction complète de l'homme pour ne considérer que le nom, l'habit, la forme sociale. — Sont-ils différens dans leurs colonies ? Je le croirais, d'après ce que nous avons éprouvé à Malte. — A peine arrivés, nous y avons reçu, de tout ce qui compose cette belle colonie, les marques les plus désintéressées et les plus cordiales d'intérêt et de bienveillance. — Notre séjour n'y a été qu'une hospitalité brillante et continuelle. — Sir Frederick Ponsonby et lady Émilie Ponsonby, sa femme, couple fait pour représenter dignement partout, l'un la vertueuse et noble simplicité des grands seigneurs anglais, l'autre, la douce et gracieuse modestie des femmes de haut rang dans sa patrie ; — la famille de sir Frederick Hankey, M. et madame Nugent, M. Greig, M. Freyre, ancien ambassadeur en Espagne, nous ont accueillis moins en voyageurs qu'en amis. Nous les avons vus huit jours ; nous ne les reverrons peut-être jamais ; mais nous emportons de leur obligeante cordialité une impression qui va jusqu'au fond du cœur. Malte fut pour nous la colonie de l'hospitalité ; quelque chose de chevaleresque et d'hospitalier, qui rappelle ses anciens possesseurs, se retrouve dans ces palais, possédés maintenant par une nation digne du haut rang qu'elle occupe dans la civilisation. On peut ne pas aimer les Anglais, il est impossible de ne pas les estimer.

Le gouvernement de Malte est dur et étroit ; il n'est pas digne des Anglais, qui ont enseigné la liberté au monde, d'avoir dans une de leurs possessions deux classes d'hommes, les citoyens et les affranchis.

Le gouvernement provincial et les parlemens locaux s'associeraient facilement, dans les colonies anglaises, à la haute représentation de la mère-patrie. Les germes de liberté et de nationalité, respectés chez les peuples conquis, sont pour l'avenir des germes de vertu, de force et de dignité pour l'humanité tout entière. L'ombre du pavillon anglais ne devrait couvrir que des hommes libres.

1ᵉʳ août 1832, à minuit.

Partis ce matin par une grosse mer, un calme absolu nous a surpris à douze lieues en mer; il dure encore; aucun vent dans le ciel, si ce n'est quelques brises perdues qui viennent de temps en temps froisser les voiles des deux vaisseaux; elles font rendre à ces grandes voiles une palpitation sonore, un battement irrégulier, semblable au battement convulsif des ailes d'un oiseau qui meurt; la mer est plane et polie comme la lame d'un sabre; pas une ride; mais de loin en loin, de larges ondulations cylindriques qui se glissent sous le navire et l'ébranlent comme un tremblement souterrain. Toute la masse des mâts, des vergues, des haubans, des voiles, craque et frémit alors, ainsi que sous un vent trop lourd. Nous n'avançons pas d'une ligne en une heure; les écorces d'orange que Julia jette dans la mer flottent sans déclinaison autour du brick, et le timonier regarde nonchalamment les étoiles, sans que la barre fasse dévier sa main distraite. Nous avons lâché le câble de remorque qui nous attachait à la frégate anglaise, parce que les deux vaisseaux, ne gouvernant plus, couraient risque de se heurter dans les ténèbres.

Nous sommes maintenant à cinq cents pas environ de la frégate. Les lampes allumées brillent par les sabords au fond des larges et belles chambres d'officiers qui couronnent sa poupe. Un fanal, que l'œil peut confondre avec un des feux du firmament, monte et s'attache à la pointe du mât d'artimon pour nous rallier pendant la nuit. Pendant que nos regards sont attachés à ce phare flottant qui doit nous guider, une musique délicieuse sort tout à coup des flancs lumineux de la frégate et résonne sous son nuage de voiles, comme sous les voûtes sonores d'une église.

Les harmonies se varient et se succèdent ainsi pendant plusieurs heures, et répandent au loin, sur cette mer enchantée et dormante, tous les sons que nous avons entendus dans les heures les plus délicieuses de notre vie. Toutes les réminiscences mélodieuses de nos villes, de nos théâtres, de nos airs champêtres, reviennent porter notre pensée vers des temps qui ne sont plus, vers des êtres séparés maintenant de nous par la mort ou par le temps !

Demain, dans quelques heures peut-être, les sons terribles de l'ouragan qui fait crier les mâts, les coups redoublés des vagues sur les flancs creux du navire, le canon de détresse, le tonnerre, les voix convulsives de deux élémens en guerre, et de l'homme qui lutte contre leur fureur combinée, prendront la place de cette musique sereine et majestueuse.

Ces pensées montent dans tous les cœurs, et un silence complet règne sur les deux ponts. Chacun se rappelle quelques-unes de ces notes significatives et gravées par une forte impression dans la mémoire, qu'il a entendues autrefois dans quelque circonstance heureuse ou sombre de la vie de son cœur ; chacun pense plus tendrement à ce qu'il a laissé derrière lui. On s'inquiète de ce défi que l'homme semble jeter aux tempêtes. Ce sont de ces momens qu'il faut écrire dans sa pensée pour toujours ; ils contiennent en quelques minutes plus d'impressions, plus de couleurs, plus de vie, que des années entières écoulées dans les prosaïques vicissitudes de la vie commune. Le cœur est plein et voudrait déborder. C'est alors que l'homme le plus vulgaire se sent poëte par toutes les fibres ; c'est alors que le fini et l'infini entrent par tous les pores ; c'est alors qu'on veut éclater devant Dieu, ou révéler seulement à un cœur sympathique ou à tous les hommes, dans la langue des esprits, ce qui se passe dans notre esprit ; c'est alors qu'on improviserait des chants dignes de la terre et du ciel; ah! si l'on avait une langue! mais il n'y a pas de langue, surtout pour nous, Français; non, il n'y a pas de langue pour la philosophie, l'amour, la religion, la poésie; les mathématiques sont la langue de ce peuple; ses mots sont secs, précis, décolorés comme des chiffres. — Allons dormir.

Même date, 2 heures du matin.

Je ne puis dormir; j'ai trop senti; je remonte sur le pont; — peignons. — La lune a disparu sous la brume orangée qui voile l'horizon sans autres limites. Il est bien nuit, mais une nuit sur mer, c'est-à-dire sur un élément transparent qui réfléchit la moindre lueur du firmament et qui semble garder une lumineuse impression du jour. Cette nuit n'est pas noire, elle est seulement pâle et perlée comme la couleur d'une glace quand le flambeau est retiré à côté ou placé derrière. L'air aussi semble mort et dormir sur cette couche assouplie des vagues. Pas un bruit, pas un souffle, pas une voile même qui batte contre la vergue, pas une écume qui bruisse et trace le sillage du brick sur ses flancs qui semblent dormir aussi.

Je regardais cette scène muette de repos, de vide, de silence et de sérénité : je respirais cet air tiède et léger dont la poitrine ne sent ni la chaleur, ni la fraîcheur, ni le poids, et je me disais : Ce doit être là l'air qu'on respire dans le pays des âmes, dans les régions de l'immortalité, dans cette atmosphère divine où tout est immuable, voluptueux, parfait.

Une autre face du ciel. — J'avais oublié la frégate anglaise; je regardais du côté opposé; elle était là, en mer, à quelques encâblures de nous; je me retournai par hasard; mes yeux tombèrent sur ce majestueux colosse qui reposait immobile, immense, sans le moindre balancement de sa quille, comme sur un piédestal de marbre poli.

La masse gigantesque et noire du corps de vaisseau se détachait en sombre de sa base argentée et se dessinait sur le fond bleu du ciel, de l'air, de la mer; pas un soupir de vie ne sortait de ce majestueux édifice; rien n'indiquait ni à l'œil ni à l'oreille, qu'il fût animé de tant d'intelligence et de vie, peuplé de tant d'êtres pensans et agissans. On l'eût pris pour un de ces grands débris des tempêtes flottant sans gouvernail, que le navigateur rencontre avec effroi sur les solitudes de la mer du Sud, et où il ne reste pas une voix pour dire comment il a péri; registre mortuaire sans nom et sans date que la mer laisse surnager quelques jours avant de l'engloutir tout à fait.

Au-dessus du corps sombre du bâtiment, le nuage de toutes ses voiles était groupé pitoresquement et pyramidait autour de ses mâts. Elles s'élevaient d'étages en étages, de vergues en vergues, découpées en mille formes bizarres, déroulées en plis larges et profonds, semblables aux nombreuses et hautes tourelles d'un château gothique, groupées autour du donjon; elles n'avaient ni le mouvement, ni la couleur éclatante et dorée des voiles vues de loin sur les flots pendant le jour; immobiles, ternes et teintes par la nuit d'un gris ardoisé, on eût dit une volée de chauves-souris immenses, ou d'oiseaux inconnus des mers, abattus, pressés, serrés les uns contre les autres sur un arbre gigantesque, et suspendus à son tronc dépouillé, au clair de lune d'une nuit d'hiver. L'ombre de ce nuage de voiles descendait d'en haut sur nous, et nous dérobait la moitié de l'horizon. Jamais plus colossale et plus étrange vision de la mer n'apparut à l'esprit d'Ossian dans un songe. Toute la poésie des flots était là. La ligne bleue de l'horizon se confondait avec celle du ciel; tout ce qui reposait dessus et dessous avait l'apparence d'un seul fluide éthéré dans lequel nous nagions. Tout ce vague sans corps et sans limites augmentait l'effet de cette apparition gigantesque de la frégate sur les flots, et jetait l'âme avec l'œil dans la même illusion. Il me semblait que la frégate, la pyramide aérienne de sa voilure, et nous-mêmes nous étions tous ensemble soulevés, emportés, comme des corps célestes, dans les abîmes liquides de l'éther, ne portant sur rien, planant par une force intérieure sur le vide azuré d'un universel firmament.

Plusieurs jours et nuits semblables passés en pleine mer; calme plat, ciel de feu; les vagues roulent immenses du golfe Adriatique dans la mer d'Afrique : ce sont de vastes cylindres légèrement cannelés, et dorés, le matin et le soir, comme les colonnes des temples de Rome ou de Pestum.

Je passe les journées sur le pont; j'écris quelques vers à M. de Montherot, mon beau-frère :

PENSÉES EN VOYAGE.

Ami, plus qu'un ami, frère de sang et d'âme,
Dont l'humide regard me suivit sur la lame;
A travers tant de flots jetés derrière moi,
A travers tant de ciel et d'air, je pense à toi;
Je pense à ces loisirs que nous usions ensemble
Au bord de nos ruisseaux, sous le saule ou le tremble;
A nos pas suspendus, à nos doux entretiens,
Qu'entremêlaient souvent ou tes vers ou les miens;
Tes vers, fils de l'éclair, tes vers, nés d'un sourire,
Que tu n'arraches pas palpitans de ta lyre,
Mais que, de jour en jour, ta négligente main
Laisse à tout vent d'esprit tomber sur ton chemin,
Comme ces perles d'eau que pleure chaque aurore,
Dont toute la campagne au réveil se colore,

Qui formeraient un fleuve en se réunissant,
Mais qui tombent sans bruit sur le pied du passant;
Dont le soleil du jour repompe l'humble pluie,
Et qu'aspire en parfum le vent qui les essuie!
Autres temps, autres soins; à tout fruit sa saison.
Avant que ma pensée eût l'âge de raison,
Quand j'étais l'humble enfant qui joue avec sa mère,
Qu'on charme ou qu'on effraie avec une chimère,
J'imitais les enfants mes égaux, dans leurs jeux,
Je parlais leur langage et je faisais comme eux!
J'allais, aux premiers mois où le bourgeon s'élève,
Où l'écorce du bois semble suer la sève,
Vers le torrent qui coule au pied de mon hameau,
Des saules inclinés couper le frais rameau;
Réchauffant de l'haleine une sève encor tendre,
Je détachais du bois l'écorce sans la fendre,
Je l'animais d'un souffle, et bientôt sous mes doigts
Un son plaintif et doux s'exhalait dans le bois;
Ce son, dont aucun art ne réglait la mesure,
N'était rien qu'un bruit vide, un vague et doux murmure,
Semblable aux voix de l'onde, et des airs frémissans,
Dont on aime le bruit, sans y chercher le sens;
Prélude d'un esprit éveillé de bonne heure,
Qui chante avant qu'il chante, et pleure avant qu'il pleure!

Mais ce n'est plus le temps; je touche à mon midi!
J'ai souffert, et dans moi mon esprit a grandi!
Ces fragiles roseaux, jouets de ma jeunesse,
Ne sauraient contenir le souffle qui m'oppresse :
Il n'est point de langage ou de rhythme mortel,
Ou de clairon de guerre, ou de harpe d'autel,
Que ne brisât cent fois le souffle de mon âme;
Tout faiblit à son choc et tout fond à sa flamme
Il a, pour exhaler ses accords éclatans,
Aux verbes d'ici-bas renoncé dès longtemps;
Il ferait éclater leurs fragiles symboles,
Il entre-choquerait des foudres de paroles,
Et les enfans diraient, en secouant leurs fronts :
« Qu'il nous parle plus bas, Seigneur! ou nous mourrons! »

Il ne leur parle plus; il se parle à lui-même,
Dans la langue sans mots, dans le verbe suprême,
Qu'aucune main de chair n'aura jamais écrit,
Que l'âme parle à l'âme et l'esprit à l'esprit!
Des langages humains perdant toute habitude,
Seul, il console ainsi sa morne solitude!
Au dedans de moi-même, il gronde incessamment,
Comme une mer de bruit toujours en mouvement;
Il fait battre à grands coups mes tempes dans ma tête,
Avec le son perçant du vol de la tempête;
Il retentit en moi comme un torrent de nuit,
Dont chaque flot emporte et rapporte le bruit,
Comme le contre-coup des foudres de montagnes,
Que mille échos tonnans répètent aux campagnes;
Comme la voix d'airain de ces lourds vents d'hiver,
Qui tombent comme un poids du Liban sur la mer,
Ou comme ces grands chocs, quand sur un cap qui fume
Elle monte en colline et retombe en écume :
Voilà les seules voix, voilà les seuls accens
Qui peuvent aujourd'hui chanter ce que je sens!

N'attends donc plus de moi ces vers où la pensée,
Comme d'un arc sonore avec grâce élancée,
Et sur deux mots pareils vibrant à l'unisson,
Dansent complaisamment aux caprices du son!
Ce froid écho des vers répugne à mon oreille,
Et si du temps passé le souvenir m'éveille,
Si du désert muet du limpide Orient
Mon visage vers vous se tourne en souriant;
Si, pensant aux amis qui verront cette aurore,
Mon âme avec la leur veut se confondre encore;
C'est par une autre voix que mon cœur attendri
Leur jette et leur demande un souvenir chéri.
La prière! accent fort, langue ailée et suprême,
Qui, dans un seul soupir, confond tout ce qui s'aime,
Rend visibles au cœur, rend présens devant Dieu
Mille êtres adorés, dispersés en tout lieu;
Fait entre eux, par les biens que la vertu nous verse,

Des plus chers dons du ciel l'invisible commerce,
Langage universel jusqu'au ciel répandu,
Qui s'élève plus haut pour mieux être entendu,
Inextinguible encens qui brûle et qui parfume
Celui qui le reçoit et celui qui l'allume !

C'est ainsi que mon cœur se communique à toi :
Tous les mots d'ici-bas sont néant devant moi ;
Et si tu veux savoir pourquoi je les méprise,
Suis ma voile qui s'enfle et qui fuit sous la brise,
Et viens sur cette scène où le monde a passé,
Où le désert fleurit sur l'empire effacé,
Sur les tombeaux des dieux, des héros et des sages,
Assister à trois nuits et voir trois paysages !

Je venais de quitter la terre dont le bruit
Loin, bien loin sur les flots vous tourmente et vous suit,
Cette Europe où tout croule, où tout craque, où tout lutte,
Où de quelques débris chaque heure attend la chute,
Où deux esprits divers, dans d'éternels combats,
Se lancent temple et lois, trône et mœurs en éclats,
Et font, en nivelant le sol qui les dévore,
Place à l'esprit de Dieu qu'ils ne voient pas encore !

Mon navire, poussé par l'invisible main,
Glissait en soulevant l'écume du chemin ;
Douze fois le soleil, comme un dieu qui se couche,
Avait roulé sur lui l'horizon de sa couche,
Et s'était relevé bondissant dans les airs,
Comme un aigle de feu, de la crête des mers ;
Mes mâts dorment, pliant l'aile sous les antennes ;
Mon ancre mord le sable, et je suis dans Athènes !

Il est l'heure où jadis cette ville de bruit,
Muette un peu de temps sous le doigt de la nuit,
S'éveillant tour à tour dans la gloire ou la honte,
Roulait ses flots vivans comme une mer qui monte ;
Chaque vent les poussait à leurs ambitions,
Les uns à la vertu, d'autres aux factions,

Périclès au forum, Thémistocle aux rivages,
Aux armes les héros, au portique les sages,
Aristide à l'exil et Socrate à la mort,
Et le peuple au hasard et du crime au remord !
Au pied du Parthénon, qu'un homme en turban garde,
J'entends venir le jour, je marche et je regarde.

Du haut du Cythéron le rayon part : le jour
De cent chauves sommets va frapper le contour,
De leurs flancs à leurs pieds, des champs aux mers d'Ulysse,
Sans que rien le colore et rien le réfléchisse,
Ni cités éclatant de feu dans le lointain,
Ni fumée ondoyante au souffle du matin ;
Ni hameaux suspendus au penchant des montagnes,
Ni voiles sur les eaux, ni tours dans les campagnes ;
La lumière en passant sur ce sol du trépas,
Y tombe morte à terre et n'en rejaillit pas ;
Seulement le rayon le plus haut de l'aurore
Effleure sur mon front le Parthénon qu'il dore ;
Puis, glissant à regret sur ses créneaux noircis
Où dort, la pipe en main, le janissaire assis,
Va, comme pour pleurer la corniche brisée,
Mourir sur le fronton du temple de Thésée !
Deux beaux rayons jouant sur deux débris : voilà
Tout ce qui brille encore, et dit : Athènes est là !

---

6 août 1832, en mer.

Le 6, à midi, nous aperçûmes sous les nuages blancs de l'horizon les cimes inégales des montagnes de la Grèce ; le ciel était pâle et gris comme sur la Tamise ou sur la Seine au mois d'octobre ; un orage déchire, au couchant, le noir rideau de brouillards qui traîne sur la mer ; le tonnerre éclate, les éclairs jaillissent, et une forte brise du sud-est nous apporte la fraîcheur et l'humidité de nos vents pluvieux d'automne.

L'ouragan nous jette hors de notre route et nous nous trouvons tout près de la côte de Navarin ; nous distinguons les deux îlots qui ferment l'entrée de son port, et la belle montagne aux deux mamelles qui couronne Navarin. C'est là que le canon de l'Europe a crié naguère à la Grèce ressuscitée ; la Grèce a mal répondu : affranchie des Turcs par l'héroïsme de ses enfans et par l'assistance de l'Europe, elle est maintenant en proie à ses propres ravages ; elle a versé le sang de Capo-d'Istria, qui avait dévoué sa vie à sa cause. L'assassinat d'un de ses premiers citoyens ouvre mal une ère de résurrection et de vertu. Il est douloureux que la pensée d'un grand crime soit une des premières qui s'élève à l'aspect de cette terre, où l'on vient chercher des images de patriotisme et de gloire.

A mesure que le vaisseau se rapproche du golfe de Modon, les rivages du Péloponèse se détachent et s'articulent ; ils sortent du brouillard flottant qui les enveloppe. Ces rivages, dont les voyageurs parlent avec mépris, me semblent au contraire très-bien dessinés par la nature : grandes coupes de montagnes et gracieuse ondulation de lignes. J'ai peine à en détacher mes regards. La scène est vide, mais pleine du passé : la mémoire peuple tout ! Ce groupe noirâtre de collines, de caps, de vallées, que l'œil embrasse tout entier d'ici, comme une petite île sur l'Océan, et qui n'est qu'un point sur la carte, a produit à lui seul plus de bruit, plus de gloire, plus d'éclat, plus de vertus et plus de crimes, que des continens tout entiers. Ce monceau d'îles et de montagnes, d'où sortaient presque à la fois Miltiade, Léonidas, Thrasybule, Épaminondas, Démosthène, Alcibiade, Périclès, Platon, Aristide, Socrate, Phidias ; cette terre qui dévorait les armées de deux millions d'hommes de Xercès, qui envoyait ses colonies à Byzance, en Asie, en Afrique, qui créait ou renouvelait les arts de l'esprit et les arts de la main, et les poussait en un siècle et demi jusqu'à ce point de perfection où ils deviennent types et ne sont plus surpassés; cette terre, dont l'histoire est notre histoire, dont l'Olympe est encore le ciel de notre imagination; cette terre d'où la philosophie et la poésie ont pris leur vol vers le reste du globe, et où elles reviennent sans cesse, comme des enfans à leur berceau : la voilà. Chaque flot me porte vers elle; j'y touche. Son apparition m'émeut profondément, bien moins pourtant que si tous ces souvenirs n'étaient pas flétris dans ma pensée à force d'avoir été ressassés dans ma mémoire avant que ma pensée les comprît. La Grèce est pour moi comme un livre dont les beautés sont ternies parce qu'on nous l'a fait lire avant de pouvoir le comprendre.

Cependant tout n'est pas désenchanté. Il y a encore à tous ces grands noms un reste d'écho dans mon cœur. Quelque chose de saint, de doux, de parfumé, monte avec ces horizons dans mon âme. Je remercie Dieu d'avoir vu, en passant sur cette terre, ce pays *des faiseurs de grandes choses*, comme Épaminondas appelait sa patrie.

Pendant toute ma jeunesse j'ai désiré faire ce que je fais, voir ce que je vois. Un désir enfin satisfait est un bonheur. J'éprouve à l'aspect de ces horizons tant rêvés ce que j'ai éprouvé toute ma vie dans la possession de tout ce que j'ai vivement désiré : un plaisir calme et contemplatif qui se replie sur lui-même, un repos de l'esprit et de l'âme qui s'arrêtent un moment, qui se disent : Faisons halte ici et jouissons; mais au fond ces bonheurs de l'esprit et de l'imagination sont bien froids. Ce n'est pas là du bonheur de l'âme; celui-là n'est que dans l'amour humain ou divin; mais toujours dans l'amour.

Même jour, le soir.

Nous naviguons délicieusement par un vent favorable qui nous pousse entre le cap Matapan et l'île de Cérigo.

Un pirate grec s'approche de nous pendant que la frégate est à quelques lieues en mer à la poursuite d'un bâtiment suspect. Le brick grec n'est qu'à une encâblure de nous ; nous montons tous sur le pont : nous nous préparons au combat ; nos canons sont chargés ; le pont est jonché de fusils et de pistolets. Le capitaine somme le commandant du brick grec de se retirer. Celui-ci, voyant vingt-cinq hommes bien armés sur notre pont, se décide à ne pas risquer l'abordage. Il s'éloigne, il revient une seconde fois et touche presque à notre bâtiment. Nous allons faire feu. Il se retire et s'excuse encore, et reste pendant un quart d'heure à portée de pistolet. Il prétend qu'il est comme nous un bâtiment marchand rentrant dans l'Archipel. J'observe son équipage. Jamais je n'ai vu des figures où le crime, le meurtre et le pillage fussent écrits en plus hideux caractères. On aperçoit quinze ou vingt bandits, les uns en costume albanais, les autres avec des lambeaux d'habits européens, assis, couchés, ou manœuvrant sur son bord. Tous sont armés de pistolets et de poignards dont les manches étincellent de ciselures d'argent. Il y a du feu sur le pont où deux femmes âgées font cuire du poisson. Une jeune fille de quinze à seize ans paraît de temps en temps parmi ces mégères. Figure céleste, apparition angélique au milieu de ces figures infernales. Une des vieilles femmes la repousse plusieurs fois dans l'entrepont, elle descend en pleurant; une dispute s'élève apparemment à ce sujet entre quelques hommes de l'équipage. Deux poignards sont tirés et brandis; le capitaine, qui fume nonchalamment sa pipe, accoudé sur la barre, se jette entre les deux bandits; il en renverse un sur le pont; tout s'apaise; la jeune Grecque remonte, elle essuie ses yeux avec les longues tresses de ses cheveux; elle s'assied au pied du grand mât. Une des vieilles femmes est à genoux derrière elle et peigne les longs cheveux de la jeune fille. Le vent fraîchit. Le pirate grec met le cap sur Cérigo, et en un clin d'œil il se couvre de voiles et n'est bientôt plus qu'un point blanc à l'horizon.

Nous mettons en panne pour attendre la frégate, qui tire un coup de canon pour nous avertir. En peu d'heures elle nous a rejoints. Le pirate grec qu'elle poursuivait lui a échappé. Il est entré dans une des anses inaccessibles de la côte où ils se réfugient toujours en pareille rencontre.

Même jour, 11 heures.

Toutes les fois qu'une forte impression remue mon âme, je me sens le besoin de dire, d'écrire à quelqu'un ce que j'éprouve, de trouver quelque part une joie de ma joie, un retentissement de ce qui m'a frappé. Le sentiment isolé n'est pas complet : l'homme a été créé double.

Hélas! quand je regarde maintenant autour de moi, il y a déjà bien du vide. Julia et Marianne[*] comblent tout à elles seules, mais Julia est encore si jeune, que je ne lui dis que ce qui est à la portée de son âge. C'est tout l'avenir, ce sera bientôt tout le présent pour nous, mais le passé, où est-il déjà?

La personne qui aurait joui le plus de mon bonheur en ce moment, c'est ma mère. Dans tout ce qui m'arrive d'heureux ou de triste, ma pensée se tourne involontairement vers elle. Je crois la voir, l'entendre, lui parler, lui écrire.

[*] Madame de Lamartine.

Quelqu'un dont on se souvient tant n'est pas absent; ce qui vit si complétement, si puissamment dans nous-même, n'est pas mort pour nous. Je lui fais toujours sa part, comme pendant sa vie, de toutes mes impressions, qui devenaient si vite et si entièrement les siennes; qui s'embellissaient, se coloraient, s'échauffaient dans son imagination rayonnante, imagination qui a toujours eu seize ans! Je la cherche en idée dans la modeste et pieuse solitude de Milly, où elle nous a élevés, où elle pensait à nous pendant que les vicissitudes de ma jeunesse nous séparaient. Je la vois attendant, recevant, lisant, commentant mes lettres, s'enivrant plus que moi-même de mes impressions. Vain songe! elle n'y est plus; elle habite le monde des réalités; nos songes fugitifs ne sont plus rien pour elle : mais son esprit est avec nous, il nous visite, il nous suit, il nous protége; *notre conversation est avec elle dans les régions éternelles.*

J'ai perdu ainsi avant l'âge de la maturité la plus grande partie des êtres que j'ai aimés le plus ou qui m'ont le plus aimé ici-bas. Ma vie aimante s'est concentrée, mon cœur n'a plus que quelques cœurs pour se réfugier; mon souvenir n'a plus guère que des tombeaux où se poser sur la terre; je vis plus avec les morts qu'avec les vivans; si Dieu frappait encore deux ou trois de ses coups autour de moi, je sens que je me détacherais entièrement de moi-même; car je ne me contemplerais plus, je ne m'aimerais plus dans les autres, et ce n'est que là qu'il m'est possible de m'aimer.

Très-jeune, je m'aimais en moi : l'enfance est égoïste. C'était bon alors, à seize ou dix-huit ans, quand je ne me connaissais pas encore, quand je connaissais encore moins la vie; mais à présent, j'ai trop vécu, j'ai trop connu pour tenir à cette forme d'existence qu'on appelle le moi humain. Qu'est-ce qu'un homme, grand Dieu! Et quelle pitié d'attacher la moindre importance à ce que je sens, à ce que je pense, à ce que j'écris! Quelle place est-ce que je tiens dans les choses? Quel vide laisserai-je dans le monde? un vide de quelques jours dans un ou deux cœurs; une place au soleil; mon chien qui me cherchera; des arbres que j'ai aimés et qui s'étonneront de ne pas me voir revenir sous leur ombre : voilà tout! Et puis tout cela passera à son tour. On ne commence à sentir l'inanité de l'existence que du jour où l'on n'est plus nécessaire à personne; que de l'heure où l'on ne peut plus être chéri : la seule réalité d'ici-bas, je l'ai toujours senti, c'est l'amour, l'amour sous toutes ses formes.

7 août au soir, 6 heures.

Les côtes élevées de la Laconie sont là, à quelques portées de canon de nos yeux. Nous les longeons par une jolie brise; elles glissent majestueusement devant nous. Accoudé sur la lisse du vaisseau, mes regards saisissent, pour s'en souvenir, ces formes classiques des montagnes de la Grèce; elles se déroulent aussi comme des vagues de pierre et de terre; elles s'élèvent, s'abaissent, se groupent devant moi comme les nuages de la patrie de son âme devant l'esprit d'Ossian. Je passe une ou deux heures à faire en silence cette revue des collines et des noms sonores de cette terre morte. Les monts Chromius, où l'Eurotas prend sa source, lancent dans les airs leurs sommets arrondis; le globe du soleil y descend et les frappe, comme les dômes de cuivre doré; il enflamme autour de lui sa couche de nuages; ces sommets deviennent transparens comme l'air même qui les enveloppe et dont on peut à peine les distinguer; on jurerait que l'on voit, à travers, la lueur d'un autre soleil déjà couché ou l'immense réverbération d'un incendie lointain.

Une de ces montagnes entre autres présente à nos yeux la forme d'un croissant renversé; elle semble se creuser à mesure pour ouvrir un sillon aérien au disque du jour qui y roule dans la poussière d'or de la vapeur qui monte à lui.

Les crêtes plus rapprochées, que le soleil a déjà franchies, se teignent de violet pourpré ou de couleur lilas pâle; elles nagent dans une atmosphère aussi riche que la palette d'un peintre; plus près de nous encore, d'autres collines couvertes déjà de l'ombre du soir, semblent vêtues de noires forêts; enfin celles qui forment le premier plan, celles que nous touchons et dont l'écume lave les falaises, sont toutes plongées dans la nuit; l'œil n'y distingue que quelques anses où se réfugient les nombreux pirates de ces bords, et quelques promontoires avancés qui portent, comme Napoli de Malvoisie, des villes ou des forteresses sur leur sommet escarpé. Ces montagnes, vues ainsi du pont d'un navire, à cette heure où la nuit les drape de ses mille illusions de couleur, sont peut-être les plus belles formes terrestres que mes yeux aient encore contemplées; et puis le navire flotte si doucement incliné comme un balcon mobile sur la mer qui murmure en caressant sa quille; l'air est si tiède et si parfumé; les voiles rendent de si beaux sons à chaque bouffée de la brise du soir! presque tout ce que j'aime est là, tranquille, heureux, en sûreté, regardant, jouissant avec moi. Julia et sa mère sont accoudées tout près de moi sur les haubans. La figure de l'enfant rayonne à tous les aspects, à tous les noms, à tous les faits historiques que sa mère lui raconte à mesure; ses yeux flottent avec les nôtres sur toutes ces scènes dont les drames merveilleux lui sont déjà connus! il y a du génie dans son regard; on y voit la pensée profonde, vivante, chaude, rapide, d'une âme qui éclôt sous l'âme ardente et aimante de sa mère; elle semble jouir autant que nous, et surtout parce qu'elle nous voit intéressés et heureux; car l'âme de cette enfant vit de la nôtre; une larme vient dans ses yeux si elle me voit triste et rêveur; ses traits sont un reflet simultané des miens, et le sourire de toutes nos joies n'attend jamais un sourire pareil sur ses lèvres; qu'elle est belle ainsi!

J'ai vu longtemps, et sur toutes leurs faces, les montagnes de Rome et de la Sabine; celles-ci les surpassent en variété de groupes, en majesté de formes, en splendeur éblouissante de teintes ; leurs lignes sont infinies ; il faudrait un volume pour décrire ce qu'un tableau dirait d'un regard ; mais pour être vues dans toute leur beauté imaginaire, il faut les apercevoir ainsi à la tombée du jour ; alors on les voit vêtues, comme dans leur jeunesse, de forêts et de verts pâturages, et de chaumières rustiques, et de troupeaux, et de pasteurs ; les ombres les vêtent ; elles n'ont pas d'autres vêtemens, de même que l'histoire des hommes qui les ont illustrées a besoin des nuages du passé et des prestiges de la distance pour attacher et séduire nos pensées ; il ne faut rien voir au grand jour du soleil, à la lumière du présent ; dans ce triste monde, il n'y a de complétement beau que ce qui est idéal ; l'illusion en toutes choses est un élément du beau, excepté en vertu et en amour.

Même date, 8 heures du soir.

Le vent devient plus frais ; nous voguons par une jolie mer devant l'embouchure de différens golfes ; nous approchons du cap San-Angelo, ancien cap Malia : nous y toucherons bientôt.

8 août, le matin.

Le vent a manqué ; nous avons passé la nuit sans avancer, à peu de distance du cap Malia.

Même date, midi.

La brise est douce et nous jette sur le cap. La frégate qui nous remorque creuse devant nous une route plane et murmurante où nous volons sur sa trace dans des flocons d'écume, que sa quille fait bondir en fuyant. Le capitaine Lyons, qui connaît ces parages, veut nous faire jouir de la vue du cap et des terres en passant à cent toises au plus de la côte.

A l'extrémité du cap San-Angelo ou Malia, qui s'avance beaucoup dans la mer, commence le passage étroit que les marins timides évitent en laissant l'île de Cerigo sur leur gauche. Ce cap est le cap des tempêtes pour les matelots grecs. Les pirates seuls l'affrontent, parce qu'ils savent qu'on ne les y suivra pas. Le vent tombe de ce cap avec tant de poids et de fougue sur la mer, qu'il lance souvent des pierres roulantes de la montagne jusque sur le pont des navires.

Sur la pente escarpée et inaccessible du rocher qui forme la dent du cap, dent aiguisée par les ouragans et par l'écume des flots, le hasard a suspendu trois rochers détachés du sommet, et arrêtés à mi-pente dans leur chute. Ils sont là comme un nid d'oiseaux de mer penché sur l'abîme écumant des mers. Un peu de terre rougeâtre, arrêtée aussi par ces trois rochers inégaux, y donne racine à cinq ou six figuiers rabougris qui pendent eux-mêmes avec leurs rameaux tortueux et leurs larges feuilles grises sur le gouffre bruyant qui tournoie à leurs pieds. L'œil ne peut discerner aucun sentier, aucun escarpement praticable par où l'on puisse parvenir à ce petit tertre de végétation. Cependant on distingue une petite maison basse sous les figuiers, mais grise et sombre comme le roc qui lui sert de base, et avec lequel on la confond au premier regard. Au-dessus du toit plat de la maison s'élève une petite ogive vide, comme au-dessus de la porte des couvens d'Italie : une cloche y est suspendue ; à droite, on voit des ruines antiques de fondation de briques rouges, où trois arcades sont ouvertes ; elles conduisent à une petite terrasse qui s'étend devant la maison. Un aigle aurait craint de bâtir son aire dans un tel endroit, sans un tronc d'arbre, sans un buisson pour s'abriter du vent qui rugit toujours, du bruit éternel de la mer qui brise, de son écume qui lèche sans relâche le rocher poli, sous un ciel toujours brûlant. Eh bien ! un homme a fait ce que l'oiseau même aurait à peine osé faire ; il a choisi cet asile. Il vit là : nous l'aperçûmes ; c'est un ermite. Nous doublions le cap de si près, que nous distinguions sa longue barbe blanche, son bâton, son chapelet, son capuchon de feutre brun, semblable à celui des matelots en hiver. Il se mit à genoux pendant que nous passions, le visage tourné vers la mer, comme s'il eût imploré le secours du ciel pour des étrangers inconnus dans ce périlleux passage. Le vent, qui s'échappe avec fureur des gorges de la Laconie aussitôt qu'on a doublé le rocher du cap, commençait à résonner dans nos voiles, à faire chanceler et tournoyer les deux bâtimens, et à couvrir la mer d'écume à perte de vue. Une nouvelle mer s'ouvrait devant nous. L'ermite monta pour nous suivre plus loin des yeux, sur la crête d'un des trois rochers, et nous le distinguâmes là, à genoux et immobile, tant que nous fûmes en vue du cap.

Qu'est-ce que cet homme ? Il lui faut une âme trois fois trempée pour avoir choisi cet affreux séjour ; il faut un cœur et des sens avides de fortes et éternelles émotions, pour vivre dans ce nid de vautour, seul avec l'horizon sans bornes, les ouragans et les mugissemens de la mer : son unique spectacle, c'est de temps en temps un navire qui passe, le craquement des mâts, le déchirement des voiles, le canon de détresse, les clameurs des matelots en perdition.

Ces trois figuiers, ce petit champ inaccessible, ce spectacle de la lutte convulsive des élémens, ces impressions âpres, sévères, méditatives dans l'âme, c'était là un des rêves de mon enfance et de ma jeunesse. Par un instinct que la connaissance des hommes confirma plus tard, je n'ai jamais placé le bonheur que dans la solitude; seulement alors j'y plaçais l'amour, j'y placerais maintenant l'amour, Dieu et la pensée : ce désert suspendu entre le ciel et la mer, ébranlé par le choc incessant des airs et des vagues, serait encore un des charmes de mon cœur. C'est l'attitude de l'oiseau des montagnes touchant encore du pied la cime aiguë du rocher, et battant déjà des ailes pour s'élancer plus haut dans les régions de la lumière. Il n'y aucun homme bien organisé qui ne devînt, dans un pareil séjour, un saint ou un grand poëte; tous les deux peut-être. Mais quelle violente secousse de la vie n'a-t-il pas fallu pour me donner à moi-même de pareilles pensées et de pareils désirs! et pour jeter là ces autres hommes que j'y vois! Dieu le sait. Quoi qu'il en soit, ce ne peut être un homme vulgaire, que celui qui a senti la volupté et le besoin de se cramponner, comme la liane pendante aux parois d'un pareil abîme, et de s'y balancer pendant toute une vie au tumulte des élémens, à la terrible harmonie des tempêtes, seul avec son idée, devant la nature et devant Dieu.

Même date.

A quelques lieues du cap la mer redevient plus belle. De légères embarcations grecques, sans pont, et couvertes de voiles, passent à côté de nous dans les profondes vallées des vagues; elles sont pleines de femmes et d'enfans qui vont vendre à Hydra des corbeilles de melons et des raisins. Le moindre souffle de vent les fait pencher sur la mer jusqu'à y baigner leurs voiles. Elles n'ont pour se défendre de la lame qu'une toile tendue qui élève de quelques pieds le bord exposé à la vague; elles sont souvent cachées à nos yeux par le flot et par l'écume; elles remontent comme un liége flottant sur l'eau. Quelle vie! C'est celle de presque tous les Grecs : leur élément, c'est la mer; ils y jouent comme l'enfant de nos hameaux sur les bruyères de nos montagnes. La destinée du pays est écrite par la nature : c'est la mer.

Même date.

Voici les sommets lointains de l'île de Crète qui s'élèvent à notre droite; voici l'Ida couvert de neiges, qui paraît d'ici comme les hautes voiles d'un vaisseau sur la mer.

Nous entrons dans un vaste golfe, c'est celui d'Argos; nous filons vent arrière avec la rapidité d'une volée de goëlans; les rochers, les montagnes, les îles des deux rivages, fuient comme des nuages sombres devant nous. La nuit tombe; nous apercevons déjà le fond du golfe, qui a pourtant dix lieues de profondeur; les mâts de trois escadres mouillées devant Nauplie se dessinent comme une forêt d'hiver sur le fond du ciel et de la plaine d'Argos. Bientôt l'obscurité est complète; les feux s'allument sur le penchant des montagnes et dans les bois où les bergers grecs gardent leurs troupeaux; les vaisseaux tirent le canon du soir. Nous voyons briller successivement tous les sabords de ces soixante bâtimens à l'ancre, comme les rues d'une grande ville éclairée par ses réverbères; nous entrons dans ce dédale de navires, et nous allons mouiller en pleine nuit près d'un petit fort qui protége la rade de Nauplie en face de la ville, et sous l'ombre du château de Palamide.

9 août.

Je me lève avec le soleil pour voir enfin de près le golfe d'Argos, Argos, Nauplie, la capitale actuelle de la Grèce. Déception complète : Nauplie est une misérable bourgade bâtie au bord d'un golfe profond et étroit, sur une marge de terre tombée des hautes montagnes qui couvrent toute cette côte ; les maisons n'ont aucun caractère étranger ; elles sont bâties dans la forme des habitations les plus vulgaires des villages de France ou de Savoie. La plupart sont en ruines, et les pans de murs, renversés par le canon de la dernière guerre, sont encore couchés au milieu des rues. Deux ou trois maisons neuves, peintes de couleurs crues, s'élèvent sur le quai, et quelques cafés et boutiques de bois s'avancent sur les pilotis dans la mer ; ces cafés et ces balcons sur l'eau sont couverts de quelques centaines de Grecs dans leur costume le plus recherché, mais le plus sale ; ils sont assis ou couchés sur les planches ou sur le sable, formant mille groupes pittoresques. Toutes les physionomies sont belles, mais tristes et féroces ; le poids de l'oisiveté pèse dans toutes leurs attitudes. La paresse des Napolitains est douce, sereine et gaie : c'est la nonchalance du bonheur ; la paresse de ces Grecs est lourde, morose et sombre : c'est un vice qui se punit lui-même. Nous détournons nos yeux de Nauplie, nous admirons la belle forteresse de Palamide, qui règne sur toute la montagne dont la ville est dominée ; les murailles crénelées ressemblent aux dentelures d'un rocher naturel.

Mais où est Argos? Une vaste plaine stérile et nue, entrecoupée de marais, s'étend et s'arrondit au fond du golfe ; elle est bornée de toutes parts par des chaînes de montagnes grises. Au bout de cette plaine, à environ deux lieues dans les terres, on aperçoit un mamelon qui porte quelques murs fortifiés sur sa cime, et qui protége de son ombre une bourgade en ruines : c'est là Argos. Tout près de là est le tombeau d'Agamemnon. Mais que m'importe Agamemnon et son empire? Ces vielleries historiques et politiques ont perdu l'intérêt de la jeunesse et de la vérité. Je voudrais voir seulement une vallée d'Arcadie; j'aime mieux un arbre, une source sous le rocher, un laurier rose au bord d'un fleuve, sous l'arche écroulée d'un pont tapissé de lianes, que le monument d'un de ces royaumes classiques qui ne rappellent plus rien à mon esprit que l'ennui qu'ils m'ont donné dans mon enfance.

10 août.

Nous avons passé deux jours à Nauplie; Julia m'inquiète de nouveau. Je reste quelques jours encore pour attendre qu'elle soit complétement remise. Nous sommes à terre dans la chambre d'une mauvaise auberge, en face d'une caserne de troupes grecques. Les soldats sont tout le jour couchés à l'ombre de pans de murs ruinés, au milieu des rues et des places de la ville; leurs costumes sont riches et pittoresques; leurs traits portent l'empreinte de la misère, du désespoir et de toutes les passions féroces que la guerre civile allume et fomente dans ces âmes sauvages. L'anarchie la plus complète règne en ce moment dans la Morée. Chaque jour une faction triomphe de l'autre, et nous entendons les coups de fusil des klephtes, des colocotroni, qui se battent de l'autre côté du golfe contre les troupes du gouvernement. On apprend, à chaque courrier qui descend des montagnes, l'incendie d'une ville, le pillage d'une plaine, le massacre d'une population, par un des partis qui ravagent leur propre patrie. On ne peut sortir des portes de Nauplie sans être exposé aux coups de fusil. Le prince Karadja a la bonté de me proposer une escorte de ses pallikares pour aller visiter le tombeau d'Agamemnon, et le général Corbet, qui commande les troupes françaises, veut bien y joindre un détachement de ses soldats; je refuse; je ne veux pas exposer, pour l'intérêt d'une vaine curiosité, la vie de quelques hommes, que je me reprocherais éternellement.

12 août 1832.

J'ai assisté ce matin à une séance du parlement grec. La salle est un hangar de bois; les murs et le toit sont formés de planches de sapin mal jointes; les députés sont assis sur des banquettes élevées autour d'une aire de sable, ils parlent de leur place.

Nous nous asseyons, pour les voir arriver, sur un monceau de pierres à la porte de la salle. — Ils viennent successivement à cheval, accompagnés chacun d'une escorte plus ou moins nombreuse suivant l'importance du chef. Le député descend de cheval, et ses pallikares, chargés d'armes superbes, vont se grouper à quelque distance dans la petite plaine qui entoure la salle. Cette plaine présente l'image d'un campement ou d'une caravane.

L'attitude des députés est martiale et fière; ils parlent sans confusion, sans interruption, d'un ton de voix ému, mais ferme, mesuré et harmonieux. Ce ne sont plus ces figures féroces qui repoussent l'œil dans les rues de Nauplie; ce sont des chefs d'un peuple héroïque qui tiennent encore à la main le fusil ou le sabre avec lequel ils viennent de combattre pour sa délivrance, et qui délibèrent ensemble sur les moyens d'assurer le triomphe de leur liberté. Leur parlement est un conseil de guerre.

On ne peut rien imaginer de plus simple et à la fois de plus imposant que le spectacle de cette nation armée, délibérant ainsi sur les ruines de sa patrie, sous une voûte de planches élevée en plein champ, tandis que les soldats polissent leurs armes à la porte de ce sénat, et que les chevaux hennissent impatiens de reprendre le sentier des montagnes. Il y a des têtes admirables de beauté, d'intelligence et d'héroïsme parmi ces chefs; ce sont les montagnards. Les Grecs marchands des îles se reconnaissent aisément à des traits plus efféminés et à l'expression astucieuse des physionomies. Le commerce et l'oisiveté de leurs villes ont enlevé la noblesse et la force à leurs visages, pour y imprimer l'empreinte de l'habileté vulgaire et de la ruse qui les caractérisent.

13 août 1832.

Fête charmante donnée à son bord par l'amiral Hotham, qui commande la station anglaise dans la rade de Nauplie. Il nous fait visiter son vaisseau à trois ponts, *le Saint-Vincent*, et fait exécuter pour nous le simulacre d'un combat naval. Un vaisseau monté de seize cents hommes, et vu ainsi au moment du combat, est le chef-d'œuvre de l'intelligence humaine.

Homme excellent dont la figure et les manières réunissent ce rare mélange de la noblesse du vieux guerrier et de la douceur bienveillante du philosophe, caractère commun des belles physionomies des hommes de l'aristocratie anglaise. Il nous propose un de ses bâtimens de guerre pour nous accompagner jusqu'à Smyrne. Je refuse, et je réclame cette obligeance de M. l'amiral Hugon, qui commande l'escadre française. Il veut bien nous donner le brick *le Génie*, commandé par M. le capitaine Cuneo d'Ornano; mais il ne nous escortera que jusqu'à Rhodes.

Je dîne chez M. Rouen, ministre de France en Grèce; j'ai dû moi-même occuper ce poste sous la restauration. Il me félicite de ne l'avoir pas obtenu. M. Rouen, qui a passé à Nauplie tous les mauvais jours de l'anarchie grecque, soupire après sa délivrance. Il se console de la sévérité de son exil, en accueillant ses compatriotes et en représentant, avec une grâce et une cordialité parfaites, la haute protection de la France dans un pays qu'il faut aimer dans son passé et dans son avenir.

15 août 1832.

Je n'écris rien : mon âme est flétrie et morne comme l'affreux pays qui m'entoure : rochers nus, terre rougeâtre ou noire, arbustes rampans ou poudreux, plaines marécageuses où le vent glacé du nord, même au mois d'août, siffle sur des moissons de roseaux : voilà tout. Cette terre de la Grèce n'est plus que le linceul d'un peuple; cela ressemble à un vieux sépulcre dépouillé de ses ossemens, et dont les pierres mêmes sont dispersées et brunies par les siècles. Où est la beauté de cette Grèce tant vantée? Où est son ciel doré et transparent? Tout est terne et nuageux comme dans une gorge de la Savoie ou de l'Auvergne aux derniers jours de l'automne. La violence du vent du nord, qui entre avec des vagues bruyantes jusqu'au fond du golfe où nous sommes mouillés, nous empêche de partir.

18 août 1832, en mer, mouillé devant les jardins d'Hydra.

Enfin nous sommes partis dans la nuit d'hier par une jolie brise du sud-est ; nous dormions dans nos hamacs. A sept heures nous sommes hors du golfe ; la mer est belle et frappe harmonieusement les parois du brick. Nous sommes dans le canal qui se prolonge entre la terre ferme et les îles d'Hydra et Spezzia.

Vers midi nous sommes affalés à la côte du continent en face d'Hydra. Des coups de vent terribles, et partant de tous les points du compas, rendent la manœuvre périlleuse. Nos voiles sont déchirées ; nous risquons de rompre nos mâts ; pendant trois heures nous luttons sans relâche contre des ouragans furieux ; les matelots sont épuisés de fatigue ; le capitaine semble inquiet du sort du navire ; enfin il réussit à atteindre l'abri d'une côte élevée et un mouillage connu des marins en face d'une charmante colline qu'on appelle les jardins d'Hydra. Nous y jetons l'ancre à un mille du rivage et non loin du brick de guerre *le Génie* qui a fait la même marche.

Journée de repos sur une mer toujours agitée, et aux coups du vent qui siffle dans nos mâts : nous descendons sur la côte ; c'est le plus joli site que nous ayons encore visité en Grèce : de hautes montagnes dominent le paysage ; elles gardent encore quelques couches de terre, quelques pelouses d'un vert pâle sur leurs flancs arrondis ; elles descendent mollement et cachent leurs pieds dans quelques bois d'oliviers ; plus loin, elles s'étendent en pentes douces jusqu'au canal d'Hydra, qui coule à leurs pieds comme un large fleuve plutôt que comme une mer. Là on repose ses yeux sur une ou deux maisons de campagne entourées de jardins et de vergers : des champs cultivés, des groupes de châtaigniers et de chênes verts, des troupeaux, quelques paysans grecs qui travaillent à la terre; nous lançons nos chiens et nous chassons tout le jour sur la montagne; nous revenons avec du gibier.

La ville d'Hydra, qui couvre toute la petite île de ce nom, brille de l'autre côté du canal, blanche, resplendissante, éclatante comme un rocher taillé d'hier. Cette île n'offre pas un pouce de terre à l'œil : tout est pierre; la ville couvre tout; les maisons se dressent perpendiculairement les unes sur les autres, refuge de la liberté du commerce, de l'opulence des Grecs pendant la domination des Turcs. On peut mesurer la civilisation croissante ou décroissante d'une nation aux sites de ses villes et de ses villages : quand la sécurité et l'indépendance augmentent, les villes descendent des montagnes dans les plaines; quand la tyrannie et l'anarchie renaissent, elles remontent sur les rochers ou se réfugient sur les écueils de la mer. Dans le moyen-âge, en Italie, sur le Rhin, en France, les villes étaient des nids d'aigle sur la pointe des rocs inaccessibles.

Même date.

La nuit est calme. Nous passons une soirée délicieuse sur le pont. Nous partirons demain, si le vent du nord ne reprend pas avec la même force.

ATHÈNES.

18 août 1832.

Nous avons levé l'ancre à trois heures du matin. Un vent maniable nous a laissés approcher de la pointe du continent qui avance dans le mer d'Athènes ; mais là, une nouvelle tempête nous a assaillis, plus violente encore que la veille ; nous avons été en un instant séparés des deux bâtimens qui naviguaient de conserve avec nous. La mer est devenue énorme ; nous roulons d'un abîme dans l'autre, les vergues trempant dans la vague, et l'écume jaillissant sur le pont. Le capitaine s'obstine à doubler le cap ; après plusieurs heures de manœuvres impuissantes, il réussit ; nous voilà en pleine mer, mais le vent est si fort que le brick dérive considérablement. Nous sommes forcés de mettre le cap sur les montagnes qui se dessinent de l'autre côté de la mer d'Athènes. Nous filons dix nœuds, dans un nuage de poussière humide, et sous les flocons qui s'élancent de la proue et des deux flancs du navire. De temps en temps l'horizon s'éclaircit et nous laisse entrevoir le cap Colonne qui blanchit devant nous. Nous espérons aller le soir mouiller au pied de ces colonnes, et saluer la mémoire du divin Platon qui venait méditer deux mille ans avant nous sur ce même promontoire de *Sunium*. Mes regards ne quittent pas l'horizon des montagnes d'Athènes d'où la tempête nous repousse. Enfin, au déclin du soleil, le vent s'amollit ; nous faisons une bordée sur l'île d'Égine. Nous tombons presque en calme à l'abri de l'île et de la côte du continent, et nous entrons à la chute du jour dans un autre golfe formé par l'île et par les beaux rivages de Corinthe. La mer est comme un miroir, et il nous semble naviguer sur un fleuve sans vagues dont le cours insensible nous porte jusqu'au mouillage. Nous jetons l'ancre au moment où la nuit tombe dans un lac immense et enchanté, que de sombres montagnes enveloppent, et où la lune qui s'élève frappe de sa blancheur l'Acropolis de Corinthe et les colonnes du temple d'Égine. Nous sommes à quelques centaines de pas de l'île, en face de jardins ombragés de beaux platanes. Quelques maisons blanches brillent au milieu de la verdure. Repos et souper tranquille sur le pont, après une journée de périls et de fatigues; vie des voyageurs et de l'homme sur la terre.

A notre droite, l'île d'Égine, adoucissant ses pentes noires et rapides, étend sur un golfe une langue de terre semée de quelques cyprès, de vignes et de figuiers; la ville la termine : elle est moins bizarrement placée que le peu de villes grecques que nous avons vues jusqu'ici; le gymnase, élevé par Capo d'Istria, blanchit au milieu :— son musée ;— je n'y vais pas... je suis las des musées, — cimetière des arts ; — les fragmens détachés de la place, de la destination et de l'ensemble sont morts; poussière de marbre qui n'a plus la vie. — Je descends seul à terre et je passe deux heures délicieuses dans un jardin de cyprès et d'orangers appartenant à Gergio-Bey, d'Hydra. A dix heures, je rentre au vaisseau; en descendant de l'échelle, je trouve la moitié du pont littéralement couverte de monceaux de pastèques et de melons, d'immenses paniers remplis de raisins de toutes formes et de toutes couleurs, dont quelques-uns pèsent trois à quatre livres, de figues de l'Attique et de toutes les fleurs que la saison, le climat, peuvent fournir. On me dit que c'est le gouverneur d'Égine, Nicolas Scuffo, qui, ayant appris la veille, par mon pilote grec, mon passage par le golfe, est venu me rendre visite avec une barque pleine de ce présent de sa terre; il a reconnu dans mon nom celui d'un ami de la Grèce, et m'a apporté le premier gage de cette prospérité que tant de cœurs généreux ont désirée pour elle ! Il a annoncé son retour pour la soirée. Je demande un canot au capitaine Cuneo d'Ornano, et je vais à Égine porter mes remerciemens au gouverneur; je le rencontre en mer; nous revenons ensemble à mon bord. Homme distingué, d'une conversation fort spirituelle : nous parlons de la Grèce, de son état futur et de sa crise présente; je vois avec chagrin que l'esprit religieux est éteint en Grèce; le clergé ignorant est méprisé; l'esprit commercial n'a pas assez de vertu pour ressusciter un peuple; je crains pour celui-là : à la première crise européenne, il se décomposera de nouveau; c'est comme en Italie, des hommes les plus intelligens et les plus courageux des hommes, des individualités brillantes, mais pas de lien commun : — des Grecs et point de nation!

Partis le 18 à midi d'Égine, nous voyons le soleil s'éteindre dans le vallon doré qui se creuse sur l'isthme de Corinthe, entre l'Acro-Corinthe et les montagnes de l'Attique; il enflamme toute cette partie du ciel; et c'est là que pour la première fois nous trouvons cette splendeur du firmament qui donne son charme et sa gloire à l'Orient. Salamine, tombeau de la flotte de Xercès, est à quelques pas devant nous; côte grise, terre noirâtre, sans autre attrait que son nom; — sa bataille navale et la mémoire de Thémistocle la font saluer avec respect par le nautonier. Les montagnes de l'Attique élèvent leurs noirs sommets au-dessus de Salamine, et à droite, sur une des cimes décroissantes d'Égine, le temple de Jupiter Panhellénien, doré par les derniers rayons du jour, s'élève au-dessus de cette scène, une des plus belles de la nature historique, et jette son religieux souvenir sur cette mémoire des lieux et des temps. La pensée religieuse de l'humanité se mêle à tout et consacre tout; mais la religion des Grecs, religion de l'esprit et de l'imagination, et non du cœur, ne fait pas sur moi la moindre impression; on sait que ces dieux du peuple n'étaient que le jeu de la poésie et de l'art, des dieux feints et rêvés; — rien de grave, rien de réel, rien de puisé dans les profondeurs de la nature et de l'âme humaine avant Socrate et Platon! Là, commence la religion de la raison! Puis vient le christianisme qui avait reçu de son divin fondateur le mot et la clef de la destinée humaine!... Les âges de barbarie qu'il lui fallut traverser pour arriver à nous, l'ont souvent altéré et défiguré, mais s'il était tombé sur des Platon et des Pythagore, où ne serions-nous pas arrivés? Nous arriverons, grâce à lui, par lui et avec lui.

Le calme s'établit, et nous nageons six heures sans mouvement sur la mer transparente et dans les vapeurs colorées de la mer d'Athènes. L'Acropolis et le Parthénon, semblables à un autel, s'élèvent à trois lieues devant nous, détachés du mont Pentélique, du mont Hymette et du mont Anchesmus; — en effet, Athènes est un autel aux dieux, le plus beau piédestal sur lequel les siècles passés aient pu placer la statue de l'humanité! Aujourd'hui l'aspect est sombre, triste, noir, aride, désolé; un poids sur le cœur; rien de vivant, de vert, de gracieux, d'animé; nature épuisée que Dieu seul pourrait vivifier; la liberté n'y suffira pas; — pour le poëte et pour le peintre, il est écrit sur ces montagnes stériles, sur ces caps blanchissans de temples écroulés, sur ces landes marécageuses ou rocailleuses qui n'ont plus rien que des noms sonores, il est écrit : « C'est fini! » Terre apocalyptique qui semble frappée par quelque malédiction divine, par quelque grande parole de prophète; Jérusalem des nations dans laquelle il n'y a plus même de tombeau! voilà l'impression d'Athènes et de tous les rivages de l'Attique, des îles et du Péloponèse.

Arrivés au Pirée à huit heures du matin, le 19 août, nous jetons l'ancre. Les chevaux nous attendaient sur la plage du Pirée; nous montons à cheval. — Je trouve un âne où nous plaçons une selle de femme pour Julia; nous partons. Pendant une demi-lieue, la plaine, quoique d'un sol léger, maniable et fertile, est complétement inculte et nue. Les Turcs ont brûlé, pendant la guerre, des oliviers dont la forêt s'étendait jusqu'à la mer; quelques troncs noirs subsistent encore. Nous entrons dans le bois d'oliviers et de figuiers qui entoure le groupe avancé des collines d'Athènes, comme d'une ceinture verdoyante. — Nous suivons les fondations évidentes encore de la longue muraille, bâtie par Thémistocle, qui unissait la ville au Pirée. — Quelques fontaines turques, en forme de puits, entourées d'auges rustiques, en pierres brutes, sont placées de distance en distance. — Des paysans grecs et quelques soldats turcs sont couchés auprès des fontaines, et se donnent réciproquement à boire. — Enfin, nous passons sous les remparts élevés et sous les noirs rochers qui servent de piédestal au Parthénon. — Le Parthénon lui-même ne nous semble pas grandir, mais se rapetisser au contraire à mesure que nous en approchons. — L'effet de cet édifice, le plus beau que la main humaine ait élevé sur la terre, au jugement de tous les âges, ne répond en rien à ce qu'on en attend, vu ainsi; et les pompeuses paroles des voyageurs, peintres ou poëtes, vous retombent tristement sur le cœur quand vous voyez cette réalité si loin de leurs images. — Il n'est pas doré comme par les rayons pétrifiés du soleil de Grèce; il ne plane point dans les airs comme une île aérienne portant un monument divin; il ne brille point de loin sur la mer et sur les terres, comme un phare qui dit : Ici, c'est Athènes! Ici l'homme a épuisé son génie et porté son défi à l'avenir! — Non, rien, de tout cela. — Sur votre tête vous voyez s'élever irrégulièrement de vieilles murailles noirâtres, marquées de taches blanches. — Ces taches sont du marbre, débris des monumens qui couronnaient déjà l'Acropolis avant sa restauration par Périclès et Phidias. Ces murailles, flanquées de distance en distance d'autres murs qui les soutiennent, sont couronnées d'une tour carrée byzantine et de créneaux vénitiens. — Elles entourent un large mamelon qui renfermait presque tous les monumens sacrés de la ville de Thésée. A l'extrémité de ce mamelon, du côté de la mer Égée, se présente le Parthénon, ou le temple de Minerve, vierge sortie du cerveau de Jupiter. — Ce temple, dont les colonnes sont noirâtres, est marqué çà et là de taches d'une blancheur éclatante : ce sont les stigmates du canon des Turcs, ou du marteau des iconoclastes. Sa forme est un carré long; il semble trop bas et trop petit pour sa situation monumentale. — Il ne dit pas de lui-même : C'est moi, je suis le Parthénon, je ne puis pas être autre chose. — Il faut le demander à son guide, et quand il vous a répondu, on doute encore. Plus loin, au pied de l'Acropolis, vous passez sous une porte obscure et basse sous laquelle quelques Turcs en guenilles sont couchés à côté de leurs riches et belles armes, et vous êtes dans Athènes. — Le premier monument digne du regard est le temple de Jupiter Olympien, dont les magnifiques colonnes s'élèvent seules sur une place déserte et nue, à droite de ce qui fut Athènes, digne portique de la ville des ruines! A quelques pas de là, nous entrâmes dans la ville, c'est-à-dire dans un inextricable labyrinthe de sentiers étroits et semés de pans de murs écroulés, de tuiles brisées, de pierres et de marbres jetés pêle-mêle; tantôt descendant dans la cour d'une maison écroulée, tantôt gravissant sur l'escalier ou même sur le toit d'une autre, dans ces masures petites, blanches, vulgaires, ruines de ruines, quelques repaires sales et infects où des familles de paysans grecs sont entassées et enfouies. — Çà et là, quelques femmes aux yeux noirs et à la bouche gracieuse des Athéniennes, sortaient au bruit des pas de nos chevaux, sur le seuil de leur porte, nous souriaient avec bienveillance et étonnement, et nous donnaient le gracieux salut de l'Attique : « Bien venus, seigneurs étrangers, à Athènes! » Nous arrivâmes, après un quart d'heure de marche, parmi les mêmes scènes de dévastation et les mêmes monceaux de murs et de toits écroulés, à la modeste demeure de M. Gaspari, agent du consulat de France à Athènes. Je lui avais envoyé le matin la lettre qui me recommandait à son obligeance. Je n'en avais pas besoin : l'obligeance est le caractère de presque tous nos agens à l'étranger. M. Gaspari nous reçut comme des amis inconnus, et pendant qu'il envoyait son fils chercher une maison pour nous dans quelque masure encore debout d'Athènes, une de ses filles, Athénienne, belle et gracieuse image de cette beauté héréditaire des femmes de son pays, nous servait avec empressement et modestie du jus d'orange glacé, dans des vases de terre poreuse, aux formes antiques. Après nous être un moment rafraîchis dans cet humble asile d'une simple et cordiale hospitalité, si douce à rencontrer sous un ciel brûlant, à huit cents lieues de son pays, à la fin d'une journée de tempête, de soleil et de poussière, M. Gaspari nous conduisit au bas de la ville, à travers les mêmes ruines, jusqu'à une maison blanche et propre, élevée tout récemment, et où un Italien, M****, avait monté une auberge. Quelques chambres blanchies à la chaux et proprement meublées, une cour rafraîchie par une source et par un peu d'ombre, au pied de l'escalier une belle lionne en marbre blanc, des fruits et des légumes abondans, du miel de l'Hymette calomnié par M. de Chateaubriand, des domestiques grecs entendant l'italien, empressés et intelligens, tout cela doubla de prix pour nous, au milieu de la désolation et de la nudité absolue d'Athènes.

On ne trouverait pas mieux sur une route d'Italie, d'Angleterre ou de Suisse. Puisse cette auberge se soutenir et prospérer pour la consolation et le bien-être des voyageurs à venir! Mais hélas! depuis quarante-huit jours, aucun étranger n'en avait franchi le seuil ni troublé le silence.

Le soir, M. Gropius vint obligeamment se mettre à notre disposition pour nous montrer et nous commenter Athènes. Aussi heureux que l'avait été autrefois M. de Chateaubriand, conduit dans les ruines d'Athènes par M. Fauvel, nous eûmes dans M. Gropius un second Fauvel, qui s'est fait Athénien depuis trente-deux ans, et qui bâtit, comme son maître, la maison de ses vieux jours parmi ces débris d'une ville où il a passé sa jeunesse, et qu'il aide autant qu'il le peut à sortir une centième fois de la poussière poétique. — Consul d'Autriche en Grèce, homme d'érudition et homme d'esprit, M. Gropius joint à l'érudition la plus consciencieuse et la plus approfondie de l'antiquité ce caractère de naïve bonhomie et de grâce inoffensive qui est le type des vrais et dignes enfans de l'Allemagne savante. Injustement accusé par lord Byron, dans ses notes mordantes sur Athènes, M. Gropius ne rendait point offense pour offense à la mémoire du grand poëte; il s'affligeait seulement que son nom eût été traîné par lui d'édition en édition, et livré à la rancune des fanatiques ignorans de l'antiquité; mais il n'a pas voulu se justifier, et quand on est sur les lieux, témoin des efforts constans que fait cet homme distingué pour restituer un mot à une inscription, un fragment égaré à une statue, ou une forme et une date à un monument, on est sûr d'avance que M. Gropius n'a jamais profané ce qu'il adore, ni fait un vil commerce de la plus noble et de la plus désintéressée des études, l'étude des antiquités.

Avec un tel homme, les jours valent des années pour le voyageur ignorant comme moi. — Je lui demandai de me faire grâce de toutes les antiquités douteuses, de toutes les célébrités de convention, de toutes les beautés systématiques. J'abhorre le mensonge et l'effort en tout, mais surtout en admiration. Je ne veux voir que ce que Dieu ou l'homme ont fait beau; la beauté présente, réelle, palpable, parlante à l'œil et à l'âme, et non la beauté de lieu et d'époque : la beauté historique ou critique, — celle-là aux savans. — A nous, poëtes, la beauté évidente et sensible; — nous ne sommes pas des êtres d'abstraction, mais des hommes de nature et d'instinct : ainsi j'ai parcouru mainte fois Rome; ainsi j'ai visité les mers et les montagnes; ainsi j'ai lu les sages, les historiens et les poëtes; ainsi j'ai visité Athènes.

C'était une belle et pure soirée : le soleil dévorant descendait noyé dans une brume violette sur la barre noire et étroite qui forme l'isthme de Corinthe, et frappait de ses derniers faisceaux lumineux les créneaux de l'Acropolis qui s'arrondissent, comme une couronne de tours, sur la vallée large et ondulée où dort silencieuse l'ombre d'Athènes. Nous sortîmes par des sentiers sans noms et sans traces, franchissant à tout moment des brèches de murs de jardins renversés, ou des maisons sans toits, ou des ruines amoncelées sur la poussière blanche de la terre d'Attique. A mesure que nous descendions vers le fond de la vallée profonde et déserte qu'ombragent le temple de Thésée, le Pnyx, l'Aréopage et la colline des Nymphes, nous découvrions une plus vaste étendue de la ville moderne qui se déployait sur notre gauche, semblable en tout à ce que nous avions vu ailleurs. — Assemblage confus, vaste, morne, désordonné, de huttes écroulées, de pans de murs encore debout, de toits enfoncés, de jardins et de cours ravagés, de monceaux de pierres entassées, barrant les chemins et roulant sous les pieds ; tout cela couleur de ruines récentes ; de ce gris terne, flasque, décoloré, qui n'a pas même pour l'œil la sainteté du temps écoulé, ni la grâce des ruines. — Nulle végétation, excepté trois ou quatre palmiers semblables à des minarets turcs restés debout sur la ville détruite ; çà et là quelques maisons aux formes vulgaires et modernes récemment relevées par quelques Européens ou quelques Grecs de Constantinople. — Maisons de nos villages de France ou d'Angleterre, toits élevés sans grâce, fenêtres nombreuses et étroites ; — absence de terrasse, de lignes architecturales, de décorations ; — auberges pour la vie, bâties en attendant une destruction nouvelle ; mais rien de ces palais qu'un peuple civilisé élève avec confiance pour lui et les générations à naître. — Au milieu de tout ce chaos, mais rares, quelques pans de stade, quelques colonnes noirâtres de l'arche d'Adrien ou de Lazora, le dôme de la tour des Vents, ou de la lanterne de Diogène, appelant l'œil et ne l'arrêtant pas. — Devant nous grandissait et se détachait du tertre gris où il est placé, le temple de Thésée, isolé, découvert de toutes parts, debout tout entier sur son piédestal de rochers ; — ce temple, après le Parthénon, le plus beau selon la science que la Grèce ait élevé à ses dieux ou à ses héros.

En approchant, convaincu par la lecture de la beauté du monument, j'étais étonné de me sentir froid et stérile ; mon cœur cherchait à s'émouvoir, mes yeux cherchaient à admirer : rien. — Je ne sentais que ce qu'on éprouve à la vue d'une œuvre sans défaut, un plaisir négatif ; — mais une impression réelle et forte, une volupté neuve, puissante, involontaire ; point. — Ce temple est trop petit ; c'est un sublime jouet de l'art! Ce n'est pas un monument pour les dieux, pour les hommes, pour les siècles. Je n'eus qu'un instant d'extase, c'est celui où, assis à l'angle occidental du temple, sur ses dernières marches, mes regards embrassèrent à la fois, avec la magnifique harmonie de ses formes et l'élégance majestueuse de ses colonnes, l'espace vide et plus sombre de son portique, et sur sa frise intérieure les admirables bas-reliefs des combats des Centaures et des Lapithes; et au-dessus, par l'ouverture du centre, le ciel bleu et resplendissant, répandant son jour mystique et serein sur les corniches et sur les formes saillantes des figures des bas-reliefs : elles semblaient alors vivre et se mouvoir. Les grands artistes en tout genre ont seuls ce don de la vie, — hélas! à leurs dépens! — Au Parthénon il ne reste plus que deux figures, Mars et Vénus à demi écrasés par deux énormes fragmens de la corniche qui ont glissé sur leurs têtes ; mais ces deux figures valent pour moi à elles seules plus que tout ce que j'ai vu en sculpture de ma vie : elles vivent comme jamais toile ou marbre n'a vécu. — On souffre du poids qui les écrase; on voudrait soulager leurs membres, qui semblent plier en se raidissant sous cette masse; on sent que le ciseau de Phidias tremblait, brûlait dans sa main quand ces sublimes figures naissaient sous ses doigts. — On sent, et ce n'est point une illusion, c'est la vérité, vérité douloureuse! que l'artiste infusait de sa propre individualité, de son propre sang, dans les formes, dans les veines des êtres qu'il créait, et que c'est encore une partie de sa vie qu'on voit palpiter dans ces formes vivantes, dans ces membres prêts à se mouvoir, sur ces lèvres prêtes à parler.

Non, le temple de Thésée n'est pas digne de sa renommée; il ne vit pas comme monument, il ne dit rien de ce qu'il doit dire ; c'est de la beauté sans doute, mais de la beauté froide et morte dont l'artiste seul doit aller secouer le linceul et essuyer la poussière ; pour moi, je l'admire et je m'en vais sans aucun désir de le revoir. Les belles pierres de la colonnade du Vatican, les ombres majestueuses et colossales de Saint-Pierre de Rome, ne m'ont jamais laissé sortir sans un regret, sans une espérance d'y revenir !

Plus haut, en gravissant une noire colline couverte de chardons et de cailloux rougeâtres, vous arrivez au Pnyx, lieu des assemblées orageuses du peuple d'Athènes et des ovations inconstantes de ses orateurs ou de ses favoris. — D'énormes blocs de pierre noire, dont quelques-uns ont jusqu'à douze ou treize pieds cubes, reposent les uns sur les autres, et portaient la terrasse où le peuple se réunissait. Plus haut encore, et à une distance d'environ cinquante pas, on voit un énorme bloc carré dans lequel on a taillé des degrés qui servaient sans doute à l'orateur pour monter sur cette tribune qui dominait ainsi le peuple, la ville et la mer ; ceci n'a aucun caractère de l'élégance du peuple de Périclès ; cela sent le Romain ; les souvenirs y sont beaux. — Démosthène parlait de là, et soulevait ou calmait cette mer populaire plus orageuse que la mer Égée, qu'il pouvait entendre aussi mugir derrière lui. Je m'assis là, seul et pensif ; et j'y restai jusqu'à la nuit presque close, ranimant sans efforts toute cette histoire, la plus belle, la plus pressée, la plus bouillonnante de toutes les histoires d'hommes qui aient remué le glaive ou la parole. Quels temps pour le génie ! et que de génie, de grandeur, de sagesse, de lumière, de vertu même (car non loin de là mourut Socrate) pour ce temps ! Ce moment-ci y ressemble en Europe, et surtout en France, cette Athènes vulgaire des temps modernes. — Mais c'est l'élite seule de la France et de l'Europe qui est Athènes, la masse est barbare encore ! Supposez Démosthène parlant sa langue brûlante, sonore, colorée, à une réunion populaire d'une de nos cités actuelles ; qui la comprendrait ? L'inégalité de l'éducation et de la lumière est le grand obstacle à notre civilisation complète moderne. Le peuple est maître, mais il n'est pas capable de l'être ; voilà pourquoi il détruit partout et n'élève rien de beau, de durable, de majestueux nulle part! Tous les Athéniens comprenaient Démosthène, savaient leur langue, jugeaient leur législation et leurs arts. — C'était un peuple d'hommes d'élite; il avait les passions du peuple, il n'avait pas son ignorance; il faisait des crimes, mais pas de sottises. — Ce n'est plus ainsi; voilà pourquoi la démocratie, nécessaire en droit, semble impossible en fait dans les grandes sociétés modernes. — Le temps seul peut rendre les peuples capables de se gouverner eux-mêmes. — Leur éducation se fait par leurs révolutions.

Le sort de l'orateur, comme Démosthène ou Mirabeau, les deux seuls dignes de ce nom, est plus séduisant que le sort du philosophe ou du poëte; l'orateur participe à la fois de la gloire de l'écrivain et de la puissance des masses sur lesquelles et par lesquelles il agit : — c'est le philosophe roi, s'il est philosophe; mais son arme terrible, le peuple, se brise entre ses mains, le blesse et le tue lui-même; — et puis ce qu'il fait, ce qu'il dit, ce qu'il remue dans l'humanité, passions, principes, intérêts passagers, tout cela n'est pas durable, n'est pas éternel de sa nature. — Le poëte, au contraire, et j'entends par poëte tout ce qui crée des idées en bronze, en pierre, en prose, en paroles ou en rhythmes, le poëte ne remue que ce qui est impérissable dans la nature et dans le cœur humain; — les temps passent, les langues s'usent; mais il vit toujours tout entier, toujours aussi lui, aussi grand, aussi neuf, aussi puissant sur l'âme de ses lecteurs; son sort est moins humain, mais plus divin! il est au-dessus de l'orateur.

Le beau serait de réunir les deux destinées: nul homme ne l'a fait; mais il n'y a cependant aucune incompatibilité entre l'action et la pensée dans une intelligence complète; l'action est fille de la pensée, — mais les hommes, jaloux de toute prééminence, n'accordent jamais deux puissances à une même tête; — la nature est plus libérale! — Ils proscrivent du domaine de l'action celui qui excelle dans le domaine de l'intelligence et de la parole; ils ne veulent pas que Platon fasse des lois réelles, ni que Socrate gouverne une bourgade.

J'envoyai demander au bey turc Youssouf-Bey, commandant de l'Attique, la permission de monter à la citadelle avec mes amis et de visiter le Parthénon. — Il m'envoya un janissaire pour m'accompagner. — Nous partîmes le 20 à cinq heures du matin, accompagnés de M. Gropius. — Tout se tait devant l'impression incomparable du Parthénon, ce temple des temples bâti par Setinus, ordonné par Périclès, décoré par Phidias; — type unique et exclusif du beau, dans les arts de l'architecture et de la sculpture; — espèce de révélation divine de la beauté idéale reçue un jour par le peuple artiste par excellence, et transmise par lui à la postérité, en blocs de marbre impérissables et en sculptures qui vivront à jamais. — Ce monument, tel qu'il était avec l'ensemble de sa situation, de son piédestal naturel, de ses gradins décorés de statues sans rivales, de ses formes grandioses, de son exécution achevée dans tous les détails, de sa matière, de sa couleur, lumière pétrifiée, ce monument écrase, depuis des siècles, l'admiration sans l'assouvir; — quand on en voit ce que j'en ai vu seulement, avec ses majestueux lambeaux mutilés par les bombes vénitiennes, par l'explosion de la poudrière sous Morosini, par le marteau de Théodore, — par les canons des Turcs et des Grecs; — ses colonnes en blocs immenses touchant ses pavés, ses chapiteaux écroulés, ses triglyphes brisés par les agens de lord Elgin, ses statues emportées par des vaisseaux anglais; — ce qu'il en reste est suffisant pour que je sente que c'est le plus parfait poëme écrit en pierre sur la face de la terre; mais encore, je le sens aussi, c'est trop petit, l'effet est manqué ou il est détruit. — Je passe des heures délicieuses couché à l'ombre des Propylées, les yeux attachés sur le fronton croulant du Parthénon; je sens l'antiquité tout entière dans ce qu'elle a produit de plus divin; — le reste ne vaut pas la parole qui le décrit! L'aspect du Parthénon fait apparaître, plus que l'histoire, la grandeur colossale d'un peuple. Périclès ne doit pas mourir! Quelle civilisation surhumaine que celle qui a trouvé un grand homme pour ordonner, un architecte pour concevoir, un sculpteur pour décorer, des statuaires pour exécuter, des ouvriers pour tailler, un peuple pour solder, et des yeux pour comprendre et admirer un pareil édifice? Où retrouvera-t-on et une époque et un peuple pareils? Rien ne l'annonce. A mesure que l'homme vieillit, il perd la séve, la verve, le désintéressement nécessaires pour les arts! Les Propylées, — le temple d'Érecthée ou celui des Cariatides sont à côté du Parthénon. — Chefs-d'œuvre eux-mêmes, mais noyés dans ce chef-d'œuvre; l'âme, frappée d'un coup trop fort à l'aspect du premier de ces édifices, n'a plus de force pour admirer les autres; il faut voir et s'en aller, — en pleurant moins sur la dévastation de cette œuvre surhumaine de l'homme que sur l'impossibilité de l'homme d'en égaler jamais la sublimité et l'harmonie; ce sont de ces révélations que le ciel ne donne pas deux fois à la terre : — c'est comme le poëme de Job ou le Cantique des cantiques; comme le poëme d'Homère ou la musique de Mozart! cela se fait, se voit, s'entend; puis cela ne se fait plus, ne se voit plus, ne s'entend plus jusqu'à la consommation des âges; — heureux les hommes par lesquels passent ces souffles divins; ils meurent, mais ils ont prouvé à l'homme ce que peut être l'homme! et Dieu les rappelle à lui pour le célébrer ailleurs et dans une langue plus puissante encore! J'erre tout le jour, muet, dans ces ruines, et je rentre l'œil ébloui de formes et de couleurs; le cœur plein de mémoire et d'admiration! Le gothique est beau; mais l'ordre et la lumière y manquent; — ordre et lumière, ces deux principes de toute création éternelle! — Adieu pour jamais au gothique.

De tous les livres à faire, le plus difficile, à mon avis, c'est une traduction. Or, voyager, c'est traduire; c'est traduire à l'œil, à la pensée, à l'âme du lecteur, les lieux, les couleurs, les impressions, les sentimens que la nature ou les monumens humains donnent au voyageur. Il faut à la fois savoir regarder, sentir et exprimer; et exprimer comment? non pas avec des lignes et des couleurs, comme le peintre, chose facile et simple; non pas avec des sons, comme le musicien ; mais avec des mots, avec des idées qui ne renferment ni sons, ni lignes, ni couleurs. Ce sont les réflexions que je faisais, assis sur les marches du Parthénon, ayant Athènes et le bois d'oliviers du Pirée, et la mer bleue d'Égée devant les yeux, et sur ma tête l'ombre majestueuse de la frise du temple des temples. — Je voulais emporter pour moi un souvenir vivant, un souvenir écrit de ce moment de ma vie! Je sentais que ce chaos de marbre si sublime, si pittoresque dans mon œil, s'évanouirait de ma mémoire, et je voulais pouvoir le retrouver dans la vulgarité de ma vie future. — Écrivons donc : ce ne sera pas le Parthénon, mais ce sera du moins une ombre de cette grande ombre qui plane aujourd'hui sur moi.

Du milieu des ruines qui furent Athènes, et que les canons des Grecs et des Turcs ont pulvérisées et semées dans toute la vallée et sur les deux collines où s'étendait la ville de Minerve, une montagne s'élève à pic de tous les côtés. — D'énormes murailles l'enceignent, et bâties à leur base de fragmens de marbre blanc, plus haut avec les débris de frises et de colonnes antiques, elles se terminent dans quelques endroits par des créneaux vénitiens. Cette montagne ressemble à un magnifique piédestal, taillé par les dieux mêmes pour y asseoir leurs autels. Son sommet, aplani pour recevoir les aires de ces temples, n'a guère que cinq cents pieds de longueur sur deux ou trois cents pieds de large. Il domine toutes les collines qui formaient le sol d'Athènes antique et les vallées du Pentélique, et le cours de l'Ilissus, et la plaine du Pirée, et la chaîne des vallons et des cimes qui s'arrondit et s'étend jusqu'à Corinthe, et la mer enfin semée des îles de Salamine et d'Égine où brillent au sommet les frontons du temple de Jupiter Panhellénien. — Cet horizon est admirable encore aujourd'hui que toutes ces collines sont nues et réfléchissent, comme un bronze poli, les rayons réverbérés du soleil de l'Attique. Mais quel horizon Platon devait avoir de là sous les yeux, quand Athènes, vivante et vêtue de ses mille temples inférieurs, bruissait à ses pieds comme une ruche trop pleine ; quand la grande muraille du Pirée traçait jusqu'à la mer une avenue de pierre et de marbre, pleine de mouvement, et où la population d'Athènes passait et repassait sans cesse comme des flots ; quand le Pirée lui-même et le port de Phalère, et la mer d'Athènes, et le golfe de Corinthe étaient couverts de forêts de mâts ou de voiles étincelantes ; quand les flancs de toutes les montagnes, depuis les montagnes qui cachent Marathon jusqu'à l'Acropolis de Corinthe, amphithéâtre de quarante lieues de demi-cercle, étaient découpés de forêts, de pâturages, d'oliviers et de vignes, et que les villages et les villes décoraient de toutes parts cette splendide ceinture de montagnes ! —

— Je vois d'ici les mille chemins qui descendaient de ces montagnes, tracés sur les flancs de l'Hymette, dans toutes les sinuosités des gorges et des vallées qui viennent toutes, comme des lits de torrens, déboucher sur Athènes. — J'entends les rumeurs qui s'en élèvent, les coups de marteau des tireurs de pierre dans les carrières de marbre du mont Pentélique, le roulement des blocs qui tombent le long des pentes de ses précipices, et toutes ces rumeurs qui remplissent de vie et de bruit les abords d'une grande capitale. — Du côté de la ville, je vois monter par la voie Sacrée, taillée dans le flanc même de l'Acropolis, la population religieuse d'Athènes, qui vient implorer Minerve et faire fumer l'encens de toutes ses divinités domestiques à la place même où je suis assis maintenant et où je respire la poussière seule de ces temples.

Rebâtissons le Parthénon ; cela est facile, il n'a perdu que sa frise et ses compartimens intérieurs. Les murs extérieurs ciselés par Phidias, les colonnes ou les débris des colonnes y sont encore. Le Parthénon était entièrement construit de marbre blanc, dit marbre pentélique, du nom de la montagne voisine d'où on le tirait. Il consistait en un carré long, entouré d'un péristyle de quarante-six colonnes d'ordre dorique. — Chaque colonne a six pieds de diamètre à sa base, et trente-quatre pieds d'élévation. — Les colonnes reposent sur le pavé même du temple et n'ont point de base. A chaque extrémité du temple existe ou existait un portique de six colonnes. La dimension totale de l'édifice était de deux cent vingt-huit pieds de long sur cent deux pieds de large ; sa hauteur était de soixante-six pieds. Il ne présentait à l'œil que la majestueuse simplicité de ses lignes architecturales. — C'était une seule pensée de pierre, une et intelligible d'un regard, comme la pensée antique. — Il fallait s'approcher pour contempler la richesse des matériaux et l'inimitable perfection des ornemens et des détails. — Périclès avait voulu en faire autant un assemblage de tous les chefs-d'œuvre du génie et de la main de l'homme, qu'un hommage aux dieux, — ou plutôt, c'était le génie grec tout entier, s'offrant sous cet emblème, comme un hommage lui-même à la Divinité. Les noms de tous ceux qui ont taillé une pierre, ou modelé une statue du Parthénon, sont devenus immortels.

Oublions le passé, et regardons maintenant autour de nous, alors que les siècles, la guerre, les religions barbares, des peuples stupides, le foulent aux pieds depuis plus de deux mille ans. —

Il ne manque que quelques colonnes à la forêt de blanches colonnes : elles sont tombées, en blocs entiers et éclatans, sur les pavés ou sur les temples voisins : quelques-unes, comme les grands chênes de la forêt de Fontainebleau, sont restées penchées sur les autres colonnes ; d'autres ont glissé du haut du parapet qui cerne l'Acropolis, et gisent, en blocs énormes concassés, les unes sur les autres, comme dans une carrière les rognures des blocs que l'architecte a rejetées. — Leurs flancs sont dorés de cette croûte de soleil que les siècles étendent sur le marbre : leurs brisures sont blanches comme l'ivoire travaillé d'hier. Elles forment, de ce côté du temple, un chaos ruisselant de marbre de toutes formes, de toutes couleurs, jeté, empilé, dans le désordre le plus bizarre et le plus majestueux : de loin, on croirait voir l'écume de vagues énormes qui viennent se briser et blanchir sur un cap battu des mers. L'œil ne peut s'en arracher ; on les regarde, on les suit, on les admire, on les plaint avec ce sentiment qu'on éprouverait pour des êtres qui auraient eu ou qui auraient encore le sentiment de la vie. C'est le plus sublime effet de ruines que les hommes ont jamais pu produire, parce que c'est la ruine de ce qu'ils firent jamais de plus beau!

Si l'on entre sous le péristyle et sous les portiques, on peut se croire encore au moment où l'on achevait l'édifice; les murs intérieurs sont tellement conservés, la face des marbres si luisante et si polie, les colonnes si droites, les parties conservées de l'édifice si admirablement intactes, que tout semble sortir des mains de l'ouvrier; seulement le ciel étincelant de lumière est le seul toit du Parthénon, et, à travers les déchirures des pans de murailles, l'œil plonge sur l'immense et volumineux horizon de l'Attique. Tout le sol à l'entour est jonché de fragmens de sculpture ou de morceaux d'architecture qui semblent attendre la main qui doit les élever à leur place dans le monument qui les attend. — Les pieds heurtent sans cesse contre les chefs-d'œuvre du ciseau grec : on les ramasse, on les rejette, pour en ramasser un plus curieux; on se lasse enfin de cet inutile travail; tout n'est que chef-d'œuvre pulvérisé. — Les pas s'impriment dans une poussière de marbre; on finit par la regarder avec indifférence, et l'on reste insensible et muet, abîmé dans la contemplation de l'ensemble, et dans les mille pensées qui sortent de chacun de ces débris. Ces pensées sont de la nature même de la scène où on les respire; elles sont graves comme ces ruines des temps écoulés, comme ces témoins majestueux du néant de l'humanité; mais elles sont sereines comme le ciel qui est sur nos têtes, inondées d'une lumière harmonieuse et pure, élevées comme ce piédestal de l'Acropolis, qui semble planer au-dessus sur la terre ; résignées et religieuses comme ce monument élevé à une pensée divine que Dieu a laissé crouler devant lui pour faire place à de plus divines pensées! Je ne sens point de tristesse ici; l'âme est légère, quoique méditative; ma pensée embrasse l'ordre des volontés divines, des destinées humaines; elle admire qu'il ait été donné à l'homme de s'élever si haut dans les arts et dans une civilisation matérielle; elle conçoit que Dieu ait brisé ensuite ce moule admirable d'une pensée incomplète; que l'unité de Dieu, reconnue enfin par Socrate dans ces mêmes lieux, ait retiré le souffle de vie de toutes ces religions qu'avait enfantées l'imagination des premiers temps; que ces temples se soient écroulés sur leurs dieux : la pensée du Dieu unique jetée dans l'esprit humain vaut mieux que ces demeures de marbre où l'on n'adorait que son ombre. Cette pensée n'a pas besoin de temples bâtis de main d'homme : la nature entière est le temple où elle adore. A mesure que les religions se spiritualisent, les temples s'en vont; le christianisme lui-même, qui a construit le gothique pour l'animer de son souffle, laisse ses admirables basiliques tomber peu à peu en ruines; les milliers de statues de ses demi-dieux descendent par degrés de leurs socles aériens autour de ses cathédrales; il se transforme aussi, et ses temples deviennent plus nus et plus simples à mesure qu'il se dépouille lui-même des superstitions de ses âges de ténèbres, et qu'il résume davantage la grande pensée qu'il propagea sur la terre, pensée du Dieu unique prouvé par la raison et adoré par la vertu.

VISITE AU PACHA.

Le 20 au soir, j'allai remercier Youssouf, bey de Négrepont et d'Athènes; j'entrai dans une cour moresque; les larges galeries des deux étages étaient supportées par de petites colonnes de marbre noir. Une fontaine vide était au milieu de la cour ; — des écuries tout autour. Je remontai un escalier de bois au bas duquel étaient rangés plusieurs spahis, et l'on m'introduisit chez le bey. Au fond d'un vaste et riche appartement décoré de boiseries à petits compartimens peints en fleurs, en arabesque et en or, dans le coin d'un large divan d'étoffe des Indes, le bey était assis à la turque ; — sa tête était entre les mains de son barbier, beau jeune homme revêtu d'un costume militaire très-riche, et ayant des armes superbes dans sa ceinture ; huit ou dix esclaves, dans diverses attitudes, étaient disséminés dans la chambre. Le bey me fit demander pardon de s'être laissé surprendre dans le moment de sa toilette, et me pria de m'asseoir sur le divan non loin de lui ; — je m'assis, et la conversation commença. Nous parlâmes de l'objet de mon voyage, de l'état de la Grèce, des nouvelles limites assignées par la conférence de Londres, des négociations terminées de M. Stratford-Canning, toutes choses que le bey paraissait ignorer profondément, et sur lesquelles il m'interrogeait avec le plus vif intérêt. Bientôt un esclave portant une longue pipe dont le bout était d'ambre jaune, et le tuyau revêtu de soie plissée, s'approcha de moi à pas comptés et en regardant la terre ; quand il eut calculé exactement en lui-même la distance précise du point du parquet où il poserait la pipe, à ma bouche, il la plaça à terre, et, marchant circulairement pour ne point la déranger de son aplomb, il vint à moi par un demi-tour et me remit, en s'inclinant, le bout d'ambre entre les mains à portée de mes lèvres. Je m'inclinai à mon tour vers le pacha qui me rendit mon salut, et nous commençâmes à fumer. Un lévrier blanc d'Athènes, la queue et les pattes peintes en jaune, dormait aux pieds du bey. Je lui fis compliment sur la beauté de cet animal et lui demandai s'il était chasseur. Il me dit que non, mais que son fils, alors à Négrepont, aimait passionnément cet exercice ; il ajouta qu'il m'avait vu passer dans les rues d'Athènes avec un lévrier blanc aussi, mais de plus petite race, qu'il avait trouvé incomparablement beau, et que, si j'en avais plusieurs, il serait au comble de la joie d'en posséder un pareil. Je lui promis à mon retour dans ma patrie de lui en faire parvenir un, en signe de souvenir et de reconnaissance de ses bontés, à Athènes. — Un autre esclave apporta alors le café dans de très-petites tasses de porcelaine de la Chine, contenues elles-mêmes dans de petits réseaux de fil d'argent doré.

La figure de ce Turc avait le caractère que j'ai reconnu depuis dans toutes les figures des musulmans que j'ai eu occasion de voir en Syrie et en Turquie : — noblesse, douceur, et cette résignation calme et sereine que donne à ces hommes la doctrine de la prédestination et aux vrais chrétiens la foi dans la Providence ; — même culte de la volonté divine : — l'un poussé jusqu'à l'absurde et jusqu'à l'erreur ; l'autre, expression triste et vraie de l'universelle et miséricordieuse sagesse qui préside à la destinée de tout ce qu'elle a daigné créer. Si une conviction pouvait être une vertu, le fatalisme, ou plutôt le providentisme, serait la mienne ! Je crois à l'action complète, toujours agissante, toujours présente, de la volonté de Dieu ; — le mal seul s'oppose en nous à ce que cette volonté divine produise toujours le bien ! Aussitôt que notre destinée est altérée, gâtée, pervertie, si nous regardons bien, nous reconnaîtrons toujours que c'est par une volonté de nous, une volonté humaine, c'est-à-dire corrompue et perverse ; si nous laissions agir la seule volonté toujours bonne, nous serions toujours bons et toujours heureux nous-mêmes ! le mal n'existerait pas ! Ces dogmes du Koran ne sont que du christianisme altéré, mais cette altération n'a pas pu les dénaturer ! Ce culte est plein de vertus, et j'aime ce peuple, car c'est le peuple de la prière !

VOYAGE

22 août 1832.

Vives inquiétudes sur la santé de ma fille; — triste promenade au temple de Jupiter Olympien et au Stadi. Bu des eaux du ruisseau bourbeux et infect, qui est l'Ilissus! J'y trouvai à peine assez d'eau pour y tremper mon doigt : — aridité, nudité, couleur de mâchefer, répandue sur toute cette campagne d'Athènes! O campagnes de Rome, tombeaux dorés des Scipions, fontaine verte et sombre d'Égérie! quelle différence! et que le ciel aussi surpasse à Rome le ciel tant vanté de l'Attique!

23 août 1832.

Partis la nuit. — Belle aurore sous le bois d'oliviers du Pirée en allant à la mer. —

Le brick de guerre *le Génie*, capitaine Cuneo d'Ornano, nous attendait, et nous levons l'ancre. — Une belle brise du nord nous jette en trois heures devant le cap Sunium, dont nous voyons les colonnes jaunes marquer à l'horizon la trace toujours vivante du verbe de la sagesse grecque, de ce Platon dont je serais le disciple, si le Christ n'avait ni parlé, ni vécu, ni souffert, ni pardonné en expirant.

Nuit terrible passée au milieu des Cyclades. — Le vent baisse au lever du jour, — belle et douce navigation jusqu'au soir. A la nuit, coup de vent furieux entre l'île d'Armagos et celle de Stampalia. — Gémissement douloureux du navire; coups sourds de la lame sur la poupe. — Roulis qui nous jette tantôt sur une vague, tantôt sur une autre. Je passe la nuit à soigner l'enfant et à me promener sur le pont. Nuit douloureuse! Combien de fois je frémis en pensant que j'ai mis tant de vies sur une seule chance! Que je serais heureux si un esprit céleste emportait Julia sous les ombres paisibles de Saint-Point! Ma vie à moi, à moitié usée, a perdu plus de la moitié de son prix pour moi-même! mais cette vie, encore mienne, qui brille dans ces beaux yeux, qui palpite dans cette jeune poitrine, m'est cent fois plus chère que la mienne! c'est pour celle-là surtout que je prie avec ferveur le souffle qui soulève les vagues d'épargner ce berceau que je lui ai si imprudemment confié : — il m'exauce; les vagues s'aplanissent, le jour paraît, les îles fuient derrière nous; Rhodes se montre à droite, dans le lointain brumeux de l'horizon d'Asie, et les hautes cimes de la côte de Caramanie, blanches comme la neige des Alpes, s'élèvent resplendissantes au-dessus des nuages flottans de la nuit : — Voilà donc l'Asie!

L'impression surpasse celle des horizons de la Grèce! on sent un air plus doux; la mer et le ciel sont teints d'un bleu plus calme et plus pâle; la nature se dessine en masses plus majestueuses; je respire, et je sens mon entrée dans une région plus large et plus haute! la Grèce est petite, — tourmentée, dépouillée, c'est le squelette d'un nain! voici celui d'un géant! De noires forêts tachent les flancs des montagnes de Marmoriza, et l'on voit de loin tomber des torrens blancs d'écume dans les profonds ravins de la Caramanie.

Rhodes sort comme un bouquet de verdure du sein des flots; les minarets légers et gracieux de ses blanches mosquées se dressent au-dessus de ses forêts de palmier, de caroubiers, de sycomores, de platanes, de figuiers; — ils attirent de loin l'œil du navigateur sur ces retraites délicieuses des cimetières turcs, où l'on voit chaque soir les musulmans, couchés sur le gazon de la tombe de leurs amis, fumer et compter tranquillement comme des sentinelles qui attendent qu'on vienne les relever, comme des hommes indolens qui aiment à se coucher sur leurs lits et à essayer le sommeil avant l'heure du dernier repos. A dix heures du matin, notre brick se trouve tout à coup entouré de cinq ou six frégates turques à pleines voiles qui croisent devant Rhodes ; — l'une d'elles s'approche à portée de la voix et nous interroge en français ; — on nous salue avec politesse, et nous jetons bientôt l'ancre dans la rade de Rhodes, au milieu de trente-six bâtimens de guerre du capitan-pacha, Halid-Pacha. — Deux bâtimens de guerre français, l'un à vapeur, *le Sphynx*, commandé par le capitaine Sarlat, l'autre une corvette, *l'Actéon*, commandé par le capitaine Vaillant, sont mouillés non loin de nous. Les officiers viennent à bord nous demander des nouvelles d'Europe. Le soir nous remercions le commandant du brick *le Génie*, M. d'Ornano ; — il repart avec *l'Actéon*. — Nous continuerons seuls notre navigation vers Chypre et la Syrie.

Deux jours passés à Rhodes à parcourir cette première ville turque : — caractère oriental des bazars, boutiques moresques en bois sculpté ; rue des Chevaliers, où chaque maison garde encore intacts, sur sa porte, les écussons des anciennes maisons de France, d'Espagne, d'Italie et d'Allemagne. — Rhodes a de beaux restes de ses fortifications antiques ; la riche végétation d'Asie qui les couronne et les enveloppe leur donne plus de grâce et de beauté que n'en ont celles de Malte : — un ordre qui put se laisser chasser d'une si magnifique possession recevait le coup mortel ! Le ciel semble avoir fait cette île comme un poste avancé sur l'Asie : — une puissance européenne qui en serait maîtresse tiendrait à la fois la clef de l'Archipel, de la Grèce, de Smyrne, des Dardanelles, de la mer d'Egypte et de la mer de Syrie : — je ne connais au monde ni une plus belle position militaire maritime, ni un plus beau ciel, ni une terre plus riante et plus féconde. — Les Turcs y ont imprimé ce caractère d'inaction et d'indolence qu'ils portent partout ! Tout y est dans l'inertie et dans une sorte de misère ; — mais ce peuple, qui ne crée rien, qui ne renouvelle rien, ne brise et ne détruit rien non plus : il laisse au moins agir la nature librement autour de lui ; il respecte les arbres jusqu'au milieu même des rues et des maisons qu'il habite ; de l'eau et de l'ombre, le murmure assoupissant et la fraîcheur voluptueuse, sont ses premiers, sont ses seuls besoins. — Aussi, dès que vous approchez, en Europe ou en Asie, d'une terre possédée par les musulmans, vous la reconnaissez de loin au riche et sombre voile de verdure qui flotte gracieusement sur elle : — des arbres pour s'asseoir à leur ombre, des fontaines jaillissantes pour rêver à leur bruit, du silence et des mosquées aux légers minarets, s'élevant à chaque pas du sein d'une terre pieuse : — Voilà tout ce qu'il faut à ce peuple ; il ne sort de cette douce et philosophique apathie que pour monter ses coursiers du désert, les premiers serviteurs de l'homme, et pour voler sans peur à la mort pour son prophète et pour son Dieu. Le dogme du fatalisme en a fait le peuple le plus brave du monde, et, quoique la vie lui soit légère et douce, celle que lui promet le Koran, pour prix d'une vie donnée pour sa cause, est tellement mieux rêvée encore, qu'il n'a qu'un faible effort à faire pour s'élancer de ce monde au monde céleste qu'il voit devant lui rayonnant de beauté, de repos et d'amour ! C'est la religion des héros ! mais cette religion pâlit dans la foi du musulman, et l'héroïsme s'éteint avec la foi qui est son principe : à mesure que les peuples croiront moins, soit à un dogme, soit à une idée, ils mourront moins volontiers et moins noblement. — C'est comme en Europe : pourquoi mourir si la vie vaut mieux que la mort ; s'il n'y a rien d'immortel à gagner en s'immolant à un devoir ? Aussi la guerre va diminuer et s'éteindre en Europe, jusqu'à ce qu'une foi quelconque se ranime et parle dans le cœur de l'homme plus haut que le vil instinct de la vie.

Ravissantes figures de femmes vues le soir assises sur les terrasses au clair de la lune. — C'est l'œil des femmes d'Italie, mais plus doux, plus timide, plus pénétré de tendresse et d'amour ; c'est la taille des femmes grecques, mais plus arrondie, plus assouplie, avec des mouvemens plus suaves, plus gracieux. — Leur front est large, uni, blanc, poli comme celui des plus belles femmes d'Angleterre ou de Suisse ; mais la ligne régulière, droite et large du nez, donne plus de majesté et de noblesse antique à la physionomie. — Les sculpteurs grecs eussent été bien plus parfaits encore, s'ils eussent pris leurs modèles de figures de femmes en Asie ! — Et puis il est si doux pour un Européen accoutumé aux traits fatigués, à la physionomie travaillée et contractée des femmes d'Europe, et surtout des femmes de salon, de voir enfin des figures aussi simples, aussi pures, aussi calmes, que le marbre qui sort de la carrière, des figures qui n'ont qu'une seule expression, le repos et la tendresse, et dans lesquelles l'œil lit aussi vite et aussi facilement que dans les caractères majuscules d'une magnifique édition de luxe.

La société et la civilisation sont évidemment ennemies de la beauté physique. Elles multiplient trop les impressions et les sentimens ; et comme la physionomie en reçoit et en garde involontairement l'empreinte, elle se complique et s'altère elle-même ; elle a quelque chose de confus et d'incertain qui détruit sa simplicité et son charme ; c'est une langue qui a trop de mots et qui ne s'entend plus parce qu'elle est trop riche.

27 août 1832.

A midi, nous mettons à la voile de Rhodes pour Chypre, par une magnifique soirée. J'ai les yeux tournés sur Rhodes qui s'enfonce enfin dans la mer. — Je regrette cette belle île comme une apparition qu'on voudrait ranimer, je m'y fixerais si elle était moins séparée du monde vivant avec lequel la destinée et le devoir nous imposent la loi de vivre! Quelles délicieuses retraites aux flancs de hautes montagnes et sur ces gradins ombragés de tous les arbres de l'Asie! On m'y a montré une maison magnifique appartenant à l'ancien pacha, entourée de trois grands et riches jardins baignés de fontaines abondantes, ornés de kiosques ravissans. — On en demande 16,000 piastres de capital, c'est-à-dire 4,000 fr.; voilà du bonheur à bon marché!

28 août 1832.

La mer est belle, mais lourde, point de vent; d'immenses lames viennent de l'ouest rouler majestueusement sous notre poupe et nous jettent, pendant trois jours et trois nuits, tantôt sur un flanc, tantôt sur l'autre! insupportable martyre qu'un mouvement sans résultat! — c'est rouler le tonneau des enfers! le quatrième jour nous apercevons la pointe orientale de Chypre; un jour passé à longer l'île; nous ne jetons l'ancre dans la rade de Larcana que le sixième jour au matin.

M. Bottu, consul de France à Chypre, reconnaît le bâtiment où il nous sait embarqués. Il envoie à bord une des personnes de son consulat pour nous engager à descendre chez lui et à accepter une hospitalité à laquelle nous n'avons d'autre droit que son obligeance et son amabilité : — j'accepte; — nous descendons : — excellent et cordial accueil de M. et madame Bottu; — M. Perthier et M. Guillois, attachés au consulat, nous comblent des mêmes prévenances; nous rendons et recevons des visites; — présens, — café, vin de Chypre envoyés par M. Mathei, un des magnats de Chypre.

31 août.

Deux jours passés à Chypre ; charme du repos après une longue navigation ; — soins de l'hospitalité la plus inattendue et la plus aimable ; voilà l'état de mon esprit à Chypre ; mais c'est tout. Ce pays, qu'on m'avait vanté comme une oasis des îles de la Méditerranée, ressemble entièrement à toutes les îles pelées, ternes, nues, de l'Archipel ; — c'est la carcasse d'une de ces îles enchantées où l'antiquité avait placé la scène de ses cultes les plus poétiques ; il est vrai que, pressé d'arriver en Asie, je n'ai visité que de l'œil les scènes éloignées et pittoresques dont cette île est, dit-on, remplie ; à mon retour, je dois y faire un séjour d'un mois, et parcourir en détail les montagnes de Chypre.

L'île est fertile dans toutes ses parties ; oranges, olives, raisins, figues, vignes, cotons, tout y réussit, même la canne à sucre. Cette terre de promission, ce beau royaume pour un chevalier des croisades ou pour un compagnon de Bonaparte, nourrissait autrefois jusqu'à deux millions d'hommes ; il n'y reste que trente mille habitans grecs et quelques Turcs. Rien ne serait plus aisé que de s'emparer de cette souveraineté ; un aventurier y réussirait sans peine avec une poignée de soldats et quelques millions de piastres ; cela en vaudrait la peine, s'il y avait chance de la conserver ; mais l'Europe, qui a tant besoin de colonies, s'oppose à ce qu'on lui en fasse ; la jalousie des puissances viendrait au secours des Turcs, sèmerait la discorde dans la nouvelle conquête, et le conquérant aurait le sort du roi Théodore. — Quel dommage ! c'est un beau rêve ; et huit jours le changeraient en réalité.

En mer, parti de l'île de Chypre, le 2 septembre 1832.

Nous avons mis à la voile hier à minuit. Nos amis de Chypre, MM. Bottu et Perthier, ont passé la soirée avec nous sur le pont du brick, et ne nous ont quittés qu'à minuit. Nous emportons les plus vifs sentimens de reconnaissance pour l'accueil vraiment amical que nous ont fait M. et madame Bottu. C'est une singulière destinée que celle du voyageur : il sème partout des affections, des souvenirs, des regrets ; il ne quitte jamais un rivage sans le désir et l'espérance d'y revenir retrouver ceux qu'il ne connaissait pas quelques jours auparavant. Quand il arrive, tout lui est indifférent sur la terre où il promène sa vue : quand il part, il sent que des yeux et des cœurs le suivent de ce rivage qu'il voit s'enfuir derrière lui. Il y attache lui-même ses regards ; il y laisse quelque chose de son propre cœur ; puis le vent l'emporte vers un autre horizon où les mêmes scènes, où les mêmes impressions vont se renouveler pour lui. Voyager, c'est multiplier, par l'arrivée et le départ, par le plaisir et les adieux, les impressions que les événemens d'une vie sédentaire ne donnent qu'à de rares intervalles ; c'est éprouver cent fois dans l'année un peu de ce qu'on éprouve dans la vie ordinaire, à connaître, à aimer et à perdre des êtres jetés sur notre route par la Providence. Partir, c'est comme mourir, quand on quitte ces pays lointains où la destinée ne conduit pas deux fois le voyageur. Voyager, c'est résumer une longue vie en peu d'années ; c'est un des plus forts exercices que l'homme puisse donner à son cœur comme à sa pensée. Le philosophe, l'homme politique, le poëte, doivent avoir beaucoup voyagé. Changer d'horizon moral, c'est changer de pensée.

3 septembre 1832.

Nous nous réveillons en pleine mer. Nous ne voyons plus les côtes blanches de cette île, ni le sommet arrondi de l'Olympe. La mer est calme comme un vaste lac ; une brume épaisse et argentée borde de toutes parts l'horizon. Une faible brise paresseuse et inégale vient par moment mourir dans nos larges voiles. Un soleil de plomb brûle les planches du pont que nous arrosons pour le rafraîchir. Tout le monde est couché sur les barres ou sur les cordages, sans parole, sans mouvement, le front ruisselant de sueur. L'air manque à la respiration ; c'est un véritable simoun sur la mer. Il semble qu'on respire d'avance la moite et brûlante réverbération des sables du désert dont nous sommes encore à cent cinquante lieues. Les journées se passent ainsi. On n'a pas la force de parler, pas même la force de lire. J'entr'ouvre quelquefois la Bible pour y chercher ce qui concerne le Liban, premières cimes qui doivent bientôt frapper nos yeux. Je lis l'histoire d'Hérode dans l'historien Josèphe.

4 septembre 1832.

Même absence du vent : même incendie du ciel. La mer fume de chaleur ; et ses eaux mortes sont voilées d'un brouillard qu'aucun souffle ne soulève. Nous épions à perte de vue les légères rides que quelques brises perdues tracent à sa surface : nous voyons l'une d'elles lentement s'approcher du brick en rendant un peu de couleur vive à la mer ; elle donne une légère enflure à nos grandes voiles : le navire craque et soulève un peu d'écume à sa proue. Les poitrines se dilatent ; on s'approche du bord où la brise est venue. On sent un peu de fraîcheur glisser sur son front, sous les boucles humides de ses cheveux ; et puis tout rentre dans le calme et dans la fournaise accoutumée. L'eau que nous buvons est tiède ; personne n'a la force de manger. Si cet état se prolongeait, l'homme ne vivrait pas longtemps. Heureusement nous n'avons que six semaines de ces chaleurs à craindre : elles finissent au milieu d'octobre.

4 septembre au soir.

De cinq à huit heures un vent frais, venu du golfe d'Alexandrette, nous a fait faire quelques lieues. Nous devons être à peu près à moitié du chemin entre Chypre et les côtes de Syrie ; peut-être demain à notre réveil serons-nous en vue des côtes.

5 septembre 1832.

J'ai entendu en me réveillant le léger murmure produit par le sillage du vaisseau quand il marche. Je me suis hâté de monter sur le pont pour voir les côtes ; mais on ne voyait rien encore. Les courans fréquens dans cette mer pouvaient nous avoir emportés bien loin de notre estime ; peut-être étions-nous à la hauteur des côtes basses de l'Idumée ou de l'Égypte. L'impatience nous gagnait tous.

Même date, à 2 heures.

Le capitaine du brick a reconnu les cimes du mont Liban. Il m'appelle pour me les montrer ; je les cherche en vain dans la brume enflammée où son doigt me les indique. Je ne vois rien que le brouillard transparent que la chaleur élève, et au-dessus, quelques couches de nuages d'un blanc mat. Il insiste, je regarde encore, mais en vain ; tous les matelots me montrent en souriant le Liban ; le capitaine ne comprend pas comment je ne le vois pas comme lui. — Mais où le cherchez-vous donc? me dit-il ; vous regardez trop loin. — Ici, plus près sur nos têtes. En effet, je levai les yeux alors vers le ciel et je vis la crête blanche et dorée du Sannin, qui planait dans le firmament au-dessus de nous. — La brume de la mer m'empêchait de voir sa base et ses flancs. — Sa tête seule apparaissait rayonnante et sereine dans le bleu du ciel. C'est une des plus magnifiques et des plus douces impressions que j'aie ressenties dans mes longs voyages. C'était la terre où tendaient toutes mes pensées du moment, comme homme et comme voyageur ; c'était la terre sacrée, la terre où j'allais de si loin chercher les souvenirs de l'humanité primitive ; et puis c'était la terre où j'allais enfin faire reposer dans un climat délicieux, à l'ombre des orangers et des palmiers, au bord des torrens de neige, sur quelque colline fraîche et verdoyante, tout ce que j'avais de plus cher au monde, ma femme et Julia. Je ne doute pas qu'un an ou deux passés sous ce beau ciel ne fortifient la santé de Julia qui depuis six mois me donne quelquefois des pressentimens funestes. Je salue ces montagnes de l'Asie comme un asile où Dieu la mène pour la guérir ; une joie secrète et profonde remplit mon cœur; je ne puis plus détacher mes yeux du mont Liban.

Nous dînons à l'ombre de la tente étendue sur le pont. La brise continue et se ranime à mesure que le soleil descend. A chaque instant, nous courons à la proue pour mesurer la marche du navire au bruit qu'il fait en creusant la mer; enfin le vent devient frais; les vagues moutonnent; nous filons cinq nœuds d'heure en heure; les flancs des hautes montagnes percent le brouillard et s'avancent comme des caps aériens devant nous; nous commençons à distinguer les profondes et noires vallées qui s'ouvrent sur les côtes; les ravins blanchissent, les rochers des crêtes se dressent et s'articulent, les premières collines qui partent du voisinage de la mer s'arrondissent; peu à peu nous croyons reconnaître des villages jetés au penchant des collines, et de grands monastères qui couronnent, comme des châteaux gothiques, les sommets des montagnes intermédiaires. Chaque objet que nous saisissons du regard est une joie dans le cœur; tout le monde est sur le pont. Chacun fait remarquer à son voisin un objet qui lui était échappé; l'un voit les cèdres du Liban comme une tache noire sur les flancs d'une montagne, l'autre comme un donjon au sommet des monts de Tripoli; quelques-uns croient distinguer l'écume des cascades sur les déclivités des précipices. — On voudrait pouvoir avant la nuit toucher à ce rivage tant rêvé, tant désiré; on tremble qu'au moment d'y atteindre, un calme nouveau n'endorme le navire pendant de longues journées sur ces flots qui nous impatientent, ou qu'un vent contraire ne vienne de la côte et ne nous repousse sur la mer de Candie : cette mer de Syrie, golfe immense, entouré des hautes cimes du Liban et du Taurus, est perfide pour les marins; tout ce qui n'y est pas tempête, y est calme ou courant; ces courans entraînent invinciblement les navires bien loin de leur route; et puis il n'y a pas de ports sur les côtes; il faut mouiller dans des rades dangereuses, à une grande distance du rivage; une houle presque constante laboure ces rades et coupe les ancres :

nous ne serons tranquilles et sûrs d'être arrivés qu'après être descendus à terre. Pendant que nous faisions tous ces raisonnemens, et que nous flottions entre l'espoir et la crainte, la nuit tombe tout à coup, non pas comme dans nos climats, avec la lenteur et la gradation d'un crépuscule, mais comme un rideau qu'on tire sur le ciel et sur la terre. Tout s'éteint, tout s'efface sur les flancs noircis du Liban, et nous ne voyons plus que les étoiles entre lesquelles nos mâts se balancent. Le vent tombe aussi ; la mer dort, et nous descendons chacun dans nos cabines, dans l'incertitude du lendemain.

Je ne dormais pas ; mon esprit était trop agité : j'entendais, à travers les planches mal jointes qui séparaient ma chambre de celle de Julia, le souffle de mon enfant endormie, et tout mon cœur reposait sur elle. Je pensais que demain, peut-être, je dormirais à mon tour plus tranquille sur cette vie si chère que je me repentais d'avoir hasardée ainsi sur la mer, — qu'une tempête pouvait enlever dans sa fleur. Je priais Dieu dans ma pensée de me pardonner cette imprudence, de ne pas me punir de m'être confié trop en lui, de lui avoir demandé plus que je n'avais eu droit de le faire. Je me rassurais ; je me disais : C'est un ange visible qui protége à la fois sa propre destinée et toutes les nôtres. Le ciel nous comptera son innocence et sa pureté pour rançon ; il nous mènera, il nous ramènera à cause d'elle. Elle aura vu, au plus bel âge de la vie, à cet âge où toutes les impressions s'incorporent, pour ainsi dire, avec nous, et deviennent les élémens mêmes de notre existence, elle aura vu tout ce qu'il y a de beau dans la nature, dans la création ; les souvenirs de son enfance seront les monumens merveilleux, les chefs-d'œuvre des arts en Italie ; Athènes et le Parthénon seront gravés dans sa mémoire comme des sites paternels ; les belles îles de l'Archipel, le mont Taurus, les montagnes du Liban, Jérusalem, les Pyramides, le désert, les tentes de l'Arabe, les palmiers de la Mésopotamie, seront les récits de son âge avancé ; Dieu lui a donné la beauté, l'innocence, le génie et un cœur où tout s'allume en sentimens généreux et sublimes ; je lui aurai donné, moi, ce que je pouvais ajouter à ces dons célestes, le spectacle des scènes les plus merveilleuses, les plus enchantées de la terre! Quel être ce sera à vingt ans! Tout aura été bonheur, piété, amour et merveilles dans sa vie! Oh! qui sera digne de la compléter par l'amour? Je pleurais et je priais avec ferveur et confiance, car je ne puis jamais avoir un sentiment fort dans le cœur sans qu'il tende à l'infini, sans qu'il se résolve en un hymne ou en une invocation à celui qui est la fin de tous nos sentimens, à celui qui les produit et qui les absorbe tous ; à Dieu.

Comme j'allais m'endormir, j'entendis sur le pont quelques pas précipités, comme pour une manœuvre; je fus étonné, car le silence était complet depuis longtemps, et la mer ne rendait qu'un petit frémissement de lame, qui m'annonçait que le brick marchait encore. Bientôt j'entendis les anneaux sonores de la chaîne de l'ancre se dérouler pesamment du cabestan; puis je sentis ce coup sec qui fait vibrer tout le navire quand l'ancre a roulé jusqu'au fond solide et mord enfin le sable ou l'herbe marine. Je me levai, j'ouvris mon étroite fenêtre. Nous étions arrivés; nous étions en rade devant Bayruth; j'apercevais quelques lumières disséminées sur un rivage éloigné; j'entendais les aboiemens des chiens sur la plage. Ce fut le premier bruit qui m'arriva de la côte d'Asie; il me réjouit le cœur. Il était minuit. Je rendis grâce à Dieu, et je m'endormis d'un profond et paisible sommeil: personne n'avait été réveillé que moi sous le pont.

BAYRUTH.

6 septembre 1832, 9 heures du matin.

Nous étions devant Bayruth, une des villes les plus peuplées de la côte de Syrie, anciennement Béryte, devenue colonie romaine sous Auguste, qui lui donna le nom de *Felix Julia*. Cette épithète d'heureuse lui fut attribuée à cause de la fertilité de ses environs, de son incomparable climat et de la magnificence de sa situation. La ville occupe une gracieuse colline qui descend en pente douce vers la mer; quelques bras de terre ou de rochers s'avancent dans les flots, et portent des fortifications turques de l'effet le plus pittoresque; la rade est fermée par une langue de terre qui défend la mer des vents d'est; toute cette langue de terre, ainsi que les collines environnantes, sont couvertes de la plus riche végétation; les mûriers à soie sont plantés partout et élevés d'étage en étage sur des terrasses artificielles; les caroubiers à la sombre verdure et au dôme majestueux, les figuiers, les platanes, les orangers, les grenadiers, et une quantité d'autres arbres ou arbustes étrangers à nos climats, étendent sur toutes les parties du rivage voisines de la mer le voile harmonieux de leurs divers feuillages; plus loin, sur les premières pentes des montagnes, les forêts d'oliviers touchent le paysage de leur verdure grise et cendrée; à une lieue environ de la ville, les hautes montagnes des chaînes du Liban commencent à se dresser; elles y ouvrent leurs gorges profondes où l'œil se perd dans les ténèbres du lointain; elles y versent leurs larges torrens devenus des fleuves; elles y prennent des directions diverses, les unes du côté de Tyr et de Sidon, les autres vers Tripoli et Latakie, et leurs sommets inégaux, perdus dans les nuages ou blanchis par la répercussion du soleil, ressemblent à nos Alpes couvertes de neiges éternelles.

Le quai de Bayruth, que la vague lave sans cesse et couvre quelquefois d'écume, était peuplé d'une foule d'Arabes, dans toute la splendeur de leurs costumes éclatans et de leurs armes. On y voyait un mouvement aussi actif que sur le quai de nos grandes villes maritimes; plusieurs navires européens étaient mouillés près de nous dans la rade, et les chaloupes, chargées des marchandises de Damas et de Bagdad, allaient et venaient sans cesse de la rive aux vaisseaux; les maisons de la ville s'élevaient confusément groupées, les toits des unes servant de terrasses aux autres; ces maisons à toits plats, et quelques-unes à balustrades crénelées, ces fenêtres à ogives multipliées, ces grilles de bois peint qui les fermaient hermétiquement comme un voile de la jalousie orientale, ces têtes de palmiers qui semblaient germer dans la pierre, et qui se dressaient jusqu'au-dessus des toits, comme pour porter un peu de verdure à l'œil des femmes prisonnières dans les harems, tout cela captivait nos yeux et nous annonçait l'Orient; nous entendions le cri aigu des Arabes du désert qui se disputaient sur les quais, et les âpres et lugubres gémissemens des chameaux qui poussent des cris de douleur quand on leur fait plier les genoux pour recevoir leurs charges. Occupés de ce spectacle si nouveau et si saisissant pour nos yeux, nous ne songions pas à descendre dans notre patrie nouvelle. Le pavillon de France flottait cependant au sommet d'un mât sur une des maisons les plus élevées de la ville, et semblait nous inviter à aller nous reposer, sous son ombre, de notre longue et pénible navigation.

Mais nous avions trop de monde et trop de bagages pour risquer le débarquement avant d'avoir reconnu le pays et choisi une maison si nous pouvions en trouver une. Je laissai ma femme, Julia et deux de mes compagnons sur le brick, et je fis mettre le canot à la mer pour aller en reconnaissance.

En peu de minutes, une belle lame plane et argentée me jeta sur le sable, et quelques Arabes, les jambes nues, m'emportèrent dans leurs bras jusqu'à l'entrée d'une rue sombre et rapide qui conduisait au consulat de France. Le consul, M. Guys, pour qui j'avais des lettres, et que j'avais déjà même vu à Marseille, n'était pas arrivé. Je trouvai à sa place M. Jorelle, gérant du consulat et drogman de France en Syrie, jeune homme dont la physionomie gracieuse et bienveillante nous prévint en sa faveur, et dont toutes les bontés, pendant notre long séjour en Syrie, justifièrent cette première impression. Il nous offrit une partie de la maison du consulat pour premier asile, et nous promit de nous faire chercher une maison dans les environs de la ville, où nous pourrions établir notre campement. En peu d'heures, les chaloupes de plusieurs navires et les portefaix de Bayruth, sous la surveillance des janissaires du consulat, eurent opéré le débarquement de notre monde et de nos provisions de tous genres, et avant la nuit nous étions tous à terre, logés provisoirement et comblés de soins et d'égards par M. et madame Jorelle. C'est un moment délicieux que celui où, après une longue et orageuse traversée, arrivés à peine dans un pays inconnu, vous jetez les yeux du haut d'une terrasse parfumée et riante sur l'élément que vous quittez enfin pour longtemps, sur le brick qui vous a apportés à travers les tempêtes et qui danse encore dans une rade houleuse, sur la campagne ombragée et paisible qui vous entoure, sur toutes ces scènes de la vie de terre qui semblent si douces quand on en a été longtemps sevré : il y a quelque chose du sentiment de la convalescence après une longue maladie, dans l'impression des premières heures, des premières journées passées à terre après une navigation. Nous en avons joui toute la soirée. Madame Jorelle, jeune et charmante femme née à Alep, a conservé le riche et noble costume des femmes arabes : le turban, la veste brodée, le poignard à la ceinture ; nous ne nous lassions pas d'admirer ce magnifique costume qui relevait encore sa beauté tout orientale.

Quand la nuit fut venue, on nous servit un souper à l'européenne, dans un kiosque dont les larges fenêtres grillées ouvraient sur le port, et où le vent rafraîchissant du soir jouait dans la flamme des bougies; je fis défoncer une caisse de vins de France que j'ajoutai à ce festin de l'hospitalité, et nous passâmes ainsi notre première soirée à causer des deux patries que nous quittions et que nous venions chercher; une question sur la France répondait à une question sur l'Asie. Julia jouait avec les longues tresses de quelques femmes arabes ou de quelques esclaves noires qui vinrent nous visiter; elle admirait ces costumes nouveaux pour elle; sa mère tressait les longues boucles de ses cheveux blonds, à l'imitation de celles des dames de Bayruth, ou lui arrangeait son châle en turban sur la tête. Je n'ai rien vu de plus ravissant, parmi tous les visages de femmes qui sont gravés dans ma mémoire, que la figure de Julia coiffée ainsi du turban d'Alep, avec la calotte d'or ciselé, d'où tombaient des franges de perles et des chaînes de sequins d'or, avec les tresses de ses cheveux pendantes sur ses deux épaules, et avec ce regard étonné, levé sur sa mère et sur moi, et ce sourire qui semblait nous dire : — Jouissez et voyez comme je suis belle aussi!

Après avoir parlé cent fois de la patrie et nommé tous les noms des lieux et des personnes qu'un souvenir commun pouvait nous rappeler; après que nous nous fûmes donné tous les renseignemens mutuels qui pouvaient nous intéresser, on parla de poésie; madame Jorelle me pria de lui faire entendre quelques morceaux de poésie française et nous traduisit elle-même quelques fragmens de poésie d'Alep. Je lui dis que la nature était toujours plus complétement poétique que les poëtes, et qu'elle-même en ce moment, à cette heure, dans ce beau site, à ce clair de lune, dans ce costume étranger, avec cette pipe orientale à la main, et ce poignard à manche de diamant à sa ceinture, était un plus beau sujet de poésie que tous ceux que nous avions parcourus par la seule pensée. Et comme elle me répondit qu'il lui serait très-agréable d'avoir un souvenir de notre voyage à envoyer à son père à Alep, dans quelques vers faits pour elle, je me retirai un moment et je lui rapportai les vers suivans, qui n'ont de mérite que le lieu où ils furent écrits et le sentiment de reconnaissance qui me les inspira.

Qui? toi? me demander l'encens de poésie!
Toi, fille d'Orient, née aux vents du désert!
Fleur des jardins d'Alep, que bulbul * eût choisie
Pour languir et chanter sur son calice ouvert!

Rapporte-t-on l'odeur au baume qui l'exhale?
Aux rameaux d'oranger rattache-t-on leurs fruits?
Va-t-on prêter des feux à l'aube orientale,
Ou des étoiles d'or au ciel brillant des nuits?

Non, plus de vers ici! Mais si ton regard aime
Ce que la poésie a de plus enchanté,
Dans l'eau de ce bassin ** contemple-toi toi-même;
Les vers n'ont point d'image égale à ta beauté!

Quand le soir, dans le kiosque à l'ogive grillée,
Qui laisse entrer la lune et la brise des mers,
Tu t'assieds sur la natte, à Palmyre émaillée,
Où du moka brûlant fument les flots amers;

Quand, ta main approchant de tes lèvres mi-closes
Le tuyau de jasmin vêtu d'or effilé,
Ta bouche, en aspirant le doux parfum des roses,
Fait murmurer l'eau tiède au fond du narguilé;

Quand le nuage ailé qui flotte et te caresse
D'odorantes vapeurs commence à t'enivrer;

---

* Nom du rossignol en Orient.
** Toutes les cours des maisons en Orient ont un jet d'eau au milieu, et un bassin de marbre.

Que les songes lointains d'amour et de jeunesse
Nagent pour nous dans l'air que tu fais respirer;

Quand de l'Arabe errant tu dépeins la cavale
Soumise au frein d'écume entre tes mains d'enfant,
Et que de ton regard l'éclair oblique égale
L'éclair brûlant et doux de son œil triomphant;

Quand ton bras, arrondi comme l'anse de l'urne,
Sur le coude appuyé soutient ton front charmant,
Et qu'un reflet soudain de ta lampe nocturne
Fait briller ton poignard des feux du diamant;

Il n'est rien dans les sons que la langue murmure,
Rien dans le front rêveur des bardes comme moi,
Rien dans les doux soupirs d'une âme fraîche et pure,
Rien d'aussi poétique et d'aussi frais que toi!

J'ai passé l'âge heureux où la fleur de la vie,
L'amour, s'épanouit et parfume le cœur;
Et l'admiration, dans mon âme ravie,
N'a plus pour la beauté qu'un rayon sans chaleur.

De mon cœur attiédi la harpe est seule aimée;
Mais combien à seize ans j'aurais donné de vers
Pour un de ces flocons d'odorante fumée
Que ta lèvre distraite exhale dans les airs;

Ou pour fixer du doigt la forme enchanteresse
Qu'une invisible main trace en contour obscur,
Quand le rayon des nuits, dont le jour te caresse,
Jette, en la dessinant, ton ombre sur le mur!

Nous ne pouvions nous arracher à cette première scène de la vie arabe. Enfin nous allâmes, pour la première fois après trois mois, nous reposer dans des lits et dormir sans craindre la vague. Un vent impétueux mugissait sur la mer, ébranlait les murs de la haute terrasse sous laquelle nous étions couchés, et nous faisait sentir plus délicieusement le prix d'un séjour tranquille après tant de secousses. Je pensais que Julia et ma femme étaient enfin pour longtemps à l'abri de tous périls, et je combinais dans ma veille les moyens de leur préparer un séjour agréable et sûr pendant que je poursuivrais moi-même le cours de mon voyage dans ces lieux que mon pied touchait enfin.

7 septembre 1832.

Je me suis levé avec le jour, j'ai ouvert le volet de bois de cèdre, seule fermeture de la chambre où l'on dort dans ce beau climat. J'ai jeté mon premier regard sur la mer et sur la chaîne étincelante des côtes qui s'étendent en s'arrondissant depuis Bayruth jusqu'au cap Batroun, à moitié chemin de Tripoli.

Jamais spectacle de montagnes ne m'a fait une telle impression. Le Liban a un caractère que je n'ai vu ni aux Alpes ni au Taurus : c'est le mélange de la sublimité imposante des lignes et des cimes avec la grâce des détails et la variété des couleurs; c'est une montagne solennelle comme son nom; ce sont les Alpes sous le ciel de l'Asie, plongeant leurs cimes aériennes dans la profonde sérénité d'une éternelle splendeur. Il semble que le soleil repose éternellement sur les angles dorés de ces crêtes; la blancheur éblouissante dont il les imprime se laisse confondre avec celle des neiges qui restent jusqu'au milieu de l'été sur les sommets les plus élevés. La chaîne se développe à l'œil dans une longueur de soixante lieues au moins, depuis le cap de Saïde, l'antique Sidon, jusqu'aux environs de Latakie où elle commence à décliner,

MONT LIBAN.

pour laisser le mont Taurus jeter ses racines dans les plaines d'Alexandrette.

Tantôt les chaînes du Liban s'élèvent presque perpendiculairement sur la mer avec des villages et de grands monastères suspendus à leurs précipices; tantôt elles s'écartent du rivage, forment d'immenses golfes, laissent des marques verdoyantes ou des lisières de sable doré entre elles et les flots. Des voiles sillonnent ces golfes et vont aborder dans les nombreuses rades dont la côte est dentelée. La mer y est de la teinte la plus bleue et la plus sombre, et, quoiqu'il y ait presque toujours de la houle, la vague, qui est grande et large, roule à vastes plis sur les sables et réfléchit les montagnes comme une glace sans tache. Ces vagues jettent partout sur la côte un murmure sourd, harmonieux, confus, qui monte jusque sous l'ombre des vignes et des caroubiers, et qui remplit les campagnes de vie et de sonorité. A ma gauche, la côte de Bayruth était basse; c'était une continuité de petites langues de terre tapissées de verdure et garanties seulement du flot par une ligne de rochers et d'écueils couverts pour la plupart de ruines antiques. Plus loin, des collines de sable rouge comme celui des déserts d'Égypte s'avancent comme un cap, et servent de reconnaissance aux marins; au sommet de ce cap, on voit les larges cimes en parasol d'une forêt de pins d'Italie, et l'œil, glissant entre leurs troncs disséminés, va se reposer sur les flancs d'une autre chaîne du Liban et jusque sur le promontoire avancé qui portait Tyr (aujourd'hui Sour).

Quand je me retournais du côté opposé à la mer, je voyais les hauts minarets des mosquées, comme des colonnettes isolées, se dresser dans l'air bleu et ondoyant du matin; les forteresses moresques qui dominent la ville et dont les murs lézardés donnent racine à une forêt de plantes grimpantes, de figuiers sauvages et de giroflées; puis les crénelures ovales des murs de défense; puis les cimes égales des campagnes plantées de mûriers; çà et là les toits plats et les murailles blanches des maisons de campagne ou des chaumières des paysans syriens; et enfin, au delà, les pelouses arrondies des collines de Bayruth, portant toutes des édifices pittoresques, des couvens grecs, des couvens maronites, des mosquées ou des santons, et revêtues de feuillages et de cultures comme les plus fertiles collines de Grenoble ou de Chambéry. Pour fond à tout cela, toujours le Liban : le Liban prenant mille courbes, se groupant en gigantesques masses, et jetant ses grandes ombres ou faisant étinceler ses hautes neiges sur toutes les scènes de cet horizon.

Même date.

J'ai passé la journée entière à parcourir les environs de Bayruth et à chercher un lieu de repos pour y établir une maison.

J'ai loué cinq maisons qui forment un groupe, et que je réunirai par des escaliers de bois, des galeries et des ouvertures. Chaque maison ici n'est guère composée que d'un souterrain qui sert de cuisine, et d'une chambre où couche toute la famille, quelque nombreuse qu'elle soit. Dans un tel climat, la vraie maison, c'est le toit construit en terrasse. C'est là que les femmes et les enfans passent les journées et souvent les nuits. Devant les maisons, entre les troncs de quelques mûriers ou de quelques oliviers, l'Arabe construit un foyer avec trois pierres, et c'est là que sa femme lui prépare à manger. On jette une natte de paille sur un bâton qui va du mur aux branches de l'arbre. Sous cet abri se fait tout le ménage. Les femmes et les filles y sont tout le jour accroupies, occupées à peigner leurs longs cheveux, à les tresser, à blanchir leurs voiles, à tisser leurs soies, à nourrir leurs poules, ou à jouer et à causer entre elles, comme dans nos villages du midi de la France, le dimanche matin, les filles se rassemblent sur les portes des chaumières.

Même date, au soir.

Toute la journée a été employée à décharger le brick, et à porter de la ville à notre maison de campagne les bagages de notre caravane. Chacun de nous aura sa chambre. Un vaste champ de mûriers et d'orangers s'étend autour des cinq maisons réunies, et donne à chacun quelques pas à faire devant sa porte, et un peu d'ombre pour respirer. J'ai acheté des nattes d'Égypte et des tapis de Damas, pour nous servir de lits et de divans. J'ai trouvé des charpentiers arabes très-actifs et très-intelligens qui sont déjà à l'ouvrage pour nous faire des portes et des fenêtres, et ce soir nous irons coucher déjà dans notre nouvelle habitation.

8 septembre 1832.

Rien de plus délicieux que notre réveil après la première nuit passée dans notre maison. Nous avons fait apporter le déjeuner sur la plus large de nos terrasses, et nous avons reconnu de l'œil tous les environs.

La maison est à dix minutes de la ville. On y arrive par des sentiers ombragés d'immenses aloès qui laissent pendre leurs figues épineuses sur la tête des passans. On longe quelques arches antiques et une immense tour carrée, bâtie par l'émir des Druses, Fakardin, tour qui sert aujourd'hui de point d'observation à quelques sentinelles de l'armée d'Ibrahim-Pacha, qui observent de là toute la campagne. On se glisse ensuite entre les troncs de mûriers, et l'on arrive à un groupe de maisons basses cachées dans les arbres et flanquées d'un bois de citronniers et d'orangers. Ces maisons sont irrégulières, et celle du milieu s'élève comme une tour carrée et pyramide gracieusement sur les autres. Les toits de toutes ces maisonnettes communiquent au moyen de quelques degrés de bois, et forment ainsi un ensemble assez commode pour des hôtes qui viennent de passer tant de jours sous l'entre-pont d'un navire marchand.

A quelques cents pas de nous la mer s'avance dans les terres; et vue d'ici, au-dessus des têtes vertes des citronniers et des aloès, elle ressemble à un beau lac intérieur, ou à un large fleuve dont on n'aperçoit qu'un tronçon. Quelques barques arabes y sont à l'ancre et se balancent mollement sur ses ondulations insensibles. Si nous montons sur la terrasse supérieure, ce beau lac se change en un immense golfe, clos d'un côté par le château moresque de Bayruth, et de l'autre par les immenses murailles sombres de la chaîne de montagnes qui court vers Tripoli. Mais en face de nous l'horizon s'étend davantage : il commence par courir sur une plaine de champs admirablement cultivés, jalonnés d'arbres qui cachent entièrement le sol, semés çà et là de maisons semblables à la nôtre, et qui élèvent leurs toits comme autant de voiles blanches sur un océan de verdure; il se rétrécit ensuite entre une longue et gracieuse colline au sommet de laquelle un couvent grec montre ses murailles blanches et ses dômes bleus; quelques cimes de pins parasols planent, un peu plus haut, sur les dômes mêmes du couvent. La colline descend par gradins soutenus de murailles de pierre, et portant des forêts d'oliviers et de mûriers. La mer vient baigner les derniers gradins; elle s'écarte ensuite, et une seconde plaine plus éloignée s'arrondit et se creuse pour laisser passer un fleuve qui serpente longtemps parmi des bois de chênes verts, et va se jeter dans le golfe que ses eaux jaunissent sur les bords. Cette plaine ne se termine qu'aux flancs dorés des montagnes. Ces montagnes ne s'élèvent pas d'un seul jet; elles commencent par d'énormes collines semblables à des blocs immenses, les uns arrondis, les autres presque carrés : un peu de végétation couvre les sommets de ces collines, et chacune d'elles porte ou un monastère ou un village qui réfléchit la lueur du soleil et attire les regards. Les pans des collines brillent comme de l'or : ce sont des murailles de grès jaunâtre, concassées par les tremblemens de terre, et dont chaque parcelle réfléchit et darde la lumière. Au-dessus de ces premiers monticules, les degrés du Liban s'élargissent ; il y a des plateaux d'une ou deux lieues : plateaux inégaux, creusés, sillonnés, labourés de ravins, de lits profonds des torrens, de gorges obscures où le regard se perd. Après ces plateaux, les hautes montagnes recommencent à se dresser presque perpendiculairement ; cependant on voit les taches noires des cèdres et des sapins qui les garnissent, et quelques couvens inaccessibles, quelques villages inconnus qui semblent penchés sur leurs précipices. Au sommet le plus aigu de cette seconde chaîne, des arbres qui semblent gigantesques forment comme une chevelure rare sur un front chauve. On distingue d'ici leurs cimes inégales et dentelées qui ressemblent à des créneaux sur la crête d'une citadelle.

Derrière ces secondes chaînes, le vrai Liban s'élève enfin ; on ne peut distinguer si ses flancs sont rapides ou adoucis, s'ils sont nus ou couverts de végétation : la distance est trop grande. Ses flancs se confondent, dans la transparence de l'air, avec l'air même dont ils semblent faire partie ; on ne voit que la réverbération ambiante de la lumière du soleil qui les enveloppe, et leurs crêtes enflammées qui se confondent avec les nuages pourpres du matin, et qui planent comme des îles inaccessibles dans les vagues du firmament.

Si nos regards redescendent de ce sublime horizon des montagnes, ils ne trouvent partout à se poser que sur des gerbes majestueuses de palmiers plantés çà et là dans la campagne auprès des maisons des Arabes, sur les vertes ondulations des têtes de pins larix, semés par petits bouquets dans la plaine ou sur les revers des collines, sur les haies de nopal, ou d'autres plantes grasses dont les lourdes feuilles retombent comme des décorations de pierre sur les petits murs à hauteur d'appui qui soutiennent les terrasses. Ces murs eux-mêmes sont tellement revêtus de lichens en fleurs, de lierres terrestres, de vignes sauvages, de plantes bulbeuses à fleurs de toutes les nuances, à grappes de toutes les formes, qu'on ne peut distinguer les pierres dont ces murs sont bâtis : ce ne sont que des remparts de verdure et de fleurs.

Enfin, tout près de nous, là, sous nos yeux, deux ou trois maisons semblables aux nôtres, et à demi voilées par les dômes des orangers en fleurs et en fruits, nous offrent ces scènes animées et pittoresques qui sont la vie de tout paysage. Des Arabes assis sur des nattes fument sur les toits des maisons. Quelques femmes se penchent aux fenêtres pour nous voir et se cachent quand elles s'aperçoivent que nous les regardons. Sous notre terrasse même, deux familles arabes, pères, frères, femmes et enfans, prennent leur repas à l'ombre d'un petit platane sur le seuil de leurs maisons; et à quelques pas de là, sous un autre arbre, deux jeunes filles syriennes, d'une beauté incomparable, s'habillent en plein air, et couvrent leurs cheveux de fleurs blanches et rouges. Il y en a une dont les cheveux sont si longs et si touffus qu'ils la couvrent entièrement, comme les rameaux d'un saule pleureur recouvrent le tronc de toutes parts; on aperçoit seulement, quand elle secoue cette ondoyante crinière, son beau front et ses yeux rayonnans de gaieté naïve qui percent un moment ce voile naturel. Elle semble jouir de notre admiration; je lui jette une poignée de ghazis, petites pièces d'or dont les Syriennes se font des colliers et des bracelets en les enfilant avec un brin de soie. Elle joint ses mains et les porte sur sa tête pour me remercier, et rentre dans la chambre basse pour les montrer à sa mère et à sœur.

12 septembre 1832.

Habib-Barbara, Grec-Syrien, établi à Bayruth et dont la maison est voisine de la nôtre, nous sert de drogman, c'est-à-dire d'interprète. Attaché pendant vingt ans en cette qualité aux différens consulats de France, il parle français et italien ; c'est un des hommes les plus obligeans et les plus intelligens que j'aie rencontrés dans mes voyages : sans son assistance et celle de M. Jorelle, nous aurions eu des peines infinies à compléter notre établissement en Syrie ; il nous procure plusieurs domestiques, les uns grecs, les autres arabes ; j'achète d'abord six chevaux arabes de seconde race, et je les établis, comme font les gens du pays, au gros soleil, dans un champ devant la porte, les jambes entravées par des anneaux de fer et attachées par un pieu fiché en terre. Je fais dresser une tente auprès des chevaux pour les saïs ou palefreniers arabes. Ces hommes paraissent doux et intelligens ; quant aux animaux, en deux jours ils nous connaissent et nous flairent comme des chiens. Habib-Barbara nous présente à sa femme et à sa fille qu'il doit marier dans peu de jours : il nous invite à sa noce : curieux d'observer une noce syrienne, nous acceptons, et Julia prépare ses présens pour la fiancée. Je lui donne une petite montre d'or dont j'ai apporté provision pour les circonstances de ce genre ; elle y joint une petite chaîne de perles. Nous montons à cheval pour reconnaître les environs de Bayruth ; superbe cheval arabe de madame Jorelle ; harnais de velours bleu plaqué d'argent ; poitrail de bosses du même métal sculpté qui flottent en guirlandes et résonnent sur le poitrail de ce bel animal. M. Jorelle me vend un de ses chevaux pour ma femme ;

je fais faire des selles et des brides arabes pour quatorze chevaux.

A une demi-lieue environ de la ville, du côté du Levant, l'émir Fakardin a planté une forêt de pins parasols sur un plateau sablonneux, qui s'étend entre la mer et la plaine de Bagdhad, beau village arabe au pied du Liban : l'émir planta, dit-on, cette magnifique forêt pour opposer un rempart à l'invasion des immenses collines de sable rouge qui s'élèvent un peu plus loin et qui menaçaient d'engloutir Bayruth et ses riches plantations. La forêt est devenue superbe; les troncs des arbres ont soixante et quatre-vingts pieds de haut d'un seul jet, et ils étendent de l'un à l'autre leurs larges têtes immobiles qui couvrent d'ombre un espace immense; des sentiers de sable glissent sous les troncs des pins et présentent le sol le plus doux aux pieds des chevaux. Le reste du terrain est couvert d'un léger duvet de gazon semé de fleurs du rouge le plus éclatant; les oignons de jacinthes sauvages sont si gros, qu'ils ne s'écrasent pas sous le fer des chevaux. A travers les colonnades de ces troncs de sapin, on voit d'un côté les dunes blanches et rougeâtres de sable qui cachent la mer, de l'autre, la plaine de Bagdhad et le cours du fleuve dans cette plaine, et un coin du golfe, semblable à un petit lac, tant il est encadré par l'horizon des terres, et les douze ou quinze villages arabes jetés sur les dernières pentes du Liban, et enfin les groupes du Liban même, qui font le rideau de cette scène. La lumière est si nette et l'air si pur, qu'on distingue, à plusieurs lieues d'élévation, les formes des cèdres ou des caroubiers sur les montagnes, ou les grands aigles qui nagent sans remuer leurs ailes dans l'océan de l'Éther. Ce bois de pins est certainement le plus magnifique de tous les sites que j'ai vus dans ma vie. Le ciel, les montagnes, les neiges, l'horizon bleu de la mer, l'horizon rouge et funèbre du désert de sable; les lignes serpentantes du fleuve; les têtes isolées des cyprès; les grappes des palmiers épars dans les campagnes; l'aspect gracieux des chaumières couvertes d'orangers et de vignes retombant sur les toits ; l'aspect sévère des hauts monastères maronites faisant de larges taches d'ombre ou de larges jets de lumière sur les flancs ciselés du Liban ; les caravanes de chameaux chargés des marchandises de Damas, qui passent silencieusement entre les troncs d'arbres ; des bandes de pauvres juifs montés sur des ânes, tenant deux nfans sur chaque bras ; des femmes enveloppées de voiles blancs, à cheval, marchant au son du fifre et du tambourin, environnées d'une foule d'enfans vêtus d'étoffes rouges brodées d'or, et qui dansent devant leurs chevaux ; quelques cavaliers arabes courant le dgérid autour de nous sur des chevaux dont la crinière balaie littéralement le sable ; quelques groupes de Turcs assis devant un café bâti en feuillage et fumant la pipe ou faisant la prière ; un peu plus loin les collines désertes de sable sans fin, qui se teignent d'or aux rayons du soleil du soir, et où le vent soulève des nuages de poussière enflammée ; enfin, le sourd mugissement de la mer qui se mêle au bruit musical du vent dans les têtes de sapins et au chant de milliers d'oiseaux inconnus ; tout cela offre à l'œil et à la pensée du promeneur le mélange le plus sublime, le plus doux, et à la fois le plus mélancolique, qui ait jamais enivré mon âme : c'est le site de mes rêves, j'y reviendrai tous les jours.

16 septembre 1832.

Nous avons passé tous ces jours dans le plaisir de la connaissance générale que nous avions à faire des hommes, des mœurs, des lieux, et dans les détails amusans d'un établissement au sein d'un pays entièrement nouveau. Nos cinq maisons sont devenues, avec l'assistance de nos amis et des ouvriers arabes, une espèce de villa italienne comme celles que nous avons si délicieusement habitées sur les montagnes de Lucques ou sur les côtes de Livourne, en d'autres temps. Chacun de nous a son appartement; et un salon, précédé d'une terrasse ornée de fleurs, est le centre de réunion. Nous y avons établi des divans; nous y avons rangé sur des tablettes notre bibliothèque du vaisseau; ma femme et Julia ont peint les murs à fresque, ont étalé, sur une table de cèdre, leurs livres, leurs nécessaires, et tous ces petits objets de femme qui ornent, à Londres et à Paris, les tables de marbre et d'acajou; c'est là que nous nous rassemblons dans les heures brûlantes du jour, car le soir notre salon est en plein air, sur la terrasse même; c'est là que nous recevons les visites de tous les Européens que le commerce avec Damas, dont Bayruth est l'échelle, fixe dans ce beau pays. Le gouverneur égyptien pour Ibrahim-Pacha est venu nous offrir, avec une grâce et une cordialité plus qu'européennes, sa protection et ses services pour le séjour et pour les voyages que nous voudrions tenter. Je lui ai donné à dîner aujourd'hui; c'est un homme qui ne déparerait aucune réunion d'hommes nulle part. Vieux soldat du pacha d'Égypte, il a pour son maître, et surtout pour Ibrahim, ce dévouement aveugle et confiant dans la fortune que je me souviens d'avoir vu jadis dans les généraux de l'empereur; mais ce dévouement turc a quelque chose de plus touchant et de plus noble, parce qu'il tient à un sentiment religieux et non à un intérêt personnel. Ibrahim-Pacha, c'est la destinée, c'est Allah pour ses officiers; Napoléon, ce n'était que la gloire et l'ambition pour les siens. Il a bu avec plaisir du vin de Champagne et s'est prêté à tous nos usages comme s'il n'en avait jamais connu d'autres; les pipes et le café, pris à plusieurs reprises, ont rempli l'après-dînée. Je lui ai remis une lettre pour Ibrahim-Pacha, lettre dans laquelle je lui annonce l'arrivée d'un voyageur européen dans le pays soumis à ses armes, et lui demande la protection que l'on doit attendre d'un homme qui combat pour la cause de la civilisation européenne. Ibrahim a passé il y a peu de temps avec son armée; il est maintenant du côté de Homs, grande ville entre Alep et Damas, dans le désert; il a laissé peu de troupes en Syrie; les principales villes, comme Bayruth, Saïde, Jaffa, Acre, Tripoli, sont occupées d'accord avec Ibrahim par les soldats de l'émir Beschir, ou grand prince des Druses, qui règne sur le Liban. Ce prince n'a pas résisté à Ibrahim; il a abandonné la cause des Turcs, en apparence au moins, après la prise de Saint-Jean-d'Acre par Ibrahim, et il confond ses troupes avec celles du pacha. L'émir Beschir, si Ibrahim venait à être battu à Homs, pourrait lui fermer la retraite et anéantir les débris des Égyptiens. Ce prince, habile et guerrier, règne depuis quarante années sur toutes les montagnes du Liban. Il a fondu en un seul peuple les Druses, les Métualis, les Maronites, les Syriens et les Arabes, qui vivent sous sa domination; il a des fils, guerriers comme lui, qu'il envoie gouverner les villes qu'Ibrahim lui confie : un de ses fils est campé à un quart de mille d'ici, dans la plaine qui touche au Liban, avec cinq ou six cents cavaliers arabes. Nous devons le voir; il nous a envoyé complimenter.

Un Arabe me contait aujourd'hui l'entrée d'Ibrahim dans la ville de Bayruth. A quelque distance de la porte, comme il traversait un chemin creux dont les douves sont couvertes de racines grimpantes et d'arbustes entrelacés, un énorme serpent est sorti des broussailles et s'est avancé lentement, en rampant sur le sable, jusque sous les pieds du cheval d'Ibrahim. Le cheval, épouvanté, s'est cabré, et quelques esclaves, qui suivaient à pied le pacha, se sont élancés pour tuer le serpent; mais Ibrahim les a arrêtés d'un geste, et, tirant son sabre, il a coupé la tête du reptile qui se dressait devant lui et a foulé les tronçons sous les pieds de son cheval; la foule a poussé un cri d'admiration, et Ibrahim, le sourire sur les lèvres, a continué sa route enchanté de cette circonstance, qui est l'augure assuré de la victoire chez les Arabes. Ce peuple ne voit aucun incident de la vie, aucun phénomène naturel, sans y attacher un sens prophétique et moral. Est-ce un souvenir confus de cette première langue plus parfaite qu'entendaient jadis les hommes, langue dans laquelle toute la nature s'expliquait par toute la nature? Est-ce une vivacité d'imagination plus grande qui cherche entre les choses des corrélations qu'il n'est pas donné à l'homme de saisir? Je ne sais, mais je penche pour la première interprétation : l'humanité n'a pas d'instincts sans motifs, sans but, sans cause ; l'instinct de la divination a tourmenté tous les âges et tous les peuples, surtout les peuples primitifs ; la divination a donc dû ou pourrait donc peut-être exister ; mais c'est une langue dont l'homme aura perdu la clef en sortant de cet état supérieur, de cet Éden dont tous les peuples ont une confuse tradition ; alors, sans doute, la nature parlait plus haut et plus clair à son esprit ; l'homme concevait la relation cachée de tous les faits naturels, et leur enchaînement pouvait le conduire à la perception de vérités ou d'événemens futurs, car le présent est toujours le germe générateur et infaillible de l'avenir ; il ne s'agit que de le voir et de le comprendre.

17 septembre 1832.

Toujours même vie. La journée se passe à rendre et à recevoir des visites d'Arabes et de Francs, et à parcourir les délicieux environs de notre retraite. Nous avons trouvé autant d'obligeance que de bonté parmi les consuls européens de Syrie, que la guerre a tous concentrés à Bayruth. Le consul de Sardaigne, M. Bianco ; le consul d'Autriche, M. Laurella ; les consuls d'Angleterre, MM. Farren et Abost, nous ont mis en peu de temps en rapport avec tous les Arabes qui peuvent nous aider dans nos projets de voyage dans l'intérieur. Il est impossible de rencontrer plus d'accueil et plus d'hospitalité. Quelques-uns de ces messieurs ont habité de longues années la Syrie, et sont en relation avec des familles arabes de Damas, d'Alep, de Jérusalem, lesquelles en ont elles-mêmes avec les principaux scheiks des Arabes des déserts que nous avons à parcourir. Nous formons ainsi d'avance une chaîne de recommandations, de relations et d'hospitalité, sur différentes lignes qui pourraient nous conduire jusqu'à Bagdad.

M. Jorelle m'a procuré un excellent drogman ou interprète dans la personne de M. Mazoyer, jeune Français d'origine, mais qui, né et élevé en Syrie, est très-versé dans la langue savante et dans les divers dialectes des régions que nous devons parcourir. Il est installé d'aujourd'hui chez moi, et je lui remets le gouvernement de toute la partie arabe de ma maison. Cette maison arabe se compose d'un cuisinier d'Alep, nommé Aboulias, d'un jeune Syrien du pays, nommé Élias, qui, ayant déjà été au service des consuls, entend un peu d'italien et de français; d'une jeune fille syrienne, parlant français aussi, et qui servira d'interprète pour les femmes; enfin de cinq ou six palefreniers grecs, arabes, syriens, des différentes parties de la Syrie, destinés à soigner nos chevaux, à planter les tentes et à nous servir d'escorte dans les voyages.

L'histoire de notre cuisinier arabe est trop singulière pour n'en pas conserver la mémoire.

Il était chrétien, jeune et intelligent; il avait établi à Alep un petit commerce d'étoffes du pays qu'il allait vendre lui-même, monté sur un âne, parmi les tribus d'Arabes errans qui viennent l'hiver camper dans les plaines des environs d'Antioche. Son commerce prospérait; mais sa qualité d'infidèle lui donnant quelque inquiétude, il jugea à propos de s'associer à un Arabe mahométan d'Alep. Le commerce n'en alla que mieux, et Aboulias se trouva, au bout de quelques années, un des marchands les plus accrédités du pays. Mais il était épris d'une jeune Grecque-Syrienne; on ne voulait la lui accorder qu'à condition de quitter Alep, et de venir s'établir dans les environs de Saïde, où demeurait la famille de sa belle fiancée. Il fallut liquider sa fortune : une querelle s'éleva entre les deux associés pour le partage des richesses acquises en commun. L'Arabe mahométan dressa une embûche au pauvre Aboulias : il aposta des témoins cachés qui, dans une dispute avec son associé, l'entendirent blasphémer Mahomet, crime mortel pour un infidèle. Aboulias fut mené au pacha et condamné à être pendu. La sentence fut exécutée ; mais, la corde ayant cassé, le malheureux Aboulias tomba au pied de la potence, et fut laissé pour mort sur la place des exécutions. Cependant, les parens de sa fiancée, ayant obtenu du pacha que son cadavre leur serait remis pour l'ensevelir avec les formes de leur religion, emportèrent le corps dans leur maison, et, s'apercevant qu'Aboulias donnait encore des signes de vie, ils le ranimèrent, le cachèrent dans une cave pendant quelques jours, et enterrèrent un cercueil vide pour ne donner aucun soupçon aux Turcs. Mais ceux-ci avaient eu quelque vent de la supercherie, et Aboulias fut de nouveau arrêté, au moment où il s'échappait la nuit des portes de la ville. Conduit au pacha, il lui conta comment il avait été sauvé indépendamment de toute volonté de sa part. Le pacha, d'après un texte du Koran qui était favorable à l'accusé, lui donna l'alternative ou d'être pendu une seconde fois, ou de se faire Turc. Aboulias préféra ce dernier parti, et pratiqua pendant quelque temps l'islamisme. Lorsque son aventure fut oubliée et sa conversion bien constatée, il trouva moyen de s'évader d'Alep et de s'embarquer pour l'île de Chypre, où il se fit de nouveau chrétien. Il épousa la femme qu'il aimait, se fit protéger des Français, et put reparaître impunément en Syrie, où il continuait son commerce de colporteur parmi les Druses, les Maronites et les Arabes. Voilà l'homme qu'il nous fallait pour voyager dans ces contrées. Son talent en cuisine consiste à faire du feu en plein champ avec des arbustes épineux ou de la fiente de chameau desséchée; à suspendre une marmite de cuivre sur deux bâtons qui se croisent à leur extrémité; et à faire bouillir du riz et des poulets ou des morceaux de mouton dans cette marmite. Il chauffe aussi des cailloux arrondis dans le foyer, et quand ils sont presque rouges, il les enduit d'une pâte de farine d'orge qu'il a pétrie, et c'est là notre pain.

19 septembre 1832.

Aujourd'hui, ma femme et Julia ont été invitées, par la femme et la fille d'un chef arabe des environs, à passer la journée au bain; c'est le divertissement des femmes de l'Orient entre elles. Un bain est annoncé quinze jours d'avance, comme un bal en Europe. Voici la description de cette fête, telle qu'elle nous a été donnée le soir par ma femme.

Les salles de bain sont un lieu public dont on interdit l'approche aux hommes, tous les jours jusqu'à une certaine heure, pour les réserver aux femmes; et la journée tout entière, lorsqu'il s'agit d'un bain pour une fiancée, comme celui dont il est question. Les salles sont éclairées d'un faible jour par de petits dômes à vitraux peints. Elles sont pavées de marbres à compartimens de diverses couleurs, travaillés avec beaucoup d'art. Les murailles sont revêtues aussi de marbre et de mosaïque, ou sculptées en moulures ou en colonnettes moresques. Ces salles sont graduées de chaleur : les premières à la température de l'air extérieur, les secondes tièdes, les autres successivement plus chaudes, jusqu'à la dernière où la vapeur de l'eau presque bouillante s'élève des bassins et remplit l'air de sa chaleur étouffante. En général, il n'y a pas de bassin creusé au milieu des salles; il y a seulement des robinets coulant toujours, qui versent sur le plancher de marbre environ un demi-pouce d'eau. Cette eau s'écoule ensuite par des rigoles et est sans cesse renouvelée. Ce qu'on appelle bains dans l'Orient n'est pas une immersion complète, mais une aspersion successive, plus ou moins chaude, et l'impression de la vapeur sur la peau.

Deux cents femmes de la ville et des environs étaient invitées ce jour-là au bain, et dans le nombre plusieurs jeunes femmes européennes; chacune y arriva enveloppée dans l'immense drap de toile blanche qui recouvre en entier le superbe costume des femmes quand elles sortent. Elles étaient toutes accompagnées de leurs esclaves noires, ou de leurs servantes libres; à mesure qu'elles arrivaient, elles se réunissaient en groupes, s'asseyaient sur des nattes et des coussins préparés dans le premier vestibule; leurs suivantes leur ôtaient le drap qui les enveloppait, et elles apparaissaient dans toute la riche et pittoresque magnificence de leurs habits et de leurs bijoux. Ces costumes sont très-variés pour la couleur des étoffes et le nombre et l'éclat des joyaux; mais ils sont informes dans la coupe des vêtemens.

Ces vêtemens consistent dans un pantalon à larges plis de satin rayé, noué à la ceinture par un tissu de soie rouge, et fermé au-dessus de la cheville du pied par un bracelet d'or ou d'argent; une robe brochée en or, ouverte sur le devant et nouée sous le sein qu'elle laisse à découvert; les manches sont serrées au-dessous de l'aisselle, et ouvertes ensuite depuis le coude jusqu'au poignet; elles laissent passer une chemise de gaze de soie qui couvre la poitrine. Elles portent par-dessus cette robe une veste de velours de couleur éclatante, doublée d'hermine ou de martre, et brodée en or sur toutes les coutures; manches également ouvertes. Les cheveux sont partagés au-dessus de la tête; une partie retombe sur le cou, le reste est tressé en nattes et descend jusqu'aux pieds, allongé par des tresses de soie noire qui imitent les cheveux. De petites torsades d'or ou d'argent pendent à l'extrémité de ces tresses, et par leur poids les font flotter le long de la taille; la tête des femmes est en outre semée de petites chaînes de perles, de sequins d'or enfilés, de fleurs naturelles, le tout mêlé et répandu avec une incroyable profusion. C'est comme si on avait versé pêle-mêle un écrin sur ces chevelures toutes brillantées, toutes parfumées de bijoux et de fleurs. Ce luxe barbare est de l'effet le plus pittoresque sur les jeunes figures de quinze à vingt ans; au sommet de la tête quelques femmes portent encore une calotte d'or ciselé en forme de coupe renversée; du milieu de cette calotte sort un gland d'or qui porte une houppe de perles et qui flotte sur le derrière de la tête.

Les jambes sont nues, et les pieds ont pour chaussures des pantoufles de maroquin jaune que les femmes traînent en marchant.

Les bras sont couverts de bracelets d'or, d'argent, de perles; la poitrine, de plusieurs colliers qui forment une natte d'or ou de perles sur le sein découvert.

Quand toutes les femmes furent réunies, une musique sauvage se fit entendre; des femmes, dont le haut du corps était enveloppé d'une simple gaze rouge, poussaient des cris aigus et lamentables et jouaient du fifre et du tambourin; cette musique ne cessa pas de toute la journée, et donnait à cette scène de plaisir et de fête un caractère de tumulte et de frénésie tout à fait barbare.

Lorsque la fiancée parut, accompagnée de sa mère et de ses jeunes amies, et revêtue d'un costume si magnifique, que ses cheveux, son cou, ses bras et sa poitrine disparaissaient entièrement sous un voile flottant de guirlandes de pièces d'or et de perles, les baigneuses s'emparèrent d'elle et la dépouillèrent, pièce à pièce, de tous ses vêtemens : pendant ce temps-là, toutes les autres femmes étaient déshabillées par leurs esclaves, et les différentes cérémonies du bain commencèrent. On passa, toujours aux sons de la même musique, toujours avec des cérémonies et des paroles plus bizarres, d'une salle dans une autre; on prit les bains de vapeurs, puis les bains d'ablution, puis on fit couler sur les femmes les eaux parfumées et savonneuses, puis enfin les jeux commencèrent, et toutes ces femmes firent, avec des gestes et des cris divers, ce que fait une troupe d'écoliers que l'on mène nager dans un fleuve, s'éclaboussant, se plongeant la tête dans l'eau, se jetant l'eau à la figure ; et la musique retentissait plus fort et plus hurlante, chaque fois qu'un de ces tours d'enfantillage excitait le rire bruyant des jeunes filles arabes. Enfin, on sortit du bain ; les esclaves et les suivantes tressèrent de nouveau les cheveux humides de leurs maîtresses, renouèrent les colliers et les bracelets, passèrent les robes de soie et les vestes de velours, étendirent des coussins sur des nattes, dans les salles dont on avait essuyé le plancher, et tirèrent, des paniers et des enveloppes de soie, les provisions apportées pour la collation ; c'étaient des pâtisseries et des confitures de toute espèce, dans lesquelles les Turcs et les Arabes excellent ; des sorbets, des fleurs d'oranger, et toutes ces boissons glacées dont les Orientaux font usage à tous les momens du jour. Les pipes et les narguilés furent apportés aussi pour les femmes plus âgées ; un nuage de fumée odorante remplit et obscurcit l'atmosphère ; le café, servi dans de petites tasses renfermées elles-mêmes dans de petits vases à jour en fil d'or et d'argent, ne cessa de circuler, et les conversations s'animèrent ; puis vinrent les danseuses qui exécutèrent, aux sons de cette même musique, les danses égyptiennes, et les évolutions monotones de l'Arabie. La journée tout entière se passa ainsi, et ce ne fut qu'à la tombée de la nuit que ce cortége de femmes reconduisit la jeune fiancée chez sa mère. Cette cérémonie du bain a lieu ordinairement quelques jours avant le mariage.

20 septembre 1832.

Notre établissement étant complet, je m'occupe d'organiser ma caravane pour le voyage de l'intérieur de la Syrie et de la Palestine. J'ai acheté quatorze chevaux arabes, les uns du Liban, les autres d'Alep et du désert ; j'ai fait faire les selles et les brides à la mode du pays, riches et ornées de franges de soie et de fil d'or et d'argent. Le respect qu'on obtient des Arabes est en raison du luxe qu'on étale; il faut les éblouir, pour frapper leur imagination et pour voyager avec une pleine sécurité parmi leurs tribus; je fais mettre nos armes en état, et j'en achète de plus belles pour armer nos carvas. Ces carvas sont des Turcs qui remplacent les janissaires que la Porte accordait autrefois aux ambassadeurs ou aux voyageurs qu'elle voulait protéger; ce sont à la fois des soldats et des magistrats; ils répondent à peu près aux corps de gendarmerie des états de l'Europe. Chaque consul en a un ou deux attachés à sa personne; ils voyagent à cheval avec eux; ils les annoncent dans les villes qu'ils ont à traverser; ils vont prévenir le scheik, le pacha, le gouverneur; ils font vider et préparer pour eux la maison de la ville ou des villages qu'il leur a plu de choisir; ils protégent de leur présence et de leur autorité toute caravane à laquelle on les a attachés; ils sont revêtus de costumes plus ou moins splendides, selon le luxe ou l'importance de la personne qui les emploie. Les ambassadeurs ou les consuls européens sont les seuls étrangers qui aient le droit d'en avoir; mais, grâce à l'obligeance de M. Jorelle et aux bontés du gouverneur égyptien de Bayruth, on m'en a accordé plusieurs. J'en laisserai à la maison, pour le service de ma femme et de Julia, et pour leur sécurité quand elles auront à sortir, et j'emmène le plus jeune, le plus intelligent et le plus brave, pour marcher à la tête de notre détachement. Ces hommes sont doux, serviables, attentifs, et n'exigent presque rien que de belles armes, de beaux chevaux et de beaux costumes; ils vivent, comme tous mes autres Arabes, de galettes de farine d'orge, et de fruits; ils couchent en plein air, sous les mûriers des jardins ou dans une tente que j'ai fait dresser auprès du lieu où sont les chevaux.

Le consul de Sardaigne, M. Bianco, que nous voyons tous les jours comme un ami de plusieurs années, nous facilite tous ces arrangemens intérieurs qui feront ma sécurité pour ma femme et mon enfant pendant mon absence, et qui contribueront aussi à notre propre sécurité en route; j'achète des tentes, et il me prête la plus belle des siennes.

22 septembre 1832.

Les chaleurs étouffantes de septembre retardent de quelque temps notre départ. Nous passons les journées à rendre et à recevoir les visites de tous nos voisins, Grecs, Arabes, Maronites, et à former des relations qui doivent nous rendre ce séjour agréable. Nous ne trouverions nulle part, en Europe, plus de bienveillance et d'accueil qu'on ne nous en prodigue ici; ces peuples sont accoutumés à ne voir arriver dans leur pays que des Européens adonnés au commerce, et dont toutes les relations ont un but intéressé; ils ne comprennent pas d'abord que l'on vienne habiter et voyager parmi eux, uniquement pour les connaître et pour admirer leur belle nature et leurs monumens en ruines; ils commencent par suspecter les intentions d'un voyageur, et comme les traditions leur font croire que des trésors sont enfouis dans toutes les ruines, ils pensent que nous avons le secret de déterrer ces trésors, et que c'est là le but de nos dépenses et de nos fatigues; mais quand une fois on a pu les convaincre que l'on ne voyage pas dans cette intention, que l'on vient seulement admirer l'œuvre de Dieu dans les plus belles contrées du monde, étudier les mœurs, voir et aimer les hommes; quand de plus on leur offre des présens sans leur demander en échange autre chose que leur amitié; quand on a avec soi, comme nous l'avons, un médecin et une pharmacie, et qu'on leur distribue gratis les recettes, les consultations et les médicamens; quand ils voient que l'étranger qui leur arrive est fêté et considéré des autres Francs, qu'il a à lui un beau navire qui le porte à volonté d'un port à l'autre, et qui refuse de se charger d'aucun objet de commerce, leur imagination est frappée d'une idée de puissance, de grandeur et de désintéressement qui renverse tous leurs systèmes, et ils passent promptement de la défiance à l'admiration, et de l'admiration au dévouement.

Telle est leur disposition pour nous. Notre cour est sans cesse remplie d'Arabes des montagnes, de moines maronites, de scheiks druses, de femmes, d'enfans, de malades, qui viennent déjà de quinze à vingt lieues pour nous voir, nous demander des consultations et nous offrir l'hospitalité, si nous voulons passer par leurs terres; presque tous se font précéder de quelques présens de vins ou de fruits du pays. Nous les recevons bien, nous leur faisons prendre le café, fumer la pipe, boire le sorbet glacé; je leur donne, en échange de leurs cadeaux, des présens d'étoffes d'Europe, quelques armes, une montre, de petits bijoux de peu de valeur dont j'ai apporté une grande quantité; ils retournent enchantés de notre accueil, et vont porter au loin et répandre la réputation de l'*émir Frangi*, c'est ainsi qu'ils m'ont nommé, le *prince des Francs;* je n'ai pas d'autre nom dans tous les environs de Bayruth et dans la ville même; et comme cette considération peut nous être d'une grande utilité pour nos courses aventureuses dans toutes les contrées, M. Jorelle et les consuls européens ont la bonté de ne pas les détromper et de laisser passer l'humble poëte pour un homme puissant en Europe.

On ne peut se figurer avec quelle rapidité les nouvelles circulent de bouche en bouche dans l'Arabie; on sait déjà à Damas, à Alep, à Latakie, à Saïde, à Jérusalem, qu'un étranger est arrivé en Syrie et qu'il va parcourir ces contrées. Dans un pays où il y a peu de mouvement dans les choses et dans les esprits, le plus petit événement inusité devient tout de suite le sujet des conversations; il circule, avec la rapidité de la parole, d'une tribu à l'autre; l'imagination sensible, exaltée, des Arabes grossit et colore tout, et une renommée est faite en quinze jours, à cent lieues de distance. Ces dispositions de ce pays, dont lady Stanhope a fait l'épreuve autrefois dans des circonstances à peu près semblables aux miennes, nous sont trop favorables pour nous en plaindre. Nous laissons faire, nous laissons dire, et j'accepte, sans les détromper, les titres, les richesses, les vertus dont l'imagination arabe m'a doté, pour les déposer ensuite humblement, en rentrant dans les justes proportions de ma médiocrité native.

27 septembre 1832, tour de Fakardin.

Nous avons passé toute la journée à la noce de la jeune Syrienne grecque. La cérémonie a commencé par une longue procession de femmes grecques, arabes et syriennes, qui sont venues, les unes à cheval, les autres à pied, par les sentiers d'aloès et de mûriers, assister la fiancée pendant cette fatigante journée. Depuis plusieurs jours et plusieurs nuits déjà, un certain nombre de ces femmes ne quitte pas la maison d'Habib, et ne cesse de faire entendre des cris, des chants, des gémissemens aigus et prolongés, semblables à ces éclats de voix que les vendangeurs et les faneurs poussent sur les côteaux de notre France pendant les récoltes. Ces clameurs, ces plaintes, ces larmes et ces joies convenues, doivent empêcher la mariée de dormir plusieurs nuits avant la noce. Les vieillards et les jeunes gens de la famille de l'époux en font autant de leur côté et ne lui laissent prendre presque aucun repos depuis huit jours. Nous ne comprenons rien aux motifs de cet usage.

Introduits dans les jardins de la maison d'Habib, on a fait entrer les femmes dans l'intérieur des divans pour faire leurs complimens à la jeune fille, admirer sa parure et voir les cérémonies. Pour nous, on nous a laissés dans la cour ou fait entrer dans un divan inférieur. Là, une table était dressée à l'européenne, chargée d'une multitude de fruits confits, de gâteaux au miel et au sucre, de liqueurs et sorbets, et pendant toute la soirée on a renouvelé cette collation à mesure que les nombreux visiteurs l'avaient épuisée. J'ai réussi à m'introduire par exception jusque dans le divan des femmes, au moment où l'archevêque grec donnait la bénédiction nuptiale. La jeune fille était debout à côté de son fiancé, couverte de la tête aux pieds d'un voile de gaze rouge brodé en or. Un moment le prêtre a écarté le voile, et le jeune homme a pu entrevoir pour la première fois celle à qui il unissait sa vie ; elle était admirablement belle. La pâleur, dont la fatigue et l'émotion couvraient ses joues, pâleur relevée encore par les reflets du voile rouge et les innombrables parures d'or, d'argent, de perles, de diamans, dont elle était couverte, et par les longues nattes de ses cheveux noirs qui tombaient tout autour de sa taille, ses cils peints en noir ainsi que ses sourcils et le bord de ses yeux, ses mains dont l'extrémité des doigts et des ongles était teinte en rouge, avec le henné, et avait des compartimens et des dessins moresques ; tout donnait à sa ravissante beauté un caractère de nouveauté et de solennité pour nous dont nous fûmes vivement frappés. Son mari eut à peine le temps de la regarder. Il semblait accablé et expirant lui-même sous le poids des veilles et des fatigues dont ces usages bizarres épuisent les forces de l'amour même. L'évêque prit des mains d'un de ses prêtres une couronne de fleurs naturelles, la posa sur la tête de la jeune fille, la reprit, la plaça sur les cheveux du jeune homme, la reprit encore pour la remettre sur le voile de l'épouse, et la passa ainsi plusieurs fois d'une tête à l'autre. Puis on leur passa également tour à tour des anneaux aux doigts l'un de l'autre. Ils rompirent ensuite le même morceau de pain, ils burent le vin consacré dans la même coupe. Après quoi on emmena la jeune mariée dans des appartemens où les femmes seules purent la suivre pour changer encore sa toilette. Le père et les amis du mari l'emmenèrent de leur côté dans le jardin, et on le fit asseoir au pied d'un arbre entouré de tous les hommes de sa famille. Les musiciens et les danseurs arrivèrent alors et continuèrent jusqu'au coucher du soleil leurs symphonies barbares, leurs cris aigus et leurs contorsions auprès du jeune homme, qui s'était endormi au pied de l'arbre et que ses amis réveillaient en vain à chaque instant.

Quand la nuit fut venue, on le conduisit seul et processionnellement jusqu'à la maison de son père. Ce n'est qu'après huit jours qu'on permet au nouvel époux de venir prendre sa femme et de la conduire chez lui.

Les femmes qui remplissaient de leurs cris la maison d'Habib sortirent aussi un peu plus tard. Rien n'était plus pittoresque que cette immense procession de femmes et de jeunes filles dans les costumes les plus étranges et les plus splendides, couvertes de pierreries étincelantes, entourées chacune de leurs suivantes et de leurs esclaves portant des torches de sapin résineux pour éclairer leur marche, et prolongeant ainsi leur avenue lumineuse à travers les longs et étroits sentiers ombragés d'aloès et d'orangers, au bord de la mer, quelquefois dans un long silence, quelquefois poussant des cris qui retentissaient jusque sur les vagues ou sous les grands platanes du pied du Liban. Nous rentrâmes dans notre maison, voisine de la maison de campagne d'Habib, où nous entendions encore le bruit des conversations des femmes de la famille; nous montâmes sur nos terrasses, et nous suivîmes longtemps des yeux ces feux errans qui circulaient de tous côtés, à travers les arbres dans la plaine.

29 septembre 1832.

On parle d'une défaite d'Ibrahim. Si l'armée égyptienne venait à subir un revers, la vengeance des Turcs, opprimés aujourd'hui ici par les chrétiens du Liban, serait à craindre, et des excès pourraient avoir lieu dans les campagnes isolées, surtout comme la nôtre. Je me suis décidé à louer aussi par précaution une maison dans la ville : j'en ai trouvé une ce matin qui peut nous loger tous; elle est composée, comme tous les palais arabes, d'un petit corridor obscur qui ouvre sur la rue par une porte surbaissée; ce corridor conduit à une cour intérieure pavée de marbre et entourée de divans ou salons ouverts; l'été on jette une tente sur cette cour, et c'est là que se tiennent les Arabes pour recevoir les visites; un jet d'eau coule et murmure au milieu de la cour; quand il n'y a pas d'eau courante, il y a au moins un puits fermé dans un des angles; de cette cour, on passe dans plusieurs grandes pièces pavées aussi de mosaïques ou de dalles de marbre, et décorées jusqu'à hauteur d'appui, ou de marbre sculpté en niches, en pilastres, en petites fontaines, ou de boiseries de cèdre jaune admirablement travaillé; la première partie de ces divans est plus basse d'une marche que la seconde moitié, et cette seconde moitié de l'appartement est défendue par une balustrade en bois élégamment sculpté; les esclaves et les serviteurs se tiennent dans la première partie, debout, la tasse de café, le sorbet ou la pipe à la main; les maîtres sont assis sur des tapis et appuyés sur des coussins dans la seconde; en général, au fond de la pièce, on trouve un petit escalier de bois caché dans la boiserie et qui conduit à une espèce de tribune haute qui occupe le fond de la chambre; cette tribune ouvre d'un côté sur la rue par de petites fenêtres en ogive garnies de grillages, et du côté de l'appartement, elle est voilée aussi de grillages en bois, où les menuisiers du pays étalent tout l'art de leurs dessins et de leur travail ; ces tribunes sont très-étroites et ne peuvent contenir qu'un divan recouvert de matelas et de coussins de soie ; c'est là que les riches Turcs ou Arabes se retirent pour la nuit ; les autres se contentent de faire étendre des coussins par terre et y dorment tout habillés et sans autre couverture que les lourdes et belles fourrures dont ils sont habituellement vêtus.

Il y a cinq ou six pièces semblables dans ma maison de ville au premier étage, et autant au second, outre un grand nombre de petites pièces hautes et détachées pour des domestiques européens ; les janissaires, les saïs, les domestiques arabes, couchent à la porte de la rue, ou sous le corridor, ou dans la cour ; on ne s'occupe jamais de leur trouver une place ou un lit ; le peuple ici n'a d'autre lit que la terre et une natte de paille d'Égypte ; la beauté du climat a pourvu à tout, et nous éprouvons nous-mêmes qu'il n'y a pas de ciel de lit plus délicieux que ce beau firmament étoilé où les brises légères de la mer apportent un peu de fraîcheur et sollicitent au sommeil ; il y a peu ou point de rosée, et il suffit de se couvrir les yeux d'un mouchoir de soie pour dormir ainsi en plein air, sans aucun inconvénient.

Cette maison n'est qu'une sûreté pour ma femme et mon enfant, en cas de retraite d'Ibrahim-Pacha ; je me suis contenté d'en prendre les clefs, et nous ne l'occuperions que si le reste du pays devenait inhabitable. Sous la garantie des consuls européens, dans une ville fermée de murs, et à côté d'un port où des vaisseaux de toutes les nations sont sans cesse à l'ancre, il ne peut pas y avoir un péril imminent pour des voyageurs. J'ai loué la maison de ville pour un an mille piastres, c'est-à-dire trois cents francs environ ; les cinq maisons de campagne réunies ne me coûtent que trois mille piastres, en tout treize cents francs par an, pour avoir six maisons, dont une seule, celle de la ville, coûterait au moins quatre ou cinq mille francs en Europe.

Il y a sur une langue de terre à gauche de la ville, une des plus délicieuses habitations que l'on puisse désirer au monde : elle appartient à un riche négociant turc, à qui j'ai fait proposer de me la céder ; il n'a pas voulu me la louer ; mais il m'a offert de me la vendre pour trente mille piastres, c'est-à-dire pour environ dix mille francs. Elle s'élève au milieu d'un jardin très-vaste, planté de cèdres, d'orangers, de vignes, de figuiers, et arrosé par une belle fontaine d'eau de roche ; la mer l'entoure de deux côtés, et l'écume vient baigner le pied des murs ; toute la belle rade de Bayruth s'étend devant vous avec ses navires à l'ancre dont on entend de là le bruit du vent dans les cordages ; elle est arrêtée par un vieux château moresque qui s'avance dans la mer, qui est joint à de belles pelouses vertes par des ponts, et dont les créneaux élevés se dessinent en sombre sur le fond des neiges du Sannin, laissant voir dans leurs intervalles les sentinelles d'Ibrahim qui se promènent en regardant la mer.

La maison est beaucoup plus belle que celle que je viens de louer. Tous les murs sont revêtus de marbres admirablement sculptés ou de boiseries de cèdre du plus riche travail ; des jets d'eau éternels murmurent au milieu des pièces du rez-de-chaussée, et des balcons grillés et saillans, qui font le tour des étages supérieurs, permettent aux femmes de passer, sans être vues, les jours et les nuits en plein air, et d'enivrer leurs regards du spectacle admirable de la mer, des montagnes, et des scènes animées du port. Ce Turc m'a très-bien reçu ; il m'a prodigué les sorbets, les pipes et le café, et m'a conduit lui-même dans toutes les pièces de sa maison ; il avait préalablement envoyé un eunuque noir avertir ses femmes de se retirer dans un pavillon du jardin ; mais lorsque nous arrivâmes à leur appartement au harem, l'ordre n'était pas encore exécuté, et nous aperçûmes cinq ou six jeunes femmes, les unes de quinze ou seize ans, tout au plus, les autres de vingt à trente, dans ce beau et gracieux costume de femmes arabes, et dans tout le désordre de leur toilette d'intérieur, qui se levaient précipitamment de leurs nattes et de leurs divans et s'enfuyaient les jambes et les pieds nus, celles-ci jetant à la hâte un voile sur leurs visages, celles-là emportant de petits enfans à leurs mamelles, dans toute la honte, dans toute la confusion naturelles à une pareille surprise ; elles se glissèrent dans un corridor sombre, et l'eunuque se plaça à la porte. Le négociant arabe ne parut nullement embarrassé ni affligé de cette circonstance, et nous visitâmes toutes les pièces intérieures du harem comme nous aurions pu faire dans une maison d'Européens.

VISITE A LADY ESTHER STANHOPE.

Lady Esther Stanhope, nièce de M. Pitt, après la mort de son oncle, quitta l'Angleterre et parcourut l'Europe. Jeune, belle et riche, elle fut accueillie partout avec l'empressement et l'intérêt que son rang, sa fortune, son esprit et sa beauté devaient lui attirer ; mais elle se refusa constamment à unir son sort à celui de ses plus dignes admirateurs, et après quelques années passées dans les principales capitales de l'Europe, elle s'embarqua avec une suite nombreuse pour Constantinople. On n'a jamais su le motif de cette expatriation : les uns l'ont attribuée à la mort d'un jeune général anglais, tué à cette époque en Espagne, et que d'éternels regrets devaient conserver à jamais présent dans le cœur de lady Esther ; les autres à un simple goût d'aventures que le caractère entreprenant et courageux de cette jeune personne pouvait faire présumer en elle. Quoi qu'il en soit, elle partit ; elle passa quelques années à Constantinople, et s'embarqua enfin pour la Syrie sur un bâtiment anglais qui portait aussi la plus grande partie de ses trésors et des valeurs immenses en bijoux et en présens de toute espèce.

La tempête assaillit le navire dans le golfe de Macri, sur la route de Caramanie, en face de l'île de Rhodes : il échoua sur un écueil à quelques milles du rivage. Le vaisseau fut en peu d'instans brisé, et les trésors de lady Stanhope furent engloutis dans les flots; elle-même échappa avec peine à la mort, et fut portée sur un débris du bâtiment, à une petite île déserte où elle passa vingt-quatre heures sans alimens et sans secours : enfin, des pêcheurs de Marmoriza, qui recherchaient les débris du naufrage, la découvrirent et la conduisirent à Rhodes, où elle se fit reconnaître du consul anglais. Ce déplorable événement n'attiédit pas sa résolution. Elle se rendit à Malte, de là en Angleterre. Elle rassembla les débris de sa fortune ; elle vendit à fonds perdu une partie de ses domaines; elle chargea un second navire de richesses et de présens pour les contrées qu'elle devait parcourir, et elle mit à la voile. Le voyage fut heureux, et elle débarqua à Latakie, l'ancienne Laodicée, sur la côte de Syrie, entre Tripoli et Alexandrette. Elle s'établit dans les environs, apprit l'arabe, s'entoura de toutes les personnes qui pouvaient lui faciliter des rapports avec les différentes populations arabes, druses, maronites du pays, et se prépara, comme je le faisais alors moi-même, à des voyages de découverte dans les parties les moins accessibles de l'Arabie, de la Mésopotamie et du désert.

Quand elle fut bien familiarisée avec la langue, le costume, les mœurs et les usages des pays, elle organisa une nombreuse caravane, chargea des chameaux de riches présens pour les Arabes, et parcourut toutes les parties de la Syrie. Elle séjourna à Jérusalem, à Damas, à Alep, à Koms, à Balbek et à Palmyre : ce fut dans cette dernière station que les nombreuses tribus d'Arabes errans, qui lui avaient facilité l'accès de ces ruines, réunis autour de sa tente, au nombre de quarante ou cinquante mille, et charmés de sa beauté, de sa grâce et de sa magnificence, la proclamèrent reine de

Palmyre, et lui délivrèrent des firmans par lesquels il était convenu que tout Européen protégé par elle pourrait venir en toute sûreté visiter le désert et les ruines de Balbek et de Palmyre, pourvu qu'il s'engageât à payer un tribut de mille piastres. Ce traité existe encore et serait fidèlement exécuté par les Arabes, si on leur donnait des preuves positives de la protection de lady Stanhope.

À son retour de Palmyre, elle faillit cependant être enlevée par une tribu nombreuse d'autres Arabes, ennemis de ceux de Palmyre. Elle fut avertie à temps par un des siens, et dut son salut et celui de sa caravane à une marche forcée de nuit, et à la vitesse de ses chevaux qui franchirent un espace incroyable dans le désert en vingt-quatre heures. Elle revint à Damas, où elle résida quelques mois sous la protection du pacha turc à qui la Porte l'avait vivement recommandée.

Après une vie errante dans toutes les contrées de l'Orient, lady Esther Stanhope se fixa enfin dans une solitude presque inaccessible, sur une des montagnes du Liban, voisine de Saïde, l'antique Sidon. Le pacha de Saint-Jean-d'Acre, Abdala-Pacha, qui avait pour elle un grand respect et un dévouement absolu, lui concéda les restes d'un couvent et le village de Dgioun, peuplé par les Druses. Elle y bâtit plusieurs maisons, entourées d'un mur d'enceinte semblable à nos fortifications du moyen-âge : elle y créa artificiellement un jardin charmant à la mode des Turcs; jardin de fleurs et de fruits, berceaux de vignes, kiosques enrichis de sculptures et de peintures arabesques; eaux courantes dans des rigoles de marbre, jets d'eau au milieu des pavés des kiosques; voûte d'orangers, de figuiers et de citronniers. Là, lady Stanhope vécut plusieurs années dans un luxe tout à fait oriental, entourée d'un grand nombre de drogmans européens ou arabes, d'une suite nombreuse de femmes, d'esclaves noirs, et dans des rapports d'amitié et même de politique soutenus avec la Porte, avec Abdala-Pacha, avec l'émir Beschir, souverain du Liban, et surtout avec des scheiks arabes des déserts de Syrie et de Bagdad.

Bientôt sa fortune, considérable encore, diminua par le dérangement de ses affaires, qui souffraient de son absence; et elle se trouva réduite à trente ou quarante mille francs de rente, qui suffisent encore dans ce pays-là au train que lady Stanhope est obligée de conserver. Cependant les personnes qui l'avaient accompagnée d'Europe moururent ou s'éloignèrent; l'amitié des Arabes, qu'il faut entretenir sans cesse par des présens et des prestiges, s'attiédit : les rapports devinrent moins fréquens, et lady Esther tomba dans le complet isolement où je la trouvai moi-même, mais c'est là que la trempe héroïque de son caractère montra toute l'énergie, toute la constance de résolution de cette âme. Elle ne songea pas à revenir sur ses pas; elle ne donna pas un regret au monde et au passé; elle ne fléchit pas sous l'abandon, sous l'infortune, sous la perspective de la vieillesse et de l'oubli des vivans; elle demeura seule où elle est encore, sans livres, sans journaux, sans lettres d'Europe, sans amis, sans serviteurs même attachés à sa personne, entourée seulement de quelques négresses et de quelques enfans esclaves noirs, et d'un certain nombre de paysans arabes pour soigner son jardin, ses chevaux et veiller à sa sûreté personnelle. On croit généralement dans le pays, et mes rapports avec elle me fondent moi-même à croire qu'elle trouve la force surnaturelle de son âme et de sa résolution, non-seulement dans son caractère, mais encore dans des idées religieuses exaltées, où l'illuminisme d'Europe se trouve confondu avec quelques croyances orientales, et surtout avec les merveilles de l'astrologie. Quoi qu'il en soit, lady Stanhope est un grand nom en Orient et un grand étonnement pour l'Europe. Me trouvant si près d'elle, je désirais la voir : sa pensée de solitude et de méditation avait tant de sympathie apparente avec mes propres pensées, que j'étais bien aise de vérifier en quoi nous nous touchions peut-être. Mais rien n'est plus difficile pour un Européen que d'être admis auprès d'elle; elle se refuse à toute communication avec les voyageurs anglais, avec les femmes, avec les membres mêmes de sa famille. Je n'avais donc que peu d'espoir de lui être présenté, et je n'avais aucune lettre d'introduction : sachant néanmoins qu'elle conservait quelques rapports éloignés avec les Arabes de la Palestine et de la Mésopotamie, et qu'une recommandation de sa main auprès de ces tribus pourrait m'être d'une extrême utilité pour mes courses futures, je pris le parti de lui envoyer un Arabe porteur de cette lettre :

« Milady,

« Voyageur comme vous, étranger comme vous dans l'Orient, n'y venant chercher comme vous que le spectacle de sa nature, de ses ruines et des œuvres de Dieu, je viens d'arriver en Syrie avec ma famille. Je compterais au nombre des jours les plus intéressans de mon voyage celui où j'aurais connu une femme qui est elle-même une des merveilles de cet Orient que je viens visiter.

« Si vous voulez bien me recevoir, faites-moi dire le jour qui vous conviendra, et faites-moi savoir si je dois aller seul ou si je puis vous mener quelques-uns des amis qui m'accompagnent et qui n'attacheraient pas moins de prix que moi-même à l'honneur de vous être présentés.

« Que cette demande, Milady, ne contraigne en rien votre politesse à m'accorder ce qui répugnerait à vos habitudes de retraite absolue. Je comprends trop bien moi-même le prix de la liberté et le charme de la solitude, pour ne pas comprendre votre refus et pour ne pas le respecter.

« Agréez, etc. »

Je n'attendis pas longtemps la réponse. Le 30, à trois heures de l'après-midi, l'écuyer de lady Stanhope, qui est en même temps son médecin, arriva chez moi avec l'ordre de m'accompagner à Dgioun, résidence de cette femme extraordinaire.

Nous partîmes à quatre heures. J'étais accompagné du docteur Leonardi, de M. de Parseval, d'un domestique et d'un guide; nous étions tous à cheval. Je traversai, à une demi-heure de Bayruth, un bois de sapins magnifiques plantés originairement par l'émir Fakardin sur un promontoire élevé, dont la vue s'étend à droite sur la mer orageuse de Syrie, et à gauche sur la magnifique vallée du Liban, — point de vue admirable, où les richesses de la végétation de l'Occident, la vigne, le figuier, le mûrier, le peuplier pyramidal, s'unissent à quelques colonnes élevées de palmiers de l'Orient, dont le vent jetait comme un panache les larges feuilles sur le fond bleu du firmament. A quelques pas de là, on entre dans une espèce de désert de sable rouge accumulé en vagues énormes et mobiles comme celles de l'Océan. — C'était une soirée de forte brise, et le vent les sillonnait, les ridait, les cannelait, comme il ride et fait frémir les ondes de la mer. — Ce spectacle était nouveau et triste comme une apparition du vrai et vaste désert que je devais bientôt parcourir. — Nulle trace d'hommes ou d'animaux ne subsistait sur cette arène ondoyante; nous n'étions guidés que par le mugissement des flots d'un côté, et par les cimes transparentes des sommets du Liban de l'autre.— Nous retrouvâmes bientôt une espèce de chemin ou de sentier semé d'énormes blocs de pierres angulaires. — Ce chemin, qui suit la mer jusqu'en Égypte, nous conduisit jusqu'à une maison ruinée, débris d'une vieille tour fortifiée, où nous passâmes les heures sombres de la nuit, couchés sur une natte de jonc, et enveloppés dans nos manteaux.— Dès que la lune fut levée, nous remontâmes à cheval. — C'était une de ces nuits où le ciel est éclatant d'étoiles, où la sérénité la plus parfaite semble régner dans ces profondeurs éthérées que nous contemplons de si bas, mais où la nature autour de nous semble gémir et se torturer dans de sinistres convulsions. — L'aspect désolé de la côte ajoutait depuis quelques lieues à cette pénible im-

v

pression. — Nous avions laissé derrière nous, avec le crépuscule, les belles pentes ombragées, les verdoyantes vallées du Liban. — D'âpres collines, semées de haut en bas de pierres noires, blanches et grises, débris des tremblemens de terre, s'élevaient tout près de nous; à notre gauche et à notre droite, la mer, soulevée depuis le matin par une sourde tempête, déroulait ses vagues lourdes et menaçantes, que nous voyions venir de loin, à l'ombre qu'elles jetaient devant elles, qui frappaient ensuite vers le rivage, en jetant chacune son coup de tonnerre, et qui prolongeaient enfin leur large et bouillonnante écume jusque sur la lisière de sable humide où nous cheminions, inondant à chaque fois les pieds de nos chevaux et menaçant de nous entraîner nous-mêmes; — une lune, aussi brillante qu'un soleil d'hiver, répandait assez de rayons sur la mer pour nous en découvrir la fureur, et pas assez de clarté sur notre route pour rassurer l'œil sur les périls du chemin. — Bientôt la lueur d'un incendie se fondit sur la cime des montagnes du Liban avec les brumes blanches ou sombres du matin, et répandit sur toute cette scène une teinte fausse et blafarde, qui n'est ni le jour ni la nuit, qui n'est ni l'éclat de l'un ni la sérénité de l'autre; heure pénible à l'œil et à la pensée, lutte de deux principes contraires dont la nature offre quelquefois l'image affligeante, et que plus souvent on retrouve dans son propre cœur. — A sept heures du matin, par un soleil déjà dévorant, nous quittions Saïde, l'antique Sidon, qui s'avance sur les flots comme un glorieux souvenir d'une domination passée, et nous gravissions des collines crayeuses, nues, déchirées, qui, s'élevant insensiblement d'étage en étage, nous menaient à la solitude que nous cherchions vainement des yeux. Chaque mamelon gravi nous en découvrait un plus élevé qu'il fallait tourner ou gravir encore; les montagnes s'enchaînaient aux montagnes, comme les anneaux d'une chaîne pressée, ne laissant entre elles que des ravins profonds sans eau, blanchis, semés de quartiers de roches grisâtres. Ces montagnes sont complétement dépouillées de végétation et de terre. Ce sont des squelettes de collines que les eaux et les vents ont rongés depuis des siècles. — Ce n'était pas là que je m'attendais à trouver la demeure d'une femme qui avait visité le monde, et qui avait eu tout l'univers à choisir. — Enfin, du haut d'un de ces rochers, mes yeux tombèrent sur une vallée plus profonde, plus large, bornée de toutes parts par des montagnes plus majestueuses, mais non moins stériles. Au milieu de cette vallée, comme la base d'une large tour, la montagne de Dgioun prenait naissance, et s'arrondissait en bancs de rochers circulaires qui, s'amincissant en s'approchant de leurs cimes, formaient enfin une esplanade de quelques centaines de toises de largeur, et se couronnaient d'une belle, gracieuse et verte végétation. — Un mur blanc, flanqué d'un kiosque à l'un de ses angles, entourait cette masse de verdure. — C'était là le séjour de lady Esther. Nous l'atteignîmes à midi. La maison n'est pas ce qu'on appelle ainsi en Europe, ce n'est pas même ce qu'on nomme maison en Orient ; c'est un assemblage confus et bizarre de dix ou douze petites maisonnettes, ne contenant chacune qu'une ou deux chambres au rez-de-chaussée, sans fenêtres, et séparées les unes des autres par de petites cours ou petits jardins, assemblage tout à fait pareil à l'aspect de ces pauvres couvens qu'on rencontre en Italie ou en Espagne sur les hautes montagnes, et appartenant à des ordres mendians. Selon son habitude, lady Stanhope n'était pas visible avant trois ou quatre heures après midi. On nous conduisit chacun dans une espèce de cellule étroite, sans jour et sans meubles. On nous servit à déjeuner, et nous nous jetâmes sur un divan en attendant le réveil de l'hôtesse invisible du romantique séjour. — Je dormais ; à trois heures, on vint frapper à ma porte et m'annoncer qu'elle m'attendait ; je traversai une cour, un jardin, un kiosque à jour, à tenture de jasmin, puis deux ou trois corridors sombres, et je fus introduit par un petit enfant nègre, de six ou huit ans, dans le cabinet de lady Esther. — Une si profonde obscurité y régnait, que je pus à peine distinguer les traits nobles, graves, doux et majestueux de la figure blanche qui, en costume oriental, se leva du divan et s'avança en me tendant la main. Lady Esther paraît avoir cinquante ans, elle a de ces traits que les années ne peuvent altérer ; la fraîcheur, la couleur, la grâce, s'en vont avec la jeunesse ; mais quand la beauté est dans la forme même, dans la pureté des lignes, dans la dignité, dans la majesté, dans la pensée d'un visage d'homme ou de femme, la beauté change aux différentes époques de la vie, mais elle ne passe pas. — Telle est celle de lady Stanhope.—Elle avait sur la tête un turban blanc, sur le front une bandelette de laine couleur de pourpre et retombant de chaque côté de la tête jusque sur les épaules. Un long châle de cachemire jaune, une immense robe turque de soie blanche à manches flottantes enveloppaient toute sa personne dans des plis simples et majestueux, et l'on apercevait seulement, dans l'ouverture que laissait cette première tunique sur sa poitrine, une seconde robe d'étoffe de Perse à mille fleurs qui montait jusqu'au cou et s'y nouait par une agrafe de perle. — Des bottines turques de maroquin jaune brodé en soie complétaient ce beau costume oriental, qu'elle portait avec la liberté et la grâce d'une personne qui n'en a pas porté d'autres depuis sa jeunesse.

—Vous êtes venu de bien loin pour voir une ermite, me dit-elle ; soyez le bienvenu ; je reçois peu d'étrangers, un ou deux à peine par année ; mais votre lettre m'a plu, et j'ai désiré connaître une personne qui aimait, comme moi, Dieu, la nature et la solitude. Quelque chose, d'ailleurs, me disait que nos étoiles étaient amies, et que nous nous conviendrions mutuellement. Je vois avec plaisir que mon pressentiment ne m'a pas trompée, et vos traits que je vois maintenant, et le seul bruit de vos pas, pendant que vous traversiez le corridor, m'en ont assez appris sur vous, pour que je ne me repente pas d'avoir voulu vous voir.—Asseyons-nous et causons. — Nous sommes déjà amis. — Comment, lui dis-je, Milady, honorez-vous si vite du nom d'ami un homme dont le nom et la vie vous sont complétement inconnus? vous

ignorez qui je suis. — C'est vrai, reprit-elle; je ne sais ni ce que vous êtes selon le monde, ni ce que vous avez fait pendant que vous avez vécu parmi les hommes; mais je sais déjà ce que vous êtes devant Dieu. Ne me prenez point pour une folle, comme le monde me nomme souvent; mais je ne puis résister au besoin de vous parler à cœur ouvert. Il est une science, perdue aujourd'hui dans votre Europe, science qui est née en Orient, qui n'y a jamais péri, qui y vit encore. — Je la possède, — Je lis dans les astres. Nous sommes tous enfans de quelqu'un de ces feux célestes qui présidèrent à notre naissance, et dont l'influence heureuse ou maligne est écrite dans nos yeux, sur nos fronts, dans nos traits, dans les délinéamens de notre main, dans la forme de notre pied, dans notre geste, dans notre démarche; je ne vous vois que depuis quelques minutes; eh bien! je vous connais comme si j'avais vécu un siècle avec vous. — Voulez-vous que je vous révèle à vous-même? voulez-vous que je vous prédise votre destinée? — Gardez-vous en bien, Milady, lui répondis-je en souriant; je ne nie pas ce que j'ignore; je n'affirmerai pas que dans la nature visible et invisible où tout se tient, où tout s'enchaîne, des êtres d'un ordre inférieur comme l'homme, ne soient pas sous l'influence d'êtres supérieurs, comme les astres ou les anges, mais je n'ai pas besoin de leur révélation pour me connaître moi-même, — corruption, infirmité et misère! — Et quant aux secrets de ma destinée future, je croirais profaner la Divinité qui me les cache, si je les demandais à la créature. — En fait d'avenir, je ne crois qu'à Dieu, à la liberté et à la vertu. — N'importe, me dit-elle, croyez ce qu'il vous plaira; quant à moi, je vois évidemment que vous êtes né sous l'influence de trois étoiles heureuses, puissantes et bonnes, qui vous ont doué de qualités analogues et qui vous conduisent à un but que je pourrais, si vous vouliez, vous indiquer dès aujourd'hui.
—C'est Dieu qui vous amène ici pour éclairer votre âme; vous êtes un de ces hommes de désir et de bonne volonté dont il a besoin, comme d'instrumens, pour les œuvres

merveilleuses qu'il va bientôt accomplir parmi les hommes. — Croyez-vous le règne du Messie arrivé? — Je suis né chrétien, lui dis-je, c'est vous répondre. — Chrétien! reprit-elle avec un léger signe d'humeur; — moi aussi je suis chrétienne; mais celui que vous appelez le Christ n'a-t-il pas dit : « Je vous parle encore par paraboles, mais celui qui viendra après moi vous parlera en esprit et en vérité. » — Eh bien! c'est celui-là que nous attendons! Voilà le messie qui n'est pas venu encore, qui n'est pas loin, que nous verrons de nos yeux, et pour la venue de qui tout se prépare dans le monde! — Que répondrez-vous? et comment pourrez-vous nier ou rétorquer les paroles mêmes de votre évangile que je viens de vous citer? quels sont vos motifs pour croire au Christ? — Permettez-moi, repris-je, Milady, de ne pas entrer avec vous dans une semblable discussion, je n'y entre pas avec moi-même. — Il y a deux lumières pour l'homme : l'une qui éclaire l'esprit, qui est sujette à la discussion, au doute, et qui souvent ne conduit qu'à l'erreur et à l'égarement; l'autre, qui éclaire le cœur et qui ne trompe jamais; car elle est à la fois évidence et conviction, et pour nous autres, misérables mortels, la vérité n'est qu'une conviction. Dieu seul possède la vérité autrement et comme vérité; nous ne la possédons que comme foi! — Je crois au Christ, parce qu'il a apporté à la terre la doctrine la plus sainte, la plus féconde et la plus divine qui ait jamais rayonné sur l'intelligence humaine. — Une doctrine si céleste ne peut être le fruit de la déception et du mensonge. — Le Christ l'a dit comme le dit la raison. — Les doctrines se connaissent à leur morale, comme l'arbre se connaît à ses fruits; les fruits du christianisme, je parle de ses fruits à venir plus encore que de ses fruits déjà cueillis et corrompus, sont infinis, parfaits et divins; — donc la doctrine elle-même est divine; — donc l'auteur est un verbe divin, comme il se nommait lui-même. — Voilà pourquoi je suis chrétien, voilà toute ma controverse religieuse avec moi-même; avec les autres je n'en ai point; on ne prouve à l'homme que ce qu'il croit déjà. — Mais enfin, reprit-elle, trouvez-vous donc le monde social, politique et religieux bien ordonné? et ne sentez-vous pas ce que tout le monde sent, le besoin, la nécessité d'un révélateur, d'un rédempteur, du messie que nous attendons et que nous voyons déjà dans nos désirs? — Oh! pour cela, lui dis-je, c'est une autre question. — Nul plus que moi ne souffre et ne gémit du gémissement universel de la nature, des hommes et des sociétés. — Nul ne confesse plus haut les énormes abus sociaux, politiques et religieux. — Nul ne désire et n'espère davantage un réparateur à ces maux intolérables de l'humanité. — Nul n'est plus convaincu que ce réparateur ne peut être que divin! — Si vous appelez cela attendre un messie, je l'attends comme vous, et plus que vous je soupire après sa prochaine apparition; comme vous, et plus que vous, je vois, dans les croyances ébranlées de l'homme, dans le tumulte de ses idées, dans le vide de son cœur, dans la dépravation de son état social, dans les tremblemens répétés de ses institutions politiques, tous les symptômes d'un bouleversement, et par conséquent d'un renouvellement prochain et imminent. Je crois que Dieu se montre toujours au moment précis où tout ce qui est humain est insuffisant, où l'homme confesse qu'il ne peut rien pour lui-même. — Le monde en est là. Je crois donc à un messie voisin de notre époque; mais dans ce messie, je ne vois point le Christ, qui n'a rien de plus à nous donner en sagesse, en vertu et en vérité; je vois celui que le Christ a annoncé devoir venir après lui. — Cet esprit saint toujours agissant, toujours assistant l'homme, toujours lui révélant, selon le temps et les besoins, ce qu'il doit faire et savoir. — Que cet esprit divin s'incarne dans un homme ou dans une doctrine, dans un fait ou dans une idée, peu importe, c'est toujours lui; homme ou doctrine, fait ou idée, je crois en lui, j'espère en lui et je l'attends, et plus que vous, Milady, je l'invoque! Vous voyez donc que nous pouvons nous entendre, et que nos étoiles ne sont pas si divergentes que cette conversation a pu vous le faire penser. — Elle sourit; ses yeux, quelquefois voilés d'un peu d'humeur pendant que je lui confessais mon rationalisme chrétien, s'éclairèrent d'une tendresse de regard et d'une lumière presque surnaturelle. — Croyez ce que vous voudrez, me dit-elle, vous n'en êtes pas moins un de ces hommes que j'attendais, que la Providence m'envoie, et qui ont une grande part à accomplir dans l'œuvre qui se prépare; bientôt vous retournerez en Europe; l'Europe est finie, la France seule a une grande mission à accomplir encore; vous y participerez, je ne sais pas encore comment, mais je puis vous le dire ce soir, si vous le désirez, quand j'aurai consulté vos étoiles. — Je ne sais pas encore le nom de toutes, j'en vois plus de trois maintenant; j'en distingue quatre, peut-être cinq, et, qui sait! plus encore. L'une d'elles est certainement Mercure, qui donne la clarté et la couleur à l'intelligence et à la parole; vous devez être poëte : cela se lit dans vos yeux et dans la partie supérieure de votre figure; plus bas, vous êtes sous l'empire d'astres tout différens, presque opposés : il y a une influence d'énergie et d'action; il y a du soleil aussi, dit-elle tout à coup, dans la pose de votre tête et dans la manière dont vous la rejetez sur votre épaule gauche. — Remerciez Dieu : il y a peu d'hommes qui soient nés sous plus d'une étoile, peu dont l'étoile soit heureuse, moins encore dont l'étoile, même favorable, ne soit contre-balancée par l'influence maligne d'une étoile opposée. Vous, au contraire, vous en avez plusieurs, et toutes sont en harmonie pour vous servir, et toutes s'entr'aident en votre faveur. — Quel est votre nom? — Je le lui dis. — Je ne l'avais jamais entendu! reprit-elle avec l'accent de la vérité. — Voilà, Milady, ce que c'est que la gloire. — J'ai composé quelques vers, dans ma vie, qui ont fait répéter un million de fois mon nom par tous les échos littéraires de l'Europe; mais cet écho est trop faible pour traverser votre mer et vos montagnes, et ici je suis un homme tout nouveau, un homme complétement inconnu, un nom jamais prononcé! Je n'en suis que plus flatté de la bienveillance que vous me prodiguez : je ne la dois qu'à vous et à moi. —Oui, me dit-elle, poëte ou non, je vous aime et j'espère en vous ; nous nous reverrons, soyez-en certain ! Vous retournerez dans l'Occident, mais vous ne tarderez pas beaucoup à revenir en Orient : c'est votre patrie. — C'est du moins, lui dis-je, la patrie de mon imagination. — Ne riez pas, reprit-elle ; c'est votre patrie véritable, c'est la patrie de vos pères. — J'en suis sûre maintenant ; regardez votre pied ! — Je n'y vois, lui dis-je, que la poussière de vos sentiers qui le couvre, et dont je rougirais dans un salon de la vieille Europe. — Rien, ce n'est pas cela, reprit-elle encore : — regardez votre pied. — Je n'y avais pas encore pris garde moi-même. — Voyez ; le cou-de-pied est très-élevé, et il y a entre votre talon et vos doigts, quand votre pied est à terre, un espace suffisant pour que l'eau y passe sans vous mouiller. — C'est le pied de l'Arabe ; c'est le pied de l'Orient ; vous êtes un fils de ces climats, et nous approchons du jour où chacun rentrera dans la terre de ses pères. — Nous nous reverrons. — Un esclave noir entra alors, et, se couchant devant elle, le front sur le tapis et les mains sur la tête, lui dit quelques mots en arabe. — Allez, me dit-elle, vous êtes servi ; dînez vite et revenez bientôt ; je vais m'occuper de vous et voir plus clair dans la confusion de mes idées sur votre personne et votre avenir. Moi, je ne mange jamais avec personne ; je vis trop sobrement ; du pain, des fruits, à l'heure où le besoin se fait sentir, me suffisent ; je ne dois pas mettre un hôte à mon régime. — Je fus conduit sous un berceau de jasmin et de laurier-rose, à la porte de ses jardins. — Le couvert était mis pour M. de Parseval et pour moi ; nous dînâmes très-vite, mais elle n'attendit même pas que nous fussions hors de table, et elle envoya Leonardi me dire qu'elle m'attendait. — J'y courus ; je la trouvai fumant une longue pipe orientale ; elle m'en fit apporter une. J'étais déjà accoutumé à voir fumer les femmes les plus élégantes et les plus belles de l'Orient ; je ne trouvais plus rien de choquant dans cette attitude gracieuse et nonchalante, ni dans cette fumée odorante s'échappant en légères colonnes des lèvres d'une belle femme, et interrompant la conversation sans la refroidir. — Nous causâmes longtemps ainsi et toujours sur le sujet favori, sur le thème unique et mystérieux de cette femme extraordinaire, magicienne moderne, rappelant tout à fait les magiciennes fameuses de l'antiquité ! — Circé des déserts. Il me parut que les doctrines religieuses de lady Esther étaient un mélange habile, quoique confus, des différentes religions au milieu desquelles elle s'est condamnée à vivre; mystérieuse comme les Druses dont seule peut-être au monde elle connaît le secret mystique; résignée comme le musulman, et fataliste comme lui; avec le juif, attendant le Messie; et avec le chrétien, professant l'adoration du Christ et la pratique de sa charitable morale. Ajoutez à cela les couleurs fantastiques et les rêves surnaturels d'une imagination teinte d'Orient et échauffée par la solitude et la méditation, quelques révélations, peut-être, des astrologues arabes; et vous aurez l'idée de ce composé sublime et bizarre qu'il est plus commode d'appeler folie que d'analyser et de comprendre. Non, cette femme n'est point folle. — La folie, qui s'écrit en traits trop évidens dans les yeux, n'est point écrite dans son beau et droit regard; la folie, qui se trahit toujours dans la conversation dont elle interrompt toujours involontairement la chaîne par des écarts brusques, désordonnés et excentriques, ne s'aperçoit nullement dans la conversation élevée, mystique, nuageuse, mais soutenue, liée, enchaînée et forte de lady Esther. S'il me fallait prononcer, je dirais plutôt que c'est une folie volontaire, étudiée, qui se connaît soi-même, et qui a ses raisons pour paraître folie. — La puissante admiration que son génie a exercée et exerce encore sur les populations arabes qui entourent les montagnes, prouve assez que cette prétendue folie n'est qu'un moyen. Aux hommes de cette terre de prodiges, à ces hommes des rochers et des déserts, dont l'imagination est plus colorée et plus brumeuse que l'horizon de leurs sables ou de leurs mers, il faut la parole de Mahomet ou de lady Stanhope! il faut le commerce des astres, les prophéties, les miracles, la seconde vue du génie! Lady Stanhope l'a compris d'abord par la haute portée de son intelligence vraiment supérieure; puis peut-être, comme tous les êtres doués de puissantes facultés intellectuelles, a-t-elle fini par se séduire elle-même, et par être la première néophyte du symbole qu'elle s'était créé pour d'autres. — Tel est l'effet que cette femme a produit sur moi. On ne peut la juger ni la classer d'un mot; c'est une statue à immenses dimensions; — on ne peut la juger qu'à son point de vue. Je ne serais pas surpris qu'un jour prochain ne réalisât une partie de la destinée qu'elle se promet à elle-même : un empire dans l'Arabie, un trône dans Jérusalem! — La moindre commotion politique, dans la région de l'Orient qu'elle habite, pourrait la soulever jusque-là. — Je n'ai à ce sujet, lui dis-je, qu'un reproche à faire à votre génie, c'est celui d'avoir été trop timide avec les événemens, et de n'avoir pas encore poussé votre fortune jusqu'où elle pouvait vous conduire. — Vous parlez, me dit-elle, comme un homme qui croit encore trop à la volonté humaine, et pas assez à l'irrésistible empire de la destinée seule; ma force à moi est en elle. — Je l'attends, je ne l'appelle pas; je vieillis, j'ai diminué de beaucoup ma fortune, je suis maintenant seule et abandonnée à moi-même sur ce rocher désert, en proie au premier audacieux qui voudrait forcer mes portes, entourée d'une bande de domestiques infidèles et d'esclaves ingrats, qui me dépouillent tous les jours et menacent quelquefois ma vie; dernièrement encore, je n'ai dû mon salut qu'à ce poignard, dont j'ai été forcée de me servir pour défendre ma poitrine contre celui d'un esclave noir que j'ai élevé! Eh bien, au milieu de toutes ces tribulations, je suis heureuse; je réponds à tout par le mot sacré des musulmans : Allah kerim! la volonté de Dieu! et j'attends avec confiance l'avenir dont je vous ai parlé, et dont je voudrais vous inspirer à vous-même la certitude que vous devez en avoir!

Après avoir fumé plusieurs pipes, bu plusieurs tasses de café, que les esclaves nègres apportaient de quart d'heure en quart d'heure : Venez, dit-elle, je vais vous conduire dans un sanctuaire où je ne laisse pénétrer aucun profane, c'est mon jardin. Nous y descendîmes par quelques marches, et je parcourus avec elle, dans un véritable enchantement, un des plus beaux jardins turcs que j'aie encore vus en Orient. — Des treilles sombres dont les voûtes de verdure portaient, comme des milliers de lustres, les raisins étincelans de la terre promise; des kiosques où les arabesques sculptées s'entrelaçaient aux jasmins et aux plantes grimpantes, lianes de l'Asie; des bassins où une eau artificielle, il est vrai, venait d'une lieue de loin murmurer et jaillir dans les jets d'eau de marbre; des allées jalonnées de tous les arbres fruitiers de l'Angleterre, de l'Europe, de ces beaux climats; de vertes pelouses semées d'arbustes en fleurs, et des compartimens de marbre entourant des gerbes de fleurs nouvelles pour mes yeux : — voilà ce jardin. — Nous nous reposâmes tour à tour dans plusieurs des kiosques dont il est orné, et jamais la conversation intarissable de lady Esther ne perdit le ton mystique et l'élévation de sujet qu'elle avait eus le matin. — Puisque la destinée, me dit-elle à la fin, vous a envoyé ici, et qu'une sympathie si étonnante entre nos astres me permet de vous confier ce que je cacherais à tant de profanes, venez, je veux vous faire voir de vos yeux un prodige de la nature dont la destination n'est connue que de moi et de mes adeptes; — les prophéties de l'Orient l'avaient annoncé depuis bien des siècles, et vous allez juger vous-même si ces prophéties sont accomplies. — Elle ouvrit une porte du jardin qui donnait sur une petite cour intérieure où j'aperçus deux magnifiques jumens arabes de première race et d'une rare perfection de formes. Approchez, me dit-elle, et regardez cette jument baie; voyez si la nature n'a pas accompli en elle tout ce qui est écrit sur la jument qui doit porter le Messie : — elle naîtra toute sellée. — Je vis en effet sur ce bel animal un jeu de la nature assez rare pour servir l'illusion d'une crédulité vulgaire chez des peuples à demi barbares : — la jument avait au défaut des épaules une cavité si large et si profonde, et imitant si bien la forme d'une selle turque, qu'on pouvait dire avec vérité qu'elle était née toute sellée, et aux étriers près, on pouvait en effet la monter sans éprouver le besoin d'une selle artificielle ; — cette jument, magnifique du reste, semblait accoutumée à l'admiration et au respect que lady Stanhope et ses esclaves lui témoignent, et pressentir la dignité de sa future mission ; jamais personne ne l'a montée, et deux palefreniers arabes la soignent et la surveillent constamment sans la perdre un seul instant de vue. Une autre jument blanche, et à mon avis, infiniment plus belle, partage, avec la jument du Messie, le respect et les soins de lady Stanhope ; nul ne l'a montée non plus. Lady Esther ne me dit pas, mais me laissa à entendre que, quoique la destinée de la jument blanche fût moins sainte, elle en avait une cependant mystérieuse et importante aussi ; et je crus comprendre que lady Stanhope la réservait pour la monter elle-même le jour où elle ferait son entrée, à côté du Messie, dans la Jérusalem reconquise. Après avoir fait promener quelque temps ces deux bêtes sur une pelouse hors de l'enceinte de la forteresse, et joui de la souplesse et de la grâce de ces superbes animaux, nous rentrâmes, et je renouvelai à lady Esther mes instances pour qu'elle me permît enfin de lui présenter M. de Parseval, mon ami et mon compagnon de voyage, qui m'avait suivi, malgré moi, chez elle, et qui attendait vainement depuis le matin une faveur dont elle est si avare. — Elle y consentit enfin, et nous rentrâmes tous trois pour passer la soirée ou la nuit dans le petit salon que j'ai déjà dépeint. Le café et les pipes reparurent avec la profusion orientale, et le salon fut bientôt rempli d'un tel nuage de fumée, que la figure de lady Stanhope ne nous apparaissait plus qu'à travers une atmosphère semblable à l'atmosphère magique des évocations. Elle causa avec la même force, la même grâce, la même abondance, mais infiniment moins de surnaturel, sur des sujets moins sacrés pour elle, qu'elle ne l'avait fait avec moi seul dans tout le cours de la journée. — J'espère, me dit-elle tout à coup, que vous êtes aristocrate; je n'en doute pas en vous voyant. — Vous vous trompez, Milady, lui dis-je. Je ne suis ni aristocrate ni démocrate; j'ai assez vécu pour voir les deux revers de la médaille de l'humanité, et pour les trouver aussi creux l'un que l'autre; je ne suis ni aristocrate ni démocrate; je suis homme et partisan exclusif de ce qui peut améliorer et perfectionner l'homme tout entier, qu'il soit né au sommet ou au pied de l'échelle sociale! je ne suis ni pour le peuple ni pour les grands, mais pour l'humanité tout entière; et je ne crois ni aux institutions aristocratiques ni aux institutions démocratiques la vertu exclusive de perfectionner l'humanité; cette vertu n'est que dans une morale divine, fruit d'une religion parfaite! la civilisation des peuples, c'est leur foi! — Cela est vrai, répondit-elle; mais cependant je suis aristocrate malgré moi; et vous conviendrez, ajouta-t-elle, que s'il y a des vices dans l'aristocratie, au moins il y a de hautes vertus à côté pour les racheter et les compenser, tandis que dans la démocratie je vois bien les vices, et les vices les plus bas et les plus envieux, mais je cherche en vain les hautes vertus. — Ce n'est pas cela, Milady, lui dis-je; il y a des deux parts vices et vertus; mais dans les hautes classes, ces vices même ont un côté brillant; mais dans la classe inférieure, au contraire, ces vices se montrent dans toute leur nudité, et blessent davantage le sentiment moral dans le regard qui les contemple; la différence est dans l'apparence, et non dans le fait; mais, en réalité, le même vice est plus vice dans l'homme riche, élevé et instruit, que dans l'homme sans lumière et sans pain, — car chez l'un le vice est de choix, chez l'autre de nécessité; — méprisez-le donc partout, et plus encore chez l'aristocratie vicieuse, et ne jugeons pas l'humanité par classe, mais par homme; les grands auraient les vices du peuple, s'ils étaient peuple, et les petits auraient les vices des grands, s'ils étaient grands! la balance est égale;

ne pesons pas. — Eh bien! passons, me dit-elle ; mais laissez-moi croire que vous êtes aristocrate comme moi; il m'en coûtera trop de vous croire du nombre de ces jeunes Français qui soulèvent l'écume populaire contre toutes les notabilités que Dieu, la nature et la société ont faites, et qui renversent l'édifice pour se faire, de ses ruines, un piédestal à leur envieuse bassesse ! — Non, lui dis-je, tranquillisez-vous; je ne suis pas de ces hommes; je suis seulement de ceux qui ne méprisent pas ce qui est au-dessous d'eux dans l'ordre social, tout en respectant ce qui est au-dessus, mais dont le désir ou le rêve serait d'appeler tous les hommes, indépendamment de leur degré dans les hiérarchies arbitraires de la politique, à la même lumière, à la même liberté et à la même perfection morale! Et puisque vous êtes religieuse, que vous croyez que Dieu aime également tous ses enfans, et que vous attendez un second Messie pour redresser toutes choses, vous pensez, sans doute, comme eux et comme moi. — Oui, reprit-elle, mais je ne m'occupe plus de politique humaine, j'en ai assez, j'en ai trop vu pendant dix ans que j'ai passés dans le cabinet de M. Pitt, mon oncle, et que toutes les intrigues de l'Europe sont venues retentir autour de moi ; — j'ai méprisé, jeune, l'humanité, je n'en veux plus entendre parler ; tout ce que font les hommes pour les hommes est sans fruit! les formes me sont indifférentes. — Et à moi aussi, lui dis-je. — Le fond des choses, continua-t-elle, c'est Dieu et la vertu ! — Je pense exactement ainsi, lui répondis-je, ainsi n'en parlons plus, nous voilà d'accord.

Passant à des sujets moins graves, et plaisantant sur l'espèce de divination qui lui faisait comprendre un homme tout entier au premier regard et à la seule inspection de son étoile, je mis sa sagesse à l'épreuve, et je l'interrogeai sur deux ou trois voyageurs de ma connaissance, qui depuis quinze ans étaient venus passer sous ses yeux. Je fus frappé de la parfaite justesse de son coup d'œil sur deux de ces hommes. Elle analysa entre autres, avec une prodigieuse perspicacité d'intelligence, le caractère de l'un d'eux, qui m'était parfaitement connu à moi-même, caractère difficile à comprendre à première vue, grand, mais voilé sous les apparences de bonhomie les plus simples et les plus séduisantes : et ce qui mit le comble à mon étonnement, et me fit admirer le plus la mémoire inflexible de cette femme, c'est que ce voyageur n'avait passé que deux heures chez elle, et que seize années s'étaient écoulées entre la visite de cet homme et le compte que je lui demandais de ses impressions sur lui. La solitude concentre et fortifie toutes les facultés de l'âme. — Les prophètes, les saints, les grands hommes et les poëtes l'ont merveilleusement compris ; — et leur nature leur fait chercher à tous le désert ou l'isolement parmi les hommes.—

Le nom de Buonaparte tomba comme toujours dans la conversation. Je croyais, lui dis-je, que votre fanatisme pour cet homme mettrait une barrière entre nous. — Je n'ai été, me dit-elle, fanatique que de ses malheurs et de pitié pour lui. — Et moi aussi, lui dis-je, et ainsi nous nous entendons encore.

Je ne pouvais m'expliquer comment une femme religieuse et morale adorait la force seule sans religion, sans morale et sans liberté! Buonaparte fut un grand reconstructeur, sans doute; il refit le monde social, mais il ne regarda pas assez aux élémens dont il le recomposait : il pétrit sa statue avec de la boue et de l'intérêt personnel, au lieu de la tailler dans les sentimens divins et moraux, la vertu et la liberté!

La nuit s'écoula ainsi à parcourir librement et sans affectation de la part de lady Esther tous les sujets qu'un mot amène et emporte dans une conversation à tout hasard. — Je sentais qu'aucune corde ne manquait à cette haute et ferme intelligence, et que toutes les touches du clavier rendaient un son juste, fort et plein, — excepté peut-être la corde métaphysique, que trop de tension et de solitude avait faussée ou élevée à un diapason trop haut pour l'intelligence mortelle. — Nous nous séparâmes avec un regret sincère de ma part, avec un regret obligeant témoigné de la sienne.

— Point d'adieu, me dit-elle, nous nous reverrons souvent dans ce voyage et plus souvent encore dans d'autres voyages que vous ne projetez pas même encore. Allez vous reposer, et souvenez-vous que vous laissez une amie dans les solitudes du Liban. — Elle me tendit la main; je portai la mienne sur mon cœur, à la manière des Arabes, et nous sortîmes.

VISITE A L'ÉMIR BESCHIR.

Le lendemain, à quatre heures du matin, nous étions, M. de Parseval et moi, à cheval sur la pente escarpée qui descend de son monastère dans la profonde vallée du torrent Belus; nous franchîmes à gué les eaux épuisées par l'été, et nous commençâmes à gravir les hautes montagnes du Liban qui séparent Dgioun de Deir-el-Kammar, ou le couvent de la Lune, palais de l'émir Beschir, prince souverain des Druses et de toutes les montagnes du Liban. Lady Esther nous avait donné son médecin pour nous servir de drogman, et un de ses palefreniers arabes pour guide. — Nous arrivâmes, après deux heures de marche, à une vallée plus profonde, plus étroite et plus pittoresque qu'aucune de celles que nous avions déjà parcourues. A droite et à gauche s'élevaient, comme deux remparts perpendiculaires, hauts de trois à quatre cents pieds, deux chaînes de montagnes qui semblaient avoir été séparées récemment l'une de l'autre par un coup de marteau du fabricateur des mondes, ou peut-être par le tremblement de terre qui secoua le Liban jusque dans ses fondemens; quand le fils de l'homme rendant son âme à Dieu, non loin de ces mêmes montagnes, poussa ce dernier soupir qui refoula l'esprit d'erreur, d'oppression et de mensonge, et souffla la vérité, la liberté et la vie dans un monde renouvelé. — Les blocs gigantesques, détachés des deux flancs des montagnes, semés comme des cailloux par la main des enfans dans le lit d'un ruisseau, formaient le lit horrible, profond, immense, hérissé, de ce torrent à sec; quelques-unes de ces pierres étaient des masses plus élevées et plus longues que de hautes maisons. Les unes étaient posées d'aplomb comme des cubes solides et éternels; les autres, suspendues sur leurs angles et soutenues par la pression d'autres roches invisibles, semblaient tomber encore, rouler toujours, et présentaient l'image d'une ruine en action, d'une chute incessante, d'un chaos de pierres, d'une avalanche intarissable de rochers; — rochers de couleur funèbre, gris, noirs, marbrés de feu et de blanc, opaques; vagues pétrifiées d'un fleuve de granit; pas une goutte d'eau dans les profonds interstices de ce lit calciné par le soleil brûlant de la Syrie; pas une herbe, une tige, une plante grimpante, ni dans ce torrent, ni sur les pentes crénelées et ardues des deux côtés de l'abîme : c'était un océan de pierres, une cataracte de rochers, à laquelle la diversité de leurs formes, la variété de leurs poses, la bizarrerie de leurs chutes, le jeu des ombres ou de la lumière sur leurs flancs ou sur leur surface, semblaient prêter le mouvement et la fluidité. Si le Dante eût voulu peindre dans un des cercles de son enfer, l'enfer des pierres, l'enfer de l'aridité, de la ruine, de la chute des choses, de la dégradation des mondes, de la caducité des âges, voilà la scène qu'il aurait dû simplement copier : — c'est un fleuve des dernières heures du monde quand le feu aura tout consumé, et que la terre, dévoilant ses entrailles, ne sera plus qu'un bloc mutilé de pierres calcinées sous les pas du terrible juge qui viendra la visiter. Nous suivîmes cette vallée des lamentations pendant deux heures, sans que la scène variât autrement que par les circuits divers que le torrent suivait lui-même entre les montagnes, et par la manière plus ou moins terrible dont les rochers se groupaient dans leur lit écumant de pierres. —

Jamais cette vallée ne s'effacera de mon imagination. Cette terre a dû être la première, la terre de la poésie terrible et des lamentations humaines ; l'accent pathétique et grandiose des prophéties s'y fait sentir dans sa sauvage, pathétique et grandiose nature. Toutes les images de la poésie biblique sont gravées en lettres majuscules sur la face sillonnée du Liban et de ses cimes dorées, et de ses vallées ruisselantes, et de ses vallées muettes et mortes. L'esprit divin, l'inspiration surhumaine qui a soufflé dans les âmes et dans les harpes du peuple poétique à qui Dieu parlait par symboles et par images, frappait ainsi plus fortement les yeux des bardes sacrés dès leur enfance, et les nourrissait d'un lait plus fort que nous, vieux et pâles héritiers de la harpe antique, nous qui n'avons sous les yeux qu'une nature gracieuse, douce et cultivée, nature civilisée et décolorée comme nous.

A midi, nous atteignîmes les plus hautes montagnes que nous avions à franchir. Nous commençâmes à redescendre par les sentiers les plus escarpés, où les pieds de nos chevaux tremblaient sur la pierre roulante qui nous séparait seule des précipices. — Après une heure de descente, nous aperçûmes, au tournant d'une colline, le palais fantastique de Dptédin, près de Deïr-el-Kammar. Nous jetâmes un cri de surprise et d'admiration, et, d'un mouvement involontaire, nous arrêtâmes nos chevaux pour contempler la scène neuve, pittoresque, orientale, qui s'ouvrait devant nos regards.

A quelques pas de nous, une immense nappe d'eau écumante sortait de l'écluse d'un moulin et tombait d'une hauteur de cinquante à soixante pieds, sur des rochers qui la brisaient en lambeaux flottans ; le bruit de cette chute d'eau et la fraîcheur qu'elle répandait dans l'air, et qui venait humecter nos fronts brûlans, préparait délicieusement nos sens à l'admiration dont ils aimaient à jouir. — Au-dessus de cette chute d'eau qui se perdait dans des abîmes dont nous ne pouvions apercevoir le fond, s'ouvrait en entonnoir une vaste et profonde vallée, cultivée depuis le pied jusqu'au sommet, en mûriers, en vignes, en figuiers, et où la terre

était partout revêtue de la verdure la plus fraîche et la plus légère ; quelques beaux villages étaient suspendus en terrasses sur les déclivités de toutes les montagnes qui entouraient la vallée de Deïr-el-Kammar. — D'un seul côté l'horizon s'entr'ouvrait et laissait voir, par-dessus des sommets moins élevés du Liban, la mer de Syrie. *Ecce mare magnum!* — dit David. — Voilà là-bas la grande mer bleue avec ses vagues et ses mugissemens et ses immenses reptiles! David était *là*, peut-être, quand il jeta cette exclamation poétique!
— En effet, on aperçoit la mer d'Égypte, teinte d'un bleu plus foncé que le ciel, et fondue au loin avec l'horizon par la brume vaporeuse et violette qui voile tous les rivages de cette partie de l'Asie. Au fond de cette immense vallée, la colline de Dptédin, qui porte le palais de l'émir, prenait naissance et s'élevait, comme une tour immense, flanquée de rochers couverts de lierre, et laissant pendre, de ses fissures et de ses créneaux, des gerbes de verdure flottante. Cette colline montait jusqu'au niveau du chemin en précipice où nous étions suspendus nous-mêmes ; un abîme étroit et mugissant nous en séparait. A son sommet, et à quelques pas de nous, le palais moresque de l'émir s'étendait majestueusement sur tout le plateau de Dptédin, avec ses tours carrées, percées d'ogives crénelées à leur sommet; les longues galeries s'élevant les unes sur les autres, et présentant de longues files d'arcades élancées et légères comme les tiges des palmiers qui les couronnaient de leurs panaches aériens; ces vastes cours descendaient en degrés immenses depuis le sommet de la montagne jusqu'aux murs d'enceinte des fortifications : à l'extrémité de la plus vaste de ces cours, sur lesquelles nos regards plongeaient de l'élévation où nous étions placés, la façade irrégulière du palais des femmes se présentait à nous, ornée de légères et gracieuses colonnades dont les troncs minés et effilés, et de formes irrégulières et inégales, se dressaient jusqu'aux toits, et portaient, comme un parasol, les légères tentures de bois peint, qui servaient de portique à ce palais. — Un escalier de marbre, décoré de

balustrades sculptées en arabesques, conduisait de ce portique à la porte de ce palais des femmes : cette porte, sculptée en bois de diverses couleurs, encadrée dans le marbre et surmontée d'inscriptions arabes, était entourée d'esclaves noirs, vêtus magnifiquement, armés de pistolets argentés et de sabres de Damas étincelans d'or et de ciselures ; les vastes cours qui faisaient face au palais étaient remplies elles-mêmes d'une foule de serviteurs, de courtisans, de prêtres ou de soldats sous tous les costumes variés et pittoresques que les cinq populations du Liban affectent : le Druse, le Chrétien, l'Arménien, le Grec, le Maronite, le Métualis. — Cinq à six cents chevaux arabes étaient attachés par les pieds et par la tête à des cordes tendues qui traversaient les cours, sellés, bridés, et couverts de housses éclatantes de toutes les couleurs ; quelques groupes de chameaux, les uns couchés, les autres debout, d'autres à genoux pour se faire charger ou décharger ; et sur la terrasse la plus élevée de la cour intérieure, quelques jeunes pages, courant à cheval les uns sur les autres, se lançaient le dgérid, s'évitaient en se couchant sur leurs chevaux ; revenaient à toute bride sur leur adversaire désarmé, et faisaient, avec une grâce et une vigueur admirables, toutes les évolutions rapides que ce jeu militaire exige. — Après avoir contemplé quelques instans cette scène orientale si nouvelle pour nous, nous nous approchâmes de la porte immense et massive de la première cour du palais, gardée par des Arabes armés de fusils et de longues lances légères, semblables à la tige d'un long roseau. — Là, nous envoyâmes porter au prince les lettres que nous avions pour lui. Peu d'instans après, il nous envoya son premier médecin, M. Bertrand, né en Syrie, d'une famille française, et ayant conservé encore la langue et le souvenir de sa patrie. — Il nous conduisit dans l'appartement que l'hospitalité de l'émir nous offrait, et des esclaves emmenèrent notre suite et nos chevaux dans un autre quartier du palais. Notre appartement consistait en une jolie cour décorée de pilastres arabesques avec une fontaine jaillissante au milieu, coulant dans un large bassin de marbre ; autour de cette cour, trois pièces et un divan, c'est-à-dire un appartement plus large que les autres, formé par une arcade qui s'ouvre sur la cour intérieure, et qui n'a ni portes ni rideaux qui la referment : c'est une transition entre la maison et la rue qui sert de jardin aux paresseux musulmans, et dont l'ombre immobile remplace pour eux celle des arbres, qu'ils n'ont ni l'industrie de planter, ni la force d'aller chercher où la nature les a fait croître pour eux. Nos chambres, quoique dans ce magnifique palais, auraient paru trop délabrées au plus pauvre paysan de nos chaumières ; les fenêtres n'avaient point de vitres, luxe inconnu dans l'Orient, malgré les rigueurs de l'hiver dans ces montagnes ; ni lits, ni meubles, ni chaises ; rien que les murailles nues, décrépites, percées de trous de rats et de lézards ; et pour plancher, de la terre battue, inégale, mêlée de paille hachée. — Des esclaves apportèrent des nattes de jonc, qu'ils étendirent sur ce plancher, et des tapis de Damas, dont ils recouvrirent les nattes ; ils apportèrent ensuite une petite table de Bethléem, en bois incrusté de nacre de perles ; ces tables n'ont pas un demi-pied de diamètre et pas davantage d'élévation ; elles ressemblent à un tronçon de colonne brisée, et ne peuvent porter qu'un plateau sur lequel les musulmans placent les cinq ou six plats dont leur repas se compose.

Notre dîner, placé sur cette table, se composait d'un pilau, d'un plat de lait aigri que l'on mêle avec de l'huile, et de quelques morceaux de mouton haché, que l'on pile avec du riz bouilli, et dont on farcit certaines courges semblables à nos concombres. — C'est le mets le plus recherché et le plus savoureux, en effet, que l'on puisse manger dans tout l'Orient ; pour boisson, de l'eau pure que l'on boit dans des jattes de terre à longs becs, qu'on passe de main en main et dont on fait couler l'eau dans sa bouche entr'ouverte, sans que le vase touche les lèvres. Ni couteaux, ni cuillères, ni fourchettes : on mange avec les mains ; mais les ablutions multipliées rendent cette coutume moins révoltante pour les musulmans.

A peine avions-nous fini de dîner, que l'émir nous envoya dire qu'il nous attendait. Nous traversâmes une vaste cour ornée de fontaines, et un portique formé de hautes colonnes grêles qui partent de terre, et portent le toit du palais.— Nous fûmes introduits dans une très-belle salle dont le pavé était de marbre, et les plafonds et les murs peints de couleurs vives et d'arabesques élégantes par des peintres de Constantinople. — Des jets d'eau murmuraient dans les angles de l'appartement, et dans le fond, derrière une colonnade dont les entre-colonnemens étaient grillés et vitrés, on apercevait un tigre énorme, dormant la tête appuyée sur ses pattes croisées. — La moitié de la chambre était remplie de secrétaires avec leurs longues robes et leur écritoire d'argent, passé en guise de poignard dans leur ceinture ; d'Arabes richement vêtus et armés ; de nègres et de mulâtres attendant les ordres de leur maître, et de quelques officiers égyptiens revêtus de vestes européennes et coiffés du bonnet grec de drap rouge, avec une longue houppe bleue pendant jusque sur les épaules. — L'autre partie de l'appartement était plus élevée d'environ un pied, et un large divan de velours rouge régnait tout autour. L'émir était accroupi à l'angle de ce divan. — C'était un beau vieillard à l'œil vif et pénétrant, au teint frais et animé, à la barbe grise et ondoyante ; une robe blanche, serrée par une ceinture de cachemire, le couvrait tout entier, et le manche éclatant d'un long et large poignard sortait des plis de sa robe à la hauteur de la poitrine, et portait une gerbe de diamans de la grosseur d'une orange. — Nous le saluâmes à la manière du pays, en portant notre main au front d'abord, puis sur le cœur ; il nous rendit notre salut avec grâce et en souriant, et nous fit signe de nous approcher et de nous asseoir près de lui sur le divan. — Un interprète était à genoux entre lui et nous. — Je pris la parole et lui exprimai le plaisir que j'éprouvais à visiter l'intéressante et belle contrée qu'il gouvernait avec tant de fermeté et de sagesse, et lui dis, entre autres choses, que le plus bel éloge que je pouvais faire de son administration, c'était de me trouver là ; que la sûreté des routes, la richesse de la culture, l'ordre et la paix dans les villes, étaient les témoignages parlans de la vertu et de l'habileté du prince. — Il me remercia, et me fit sur l'Europe, et principalement sur la politique de l'Europe dans la lutte des Turcs et des Égyptiens, une foule de demandes qui montraient à la fois tout l'intérêt que cette question avait pour lui, et les connaissances et l'intelligence des affaires, peu communes dans un prince de l'Orient. On apporta le café, les longues piques, qu'on renouvela plusieurs fois, et la conversation continua pendant près d'une heure.

Je fus ravi de la sagesse, des lumières, des manières nobles et dignes de ce vieux prince, et je me levai, après une longue conversation, pour l'accompagner dans ses bains, qu'il voulut nous montrer lui-même. Ces bains consistent en cinq ou six salles pavées de marbre à compartimens, et dont les voûtes et les murs étaient enduits de stucs et peints à détrempe, avec beaucoup de goût et d'élégance, par des peintres de Damas. Des jets d'eau chaude, froide, ou tiède, sortaient du pavé et répandaient leur température dans les salles. La dernière était un bain de vapeur où nous ne pûmes rester une minute. Plusieurs beaux esclaves blancs, le torse nu et les jambes entourées d'un châle de soie écrue, se tenaient dans ces salles, prêts à exercer leurs fonctions de baigneurs. Le prince nous fit proposer de prendre le bain avec lui ; nous n'acceptâmes pas, et nous le laissâmes entre les mains de ses esclaves qui s'apprêtaient à le déshabiller.

Nous allâmes de là, avec un de ses écuyers, visiter les cours et les écuries où ses magnifiques étalons arabes étaient enchaînés. Il faut avoir visité les écuries de Damas, ou celles de l'émir Beschir, pour avoir une idée du cheval arabe. Ce superbe et gracieux animal perd de sa beauté, de sa douceur et de sa forme pittoresque quand on le transplante, de son pays natal et de ses habitudes familières, dans nos climats froids et dans l'ombre et la solitude de nos écuries. Il faut le voir à la porte de la tente des Arabes du désert, la tête entre les jambes, secouant sa longue crinière noire, comme un parasol mobile, et balayant ses flancs, polis comme du cuivre ou comme de l'argent, avec le fouet tournant de sa queue, dont l'extrémité est toujours teinte en pourpre avec le henné : il faut le voir vêtu de ses housses éclatantes, relevées d'or et de broderies de perles; la tête couverte d'un réseau de soie bleue ou rouge, tissé d'or ou d'argent, avec des aiguillettes sonores et flottantes qui tombent de son front sur ses naseaux, et dont il voile ou dévoile tour à tour, à chaque ondulation de son cou, le globe enflammé, immense, intelligent, doux et fier, de son œil à fleur de tête; il faut le voir surtout en masse, comme il était là, de deux ou trois cents chevaux, les uns couchés dans la poussière de la cour, les autres entravés par des anneaux de fer et attachés à de longues cordes qui traversaient ces cours; d'autres échappés sur le sable, et franchissant d'un bond les files de chameaux qui s'opposaient à leurs courses; ceux-ci tenus à la main par de jeunes esclaves noirs, vêtus de vestes écarlates, et reposant leurs têtes caressantes sur l'épaule de ces enfans; ceux-là jouant ensemble libres et sans laisse, comme des poulains dans une prairie, se dressant l'un contre l'autre, ou se frottant le front contre le front, ou se léchant mutuellement leur beau poil luisant et argenté; tous nous regardant avec une attention inquiète et curieuse à cause de nos costumes européens et de notre langue étrangère, mais se familiarisant bientôt, et venant gracieusement tendre leur cou aux caresses et au bruit flatteur de notre main. C'est une chose incroyable que la mobilité et la transparence de la physionomie de ces chevaux quand on n'en a pas été témoin. Toutes leurs pensées se peignent dans leurs yeux et dans le mouvement convulsif de leurs joues, de leurs lèvres, de leurs naseaux, avec autant d'évidence, avec autant de caractère et de mobilité que les impressions de l'âme sur le visage d'un enfant. Quand nous approchions d'eux pour la première fois, ils faisaient des moues et des grimaces de répugnance et de curiosité tout à fait semblables à celles qu'un homme impressionnable aurait pu faire à l'aspect d'un objet imprévu et inquiétant. Notre langue surtout les frappait et les étonnait vivement; et le mouvement de leurs oreilles dressées et renversées en arrière, ou tendues en avant, témoignait de leur surprise et de leur inquiétude : j'admirais surtout plusieurs jumens sans prix, réservées pour l'émir lui-même. Je fis proposer par mon drogman à l'écuyer jusqu'à dix mille piastres d'une des plus jolies; mais à aucun prix on ne décide un Arabe à se défaire d'une jument de premier sang; et je ne pus rien acheter cette fois.

Nous rentrâmes à la fin du jour dans notre appartement, et l'on nous apporta un souper semblable au dîner. Plusieurs officiers de l'émir vinrent nous rendre visite de sa part. M. Bertrand, son premier médecin, passa la soirée avec nous. Nous pûmes causer, grâce à un peu d'italien et de français qu'il avait conservé, du souvenir de sa famille. Il nous donna tous les renseignemens les plus intéressans sur la vie intérieure de l'émir des Druses. Ce prince, quoique âgé de soixante-douze ans, ayant perdu récemment sa première femme à qui il devait toute sa fortune, venait de se remarier. Nous regrettâmes de n'avoir pas pu apercevoir sa nouvelle femme : elle est, dit-on, remarquablement belle. Elle n'a que quinze ans. C'est une esclave circassienne que l'émir a envoyé acheter à Constantinople, et qu'il a faite chrétienne avant de l'épouser; car l'émir Beschir est lui-même chrétien et même catholique, ou plutôt, il est comme la loi dans tous les pays de tolérance, il est de tous les cultes officiels de son pays : musulman pour les musulmans, Druse pour les Druses, chrétien pour les chrétiens. Il y a chez lui des mosquées et une église; mais depuis quelques années sa religion de famille, la religion du cœur, est le catholicisme. Sa politique est telle, et la terreur de son nom si bien établie, que sa foi chrétienne n'inspire ni défiance ni répugnance aux Arabes musulmans, aux Druses et aux Métualis, qui vivent sous son empire. Il fait justice à tous, et tous le respectent également.

Le soir après souper, l'émir nous envoya quelques-uns de ses musiciens et de ses chanteurs, qui improvisèrent des vers arabes en notre honneur. Il a parmi ses serviteurs des Arabes uniquement consacrés à ces sortes de cérémonies. Ils sont exactement ce qu'étaient les troubadours dans les châteaux du moyen-âge, ou en Écosse les poëtes populaires. Debout derrière le coussin de l'émir ou de ses fils pendant qu'ils prennent leur repas, ils chantent des vers à la louange des maîtres qu'ils servent ou des convives que l'émir veut honorer. Nous nous fîmes traduire par M. Bertrand quelques-uns de ces toasts poétiques : ils étaient en général très-insignifians ou d'une telle recherche d'idées, qu'il serait impossible de les rendre avec des idées et des images appropriées à nos langues d'Europe.

Voici la seule pensée un peu claire que je trouve notée sur mon album :

« Votre vaisseau avait des ailes, mais le coursier de l'A-
« rabe a des ailes aussi. Ses naseaux, quand il vole sur nos
« montagnes, font le bruit du vent dans les voiles du navire.
« Le mouvement de son galop rapide est comme le roulis
« pour le cœur des faibles; mais il réjouit le cœur de l'Arabe.
« Puisse son dos être pour vous un siége d'honneur et vous
« porter souvent au divan de l'émir ! »

Parmi les secrétaires de l'émir se trouvait alors un des plus grands poëtes de l'Arabie. Je l'ignorais et je ne l'ai su que plus tard. Quand il apprit par d'autres Arabes de Syrie que j'étais moi-même un poëte en Europe, il m'écrivit des vers toujours imprégnés de cette affectation et de cette recherche, toujours gâtés par ces jeux de mots qui sont le caractère des langues des civilisations vieillies, mais où l'on sent néanmoins une grande élévation de talent et un ordre d'idées bien supérieur à ce que nous nous figurons en Europe.

Nous dormions sur des coussins du divan étendus sur une natte, au bruit des jets d'eau murmurant de toutes parts dans les jardins, dans les cours et dans les salles de cette partie du palais. Quand il fit jour, je vis à travers les grilles plusieurs musulmans qui faisaient leur prière dans la grande cour du palais. Ils étendent un tapis par terre pour ne point toucher la poussière ; ils se tiennent un moment debout, puis ils s'inclinent d'une seule pièce, et touchent plusieurs fois le tapis du front, le visage toujours tourné du côté de la mosquée ; ils se couchent ensuite à plat ventre sur le tapis ; ils frappent la terre du front ; ils se relèvent et recommencent un grand nombre de fois les mêmes cérémonies, en reprenant les mêmes attitudes et en murmurant des prières. Je n'ai pas pu trouver le moindre ridicule dans ces attitudes et dans ces cérémonies, quelque bizarres qu'elles semblent à notre ignorance. La physionomie des musulmans est tellement pénétrée du sentiment religieux qu'ils expriment par ces gestes, que j'ai toujours profondément respecté leur prière ; le motif sanctifie tout. Partout où l'idée divine descend et agit dans l'homme, elle lui imprime une dignité surhumaine. On peut dire :

— Je ne prie pas comme toi, mais je prie avec toi le maître commun, le maître que tu crois et que tu veux reconnaître et honorer, comme je veux le reconnaître et l'honorer moi-même sous une autre forme. Ce n'est pas à moi de rire de toi, c'est à Dieu de nous juger.

Nous passâmes la matinée à visiter les palais des fils de l'émir, qui sont à peu de distance du sien, une petite église catholique, toute semblable à nos églises modernes de village en France ou en Italie, et les jardins du palais. L'émir Beschir a fait bâtir un autre palais de campagne à un mille environ de Dptédin. C'est le seul but de ses promenades à cheval, et c'est presque le seul chemin où un cheval, même arabe, puisse galoper sans péril ; partout ailleurs les sentiers qui mènent à Dptédin sont tellement escarpés et suspendus sur les bords à pic de tels précipices, qu'on ne peut y passer sans frémir, même au pas.

Avant de quitter Dptédin et Deïr-el-Kammar, je transcris des notes véridiques et curieuses, que j'ai recueillies sur les lieux, concernant le vieillard habile et guerrier que nous venons de voir.

NOTES SUR L'ÉMIR BESCHIR.

A la mort du dernier descendant de l'émir Fakardin, le commandement de la montagne passa dans les mains de la famille Chab. Cette famille ne se trouve établie au Liban que depuis cent dix ans environ. Voici ce qu'en rapportent les vieilles chroniques arabes du désert de Damas.

Vers le commencement du premier siècle de l'hégire, à l'époque où les armées d'Abubekr envahirent la Syrie, un homme d'une haute bravoure, nommé Abdalla, habitant du petit village de Bet-Chiabi, dans le désert de Damas, se couvrit de gloire au siége de cette ville et fut tué sous ses murs. Le général musulman combla de bienfaits sa famille, qui alors quitta Bet-Chiabi pour aller s'établir à Housbaye, sur l'Anti-Liban. On y trouve encore la souche primitive de cette famille, d'où est sortie la branche qui règne aujourd'hui sur le Liban.

L'émir Beschir, un des descendans d'Abdalla, resta orphelin dans un âge peu avancé. Son père, l'émir Hassem, avait été revêtu de la pelisse de kakem et avait reçu l'anneau de commandement, lorsque son oncle, l'émir Milhem, eut quitté les affaires pour aller finir paisiblement ses jours dans la retraite; mais l'administration d'Hassem fut inhabile et sans énergie, et Milhem, forcé de reprendre le commandement, dut réparer les fautes de son neveu et apaiser les troubles que son impéritie avait suscités.

Ainsi que Volney l'a rapporté, le pouvoir passa ensuite et

successivement de Mansour à Joussef, l'un père, l'autre fils de Milhem. Lorsque Joussef prit le commandement pour la première fois, l'émir Beschir n'avait que sept ans. Joussef l'attacha à sa personne et le fit élever avec soin. Quelques années après, ayant reconnu en lui un esprit vif et courageux, il le fit entrer dans les affaires de son gouvernement.

A cette époque, Djezar, pacha d'Acre, qui avait succédé à Dahor, fatiguait depuis longtemps l'émir Joussef par des attaques et des impôts exorbitans. La guerre éclata; mais Beschir ne put suivre son oncle dans cette expédition; ce ne fut qu'en 1784 qu'il participa à la seconde expédition contre Djezar-Pacha. Le jeune Beschir, alors âgé de vingt-un ans, courut un grand danger dans la ville de Ryde, dont les Druses s'étaient emparés. Poursuivi par un corps de troupes du pacha, et forcé d'évacuer la ville, il se trouva, dans sa retraite, cerné par l'ennemi. La situation était critique : Beschir poussa vivement son cheval vers une muraille, du haut de laquelle il se précipita sous une grêle de balles; heureusement il ne fut point atteint, mais son cheval se tua dans cette chute.

De retour au Liban, l'émir Beschir s'appliqua tout entier aux affaires et voulut ramener l'ordre dans l'administration de l'émir Joussef; bientôt l'ambition s'éveilla dans son âme; il se rappela de qui il était fils, et quoique pauvre, il convoita le souverain pouvoir; ses manières et son courage lui avaient attiré l'amitié de plusieurs familles puissantes; il travailla à s'en attacher d'autres que dégoûtait la mauvaise administration de l'émir Joussef, et réussit à mettre dans ses intérêts une famille considérable et très-influente, celle de Kantar, dont le chef, l'homme le plus habile qui fût alors dans le Liban, était immensément riche et portait le titre de scheik Beschir, c'est-à-dire grand et illustre. Il ne manquait plus à l'émir Beschir qu'une occasion : elle se présenta.

Depuis 1785, époque à laquelle Djezar-Pacha avait rendu à Joussef le commandement dont il l'avait privé pendant plus d'un an, les hostilités avaient complétement cessé entre ces deux princes. L'émir Joussef envoyait tous les ans à Saint-Jean-d'Acre des officiers qui lui rapportaient la pelisse avec les complimens d'usage; cependant il craignait toujours une mésintelligence entre lui et le pacha ; ce qui ne tarda pas à arriver.

En 1789, une rupture violente éclata entre ces deux princes ; et l'émir Joussef, hors d'état de résister, résolut d'abdiquer. Beschir avait du crédit; Joussef l'aimait : il l'appela près de lui, et lui conseilla d'aller à Saint-Jean-d'Acre demander l'anneau de commandement. Beschir refusa d'abord, et fit entendre à son oncle qu'il se verrait alors obligé de l'éloigner de ses états, parce que le pacha l'exigerait, et que sa présence dans le Liban serait un éternel aliment pour les factions. Joussef, en proposant cette démarche à son parent, avait deux raisons : d'empêcher que le pouvoir sortît de sa famille ; et de conserver le commandement lorsque Beschir aurait aplani les difficultés, soit par conciliation, soit par la voie des armes.

Il insista donc, et sur la promesse qu'il fit de quitter le pays dès que l'émir Beschir aurait reçu le commandement, le jeune prince partit pour Saint-Jean-d'Acre ; Djezar-Pacha l'accueillit avec bonté, lui confia le commandement du Liban, et lui donna huit mille hommes, pour asseoir son pouvoir et s'emparer de l'émir Joussef. Beschir, arrivé au pont de Gesser-Cadi, écrivit secrètement à son oncle, lui fit part des instructions qu'il avait reçues du pacha, et il l'engagea à se retirer. L'émir Joussef se replia sur Gibel, dans le Kosrouan où il rassembla ses partisans. Beschir joignit à ses soldats ceux qu'il avait ramenés d'Acre, et marcha contre Joussef qu'il rencontra dans le Kosrouan : il lui livra bataille et lui fit perdre beaucoup de monde ; cependant plusieurs mois s'écoulèrent sans résultats définitifs.

Pour terminer ce différend, Joussef envoya à Saint-Jean-d'Acre un exprès qui promit au pacha un tribut plus fort que celui que payait Beschir, s'il voulait lui rendre le commandement. Djezar y consentit, l'appela à Acre, lui remit la pelisse, et lui donna, pour chasser Beschir, les mêmes huit mille hommes qui avaient combattu contre lui. L'émir Beschir se retira dans le district de Mar-Méri, d'où il travailla à faire tomber son rival, en offrant plus encore que l'émir Joussef n'avait promis; le pacha accepta, et Joussef fut derechef obligé de céder la place. Il retourna à Acre pour tenter de nouvelles intrigues; mais Beschir offrit au pacha 4,000 bourses (de 500 pièces de 40 cent. chaque), s'il faisait mourir Joussef, voulant ainsi mettre un terme aux troubles qui agitaient la montagne.

Djezar se trouvait alors à Damas. Son douanier (Grec qui possédait toute sa confiance, et qui était considéré, en son absence, comme le pacha d'Acre) traita en son nom et informa son maître du marché qu'il avait conclu. La proposition plut d'abord beaucoup à Djezar, qui ratifia l'engagement et ordonna de pendre l'émir Joussef et son ministre Gandour.

A peine Djezar eut-il expédié cet ordre, qu'il s'en repentit : il lui sembla que l'inimitié des deux princes était utile à ses intérêts, et il envoya un second ordre qui révoquait le premier; mais soit qu'il arrivât trop tard, soit que le ministre fût gagné, l'émir Joussef fut pendu. Cette exécution irrita le pacha; il se rendit à Acre, se fit rendre compte de l'affaire, prétendit qu'il avait été trompé, et fit noyer son douanier, et avec lui toute sa famille ainsi que plusieurs autres personnes accusées d'avoir trempé dans cette affaire.

Djezar confisqua les immenses trésors de son favori, et écrivit une lettre de reproches à l'émir Beschir. Le ton de la dépêche montra à ce jeune prince qu'il était compromis. Il essaya de se justifier auprès du pacha, qui dissimula jusqu'à l'époque de la réélection du gouverneur; alors Djezar invita le prince à venir à Saint-Jean-d'Acre prendre l'investiture.

Il vint sans défiance avec son ministre le scheik Beschir; mais ils ne furent pas plutôt arrivés qu'ils furent jetés dans un cachot où ils eurent à endurer toutes sortes de maux, pendant dix-huit ou vingt mois de captivité. Le but de Djezar, en les traitant ainsi, était de les amener à payer une riche rançon ; mais le prince n'avait rien ; il avait commandé trop peu de temps pour amasser de grandes richesses ; son ministre y suppléa. Il envoya secrètement auprès du pacha la veuve d'un prince druse, nommé Sest-Abbous, avec laquelle il avait eu des relations intimes ; il la chargea d'offrir au pacha la somme exigée, et de feindre d'engager elle-même ses propres bijoux, pour compléter la rançon. Elle partit. C'était une femme adroite, hardie et d'une grande habileté. Elle trouva le pacha à Acre, et le gagna si bien par les grâces de sa personne et de son esprit, que Djezar réduisit considérablement la somme qu'il avait d'abord demandée. L'investiture fut rendue à l'émir Beschir, qui rentra dans les bonnes grâces du pacha.

Pendant cette captivité, le frère de l'émir Joussef et son cousin l'émir Koïdar de Bubda s'étaient emparés du pouvoir et avaient pris les mesures nécessaires pour empêcher l'émir Beschir de rentrer dans ses états, si Djezar venait à lui rendre la liberté. Dès qu'il fut sorti de sa prison, le prince, ne jugeant pas prudent de reparaître encore au milieu des siens, envoya son ministre, le scheik Beschir, pour sonder l'esprit public, et se retira dans le village de Homs pour attendre l'effet de ses négociations. Il travailla en outre à gagner l'esprit de l'émir Abbets, prince druse de Solima, qui jusquelà avait gardé la neutralité, et qui jouissait de la plus haute considération parmi les Druses et les chrétiens, surtout ceux du district de Marcaeutre.

L'émir Abbets, jugeant la cause de l'émir Beschir juste, prit parti pour lui et le sollicita de venir près de lui. Comme les communications étaient fort difficiles, il lui transmit sa dépêche par un Italien, frère laïque d'un couvent de Solima. Beschir se rendit au milieu de ses partisans, dont le scheik Beschir avait augmenté le nombre par ses largesses et son habileté, fondit avec impétuosité sur l'armée de ses rivaux, la dispersa, s'empara des deux princes, et les fit étrangler sans autre formalité.

Paisible possesseur de la puissance, l'émir Beschir se maria avec la veuve d'un prince turc, comme lui de la famille de Chab, et qu'il avait fait périr deux ans auparavant. Cette union le rendit maître d'une fortune immense. Avant d'épouser cette princesse, qui était d'une grande beauté, il la fit baptiser. Ce mariage fut des plus heureux. A l'âge de soixante-huit ans, la princesse était accablée d'infirmités et d'une paralysie qui lui ôtait l'usage des jambes; ils offraient cependant l'exemple de l'affection la plus vive et de la plus parfaite union.

En mourant, l'émir Joussef avait laissé trois enfans en bas âge. Giorgios-Bey et son frère Abdallah les élevèrent avec soin, dans l'espérance qu'ils ranimeraient un jour le parti de Joussef et renverseraient l'émir Beschir; mais celui-ci triompha de tous ces obstacles et jouit paisiblement du pouvoir jusqu'en 1804.

Des événemens de la plus haute importance se passaient en Égypte : Bonaparte, entré en Syrie avec un corps d'armée, arrivait devant Saint-Jean-d'Acre qui devait lui ouvrir les portes de l'Orient. Le général français engagea par des lettres pressantes et des émissaires le prince du Liban à entrer dans ses intérêts, et à l'aider à se rendre maître de la place. L'émir Beschir répondit qu'il était disposé à se réunir à lui, mais qu'il ne le ferait qu'après la prise d'Acre. Un Français reprochait un jour à l'émir de n'avoir pas embrassé avec enthousiasme la cause de l'armée française et d'avoir peut-être par là empêché la régénération de l'Orient; il lui répondit : « Malgré le vif désir que j'avais de me joindre au général Bonaparte, malgré la haine profonde que j'avais vouée au pacha, je ne pus embrasser la cause de l'armée française. Les quinze ou vingt mille hommes que j'aurais envoyés de la montagne n'eussent rien fait pour le succès du siége. Si Bonaparte eût enlevé la place sans mon assistance, il aurait envahi la montagne sans combat; car les Druses et les chrétiens le désiraient ardemment; j'aurais donc perdu mon commandement : au contraire, si j'eusse aidé le général Bonaparte et que nous n'eussions pas emporté la place (ce qui serait arrivé), le pacha d'Acre m'eût fait pendre ou jeter dans un cachot. Qui m'aurait secouru alors? Quelle protection aurais-je implorée? aurait-ce été celle de la France... qui était si loin, qui avait l'Angleterre et l'Europe sur les bras, et qui était elle-même déchirée par la guerre civile et les factions?... »

Le général Bonaparte comprit la position du prince Beschir, et, pour preuve de son amitié, il lui fit présent d'un superbe fusil que Beschir a conservé en mémoire du grand capitaine.

Avant de reprendre l'histoire des événemens qui suivirent la ruine du parti de l'émir Joussef, il serait à propos de raconter une aventure qui peut-être rendit le pacha Djezar si féroce et si cruel.

Dans les premières années de son commandement, il allait, selon l'usage, à la rencontre de la caravane qui revenait du pèlerinage de la Mecque. (Par la suite, le pacha de Damas fut chargé de cette cérémonie, et celui d'Acre ne fut plus tenu que de subvenir aux dépenses de la caravane et de payer un tribut aux Arabes du désert.) Les Mamelouks à qui, en son absence, Djezar avait laissé la garde de son sérail, en forcèrent les portes et se livrèrent à toute la brutalité de leurs passions. Le pacha revint, et loin de fuir à son approche, les Mamelouks s'emparent du trésor, ferment les portes de la ville, décidés à répondre à la force par la force. Avec la faible escorte qui l'accompagnait, Djezar ne pouvait vaincre : cependant les Mamelouks lui mandèrent que, s'il voulait les laisser se retirer avec leurs armes et leurs chevaux, on lui ouvrirait les portes de la ville; sinon, qu'ils acceptaient la guerre, et mourraient plutôt les armes à la main que de se rendre.

Djezar-Pacha n'avait pas à réfléchir longtemps : il savait qu'il était haï des Turcs aussi bien que des chrétiens, à cause de ses exactions; il n'ignorait pas non plus que si l'émir Joussef venait à connaître sa position, il se liguerait avec les Mamelouks, et lui ferait une guerre qui pourrait lui devenir fatale.

Il accorda aux Mamelouks ce qu'ils demandaient, et ceux-ci s'éloignèrent rapidement tandis que le pacha entrait dans la ville. A peine Djezar fut-il dans son palais, qu'il expédia sa cavalerie à la poursuite des fuyards, mais ce fut en vain : les Mamelouks arrivèrent sains et saufs en Égypte. Djezar se vengea alors sur ses femmes : il les fit toutes fustiger, ensuite jeter dans une grande fosse, puis recouvrir de chaux vive. Il excepta de cette exécution atroce sa favorite, qu'il fit parer de ses bijoux et de ses plus beaux habits, puis enfermer dans une caisse et jeter à la mer.

Cet événement assombrit le caractère de Djezar. Il était avare et spoliateur; il devint farouche et cruel : il ne parlait plus que de couper des nez, d'abattre des oreilles, d'arracher des yeux. Au moment de sa mort, ne pouvant plus parler, ni ordonner d'exécutions, il faisait signe à ceux qui l'entouraient en montrant le chevet de son lit. Heureusement il ne fut pas compris. On trouva après sa mort une longue liste de personnes qu'il avait condamnées à mourir lorsqu'il serait revenu à la santé. Sa férocité le suivit jusque dans le tombeau.

Revenons au prince Beschir. Dès que les fils de l'émir Joussef furent assez grands pour disputer la puissance, Giorgios-Bey et Abdalla résolurent de mettre leurs projets à exécution. Ils profitèrent d'un moment de froideur entre Djezar et le prince Beschir, et soulevèrent le parti de leurs pupilles. L'émir, pris au dépourvu, fut obligé de se retirer dans le Huran et invoqua la médiation du pacha, dont il flatta l'avarice et la cupidité. Djezar intervint, et imposa un traité qui conciliait les deux partis, mais qui favorisait beaucoup plus Beschir, à qui il donnait le pays des Druses, tandis qu'aux fils de Joussef restait celui de Gibel et de Kosrouan.

Ce traité fut observé peu d'années. Les fils de Joussef cherchaient tous les moyens possibles de renverser leur ennemi. Comme ils étaient les plus forts, ils y réussirent, et,

Djezar ne voulant plus écouter les représentations de Beschir, l'usurpation fut sanctionnée. L'émir n'avait plus dès lors d'autres ressources que de se jeter dans les bras du vice-roi d'Égypte.

L'amiral anglais Sidney-Smith se trouvait à cette époque avec quelques vaisseaux dans les parages de la Syrie. Beschir le supplia de le recevoir à son bord et de le transporter en Égypte. Après être resté plusieurs mois sur mer et avoir touché Chypre, Smyrne, Candie et Malte, il débarqua à Alexandrie, où il alla trouver le vice-roi, suivi de quelques amis restés fidèles à sa fortune.

Le vice-roi lui fit un accueil des plus flatteurs, le traita avec tous les égards dus à sa position, le combla de présens, et le fit repartir pour la Syrie sur un des vaisseaux de l'amiral Sidney-Smith, avec une lettre pour Djezar pleine de reproches et de menaces, dans laquelle il lui intimait l'ordre de rétablir l'émir Beschir dans son commandement.

Le vice-roi était puissant : Djezar-Pacha se hâta d'obéir, car le ton de la dépêche lui fit sentir qu'il ne devait rien négliger pour satisfaire le prince Beschir. Il enjoignit donc aux fils de Joussef, qui n'osèrent y apporter aucune résistance, de se conformer en tout au traité, et, jusqu'à sa mort, la paix la plus profonde régna entre les deux partis.

L'émir Beschir cependant ne se reposait pas entièrement sur la seule protection de Méhémet-Ali; il voyait le parti des trois princes s'augmenter de jour en jour, et craignait de succomber sous quelque trame, car il connaissait la soif ardente de vengeance qui les animait contre lui. L'habileté de leurs ministres, Giorgios-Bey et Abdalla, augmentait encore ses inquiétudes. Il résolut donc d'en finir avec eux par un coup décisif, capable d'imprimer la terreur dans l'âme de ses ennemis. Il profita, pour accomplir son projet, de l'investiture de Soliman-Pacha, qui succédait à Djezar. A cette époque, tout paraissait tranquille dans le Liban : les trois princes gouvernaient en paix leurs provinces, et semblaient se soumettre, sans arrière-pensée, à la suprématie que le traité accordait à leur ennemi, tandis que leurs ministres préparaient tout, secrètement, pour une nouvelle attaque.

L'émir Beschir prit les devans. Instruit du moment favorable par ses affidés, il mande Giorgios-Bey à Deïr-el-Kammar, sous prétexte d'affaires; en même temps, son frère, l'émir Hassem, fond sur Gibel, s'empare des princes, et fait pendre Abdalla. Les trois frères furent conduits à Yong-Michaël, où on leur creva les yeux. Leurs biens furent confisqués au profit de l'émir Beschir. A la nouvelle de ces événemens, Giorgios-Bey se précipita d'une fenêtre de sa prison et se tua, ce qui n'empêcha pas l'émir de le faire pendre pour servir d'exemple à ses ennemis. Cinq chefs de Deïr-el-Kammar, et un frère du scheik Beschir, tous de la maison de Gruimbelad-el-Bescantar, accusés d'avoir aidé les princes vaincus, furent mis à mort et leurs biens confisqués.

Ces exécutions faites, le prince Beschir prit l'autorité suprême sur tout le Liban, donnant à son frère Hassem le commandement du Kosrouan, dont le chef-lieu était Gazyr; mais, comme il mourut peu de temps après, on accusa l'émir Beschir de l'avoir empoisonné, parce qu'il lui soupçonnait des desseins ambitieux. Cette accusation est sans fondement, et l'opinion publique en a fait justice.

Vers 1819, les pays de Gibel-Biscarra, de Gibes et du Kosrouan s'insurgèrent à l'occasion d'une contribution qui excita le mécontentement général. Les révoltés, sur l'avis de l'évêque Joussef, résolurent d'aller attaquer l'émir Beschir dans le pays des Druses, où il se trouvait alors. Le prince, sans donner aux insurgés le temps de réunir leurs forces, alla lui-même les chercher à la tête d'un petit corps d'armée, après avoir ordonné à son lieutenant général, le scheik Beschir, de le suivre avec trois mille hommes qu'il avait rassemblés à la hâte. L'émir entra dans le pays de Gibes, et campa dans une vallée du district d'Agousta, entre Djani et le territoire de Gazyr. La nuit suivante et le lendemain matin il reçut une vive fusillade de plusieurs détachemens ennemis qui tenaient les hauteurs. Sa tente fut criblée de balles, et, malgré les instances de son fils Halil, il ne voulut pas changer de position. Lorsque le jour fut plus avancé, la fusillade de l'ennemi devenant plus nourrie, Beschir pensa que les rebelles avaient augmenté leurs forces et voulaient lui fermer le passage. Alors il se leva du tapis sur lequel il était resté pendant la fusillade, monta à cheval et marcha droit à l'ennemi, accompagné de sa petite escorte. A son approche, les insurgés se dispersèrent sans résistance, et il arriva à Gibes, où il prit des mesures énergiques, afin d'empêcher l'accroissement de leurs forces.

Son lieutenant général, le scheik Beschir, qui le suivait à petites journées, passa le fleuve du Chien et s'empara, avec ses trois mille hommes, des deux premiers villages du Kosrouan, le Yong-Michaël et le Yong-Monsbak, qui se trouvaient sur son passage; le jour même de cette occupation, les avant-postes arrêtèrent un prêtre qui portait des dépêches à l'évêque Joussef; le scheik Beschir, ayant lu ces lettres, présenta son kangiar à celui qui les lui avait apportées, et lui ordonna de tuer le prêtre et de l'enterrer à la place où il avait été arrêté.

Peu d'heures après, un autre messager secret eut le même sort.

Le jour suivant, le scheik Beschir se remit en marche, envahit sans obstacle le Kosrouan et fit étrangler tous ceux que l'émir Beschir avait inscrits sur une note qu'il lui avait envoyée. Il arriva ainsi jusqu'à Gibel-Biscarra, où il joignit le prince qui venait de Gibes. L'émir Beschir resta neuf jours dans cette province, pendant lesquels il acheva d'étouffer la révolte en faisant pendre et étrangler tous les rebelles de distinction des trois districts de Gibes, du Kosrouan et de Gibel-Biscarra; on donna la bastonnade à plusieurs autres, de qui on exigea en outre des rançons ruineuses.

Au nombre de ces derniers, était un pauvre vieillard de soixante-quinze ans, condamné à 70 bourses; il ne pouvait les payer; son fils lui écrivit qu'il allait faire un emprunt, en le priant de l'y autoriser; le vieillard répondit qu'il ne paierait rien, ajoutant des expressions peu bienveillantes pour le prince. La lettre fut interceptée, et le vieillard condamné à la peine des osselets ; cet infortuné, déjà accablé par l'âge, ne put résister à tant de douleur, et lorsque, sur l'ordre du scheik Beschir, il fut rapporté chez lui, il mourut après vingt jours de souffrance ; son fils hérita de la condamnation du père ; ses biens furent confisqués au profit de l'émir, qui ne lui laissa que 1,000 piastres.

L'émir Beschir monta à Éden, passa les Cèdres, et descendit à Balbek par l'autre côté de la montagne, tandis que le scheik Beschir occupait la province insurgée. En arrivant à Balbek, le prince ordonna à son lieutenant général de retourner par le même chemin qu'il avait tenu, et de frapper, en passant, les trois provinces d'une contribution de 400 bourses (de 500 pièces chacune).

Il serait miraculeux qu'avec trois mille hommes le prince du Liban eût pu étouffer une sédition dans trois provinces aussi fortes, si on ne se rappelait que les insurrections étaient partielles, et que le parti de Beschir, dans ces provinces, aida beaucoup à en triompher.

Le pacha de Damas avait, dans cet intervalle, envoyé au Bkaa un aga chargé de prélever, selon l'usage, les récoltes des terres qui étaient sous la dépendance de son pachalik. Cet officier pénétra dans le village de Haunie, qui dépendait de la principauté du Liban, et y frappa des contributions en bestiaux et en argent ; les habitans, ne voulant pas s'y soumettre, prévinrent le prince Beschir, qui écrivit à l'aga, en lui témoignant son mécontentement ; mais celui-ci ne tint aucun compte de ces remontrances, commit les plus grandes exactions et retourna chez lui ; le prince Beschir, irrité, en donna avis au pacha d'Acre, en exprimant d'une manière énergique son ressentiment. Abdalla, soit par considération pour Beschir, soit qu'il eût à se venger personnellement de l'aga, manda au pacha de Damas de le corriger sévèrement ; celui-ci répondit évasivement, s'étonnant de la part que le pacha d'Acre prenait à une affaire qui regardait des chrétiens ; Abdalla transmit cette réponse à Beschir, en l'engageant à tirer lui-même vengeance du pacha de Damas. Le prince du Liban rassembla à la hâte dix mille hommes, et se dirigea sur Damas : le pacha sortit à sa rencontre ; et les deux armées en vinrent aux mains plusieurs fois ; mais l'avantage resta toujours au prince Beschir.

Pendant ce temps-là, Abdalla lança un faux firman qui déclarait le pacha de Damas déchu de son pachalik qui était réuni à celui d'Acre. Mais le pacha de Damas s'étant adressé aux pachas voisins et à la cour de Constantinople, celle-ci condamna à mort le pacha d'Acre et destitua le prince Beschir de son gouvernement. L'émir était déjà aux portes de Damas, lorsque le firman arriva ; il vit alors que celui d'Abdalla était supposé, et il jugea prudent de se retirer dans la province de Deïr-el-Kammar, d'où, apprenant que le sort d'Abdalla lui était réservé, il alla se réfugier dans les environs de Bayruth, demandant au gouverneur de le recevoir avec son escorte. Celui-ci s'y refusa, prétendant que la présence de l'émir dans la ville y exciterait une sédition. Le prince ayant fait savoir alors à son frère, l'émir Abets, à qui il avait laissé le commandement de la montagne, qu'il voulait revenir dans ses états et tenter la voie des armes contre les pachas envoyés par la Sublime Porte, son frère lui répondit que la montagne était sans vivres et sans argent, et qu'il lui conseillait vivement de ne pas tenter un projet aussi périlleux.

Dans ces tristes conjonctures, le prince tourna encore les yeux vers l'Égypte, et s'adressa à un Franc, le priant de lui faciliter les moyens de quitter la Syrie. M. Aubin le fit embarquer, entre Bayruth et Saïde, sur un bâtiment français qui faisait voile pour Alexandrie. Après son départ, le scheik Beschir et son frère l'émir Abets se liguèrent avec les pachas coalisés et briguèrent le commandement de la montagne ; ce qui fut la source des divisions qui déchirèrent le Liban en 1823.

Des troupes combinées mirent le siége devant Saint-Jean

d'Acre en juillet 1822, et le continuèrent sans succès jusqu'en avril 1823, époque à laquelle il fut levé. Alors le jeune pacha d'Acre, extrêmement avare, imagina un moyen de se dispenser du tribut qu'il devait à la Porte. Pour cela, il fit assassiner, près de Latakie, les officiers qui payaient le tribut, et se fit rendre l'argent par les assassins. Il se plaignit ensuite auprès de la Porte du meurtre commis sur ses agens et du vol d'une redevance appartenant au grand-seigneur. Le pacha d'Acre, par cette odieuse conduite, espérait d'abord s'exempter du tribut, et ensuite compromettre le pacha de Latakie, à qui le grand-seigneur enverrait le cordon en réunissant son pachalik à celui d'Acre. Mais Abdalla-Pacha se trompa.

Le grand-seigneur, informé de la perfidie du pacha d'Acre, demanda sa tête pour la seconde fois. Mais que pouvaient contre Acre les pachas de Damas, d'Alep et d'Adana avec une armée de 12,000 hommes de toutes armes, mal disciplinée, sans artillerie qui pût faire une brèche, n'ayant que quelques pièces de gros calibre auxquelles la grosseur des boulets ne répondait pas; 3 à 4,000 cavaliers sans bagages, et une infanterie qui passait le jour et la nuit à fumer sous la tente. Aussi Abdalla-Pacha, maître de la première place forte de l'Orient, se prépara-t-il sans crainte à une vigoureuse défense.

Une corvette anglaise, à l'ancre dans la rade, offrit un officier de son bord pour diriger l'artillerie des assiégeans. Les pachas acceptèrent et mirent les bouches à feu sous ses ordres. Mais, au bout de trois jours, il vit qu'il n'emporterait jamais la place avec des Turcs qui ne voulaient pas s'approcher des murs avec leurs canons, le seul moyen cependant de faire brèche.

Malgré l'armée des pachas, Abdalla resta en repos. Il n'avait rien à craindre, du côté de la terre, de la part de troupes si mal organisées, et répondait à leurs coups de canon par des coups de fusil pour montrer combien il méprisait leurs attaques. Il avait de bons soldats bien payés; les vivres et les munitions de guerre lui arrivaient en abondance par des bâtimens soit d'Europe, soit d'Asie; on le soupçonna même d'avoir des intelligences avec les Grecs de la Morée.

L'émir Beschir, qui, à cette époque, était déjà sous la protection du vice-roi d'Égypte, entretenait une correspondance régulière avec Abdalla qui, par l'entremise de Méhémet-Ali, sollicita la paix et son pardon de la Porte. Si le pacha n'avait rien à craindre du côté de la terre, il devait redouter que le divan de Constantinople, bloquant la place par mer, n'interceptât ses communications avec l'étranger, ce qui eût réduit son peuple à la famine, insurgé ses soldats, et l'eût forcé lui-même à tendre le cou au cordon de la Sublime Porte. Le divan lui pardonna, sachant qu'Abdalla aurait pu livrer la place aux insurgés de la Morée; mais il le condamna à une amende de 3,000 bourses et aux frais de la guerre.

Le vice-roi, ayant obtenu la grâce d'Abdalla-Pacha, demanda aussi et obtint celle de l'émir Beschir, qui reprit son commandement. Il profita de cette circonstance pour faire sentir son crédit au divan, et pour prendre une influence immédiate sur le prince du Liban, dont les intérêts politiques se trouvent aujourd'hui liés avec ceux de Méhémet-Ali.

A la fin de 1823, l'émir Beschir débarqua à Saint-Jean-d'Acre pour régler avec Abdalla les dépenses du siége de la place et fixer la somme à laquelle devait s'élever sa part dans la dette.

A sa rentrée au Liban, il frappa une contribution de mille bourses, car il était dans une position peu aisée par suite de son exil et des dépenses qu'avait occasionnées son séjour en Égypte. Son peuple aussi était pauvre, et, ne voulant pas l'indisposer contre lui par un impôt aussi fort, il résolut de le faire payer à son ancien lieutenant général, le scheik Beschir, voulant se venger ainsi des intrigues qu'il avait eues avec son frère Abets pour lui enlever le commandement de la montagne. Le scheik Beschir refusa de payer, et se retira dans le Karan, province du Liban : il revint ensuite à son palais de Moctura, d'où il s'entendit avec le prince Abets pour renverser Beschir ; il parvint même à faire entrer dans la conspiration trois jeunes frères du prince, qui jusque-là étaient restés tranquilles dans leurs provinces.

Cette conspiration aurait pu devenir fatale à l'émir Beschir, sans le secours d'Abdalla-Pacha.

Le scheik Beschir fut poursuivi et arrêté dans les plaines de Damas, avec une escorte de deux cents personnes ; il eût pu facilement se sauver, mais sur l'assurance que lui donna un officier turc, au nom du pacha de Damas, que le prince du Liban lui pardonnait, il se remit entre ses mains et fut conduit à Damas. Là on le dépouilla de ses habits, on lui lia les mains, l'une sur la poitrine, l'autre sur le dos, et on le jeta dans une prison, où il resta plusieurs mois. On instruisit son procès à Constantinople, et il fut condamné à mort. Lorsqu'on lui présenta le cordon, il ne pâlit pas, et demanda seulement à parler au pacha et au prince : on lui répondit que c'était inutile ; que ni l'un ni l'autre ne pouvaient plus rien, la condamnation émanant de Constantinople. Alors le scheik Beschir se soumit à sa destinée. Il fut étranglé, puis décapité, et son corps coupé en morceaux et jeté aux chiens.

Cette exécution eut lieu au commencement de 1824. Les trois frères du prince furent ensuite arrêtés ; on leur coupa la langue et on leur creva les yeux, puis ils furent exilés avec leurs familles, chacun dans un village éloigné l'un de l'autre. Depuis lors la tranquillité régna au Liban, les Chab jouirent en paix du pouvoir, grâce à la police active que l'émir établit dans son gouvernement, et à l'amitié d'Abdalla-Pacha, qui n'ignorait cependant pas les liens intimes qui unissaient le grand prince à Méhémet-Ali.

Telle est la politique qu'a suivie jusqu'à ce jour l'émir Beschir, et tout annonce qu'il la suivra encore avec succès dans la nouvelle crise où l'a placé la lutte de Méhémet-Ali contre l'empire Ottoman ; l'émir n'a pris aucune part à la guerre jusqu'au moment où Ibrahim-Pacha, vainqueur de Saint-Jean-d'Acre, a envoyé Abdalla-Pacha, vaincu et prisonnier, à son père, en Égypte, et est entré en Syrie ; le prince du Liban a dû alors se déclarer ; et, selon l'usage des Orientaux, il a vu le doigt de Dieu dans la victoire, et il s'est rangé du côté du succès. Néanmoins il l'a fait comme à regret, et en se ménageant, selon toute apparence, le prétexte de la contrainte vis-à-vis de la Porte. Il est à croire que si Ibrahim-Pacha venait à essuyer des revers, l'émir Beschir se tournerait encore du côté des Turcs, et les aiderait à écraser les Arabes ; Ibrahim, qui se doute de cette politique à deux tranchans, compromet tant qu'il peut le prince ; il l'a forcé à lui donner un de ses fils et quelques-uns de ses meilleurs cavaliers, pour l'accompagner du côté de Homs ; et ses autres fils, descendus de la montagne, gouvernent militairement, au nom des Égyptiens, les principales villes de la Syrie.

La tête de l'émir Beschir tient au triomphe d'Ibrahim à Homs ; si celui-ci est vaincu, la réaction des Turcs contre les chrétiens du Liban et contre le prince lui-même sera implacable ; d'un autre côté, si Ibrahim reste maître de la Syrie, il ne pourra voir longtemps sans ombrage une puissance indépendante de la sienne, et il tâchera ou de la détruire par la politique, ou de la renverser à jamais en détruisant la famille de Chab. Si l'émir Beschir était plus jeune et plus actif, il pourrait résister à ces deux agressions et constituer pour longtemps, et peut-être pour toujours, sa domination et celle de ses fils sur la partie la plus inaccessible, la plus peuplée et la plus riche de la Syrie ; les montagnards qu'il commande sont braves, intelligens, disciplinés ; les routes, pour arriver au centre du Liban, sont impraticables ; les Maronites, qui deviennent très-nombreux dans le Liban, seraient dévoués à l'émir par le sentiment commun de christianisme et par la haine et la terreur de la domination turque. Le seul obstacle à la création d'une puissance nouvelle dans ces contrées, c'est la différence de religion entre les Maronites, les Druses et les Métualis, qui peuplent à peu près à nombre égal les montagnes soumises à l'autorité de l'émir ; le plus fort lien de nationalité, c'est la communauté des pensées religieuses, ou plutôt cela a été jusqu'à présent ainsi. La civilisation, en avançant, réduit la pensée religieuse à l'individualisme, et d'autres intérêts communs forment la nationalité : ces intérêts étant moins graves que l'intérêt de religion, les nationalités vont en s'affaiblissant; car quoi de plus fort pour l'homme que le sentiment religieux, que son dogme, que sa foi intime? C'est la voix de son intelligence, c'est la pensée dans laquelle il résume toutes les autres : mœurs, lois, patrie, tout est pour un peuple dans sa religion : c'est ce qui fait, je crois, que l'Orient se constituera si difficilement en une seule et grande nation; c'est ce qui fait que l'empire turc s'écroule. Vous n'apercevez de signes d'une existence commune, de symptômes d'une nationalité possible, que dans les parties de l'empire où les tribus d'un même culte sont agglomérées, parmi la race grecque, asiatique, parmi les Arméniens, parmi les Bulgares et parmi les Serviens; partout ailleurs, vous voyez des hommes, mais pas de nation.

LES DRUSES.

3 octobre 1832.

J'ai descendu aujourd'hui les basses pentes du Liban qui inclinent de Deïr-el-Kammar vers la Méditerranée, et je suis venu coucher dans un kan isolé de ces montagnes.

A cinq heures du matin nous montions à cheval dans la cour du palais de l'émir. En sortant de la porte du palais, on commence par descendre dans un sentier taillé dans le roc et qui tourne autour du mamelon de Dptédin. A droite et à gauche de ces sentiers, les coins de terre que soutiennent les terrasses artificielles sont plantés de mûriers, et admirablement cultivés. L'ombre des arbres et des vignes couvre partout le sol, et des ruisseaux nombreux, dirigés par les Arabes cultivateurs, viennent du haut de la montagne se diviser en rigoles et arroser le pied des arbres et les jardins. L'ombre gigantesque du palais et des terrasses de Dptédin plane au-dessus de toute cette scène et vous suit jusqu'au pied de ce mamelon où vous recommencez à gravir une autre montagne qui porte la ville de Deïr-el-Kammar sur son sommet. En un quart d'heure de marche nous y fûmes arrivés. Deïr-el-Kammar est la capitale de l'émir Beschir et des Druses; la ville renferme une population de dix à douze mille âmes. Mais excepté un ancien édifice orné de sculptures moresques et de hauts balcons tout à fait semblables aux restes d'un de nos châteaux du moyen âge, Deïr-el-Kammar n'a rien d'une ville, encore moins d'une capitale; cela ressemble parfaitement à une bourgade de Savoie ou d'Auvergne, à un gros village d'une province éloignée en France. Le jour ne faisait que de naître quand nous le traversâmes; les troupeaux de jumens et de chameaux sortaient des cours des maisons, et se répandaient sur les places et dans les rues non pavées de la ville; sur une place un peu plus vaste que les autres, quelques tentes noires de zingari étaient dressées; des hommes, des enfans, des femmes, demi-nus ou enveloppés de l'immense couverture de laine blanche qui est leur seul vêtement, étaient accroupis autour d'un feu, et se peignaient les cheveux ou cherchaient les insectes qui les dévoraient. Quelques Arabes au service de l'émir passaient à cheval dans leur magnifique costume, avec des armes superbes à la ceinture et une lance de douze à quinze pieds de long dans la main. Les uns allaient porter à l'émir des nouvelles de l'armée d'Ibrahim, les autres descendaient vers la côte pour transmettre les ordres du prince aux détachements commandés par ses fils et qui sont campés dans la plaine. Rien n'est plus imposant et plus riche que le costume et l'armure de ces guerriers druses. Leur turban immense et sur lequel serpentent, en rouleaux gracieux, des châles de couleurs éclatantes, projette sur leur visage bruni et sur leurs yeux noirs une ombre qui ajoute encore à la majesté et à la sauvage énergie de leur physionomie ; de longues moustaches couvrent leurs lèvres et retombent des deux côtés de la bouche; une espèce de tunique courte et de couleur rouge est un vêtement uniforme pour tous les Druses et pour tous les montagnards : cette tunique est, selon l'importance et la richesse de celui qui la porte, tissue en coton et or, ou seulement en coton et soie; des dessins élégans, où la diversité des couleurs contraste avec l'or ou l'argent du tissu, brillent sur la poitrine ou sur le dos. D'immenses pantalons à mille plis couvrent les jambes; les pieds sont chaussés de bottines de maroquin rouge et de pantoufles de maroquin jaune par-dessus la bottine; des vestes fourrées, à manches pendantes, sont jetées sur les épaules. Une ceinture de soie ou de maroquin semblable à celle des Albanais entoure le corps de ses plis nombreux et sert au cavalier à porter ses armes. On voit toujours les poignées de deux ou trois kangiars ou yatagans, poignards et sabres courts des Orientaux, sortir de cette ceinture et briller sur la poitrine; ordinairement les talons de deux ou trois pistolets incrustés d'argent ou d'or complètent cet arsenal portatif. Les Arabes ont tous en outre une lance dont le manche est d'un bois mince, souple et dur, semblable à un long roseau. Cette lance, leur arme principale, est décorée de houppes flottantes et de cordons de soie; ils la tiennent ordinairement dans la main droite, le fer vers le ciel et la tige touchant presque à terre; mais quand ils lancent leurs chevaux au galop, ils la brandissent horizontalement au-dessus de leur tête, et dans leurs jeux militaires ils la lancent à une distance énorme, et vont la ramasser en se penchant jusqu'à terre. Avant de la lancer, ils lui impriment longtemps un mouvement d'oscillation qui ajoute ensuite beaucoup à la force du jet, et la fait porter jusqu'à un but qu'ils désignent. Nous rencontrâmes un assez grand nombre de ces cavaliers dans la journée. L'émir Beschir nous en avait donné lui-même quelques-uns pour nous guider et nous faire honneur ; tous nous saluèrent avec une extrême politesse, et arrêtèrent leurs chevaux pour nous laisser le sentier.

Environ à deux milles de Deïr-el-Kammar, on a une des plus belles vues du Liban que l'on puisse imaginer. D'un côté, ses gorges profondes, où l'on va descendre, s'ouvrent tout à coup sous vos pas. De l'autre, le château de Dptédin pyramide au sommet de son mamelon revêtu de verdure et sillonné d'eaux écumantes ; et devant vous les montagnes qui s'abaissent graduellement jusqu'à la mer, les unes noires, les autres frappées par la lumière, se déroulent comme une cataracte de collines et vont cacher leurs pieds soit dans des lisières verdoyantes de bois d'oliviers dans les plaines de Sidon, soit dans des falaises d'un sable couleur de brique, le long des rivages de Bayruth. Çà et là, la couleur des flancs de ces montagnes et les lignes variées de leur immense horizon descendant sont tranchées et coupées par des cimes de cèdres, de sapins ou de pins à larges têtes ; et de nombreux villages brillent à leurs bases ou sur leurs sommets. La mer termine cet horizon ; on suit de l'œil, comme sur une carte immense ou sur un plan en relief, les découpures, les échancrures, les ondulations des côtes, des caps, des promontoires, des golfes de son littoral, depuis le Carmel jusqu'au cap Batroun, dans une étendue de cinquante lieues. L'air est si pur que l'on s'imagine toucher, en quelques heures de descente, à des points où l'on n'arriverait pas en trois ou quatre jours de marche. A ces distances, la mer se confond, au premier regard, tellement avec le firmament qui la touche à l'horizon, qu'on ne peut distinguer d'abord les deux élémens, et que la terre semble nager dans un immense et double océan. Ce n'est qu'en fixant avec plus d'attention les regards sur la mer et en voyant briller les petites voiles blanches sur sa couche bleue, que l'on peut se rendre raison de ce qu'on voit. Une brume légère et plus ou moins dorée flotte à l'extrémité des flots et sépare le ciel et l'eau. Par momens, de légers brouillards, soulevés des flancs des montagnes par les brises du matin, se détachaient comme des plumes blanches qu'un oiseau aurait livrées au vent, et étaient emportés sur la mer, ou s'évaporaient dans les rayons du soleil qui commençait à nous brûler. Nous quittâmes à regret cette magnifique scène, et nous commençâmes à descendre par un sentier tel que je n'en ai jamais vu de plus périlleux dans les Alpes. La pente est à pic, le sentier n'a pas deux pieds de largeur ; des précipices sans fond le bordent d'un côté, des murs de rochers de l'autre ; le lit du sentier est pavé de roches roulantes, ou de pierres tellement polies par les eaux et par le fer des chevaux et le pied des chameaux, que ces animaux sont obligés de chercher avec soin une place où poser leurs pieds : comme ils le placent toujours au même endroit, ils ont fini par creuser dans la pierre des cavités où leur sabot s'emboîte à quelques pouces de profondeur, et ce n'est que grâce à ces cavités, qui offrent un point de résistance au fer du cheval, que cet animal peut se soutenir. De temps en temps on trouve des degrés taillés aussi dans le roc à deux pieds de hauteur, ou des blocs de granit arrondis qui seraient infranchissables, et qu'il faut contourner dans des interstices à peine aussi larges que les jambes de sa monture : tels sont presque tous les chemins dans cette partie du Liban. De temps en temps les flancs des montagnes s'écartent ou s'aplatissent, et l'on marche plus à l'aise sur des couches de poussière jaune, de grès ou de terre végétale. On ne peut concevoir comment un pareil pays est peuplé d'un si grand nombre de beaux chevaux, et comment l'usage en est habituel. Aucun Arabe, quelque inaccessible que soit son village ou sa maison, n'en sort qu'à cheval, et nous les voyions descendre ou monter insoucians, et la pipe à la bouche, par des escarpemens que les chevreuils de nos montagnes auraient peine à gravir.

Après une heure et demie de descente, nous commençâmes à entrevoir le fond de la gorge que nous avions à traverser et à suivre. Un fleuve retentissait dans ses profondeurs encore voilées par le brouillard de ses eaux et par les têtes de noyers, de caroubiers, de platanes et de peupliers de Perse, qui croissaient sur les dernières pentes du ravin. De belles fontaines sortaient, à droite de la route, des grottes de rochers tapissés de mille plantes grimpantes inconnues, ou du sein des pelouses gazonnées et semées de fleurs d'automne. Bientôt nous aperçûmes une maison, entre les arbres, au bord du fleuve, et nous traversâmes à gué ce fleuve ou ce torrent. Là, nous nous arrêtâmes pour faire reposer nos chevaux et pour jouir un moment nous-mêmes d'un des sites les plus extraordinaires que nous ayons rencontrés dans notre course.

La gorge, au fond de laquelle nous étions descendus, était remplie tout entière par les eaux du fleuve, qui bouillonnaient autour de quelques masses de rochers écroulés dans son lit. Çà et là quelques îles de terre végétale donnaient pied à des peupliers gigantesques qui s'élevaient à une prodigieuse hauteur, et jetaient leur ombre pyramidale contre les flancs de la montagne où nous étions assis. Les eaux du fleuve s'encaissaient à gauche entre deux parois de granit qu'elles semblaient avoir fendues pour s'y engouffrer ; ces parois s'élevaient à quatre ou cinq cents pieds et, se rapprochant à leur extrémité supérieure, semblaient une arcade immense que le temps aurait fait écrouler sur elle-même. Là, des cimes de pins d'Italie étaient jetées comme des bouquets de giroflée sur les ruines des vieux murs et se détachaient en vert sombre sur le bleu vif et cru du ciel. A droite la gorge serpentait pendant environ un quart de mille entre des rives moins étroites et moins escarpées ; les eaux du fleuve s'étendaient en liberté, embrassant une multitude de petites îles, ou de promontoires verdoyans ; toutes ces îles, toutes ces langues de terre étaient couvertes de la plus riche et de la plus gracieuse végétation. C'était la première fois que je revoyais le peuplier, depuis les bords du Rhône et de la Saône. Il jetait son voile pâle et mobile sur toute cette vallée du fleuve ; mais comme il n'est pas ébranché ni planté par la main de l'homme, il y croît par groupes et y étend ses rameaux en liberté avec bien plus de majesté, de diversité de formes et de grâce que dans nos contrées. Entre les groupes de ces arbres et quelques autres groupes de joncs et de grands roseaux qui couvraient aussi les îles, nous apercevions les arches brisées d'un vieux pont bâti par les anciens émirs du Liban et tombé depuis des siècles. Au delà des arches de ce pont en ruine, la gorge s'ouvrait en entier sur une immense scène intérieure de vallées, de plaines et de collines semées de villages habités par les Druses, et tout était enveloppé, comme un amphithéâtre, par une chaîne circulaire de hautes montagnes : ces collines étaient presque toutes vertes, et toutes vêtues de forêts de pins. Les villages, suspendus les uns au-dessus des autres, semblaient se toucher à l'œil ; mais quand nous en eûmes traversé quelques-uns, nous reconnûmes que la distance était considérable de l'un à l'autre, par la difficulté des sentiers et par la nécessité de descendre et de remonter les ravins profonds qui les séparent. Il y a tel de ces villages d'où l'on peut facilement entendre la voix d'un homme qui parle dans un autre village, et il faut cependant une heure pour aller de l'un à l'autre. Ce qui ajoutait à l'effet de ce beau paysage, c'était deux vastes monastères plantés, comme des forteresses, au sommet de deux collines derrière le fleuve et qui ressemblaient eux-mêmes à deux blocs de granit noircis par le temps : l'un est habité par des Maronites qui se consacrent à l'instruction des jeunes Arabes destinés au sacerdoce. L'autre était désert : il avait appartenu jadis à la congrégation des lazaristes du Liban, il servait maintenant d'asile et de refuge à deux jeunes jésuites envoyés là par leur ordre, sur la demande de l'évêque maronite, pour donner des règlemens et des modèles aux maîtres arabes ; ils vivent là dans une complète solitude, dans la pauvreté et dans une sainteté exemplaire. (Je les ai connus plus tard.) L'un apprend l'arabe et cherche inutilement à convertir quelques Druses des villages voisins : c'est un homme de beaucoup d'esprit et de lumières ; l'autre s'occupe de médecine, et parcourt le pays en distribuant des médicamens gratuits ; tous deux sont aimés et respectés par les Druses et même par les Métualis. Mais ils ne peuvent espérer aucun fruit de leur séjour en Syrie : le clergé maronite est très-attaché à l'église romaine ; cependant ce clergé a ses traditions, son indépendance, sa discipline à lui, qu'il ne laisserait pas envahir par l'esprit des jésuites ; il est la véritable autorité spirituelle, le gouverneur des esprits dans tout le Liban ; il aurait bien vite des rivaux dans des corporations européennes agissantes et remuantes, et cette rivalité l'inquiéterait avec raison.

Après nous être reposés une demi-heure dans ce site enchanté, nous remontâmes à cheval, et nous commençâmes à gravir la côte escarpée qui se dressait devant nous. Le sentier devenait de plus en plus rude en s'élevant sur la dernière chaîne du Liban qui nous séparait des côtes de Syrie. Mais, à mesure que nous nous élevions, l'aspect du bassin immense que nous laissions à notre droite devenait plus imposant et plus vaste.

Le fleuve que nous avions quitté à la halte serpentait au milieu de cette plaine légèrement ondulée de collines, et quelquefois s'étendait en flaques d'eau bleue et brillante comme les lacs de Suisse. Les collines noires, couronnées à leur sommet de bouquets de pins, interrompaient à chaque instant son cours, et le divisaient à nos yeux en mille tronçons lumineux. De degré en degré, des collines partant de la plaine s'élevaient, s'accumulaient, s'appuyaient les unes contre les autres, toutes couvertes de bruyères en fleurs, et portant çà et là, à de grands intervalles, des arbres à large tête, qui jetaient des taches sombres sur leurs flancs. De grands bois de cèdres et de sapins descendaient plus haut des cimes élevées, et venaient mourir par bouquets et par clairières autour de nombreux villages druses dont nous voyions surgir les terrasses, les balcons, les fenêtres en ogive, du sein de la verdure des sapins. Les habitans, couverts de leur beau manteau écarlate, et le front ceint de leurs turbans à larges plis rouges, montaient sur leurs terrasses pour nous voir passer, et ajoutaient eux-mêmes, par l'éclat de leurs costumes et par la majesté de leurs attitudes, à l'effet grandiose, étrange, pittoresque, du paysage. Partout de belles fontaines turques coulaient à l'entrée ou à la sortie de ces villages. Les femmes et les filles, qui venaient chercher de l'eau dans leurs cruches longues et étroites, étaient groupées autour des bassins, et écartaient un coin de leur voile pour nous entrevoir. La population nous a paru superbe. Hommes, femmes, enfans, tout a la couleur de la force et de la santé. Les femmes sont très-belles. Les traits du visage portaient en général l'empreinte de la fierté et de la noblesse sans expression de férocité.

Nous fûmes salués partout avec politesse et grâce. On nous offrit l'hospitalité dans tous ces hameaux. Nous ne l'acceptâmes nulle part, et nous continuâmes à gravir, pendant environ trois heures, des pentes escarpées sous des bois de sapins. Nous touchâmes enfin à la dernière crête blanche et nue des montagnes, et l'immense horizon de la côte de Syrie se déroula d'un seul regard devant nous. C'était un aspect tout différent de celui que nous avions sous les yeux depuis quelques jours; c'était l'horizon de Naples vu du sommet du Vésuve, ou des hauteurs de Castellamare. L'immense mer était à nos pieds, sans limites, ou seulement avec quelques nuages amoncelés à l'extrémité de ses vagues. Sous ces nuages on aurait pu croire que l'on apercevait une terre, la terre de Chypre qui est à trente lieues en mer, le mont Carmel à gauche, et à perte de vue, sur la droite, la chaîne interminable des côtes de Bayruth, de Tripoli de Syrie, de Latakie, d'Alexandrette; enfin, confusément et sur les brumes dorées du soir, quelques aiguilles resplendissantes des montagnes du Taurus; mais ce pouvait être une illusion, car la distance est énorme. Immédiatement sous nos pieds la descente commençait ; et après avoir glissé sur les rochers et les bruyères sèches de la cime où nous étions placés, elle s'adoucissait un peu et se déroulait de sommets en sommets, d'abord par des têtes grises de collines rocailleuses, ensuite sur les têtes vert sombre des pins, des cèdres, des caroubiers, des chênes verts ; puis, sur des pentes plus douces, sur la verdure plus pâle et plus jaune des platanes et des sycomores ; enfin, venaient des collines grises, toutes veloutées de la feuille des bois d'oliviers. Tout allait s'éteindre et mourir dans l'étroite plaine qui sépare le Liban de la mer. Là, sur les caps, on voyait de vieilles tours moresques qui gardent le rivage ; au fond des golfes, des villes ou de gros villages avec leurs murs brillant au soleil, et leurs anses creusées entre les sables, et leurs barques échouées sur les bords, ou leurs voiles sortant des ports et y rentrant. Saïde et Bayruth surtout, entourées de leurs riches plaines d'oliviers, de citronniers, de mûriers, avec leurs minarets, leurs dômes de mosquées, leurs châteaux et leurs murs crénelés, sortaient de cet océan de couleurs et de lignes, et arrêtaient les regards sur deux points avancés dans les flots. Au delà de la plaine de Bayruth, le grand Liban, interrompu par le cours du fleuve, recommençait à s'élever, d'abord jaune et doré comme les colonnes de Pestum ; ensuite, gris, sombre, terne ; puis, vert et noir dans la région des forêts : enfin, dressant ses aiguilles de neige, qui semblaient se fondre dans la transparence du ciel, et où les blancs rayons dormaient dans une éternelle sérénité, sur des couches d'éternelle blancheur. Naples ni Sorrente, Rome ni Albano n'ont un pareil horizon.

Après avoir descendu environ deux heures, nous trouvâmes un kan isolé sous de magnifiques platanes, au bord d'une fontaine. Il faut décrire une fois pour toutes ce qu'on appelle un kan dans la Syrie et en général dans toutes les contrées de l'Orient : c'est une cabane dont les murs sont de pierres mal jointes, sans ciment, et laissant passer le vent ou la pluie : ces pierres sont généralement noircies par la fumée du foyer, qui filtre continuellement à travers leurs interstices. Les murs ont à peu près sept à huit pieds de haut; ils sont recouverts de quelques pièces de bois brut avec l'écorce et les principaux rameaux de l'arbre; le tout est ombragé de fagots desséchés qui servent de toit; l'intérieur n'est pas pavé, et, selon la saison, c'est un lit de poussière ou de boue. Un ou deux poteaux servent d'appui au toit de feuilles, et l'on y suspend le manteau ou les armes du voyageur. Dans un coin est un petit foyer exhaussé sur quelques pierres brutes; sur ce foyer brûle sans cesse un feu de charbon, et une ou deux cafetières de cuivre, toujours pleines de café épais et farineux, rafraîchissement habituel et besoin unique des Turcs et des Arabes.

VOYAGE DE BAYRUTH,

A TRAVERS LA SYRIE ET LA PALESTINE,

A JÉRUSALEM.

8 octobre 1832, à 3 heures après midi.

Monté à cheval avec dix-huit chevaux de suite ou de bagages formant la caravane. — Couché au camp, à trois heures de Bayruth; même route que celle déjà décrite pour aller chez lady Stanhope. — Le lendemain, parti à trois heures du matin; traversé à cinq le fleuve Tamour, l'ancien Tamyris; lauriers-roses en fleurs sur les bords. — Suivi la grève où la lame venait laver de son écume les pieds de nos chevaux, jusqu'à Saïde, l'antique Sidon, belle ombre encore de la ville détruite, dont elle a perdu jusqu'au nom ; — point de traces de sa grandeur passée. Une jetée circulaire, formée de rochers énormes, enceint une darse comblée de sable, et quelques pêcheurs avec leurs enfans, les jambes dans l'eau, poussent à la mer une barque sans mâture et sans voiles, seule image maritime de cette seconde reine des mers. A Saïde, nous descendons au kan français, immense palais de notre ancien commerce en Syrie, où nos consuls réunissaient tous les nationaux sous le pavillon de la France. Il n'y a plus de commerce, plus de Français; il ne reste à Saïde, dans l'immense kan désert, qu'un ancien et respectable agent de la France, M. Giraudin, qui y vit depuis cinquante ans au milieu de sa famille tout orientale, et qui nous reçoit comme on reçoit un voyageur compatriote, dans le pays où l'hospitalité antique s'est conservée tout entière. — Dîné et dormi quelques heures dans cette excellente famille ; — douceur de l'hospitalité reçue ainsi, inattendue et prodiguée ; — l'eau pour laver, offerte par les fils de la maison ; la mère et les femmes des deux fils, debout, s'occupant du service de la table. — A quatre heures, monté à cheval, escorté des fils et des amis de la famille Giraudin. — Courses de dgérid, exécutées par l'un d'eux, monté sur un cheval arabe. — A deux heures de Saïde, adieux et remerciemens. — Marché deux heures encore et couché sous nos tentes, à une fontaine charmante au bord de la mer, nommée *el Kantara*. — Arbre gigantesque ombrageant toute la caravane. — Jardin délicieux descendant jusqu'aux flots de la mer. Une immense caravane de chameaux est répandue autour de nous dans le même champ. — Nuit sous la tente ; hennissement des chevaux, cris des chameaux, fumée des feux du soir, lueur transparente de la lampe à travers la toile rayée du pavillon. — Pensées de la vie tranquille, du foyer, de la famille, des amis éloignés, qui descendent sur votre front, pendant que vous le reposez lourd et brûlant sur la selle qui vous sert d'oreiller. — Le matin, pendant que les moukres et les esclaves brident les chevaux, deux ou trois Arabes arrachent les piquets de la tente; ils ébranlent le piquet qui sert de colonne; il tombe, et les toiles larges et tendues qui couvraient toute une famille de voyageurs glissent et tombent elles-mêmes à terre en un petit monceau d'étoffe qu'un chamelier met sous son bras et suspend à la selle de son mulet; il ne reste, sur la place vide où vous étiez tout à l'heure établi comme dans une demeure permanente, qu'un petit feu abandonné qui fume encore et s'éteint bientôt dans le soleil : véritable, frappante et vivante image de la vie, employée souvent dans la Bible, et qui me frappa fortement toutes les fois qu'elle s'est offerte à mes yeux.

De Kantara, parti avant le jour. — Gravi quelques collines arides et rocailleuses s'avançant en promontoires dans la mer. Puis, du sommet de la dernière et de la plus élevée de ces collines, voilà Tyr qui m'apparaît au bout de sa vaste et stérile colline. — Entre la mer et les dernières hauteurs du Liban qui vont ici en dégradant rapidement, s'étend une plaine d'environ huit lieues de long sur une ou deux de large : la plaine est nue, jaune, couverte d'arbustes épineux broutés en passant par le chameau des caravanes. Elle lance dans la mer une presqu'île avancée, séparée du continent par une chaussée recouverte d'un sable doré apporté par les vents d'Égypte. Tyr, aujourd'hui appelée Sour par les Arabes, est portée par l'extrémité la plus aiguë de ce promontoire, et semble sortir des flots mêmes; — de loin vous diriez encore une ville belle, neuve, blanche et vivante, se regardant dans la mer; mais ce n'est qu'une belle ombre qui s'évanouit en approchant. — Quelques centaines de maisons croulantes et presque désertes, où les Arabes rassemblent le soir les grands troupeaux de moutons et de chèvres noires, aux longues oreilles pendantes, qui défilent devant nous dans la plaine, voilà la Tyr d'aujourd'hui! Elle n'a plus de port sur les mers, plus de chemins sur la terre; les prophéties se sont dès longtemps accomplies sur elle.

Nous marchions en silence, occupés à contempler ce deuil et cette poussière d'empire que nous foulions. — Nous suivions un sentier au milieu de la campagne de Tyr, entre la ville et les collines grises et nues que le Liban jette au bord de la plaine. Nous arrivions à la hauteur même de la ville, et nous touchions un monceau de sable qui semble aujourd'hui lui fournir son seul rempart en attendant qu'il l'ensevelisse. Je pensais aux prophéties, et je recherchais dans ma mémoire quelques-unes des éloquentes menaces que le souffle divin avait inspirées à Ézéchiel. Je ne les retrouvai pas en paroles, mais je les retrouvai dans la déplorable réalité que j'avais sous les yeux. Quelques vers de moi jetés au hasard en partant de la France pour visiter l'Orient, remontaient seuls dans ma pensée. —

« Je n'ai pas entendu sous les cèdres antiques,
« Les cris des nations monter et retentir,
« Ni vu du noir Liban les aigles prophétiques
« Descendre au doigt de Dieu sur les palais de Tyr. »

J'avais devant moi le noir Liban; mais l'imagination m'a trompé, me disais-je à moi-même : je ne vois ni les aigles ni les vautours qui devaient, pour accomplir les prophéties, descendre sans cesse des montagnes, pour dévorer toujours ce cadavre de ville réprouvée de Dieu, et ennemie de son peuple. Au moment où je faisais cette réflexion, quelque chose de grand, de bizarre, d'immobile, parut à notre gauche, au sommet d'un rocher à pic qui s'avance à cet endroit dans la plaine jusque sur la route des caravanes. Cela ressemblait à cinq statues de pierres noires, posées sur le rocher comme sur un piédestal; mais à quelques mouvemens presque insensibles de ces figures colossales, nous crûmes, en approchant, que c'étaient cinq Arabes bédouins, vêtus de leurs sacs de poil de chèvre noire, qui nous regardaient passer du haut de ce monticule. Enfin, quand nous ne fûmes qu'à une cinquantaine de pas du mamelon, nous vîmes une de ces cinq figures ouvrir de larges ailes et les battre contre ses flancs avec un bruit semblable à celui d'une voile qu'on déploie au vent. Nous reconnûmes cinq aigles de la plus grande race que j'aie jamais vue sur les Alpes, ou enchaînés dans les ménageries de nos villes. Ils ne s'envolèrent point, ils ne s'émurent point à notre approche : posés, comme des rois de ce désert, sur les bords du rocher, ils regardaient Tyr comme une curée qui leur appartenait, et où ils allaient retourner. Ils semblaient la posséder de droit divin; instrument d'un ordre qu'ils exécutaient, d'une vengeance prophétique qu'ils avaient mission d'accomplir envers les hommes et malgré les hommes. Je ne pouvais me lasser de contempler cette prophétie en action, ce merveilleux accomplissement des menaces divines, dont le hasard nous rendait témoins. Jamais rien de plus surnaturel n'avait si vivement frappé mes yeux et mon esprit, et il me fallait un effort de ma raison pour ne pas voir, derrière les cinq aigles gigantesques, la grande et terrible figure du poëte des vengeances, d'Ézéchiel, s'élevant au-dessus d'eux, et leur montrant de l'œil et du doigt la ville que Dieu leur donnait à dévorer, pendant que le vent de la colère divine agitait les flots de sa barbe blanche, et que le feu du courroux céleste brillait dans ses yeux de prophète. Nous nous arrêtâmes à quarante pas : les aigles ne firent que tourner dédaigneusement la tête pour nous regarder aussi : enfin deux d'entre nous se détachèrent de la caravane et coururent au galop, leurs fusils à la main, jusqu'au pied même du rocher; ils ne fuirent pas encore. — Quelques coups de fusil à balle les firent s'envoler lourdement, mais ils revinrent d'eux-mêmes au feu, et planèrent longtemps sur nos têtes, sans être atteints par nos balles, comme s'ils nous avaient dit : « Vous ne nous pouvez rien, nous sommes les « aigles de Dieu. » —

Je reconnus alors que l'imagination poétique m'avait révélé les aigles de Tyr moins vrais, moins beaux et moins surnaturels encore qu'ils n'étaient, et qu'il y a dans le *mens divinior* des poëtes, même les plus obscurs, quelque chose de cet instinct divinateur et prophétique qui dit la vérité sans la savoir.

Nous arrivâmes à midi, après une marche de sept heures, au milieu de la plaine de Tyr, à un endroit nommé les Puits de Salomon; tous les voyageurs les ont décrits; ce sont trois réservoirs d'eau limpide et courante qui sort, comme par enchantement, d'une terre basse, sèche et aride, à deux milles de Tyr; chacun de ces réservoirs, élevé artificiellement d'une vingtaine de pieds au-dessus du niveau de la plaine, est rempli jusqu'au bord et déborde sans cesse; le cours des eaux fait aller des roues de moulins; — les eaux vont à Tyr par des aqueducs moitié antiques, moitié modernes, d'un très-bel effet à l'horizon. — On dit que Salomon fit construire ces trois puits pour récompenser Tyr et son roi Hiram des services qu'il avait reçus de sa marine et de ses artistes dans la construction du temple.

Hiram avait amené les marbres et les cèdres du Liban. Ces puits immenses ont chacun au moins soixante à quatre-vingts pieds de tour; on n'en connaît pas la profondeur, et l'un d'eux n'a pas de fond; nul n'a jamais pu savoir par quel conduit mystérieux l'eau des montagnes peut y arriver. Il y a tout lieu de croire en les examinant que ce sont de vastes puits artésiens inventés avant leur réinvention par les modernes.

Parti à cinq heures des Puits de Salomon; — marché deux heures dans la plaine de Tyr; — arrivé à la nuit au pied d'une haute montagne à pic sur la mer et qui forme le cap ou Raz-el-Abiad; la lune se levait au-dessus du sommet noir du Liban, à notre gauche, et pas assez haut encore pour éclairer ses flancs; elle tombait, en nous laissant dans l'ombre, sur d'immenses quartiers de rochers blancs où sa lumière éclatait comme une flamme sur du marbre; — ces roches, jetées jusqu'au milieu des vagues, brisaient leur écume étincelante qui jaillissait presque jusqu'à nous; le bruit sourd et périodique de la lame contre le cap retentissait seul, et ébranlait à chaque coup la corniche étroite où nous marchions suspendus sur le précipice ; au loin, la mer brillait comme une immense nappe d'argent, et, çà et là, quelque cap sombre s'avançait dans son sein, ou quelque antre profond pénétrait dans les flancs déchirés de la montagne ; la plaine de Tyr s'étendait derrière nous ; on la distinguait encore confusément aux franges de sable jaune et doré qui dessinaient ses contours entre la mer et la terre ; l'ombre de Tyr se montrait à l'extrémité d'un promontoire, et le hasard, sans doute, avait seul allumé une clarté sur ses ruines, qu'on eût prise de loin pour un phare ; mais c'était le phare de sa solitude et de son abandon, qui ne guidait aucun navire, qui n'éclairait que nos yeux et n'appelait qu'un regard de pitié sur des ruines. Cette route sur le précipice, avec tous les accidens variés, sublimes, solennels, de la nuit, de la lune, de la mer et des abîmes, dura environ une heure, — une des heures les plus fortement notées dans ma mémoire, que Dieu m'ait permis de contempler sur sa terre ! sublime porte pour entrer le lendemain dans le sol des miracles ! dans cette terre du témoignage, tout imprimée encore des traces de l'ancien et du nouveau commerce entre Dieu et l'homme.

En descendant du sommet de ce cap, nous eûmes la même vue qui nous avait frappés en le montant ; des précipices aussi profonds, aussi sonores, aussi blanchis d'écume, aussi semés de vastes brisures de la roche vive et blanche, s'ouvraient sous nos pieds et sous nos regards ; la mer y brisait avec le même retentissement qui nous accompagna tout le long de la côte orageuse de Syrie, comme l'appellent les anciennes poésies hébraïques ; la lune, plus avancée dans le ciel, éclairait davantage cette scène à la fois tumultueuse et solitaire, et la vaste plaine de Ptolémaïs s'ouvrait devant nous : il était neuf heures du soir, au mois d'octobre ; nos chevaux, épuisés par une route de treize heures, posaient lentement leurs pieds ferrés sur les roches pointues et luisantes qui forment les seules routes en Syrie, gradins irréguliers de pierre, sur lesquels on n'oserait risquer aucune monture en Europe ; nous-mêmes, accablés de lassitude et frappés surtout de la grandeur du spectacle et des souvenirs pressés de la journée, nous marchions silencieusement à pied, tenant nos chevaux par la bride, et jetant tantôt un regard sur cette mer que nous aurions à traverser pour revoir nos propres fleuves et nos propres montagnes, et tantôt sur la cime noire, longue et sans ondulation du mont Carmel, qui commençait à se dessiner aux dernières limites de l'horizon. Nous arrivâmes à une espèce de kan, c'est-à-dire à une masure à demi détruite, où un pauvre Arabe cultive quelques figuiers et quelques courges, entre les fentes des rochers, auprès d'une fontaine ; la masure était occupée par des chameliers de Naplouse, apportant du blé en Syrie pour l'armée d'Ibrahim ; la fontaine était tarie par les chaleurs de l'automne ; nous plantâmes néanmoins nos tentes sur un sol couvert de pierres rondes et roulantes ; nous attachâmes nos chevaux au piquet, et nous bûmes, avec économie, quelques gouttes d'eau fraîche qui restait dans nos jarres des Puits de Salomon. — Depuis la plaine de Tyr et l'abaissement des montagnes, l'eau commence à manquer ; les fontaines sont à cinq ou six heures de distance les unes des autres, et souvent, quand vous arrivez, vous ne trouvez plus, dans le lit de la source, qu'une vase desséchée et brûlante qui garde l'empreinte des pieds des chameaux et des chèvres qui s'y sont les derniers abreuvés.

Le 11, nous levâmes les tentes à la lueur de mille étoiles qui se réfléchissaient dans les flots étendus à nos pieds, nous descendîmes environ une heure les dernières collines qui forment le cap Blanc ou Raz-el-Abiad, et nous entrâmes dans la plaine d'Acre, l'ancienne Ptolémaïs.

Le siége d'Acre, par Ibrahim-Pacha, avait récemment réduit la ville à un monceau de ruines sous lesquelles dix à douze mille morts étaient ensevelis avec des milliers de chameaux. Ibrahim, vainqueur, et pressé de mettre son importante conquête à l'abri d'une réaction de la fortune, était occupé à relever les murs et les maisons d'Acre ; tous les jours on déterrait de ces décombres des centaines de morts à demi consumés; les exhalaisons putrides, les cadavres amoncelés, avaient corrompu l'air de toute la plaine; nous passâmes le plus loin possible des murs, et nous allâmes faire halte, à midi, au village arabe des Eaux-d'Acre, sous un verger de grenadiers, de figuiers et de mûriers, et près les moulins du pacha; à cinq heures, nous en repartîmes pour aller camper sous un bois d'oliviers, au pied des premières collines de la Galilée.

Le 12, nous nous remîmes en marche avec la première lueur du jour; nous franchîmes d'abord une colline plantée d'oliviers et de quelques chênes verts, répandus par groupes ou croissant en broussailles sous la dent rongeuse des chèvres et des chameaux. Quand nous fûmes au revers de cette colline, la Terre-Sainte, la Terre de Chanaan, se montra tout entière devant nous; l'impression fut grande, agréable et profonde; ce n'était pas là cette terre nue, rocailleuse, stérile, cette ruche de montagnes basses et décharnées qu'on nous représente pour la terre promise, sur la foi de quelques écrivains prévenus ou de quelques voyageurs pressés d'arriver et d'écrire, qui n'ont vu, des domaines immenses et variés des douze tribus, que le sentier de roche qui mène, entre deux soleils, de Jaffa à Jérusalem; — trompé par eux, je n'attendais que ce qu'ils décrivent, c'est-à-dire un pays sans étendue, sans horizon, sans vallées, sans plaines, sans arbres et sans eau : terre potelée de quelques monticules gris ou blancs, où l'Arabe voleur se cache dans l'ombre de quelques ravines pour dépouiller le passant; — telle est, peut-être, la route de Jérusalem à Jaffa; — mais voici la Judée, telle que nous l'avons vue, le premier jour, du haut des collines qui bordent la plaine de Ptolémaïs; telle que nous l'avons retrouvée de l'autre côté des collines de Zabulon, de celles de Nazareth, et du pied du mont la Rosée-de-l'Hermon ou du mont Carmel; telle que nous l'avons parcourue dans toute sa largeur et dans toute sa variété, depuis les hauteurs qui dominent Tyr et Sidon jusqu'au lac de Tibériade,

et depuis le mont Thabor jusqu'aux montagnes de Samarie et de Naplouse, et de là jusqu'aux murailles de Sion.— Voici d'abord devant nous la plaine de Zabulon ; nous sommes placés entre deux légères ondulations de terres, à peine dignes du nom de collines ; le lit qu'elles laissent entre elles en se creusant devant nous, forme le sentier où nous marchons ; ce sentier est tracé par le pas des chameaux, qui en a broyé la poussière depuis quatre mille ans, ou par les trous larges et profonds que le poids de leurs pieds, toujours posés au même endroit, a creusés dans une robe blanche et friable, toujours la même depuis le cap de Tyr jusqu'aux premiers sables du désert libyque. A droite et à gauche, les flancs arrondis des deux collines sont ombragés çà et là, de vingt pas en vingt pas, par des touffes d'arbustes variés qui ne perdent jamais leurs feuilles ; à une distance un peu plus grande, s'élèvent des arbres au tronc noueux, aux rameaux nerveux et entrelacés, au feuillage immobile et sombre ; la plupart sont des chênes verts d'une espèce particulière, dont la tige est plus légère et plus élancée que celle des chênes d'Europe, et dont la feuille, veloutée et arrondie, n'a pas la dentelure de la feuille du chêne commun : le caroubier, le térébinthe, et plus rarement le platane et le sycomore, complètent le vêtement de ces collines ; je ne connais pas les autres arbres par leur nom : quelques-uns ont le feuillage des sapins et des cèdres ; d'autres, et ce sont les plus beaux, ressemblent à d'immenses saules par la couleur de leur écorce, la grâce de leur feuillage et la nuance tendre et jaunâtre de ce feuillage ; mais ils le surpassent au delà de toute proportion en étendue, en grosseur, en élévation. — Les caravanes les plus nombreuses peuvent se rencontrer autour de leur tronc colossal et camper ensemble, avec leurs bagages et leurs chameaux, sous leur ombre ; dans les espaces larges et fréquens que ces arbres divers laissent à nu sur les pentes des collines, des bancs de roches blanchâtres, et plus souvent d'un gris bleu, percent la terre et se montrent au soleil, comme les muscles vigoureux d'une forte charpente humaine, qui s'articulent plus en saillie dans la vieillesse, et semblent prêts à percer la peau qui les enveloppe; — mais entre ces bancs ou ces blocs de rochers, une terre noire, légère et profonde, végète sans cesse et produirait incessamment le blé, l'orge, le maïs, pour peu qu'on la remuât, ou des forêts de broussailles épineuses, de grenadiers sauvages, de roses de Jéricho et de chardons énormes dont la tige s'élève à la hauteur de la tête du chameau. Une fois une de ces collines ainsi décrites, vous les voyez toutes à leur forme près, et l'imagination peut se représenter leur effet, à mesure qu'elle les voit citées dans le paysage de la Terre Sainte. Nous marchions donc entre deux de ces collines, et nous commencions à redescendre légèrement en laissant la mer et la plaine de Ptolémaïs derrière nous, quand nous aperçûmes la première plaine de la terre de Chanaan : c'était la plaine de Zabulon, le jardin de la tribu de ce nom.

A droite et à gauche devant nous, les deux collines que nous venions de traverser s'écartaient gracieusement, et, par une courbe pareille, semblables à deux vagues mourantes, qui se fondent doucement et s'écartent harmonieusement devant la proue d'un navire; l'espace qu'elles laissent entre elles, et qui s'élargissait ainsi par degrés, était comme une anse peu profonde que la plaine jetait entre les montagnes; cette anse ou ce golfe de terre, unie et fertile, formait bientôt une plus large vallée; et là où les deux collines qui l'enveloppaient encore venaient à mourir tout à fait, cette vallée se fondait et se perdait dans une plaine légèrement ovale, dont les deux extrémités aiguës s'enfonçaient sous l'ombre de deux autres rangs de collines. Cette plaine peut avoir à vue d'œil une lieue et demie de largeur, sur une longueur de trois à quatre lieues. De l'élévation où nous étions placés, au débouché des collines d'Acre, notre regard y descendait naturellement, en suivait involontairement les sinuosités flexibles, et pénétrait avec elle jusque dans les anses les plus étroites qu'elle formait en se glissant entre les racines des montagnes qui la terminent. A gauche, les hautes cimes dorées et ciselées du Liban jetaient hardiment leurs pyramides dans le bleu sombre d'un ciel du matin : à droite, la colline qui nous portait s'élevait insensiblement en s'éloignant de nous, et, allant comme se nouer avec d'autres collines, formait divers groupes d'élévations, les unes arides, les autres vêtues d'oliviers et de figuiers, et portant à leur sommet un village turc, dont le minaret blanc contrastait avec la sombre colonnade de cyprès qui enveloppe presque partout la mosquée. Mais en face l'horizon, qui terminait la plaine de Zabulon, et qui s'étendait devant nous dans un espace de trois ou quatre lieues, formait une perspective de collines, de montagnes, de vallées, de ciel, de lumière, de vapeurs et d'ombre, ordonnés avec une telle harmonie de couleurs et de lignes, fondus avec un tel bonheur de composition, liés avec une si gracieuse symétrie, et variés par des effets si divers, que mon œil ne pouvait s'en détacher, et que, ne trouvant rien, dans mes souvenirs des Alpes, d'Italie ou de Grèce, à quoi je pusse comparer ce magique ensemble, je m'écriai : « C'est le Poussin ou Claude Lorrain! » — Rien, en effet, ne peut égaler la suavité grandiose de cet horizon de Chanaan que le pinceau des deux peintres à qui le génie divin de la nature en a révélé la beauté. On ne trouvera cet accord du grand et du doux, du fort et du gracieux, du pittoresque et du fertile, que dans les paysages imaginés de ces deux grands hommes, ou dans la nature inimitable du beau pays que nous avions devant nous, et que la main du grand peintre suprême avait elle-même dessiné et coloré pour l'habitation d'un peuple encore pasteur et encore innocent. D'abord, au pied des montagnes, et à environ une demi-lieue dans la plaine, un mamelon, entièrement détaché de toutes les collines environnantes, sortait pour ainsi dire de terre, comme un piédestal naturel, destiné uniquement par la nature à porter une ville forte. Ses flancs s'élevaient presque perpendiculairement depuis le niveau de la plaine jusqu'au sommet de cette espèce d'autel de terre; ils ressemblaient exactement aux remparts d'une place de guerre, tracés et élevés de mains d'homme.

Le sommet lui-même, au lieu d'être inégal et arrondi, comme tous les sommets de collines ou de montagnes, était nivelé et aplati comme pour porter quelque chose dont il devait se couronner quand viendrait le peuple à la demeure duquel il était destiné. Dans toutes les charmantes plaines du pays de Chanaan, j'ai revu depuis ces mêmes mamelons en forme d'autels quadrangulaires ou oblongs, évidemment destinés à protéger les premières demeures d'une nation timide et faible, et leur destination est si bien écrite dans leur forme isolée et bizarre, que leur masse seule empêche de s'y tromper et de croire qu'ils ont été fabriqués par le peuple qui les couvrit de ses villes. — Mais une si petite nation aurait-elle jamais pu élever tant de citadelles si énormes, que les armées de Xercès n'auraient pu en entasser une seule? A quelque foi qu'on appartienne, il faut être aveugle pour ne pas reconnaître une destination spéciale et providentielle ou naturelle dans ces forteresses élevées à l'embouchure et à l'issue de presque toutes les plaines de la Galilée et de la Judée. Derrière ce mamelon, où l'imagination reconstruit sans peine une ville antique avec ses murailles, ses bastions et ses tours, les premières collines montaient graduellement de la plaine, portant, comme des taches grises et noires sur leurs flancs, des bosquets d'oliviers ou de chênes verts. Entre ces collines et des montagnes plus élevées et plus sombres auxquelles elles servaient de bases, et qui les dominaient majestueusement, quelque torrent écumait sans doute, ou quelque lac profond s'évaporait aux premières ardeurs du soleil du matin; car une vapeur blanche et bleuâtre s'étendait dans cet espace vide, et dérobait légèrement, et comme pour le faire mieux fuir, le second plan de montagnes, sous ce rideau transparent que perçaient çà et là les faisceaux des rayons de l'aurore. Plus loin et plus haut encore, une troisième chaîne de montagnes, entièrement sombre, montait en croupes arrondies et inégales, et donnait à tout ce suave paysage cette teinte de majesté, de force et de gravité, qui doit se retrouver dans tout ce qui est beau comme élément ou comme contraste. De distance en distance, cette troisième chaîne était brisée, et laissait fuir l'horizon et le regard sur une vaste percée d'un ciel d'argent pâle, semé de quelques nues légèrement rosées; enfin, derrière ce magnifique amphithéâtre, deux ou trois cimes du Liban lointain se dressaient comme des promontoires avancés dans le ciel, et, recevant les premières la pluie lumineuse des premiers rayons du soleil suspendus au-dessus d'elles, semblaient tellement transparentes, qu'on croyait voir à travers trembler la lumière du ciel qu'elles nous dérobaient. Ajoutez à ce spectacle la voûte sereine et chaude du firmament, et la couleur limpide de la lumière, et la fermeté des ombres qui caractérise une atmosphère d'Asie; semez dans la plaine un kan en ruines, ou d'immenses files de vaches rousses, de chameaux blancs, de chèvres noires, venant à pas lents chercher une eau rare, mais limpide et savoureuse; représentez-vous quelques cavaliers arabes montés sur leurs légers coursiers et sillonnant la plaine, tout étincelans de leurs armes argentées et de leurs vêtemens écarlates; quelques femmes des villages voisins, vêtues de leurs longues tuniques bleu de ciel, d'une large ceinture blanche dont les bouts traînent à terre, et d'un turban bleu orné de bandelettes de sequins de Venise enfilés : ajoutez çà et là sur les flancs des collines quelques hameaux turcs et arabes, dont les murs, couleur de rochers, et les maisons sans toits, se confondent avec les rochers de la colline même; que quelques nuages de fumée d'azur s'élèvent de distance en distance entre les oliviers et les cyprès qui entourent ces villages; que quelques pierres, creusées comme des auges (tombeaux des patriarches), quelques fûts de colonnes de granit, quelques chapiteaux sculptés, se rencontrent çà et là autour des fontaines, sous les pieds de votre cheval, et vous aurez la peinture la plus exacte et la plus fidèle de la délicieuse plaine de Zabulon, de celle de Nazareth, de celle de Saphora et du Thabor. Un tel pays, repeuplé d'une nation neuve et juive, cultivé et arrosé par des mains intelligentes, fécondé par un soleil du tropique, produisant de lui-même toutes les plantes nécessaires ou délicieuses à l'homme, depuis la canne à sucre et la banane jusqu'à la vigne et à l'épi des climats tempérés, jusqu'au cèdre et au sapin des Alpes; — un tel pays, dis-je, serait encore la terre de promission aujourd'hui, si la Providence lui rendait un peuple, et la politique du repos et de la liberté.

De la plaine de Zabulon nous passâmes, en gravissant de légers monticules plus arides que les premiers, au village de Séphora, l'ancien Saphora de l'Écriture, l'ancienne Diocésarée des Romains,—la plus grande ville, dans le temps d'Hérode Agrippa, de la Palestine après Jérusalem.

Un grand nombre de blocs de pierre, creusés pour des tombeaux, nous traçaient la route jusqu'au sommet du mamelon où Séphora était assise : arrivés à la dernière hauteur, nous vîmes une colonne de granit isolée, encore debout et marquant la place d'un temple ; de beaux chapiteaux sculptés gisaient à terre au pied de la colonne, et d'immenses débris de pierres taillées, enlevées à quelques grands monumens romains, étaient épars partout, et servaient de limites aux champs des Arabes, jusqu'à un mille environ de Séphora, où nous nous arrêtâmes pour la halte du milieu du jour. Une fontaine d'eau excellente et inépuisable y coule pour les habitans de deux ou trois vallées; elle est entourée de quelques vergers de figuiers et de grenadiers; nous nous assîmes sous leur ombre, et nous attendîmes plus d'une heure avant de pouvoir abreuver notre caravane, tant était grand le nombre de troupeaux de vaches et de chameaux que les pasteurs arabes y amenaient de tous les côtés de la vallée; d'innombrables files de chèvres noires et de vaches sillonnaient la plaine et les flancs des collines qui montent vers Nazareth.

Je me couchai, enveloppé de mon manteau, à l'ombre d'un figuier, à peu de distance de la fontaine, et je contemplai longtemps cette scène des anciens jours. Nos chevaux étaient épars autour de nous, les pieds attachés par des entraves, leurs selles turques sur le dos, la crinière pendante, la tête basse, et cherchant l'ombre de leur propre crinière; — nos armes, sabres, fusils, pistolets, étaient suspendues au-dessus de nos têtes, aux branches des grenadiers et des figuiers. — Des Arabes bédouins, couverts d'une seule pièce d'étoffe rayée noir et blanc, en poil de chèvre, étaient assis en cercle non loin de nous, et nous contemplaient avec un regard de vautour. Les femmes de Séphora, vêtues exactement comme les femmes d'Abraham et d'Isaac, avec une tunique bleue nouée au milieu du corps, et les plis renflés d'une autre tunique blanche retombant gracieusement sur la tunique bleue, apportaient, sur leurs têtes coiffées d'un turban bleu, les urnes vides couchées sur le ventre, — ou les remportaient pleines et droites sur leurs têtes, en les soutenant des deux mains comme des cariatides de l'Acropolis; d'autres filles, dans le même costume, lavaient à la fontaine, et riaient entre elles en nous regardant; d'autres enfin, vêtues de robes plus riches et la tête couverte de bandelettes de piastres ou de sequins d'or, dansaient sous un large grenadier, à quelque distance de la fontaine et de nous; leur danse, molle et lente, n'était qu'une ronde monotone accompagnée de temps en temps de quelques pas sans art, mais non sans grâce; — la femme a été créée gracieuse; les mœurs et les costumes ne peuvent altérer en elle ce charme de la beauté, de l'amour, qui l'enveloppe et qui la trahit partout : ces femmes arabes n'étaient pas voilées comme toutes celles que nous avions vues jusque-là en Orient, et leurs traits, quoique légèrement tatoués, avaient une finesse et une régularité qui les distinguaient de la race turque. Elles continuèrent à danser et à chanter pendant tout le temps que dura notre halte, et ne parurent point s'offenser de l'attention que nous donnâmes à leur danse, à leur chant et à leur costume. On nous dit qu'elles étaient réunies là pour attendre les présens de noce qu'un jeune Arabe était allé acheter à Nazareth pour une des filles de Séphora, sa fiancée; nous rencontrâmes en effet, le même jour, les présens sur la route : ils consistaient en un tamis pour passer la farine et la séparer du son, une pièce de toile de coton, et une pièce d'étoffe plus riche pour faire une robe à la fiancée.

Ce jour-là, commencèrent en moi des impressions nouvelles et entièrement différentes de celles que mon voyage m'avait jusque-là inspirées : — j'avais voyagé des yeux, de la pensée et de l'esprit, je n'avais pas voyagé de l'âme et du cœur comme en touchant la terre des prodiges, la terre de Jéhova et du Christ! la terre dont tous les noms avaient été mille fois balbutiés par mes lèvres d'enfant, dont toutes les images avaient coloré, les premières, ma jeune et tendre imagination! la terre d'où avaient coulé pour moi, plus tard, les leçons et les douceurs d'une religion, seconde âme de notre âme! je sentis en moi comme si quelque chose de mort et de froid venait à se ranimer et s'attiédir; je sentis ce qu'on sent en reconnaissant, entre mille figures inconnues et étrangères, la figure d'une mère, d'une sœur ou d'une femme aimée! — ce qu'on sent en sortant de la rue pour entrer dans un temple : quelque chose de recueilli, de doux, d'intime, de tendre et de consolant, qu'on n'éprouve pas ailleurs.

Le temple, pour moi, c'était cette terre de la Bible, de l'Évangile, où je venais d'imprimer mes premiers pas! Je priai Dieu en silence dans le secret de ma pensée; je lui rendis grâce d'avoir permis que je vécusse assez pour venir porter mes yeux jusque sur ce sanctuaire de la Terre-Sainte; et de ce jour, pendant toute la suite de mon voyage en Judée, en Galilée, en Palestine, les impressions poétiques matérielles, que je recevais de l'aspect et du nom des lieux, furent mêlées pour moi d'un sentiment plus vivant de respect, de tendresse, comme de souvenir; mon voyage devint souvent une prière, et les deux enthousiasmes les plus naturels à mon âme, l'enthousiasme de la nature et celui de son auteur, se retrouvèrent presque tous les matins en moi aussi frais et aussi vifs que si tant d'années flétrissantes et dessé-

chantes ne les avaient pas foulés et refoulés dans mon sein !
Je sentis que j'étais homme encore en paraissant devant l'ombre du Dieu de ma jeunesse ! — A visiter les lieux consacrés par un de ces mystérieux événemens qui ont changé la face du monde, on éprouve quelque chose de semblable à ce qu'éprouve le voyageur qui remonte laborieusement le cours d'un vaste fleuve comme le Nil ou le Gange, pour aller le découvrir et le contempler à sa source cachée et inconnue ; il me semblait à moi aussi, gravissant les dernières collines qui me séparaient de Nazareth, que j'allais contempler, à sa source mystérieuse, cette religion vaste et féconde qui, depuis deux mille ans, s'est fait son lit dans l'univers, du haut des montagnes de Galilée, et a abreuvé tant de générations humaines de ses eaux pures et vivifiantes ! C'était là la source, dans le creux de ce rocher que je foulais sous mes pieds ; cette colline dont je franchissais les derniers degrés, avait porté dans ses flancs le salut, la vie, la lumière, l'espérance du monde ; c'était là, à quelques pas de moi, que l'homme modèle avait pris naissance parmi les hommes pour les retirer, par sa parole et par son exemple, de l'océan d'erreur et de corruption où le genre humain allait être submergé. Si je considérais la chose comme philosophe, c'était le point de départ du plus grand événement qui ait jamais remué le monde moral et politique, événement dont le contre-coup imprime seul encore un reste de mouvement et de vie au monde intellectuel ! c'était là qu'était sorti de l'obscurité, de la misère et de l'ignorance, le plus grand, le plus juste, le plus sage, le plus vertueux de tous les hommes ; là était son berceau ! là, le théâtre de ses actions et de ses prédications touchantes ! de là il était sorti jeune encore avec quelques hommes obscurs et ignorans, auxquels il avait imprimé la confiance de son génie et le courage de sa mission, pour aller sciemment affronter un ordre d'idées et de choses pas assez fort pour lui résister, mais assez fort pour le faire mourir !... de là, dis-je, il était sorti pour aller avec confiance conquérir la mort et l'empire universel de la posté-

rité! de là avait coulé le christianisme, source obscure, goutte d'eau inaperçue dans le creux du rocher de Nazareth, où deux passereaux n'auraient pu s'abreuver, qu'un rayon de soleil aurait pu tarir, et qui, aujourd'hui, comme le grand océan des esprits, a comblé tous les abîmes de la sagesse humaine et baigné de ses flots intarissables le passé, le présent et l'avenir. Incrédule donc à la divinité de cet événement, mon âme encore eût été fortement ébranlée en approchant de son premier théâtre, et j'aurais découvert ma tête et incliné mon front sous la volonté occulte et fatalique qui avait fait jaillir tant de choses d'un si faible et si insensible commencement.

Mais à considérer le mystère du christianisme en chrétien, c'était là, sous ce morceau de ciel bleu, au fond de cette vallée étroite et sombre, à l'ombre de cette petite colline, dont les vieilles roches semblaient encore toutes fendues du tressaillement de joie qu'elles éprouvèrent en enfantant et en portant le Verbe enfant, ou du tressaillement de douleur qu'elles ressentirent en ensevelissant le Verbe mort; c'était là le point fatal et sacré du globe que Dieu avait choisi de toute éternité pour faire descendre sur la terre sa vérité, sa justice et son amour incarné dans un Enfant-Dieu; c'était là que le souffle divin était descendu à son heure sur une pauvre chaumière, séjour de l'humble travail, de la simplicité d'esprit et de l'infortune; c'était là qu'il avait animé, dans le sein d'une vierge innocente et pure, quelque chose de doux, de tendre et de miséricordieux comme elle, de souffrant, de patient, de gémissant comme l'homme, de puissant, de surnaturel, de sage et de fort comme un Dieu; c'était là que le Dieu-Homme avait passé par notre ignorance, notre faiblesse, notre travail et nos misères, pendant les années obscures de sa vie cachée, et qu'il avait en quelque sorte exercé la vie et pratiqué la terre avant de l'enseigner par sa parole, de la guérir par ses prodiges, et de la régénérer par sa mort; c'était là que le ciel s'était ouvert et avait lancé sur la terre son esprit incarné, son Verbe fulminant, pour consumer jusqu'à la fin des temps l'iniquité et l'erreur; éprouver comme au feu du creuset nos vertus et nos vices, et allumer devant le Dieu unique et saint l'encens qui ne doit plus s'éteindre, l'encens de l'autel renouvelé, le parfum de la charité et de la vérité universelles.

Comme je faisais ces réflexions, la tête baissée et le front chargé de mille autres pensées plus pesantes encore, j'aperçus à mes pieds, au fond d'une vallée creusée en forme de bassin ou de lac de terre, les maisons blanches et gracieusement groupées de Nazareth, sur les deux bords et au fond de ce bassin. L'église grecque, le haut minaret de la mosquée des Turcs, et les longues et larges murailles du couvent des Pères Latins, se faisaient distinguer d'abord; quelques rues formées par des maisons moins vastes, mais d'une forme élégante et orientale, étaient répandues autour de ces édifices plus vastes, et animés d'un bruit et d'un mouvement de vie. Tout autour de la vallée ou du bassin de Nazareth, quelques bouquets de hauts nopals épineux, de figuiers dépouillés de leurs feuilles d'automne, et de grenadiers à la feuille légère et d'un vert tendre et jaune, étaient çà et là semés au hasard, donnant de la fraîcheur et de la grâce au paysage, comme des fleurs des champs autour d'un autel de village. Dieu seul sait ce qui se passa alors dans mon cœur; mais d'un mouvement spontané, et pour ainsi dire involontaire, je me trouvai aux pieds de mon cheval, à genoux dans la poussière, sur un des rochers bleus et poudreux du sentier en précipice que nous descendions. J'y restai quelques minutes dans une contemplation muette, où toutes les pensées de ma vie d'homme sceptique et de chrétien se pressaient tellement dans ma tête qu'il m'était impossible d'en discerner une seule. Ces seuls mots s'échappaient de mes lèvres : *Et Verbum caro factum est, et habitavit in nobis.* Je les prononçai avec le sentiment sublime, profond et reconnaissant, qu'ils renferment, et ce lieu les inspire si naturellement que je fus frappé, en arrivant le soir au sanctuaire de l'Église Latine, de les trouver gravés en lettres d'or sur la table de marbre de l'autel souterrain dans la maison de Marie et Joseph. — Puis, baissant religieusement la tête vers cette terre qui avait germé le Christ, je la baisai en silence, et je mouillai de quelques larmes de repentir, d'amour et d'espérance, cette terre qui en a vu tant répandre, cette terre qui en a tant séché, en lui demandant un peu de vérité et d'amour.

Nous arrivâmes au couvent des Pères Latins de Nazareth comme les dernières lueurs du soir doraient encore à peine les hautes murailles jaunes de l'église et du monastère. Une large porte de fer s'ouvrit devant nous; nos chevaux entrèrent en glissant et en faisant retentir, sous le fer de leurs sabots, les dalles luisantes et sonores de l'avant-cour du couvent. La porte se referma derrière nous, et nous descendîmes de cheval devant la porte même de l'église où fut autrefois l'humble maison de cette mère qui prêta son sein à l'hôte immortel, qui donna son lait à un Dieu. Le supérieur et le père gardien étaient absens tous deux. Quelques frères napolitains et espagnols, occupés à faire vanner le blé du couvent sous la porte, nous reçurent assez froidement, et nous conduisirent dans un vaste corridor sur lequel s'ouvrent les cellules des frères et les chambres destinées aux étrangers. Nous y attendîmes longtemps l'arrivée du curé de Nazareth, qui nous combla de politesse, et nous fit préparer à chacun une chambre et un lit. Fatigués de la marche et des sentimens du jour, nous nous jetâmes sur nos lits, remettant au réveil de voir les lieux consacrés, et ne voulant pas nuire à l'ensemble de nos impressions par un premier coup d'œil jeté à la hâte sur les lieux saints dont nous habitions déjà l'enceinte.

Je me levai plusieurs fois dans la nuit pour élever mon âme et ma voix vers Dieu, qui avait choisi dans ce lieu celui qui devait porter son Verbe à l'univers.

Le lendemain, un Père italien vint nous conduire à l'église et au sanctuaire souterrain qui fut jadis la maison de la sainte Vierge et de saint Joseph. L'église est une large et haute nef à trois étages. L'étage supérieur est occupé par le chœur des pères de Terre-Sainte, qui communique avec le couvent par une porte de derrière : l'étage inférieur est occupé par les fidèles ; il communique au chœur et au grand autel par un bel escalier à double rampe et à balustrades dorées. De cette partie de l'église et sous le grand autel, un escalier de quelques marches conduit à une petite chapelle et à un autel de marbre éclairés de lampes d'argent, placés à l'endroit même où la tradition suppose qu'eut lieu l'Annonciation. Cet autel est élevé sous la voûte, moitié naturelle, moitié artificielle, d'un rocher, auquel était adossée, sans doute, la maison sainte. Derrière cette première voûte, deux autels souterrains plus obscurs servaient, dit-on, de cuisine et de cave à la sainte famille. Ces traditions, plus ou moins fidèles, plus ou moins altérées par le besoin pieux de crédulité populaire, ou par le désir naturel à tous ces moines possesseurs d'une si précieuse relique, d'en augmenter l'intérêt en en multipliant les détails, ont ajouté, peut-être, quelques inventions bénévoles au puissant souvenir du lieu; mais il n'est pas douteux que le couvent, et surtout l'église, n'aient été primitivement construits sur la place même qu'occupe la maison du divin héritier de la terre et du ciel. Lorsque son nom se fut répandu comme la lumière d'une nouvelle aurore, peu de temps après sa mort, lorsque sa mère et ses disciples vivaient encore, il est certain qu'ils durent se transmettre les uns aux autres le culte d'amour et de douleur que l'absence du divin maître leur avait laissé, et aller eux-mêmes souvent, et conduire les nouveaux chrétiens aux lieux où ils avaient vu vivre, parler, agir et mourir celui qu'ils adoraient aujourd'hui. Nulle piété humaine ne pourrait conserver aussi fidèlement la tradition d'un lieu cher à son souvenir, que ne le fit la piété des fidèles et des martyrs. On peut s'en rapporter, quant à l'exactitude des principaux sites de la rédemption, à la ferveur d'un culte naissant, et à la vigilance d'un culte immortel. Nous tombâmes à genoux sur ces pierres, sous cette voûte, témoins du plus incompréhensible mystère de la charité divine pour l'homme, et nous priâmes. — L'enthousiasme de la prière est un mystère aussi entre l'homme et Dieu : comme la pudeur, il jette un voile sur la pensée, et dérobe aux hommes ce qui n'est que pour le ciel. Nous visitâmes aussi le couvent vaste et commode, édifice semblable à tous les couvens de France ou d'Italie, où les Pères Latins exercent aussi librement, et avec autant de sécurité et de publicité, les cérémonies de leur culte, qu'ils pourraient le faire dans une rue de Rome, capitale du christianisme. On a, à cet égard, beaucoup calomnié les musulmans. La tolérance religieuse, je dirai plus, le respect religieux, sont profondément empreints dans les mœurs. Ils sont si religieux eux-mêmes, et considèrent d'un œil si jaloux la liberté de leurs exercices religieux, que la religion des autres hommes est la dernière chose à laquelle ils se permettraient d'attenter. Ils ont quelquefois une sorte d'horreur pour une religion dont le symbole offense la leur, mais ils n'ont de mépris et de haine que pour l'homme qui ne prie le Tout-Puissant dans aucune langue : ces hommes, ils ne les comprennent pas, tant la pensée évidente de Dieu est toujours présente à leur esprit et préoccupe constamment leur âme. — Quinze ou vingt Pères espagnols et italiens vivent dans ce couvent occupés à chanter les louanges de l'Enfant-Dieu et les gloires de sa mère, dans le temple même où ils vécurent pauvres et ignorés. L'un d'eux, qu'on appelle le curé de Nazareth, est spécialement chargé des soins de la communauté chrétienne de la ville, qui compte sept à huit cents chrétiens catholiques, deux mille Grecs schismatiques, quelques Maronites, et seulement un millier de musulmans. Les Pères nous conduisirent dans le courant de la journée aux églises maronites, à la synagogue ancienne où Jésus enfant allait s'instruire comme homme dans la loi qu'il devait purifier un jour, et dans l'atelier où saint Joseph exerçait son humble état de charpentier. Nous remarquons avec surprise et plaisir les marques de déférence et de respect que les habitans de Nazareth, même les Turcs, donnent partout aux Pères de Terre-Sainte. Un évêque, dans les rues d'une ville catholique, ne serait ni plus honoré, ni plus affectueusement prévenu, que ces religieux ne le sont ici. La persécution est plus loin du prêtre dans les mœurs de l'Orient que dans les mœurs de l'Europe; et, s'il désire le martyre, ce n'est pas ici qu'il doit venir le chercher.

14 octobre 1832.

Parti à quatre heures du matin pour le mont Thabor, lieu désigné de la Transfiguration, chose improbable, parce que à cette époque le sommet du Thabor était couvert par une citadelle romaine. La position isolée et l'élévation de cette charmante montagne qui sort comme un bouquet de verdure de la plaine d'Esdraëlon, l'a fait choisir, dans le temps de saint Jérôme, pour le lieu de cette scène sacrée. On a élevé une chapelle au sommet, où les pèlerins vont entendre le saint sacrifice; nul prêtre n'y réside : ils y vont de Nazareth. Arrivés au pied du Thabor, — superbe cône d'une régularité parfaite revêtu partout de végétation et de chênes verts, — le guide nous égare. — Je m'assieds seul sous un beau chêne, à peu près à l'endroit où Raphaël place dans son tableau les disciples éblouis de la clarté d'en haut, et j'attends que le Père ait célébré la messe. On nous l'annonce d'en haut par un coup de pistolet, afin que nous puissions nous agenouiller sur les marches naturelles de cet autel gigantesque, devant celui qui a dressé l'autel et étendu la voûte étincelante du ciel qui le couvre. —

A midi, parti pour le Jourdain et la mer de Galilée; — traversé à une heure les collines basses et assez ombragées qui portent les pieds du mont Thabor; — entré dans une vaste plaine de huit lieues de long sur au moins autant de large. — Un kan ruiné au milieu d'architecture du moyen âge. — Traversé quelques villages de pauvres Arabes qui cultivent la plaine ; chaque village a un puits situé à quelque distance, et quelques figuiers et grenadiers plantés non loin du puits. Voilà la seule trace du bien-être. Les maisons ne peuvent se distinguer qu'en approchant de très-près. Ce sont des huttes de six à huit pieds de hauteur, espèces de cubes de boue pétrie avec de la paille hachée formant le toit en terrasse. — Ces terrasses servent de cour : là, sont tous leurs meubles, une couverture et une natte. — Les enfans et les femmes s'y tiennent presque toujours ; les femmes ne sont pas voilées, elles ont les lèvres teintes en bleu ; le tour des paupières de la même couleur, et un léger tatouage peint autour des lèvres et sur les joues. Elles sont vêtues d'une seule chemise bleue nouée d'une ceinture blanche au-dessus des hanches ; toutes ont l'apparence de la misère et de la souffrance. Les hommes sont couverts d'un manteau sans couture, d'une étoffe pesante, tissée de raies noires et blanches sans aucune forme, les jambes, les bras, la poitrine nus. Après avoir traversé, pendant une course de six heures, cette plaine jaunâtre et rocailleuse, mais fertile, nous voyons le terrain s'affaisser tout à coup devant nos pas, et nous découvrons l'immense vallée du Jourdain et les premières lueurs azurées du beau lac de Génésareth, ou de la mer de Galilée, comme l'appellent les anciens et l'Évangile. Bientôt il se déroule tout entier à nos yeux, entouré de toutes parts, excepté au midi, d'un amphithéâtre de hautes montagnes grises et noires. A son extrémité méridionale et immédiatement sous nos pieds, il se rétrécit et s'ouvre pour laisser sortir le fleuve des prophètes et le fleuve de l'Évangile, le Jourdain !

Le Jourdain sort en serpentant du lac, se glisse dans la plaine basse et marécageuse d'Esdraëlon, à environ cinquante pas du lac ; il passe, en bouillonnant un peu et en faisant entendre son premier murmure, sous les arches ruinées d'un pont d'architecture romaine. C'est là que nous nous dirigeons par une pente rapide et pierreuse, et que

LE JOURDAIN.

nous voulons saluer ses eaux consacrées dans les souvenirs de deux religions ! En peu de minutes nous sommes à ses bords : nous descendons de cheval, nous nous baignons la tête, les pieds et les mains dans ses eaux douces, tièdes et bleues comme les eaux du Rhône quand il s'échappe du lac de Genève. Le Jourdain, dans cet endroit, qui doit être à peu près le milieu de sa course, ne serait pas digne du nom de fleuve dans un pays à plus larges dimensions ; mais il surpasse cependant de beaucoup l'Eurotas et le Céphise, et tous ces fleuves dont les noms fabuleux ou historiques retentissent de bonne heure dans notre mémoire, et nous présentent une image de force, de rapidité et d'abondance, que l'aspect de la réalité détruit. Le Jourdain ici même est plus qu'un torrent ; quoiqu'à la fin d'un automne sans pluie, il roule doucement dans un lit d'environ cent pieds de large une nappe d'eau de deux ou trois pieds de profondeur, claire, limpide, transparente, laissant compter les cailloux de son lit, et d'une de ces belles couleurs qui rend toute la profonde couleur d'un firmament d'Asie, — plus bleu même que le ciel, comme une image plus belle que l'objet, comme une glace qui colore ce qu'elle réfléchit. A vingt ou trente pas de ses eaux, la plage, qu'il laisse à présent à sec, est semée de pierres roulantes, de joncs et quelques touffes de lauriers-roses encore en fleurs. Cette plage a cinq à six pieds de profondeur au-dessous du niveau de la plaine, et témoigne de la dimension du fleuve dans la saison ordinaire des pleines eaux. Cette dimension, selon moi, doit être de huit à dix pieds de profondeur sur cent à cent vingt pieds de largeur. Il est plus étroit, plus haut et plus bas dans la plaine ; mais alors il est plus encaissé et plus profond, et l'endroit où nous le contemplions est un des quatre gués que le fleuve a dans tout son cours. Je bus dans le creux de ma main de l'eau du Jourdain, de l'eau que tant de poëtes divins avaient bue avant moi, de cette eau qui coula sur la tête innocente de la victime volontaire ! Je trouvai cette eau parfaitement douce, d'une saveur agréable et d'une grande limpidité. L'habitude que l'on contracte dans les voyages d'Orient de ne boire que de l'eau, et d'en boire souvent, rend le palais excellent juge des qualités d'une eau nouvelle. Il ne manquerait à l'eau du Jourdain qu'une de ces qualités, la fraîcheur. Elle était tiède, et quoique mes lèvres et mes mains fussent échauffées par une marche de onze heures sans ombre, par un soleil dévorant, mes mains, mes lèvres et mon front éprouvaient une impression de tiédeur en touchant l'eau de ce fleuve.

Comme tous les voyageurs qui viennent, à travers tant de fatigues, de distances et de périls, visiter dans son abandon ce fleuve jadis roi, je remplis quelques bouteilles de ses eaux pour les porter à des amis moins heureux que moi, et je remplis les fontes de mes pistolets de cailloux que je ramassai sur le bord de son cours. Que ne pouvais-je emporter aussi l'inspiration sainte et prophétique dont il abreuvait jadis les bardes de ces sacrés rivages, et surtout un peu de cette sainteté et de cette pureté d'esprit et de cœur qu'il contracta sans doute en baignant le plus pur et le plus saint des enfans des hommes! Je remontai ensuite à cheval; je fis le tour de quelques-uns des piliers ruinés qui portaient le pont ou l'aqueduc dont j'ai parlé plus haut; je ne vis rien que la maçonnerie dégradée de toutes les constructions romaines de cette époque, ni marbre, ni sculpture, ni inscription; — aucune arche ne subsistait, mais dix piliers étaient encore debout, et l'on distinguait les fondations de quatre ou cinq autres; chaque arche, d'environ dix pieds d'ouverture, — ce qui s'accorde assez bien avec la dimension de cent vingt pieds, qu'à vue d'œil, je crois devoir donner au Jourdain.

Au reste, ce que j'écris ici de la dimension du Jourdain, n'a pour objet que de satisfaire la curiosité des personnes qui veulent se faire des mesures justes et exactes des images mêmes de leurs pensées, et non de prêter des armes aux ennemis ou aux défenseurs de la foi chrétienne, armes pitoyables des deux parts. Qu'importe que le Jourdain soit un torrent ou un fleuve? que la Judée soit un monceau de roches stériles ou un jardin délicieux? que telle montagne ne soit qu'une colline, et tel royaume une province? Ces hommes qui s'acharnent, se combattent sur de pareilles questions, sont aussi insensés que ceux qui croient avoir renversé une croyance de deux mille ans, quand ils ont laborieusement cherché à donner un démenti à la Bible et un soufflet aux prophéties? Ne croirait-on pas, à voir ces grands combats sur un mot mal compris ou mal interprété des deux parts, que les religions sont des choses géométriques que l'on démontre par un chiffre ou que l'on détruit par un argument; et que des générations de croyans ou d'incrédules sont là toutes prêtes à attendre la fin de la discussion et à passer immédiatement dans le parti du meilleur logicien et de l'antiquaire le plus érudit et le plus ingénieux? Stériles disputes qui ne pervertissent et ne convertissent personne! Les religions ne se prouvent pas, ne se démontrent pas, ne s'établissent pas, ne se ruinent pas par de la logique! elles sont, de tous les mystères de la nature et de l'esprit humain, le plus mystérieux et le plus inexplicable! elles sont d'instinct et non de raisonnement! comme les vents qui soufflent de l'orient ou de l'occident, mais dont personne ne connaît la cause ni le point de départ, elles soufflent, Dieu seul sait d'où, Dieu seul sait pourquoi, Dieu seul sait pour combien de siècles et sur quelles contrées du globe! Elles sont, parce qu'elles sont; on ne les prend, on ne les quitte pas à volonté, sur la parole de telle ou telle bouche; elles font partie du cœur même plus encore que de l'esprit de l'homme. — Quel est l'homme qui dira : Je suis chrétien, parce que j'ai là telle réponse péremptoire dans tel livre, ou telle objection insoluble dans tel autre? Tout homme sensé à qui on demandera compte de sa foi, répondra : Je suis chrétien, parce que la fibre de mon cœur est chrétienne, parce que ma mère m'a fait sucer un lait chrétien, parce que les sympathies de mon âme et de mon esprit sont pour cette doctrine, parce que je vis de l'air de mon temps sans prévoir de quoi vivra l'avenir.

On voyait deux villages suspendus sur les bords escarpés du lac de Génésareth, — l'un à un quart d'heure de marche, en face de nous, de l'autre côté du Jourdain, l'autre à quelques centaines de toises sur notre gauche et sur la même rive du fleuve. Nous ignorions par quelles races d'Arabes ces villages étaient habités, et nous avions été prévenus de nous tenir sur nos gardes et de craindre quelque surprise de la part des Arabes du Jourdain, qui ne souffrent guère qu'on traverse impunément leurs plaines et leur fleuve. Nous étions bien montés, bien armés, et la conquête rapide et inattendue de la Syrie, par Méhémet-Ali, avait frappé tous les Arabes d'un tel éblouissement de peur et d'étonnement, que le moment était bien choisi pour tenter des excursions hardies sur leur territoire; ils ignoraient qui nous étions, pourquoi nous marchions avec tant de confiance parmi eux; et ils pouvaient naturellement supposer que nous étions suivis de près par des forces supérieures à celles qu'ils pouvaient déployer contre nous; la peur du lendemain, la crainte d'une prompte vengeance, assurait donc notre route. Dans cette pensée, j'allai camper audacieusement au milieu même du dernier village arabe dont j'ai parlé; je n'en sais pas le nom; il est bâti, si l'on peut appeler maison un bloc informe de pierre et de boue, sur l'extrémité même de la plage élevée qui domine la mer de Galilée. Pendant que nos Arabes dressaient nos tentes, je descendis seul la pente escarpée qui mène au lac; il la baignait en murmurant et la bordait d'une frange de légère écume qui s'évanouissait et se reformait, à chaque retour de ses lames courtes et rapides semblables aux lames d'une mer douce et profonde qui viennent mourir sur le sable dans le fond d'un golfe étroit; j'eus à peine le temps de me baigner dans ses eaux, théâtre de tant d'actions du grand poëme moral moderne, l'Évangile, et de ramasser pour mes amis d'Europe quelques poignées de ses coquillages; déjà le soleil était descendu derrière les hautes cimes volcaniques et noires du plateau de Tibériade, et quelques Arabes qui m'avaient vu descendre seul et qui erraient sur la grève pouvaient être tentés par l'occasion ; mon fusil à la main, je remontai droit à eux ; ils me regardèrent et me saluèrent en mettant la main sur leur cœur ; je rentrai dans les tentes ; nous nous étendîmes sur nos nattes, accablés de lassitude, mais la main sur nos armes, pour être debout à la première alerte : rien ne troubla le silence et le sommeil de cette belle nuit où nous n'étions bercés que par le bruit doux et caressant des flots de la mer de Jésus-Christ contre ses rives ; par le vent qui soufflait par bouffées harmonieuses entre les cordes tendues de nos tentes, et par les pensées pieuses et les souvenirs sacrés que chacun de ces bruits réveillait en nous : le lendemain, à l'aurore, quand nous sortîmes des tentes pour aller nous baigner encore dans le lac, nous ne vîmes que les femmes des Arabes, peignant leurs longs cheveux noirs sur les terrasses de leurs chaumières, quelques pasteurs occupés à traire, pour nous, des vaches et des chèvres, et les enfans nus du village qui jouaient familièrement avec nos chevaux et nos chiens ; le coq chantait, l'enfant pleurait, la mère berçait ou allaitait comme dans un hameau paisible de France ou de Suisse. Nous nous félicitâmes d'avoir risqué une course dans une partie de la Galilée si redoutée et si peu connue, et nous ne doutâmes pas que le même pacifique accueil ne nous attendît plus avant encore si nous voulions nous enfoncer dans l'Arabie ; nous avions tous les moyens de traverser avec sécurité la Samarie et le pays de Naplouse, l'antique Sychem, par M. Cottafago qui est tout-puissant dans cette contrée, et qui nous offrait de nous faire annoncer par ses nombreux amis arabes, et accompagner par son propre frère.

Des inquiétudes personnelles me forcent à renoncer à cette route et à reprendre celle de Nazareth et du mont Carmel, où j'espère trouver des exprès et des lettres de Bayruth.

Cependant nous remontâmes à cheval pour longer, jusqu'au bout de la mer de Tibériade, les bords sacrés du beau lac de Génésareth. La caravane s'éloignait en silence du village où nous avions dormi, et marchait sur la rive occidentale du lac, à quelques pas de ses flots, sur une plage de sable et de cailloux, semés çà et là de quelques touffes de lauriers-roses et d'arbustes à feuilles légères et dentelées qui portent une fleur semblable au lilas. A notre gauche, une chaîne de collines à pic, noires, dépouillées, creusées de ravines profondes, tachetées de distance en distance par d'immenses pierres éparses et volcaniques, s'étendait tout le long du rivage que nous allions côtoyer, et, s'avançant en promontoire sombre et nu, à peu près au milieu de la mer, nous cachait la ville de Tibériade et le fond du lac du côté du Liban. Nul d'entre nous n'élevait la voix ; toutes les pensées étaient intimes, pressées et profondes, tant les souvenirs sacrés parlaient haut dans l'âme de chacun de nous. Quant à moi, jamais aucun lieu sur la terre ne me parla au cœur plus fort et plus délicieusement. J'ai toujours aimé à parcourir la scène physique des lieux habités par les hommes que j'ai connus, admirés, aimés ou révérés, parmi les vivans comme parmi les morts. Le pays qu'un grand homme a habité et préféré pendant son passage sur la terre, m'a toujours paru la plus sûre et la plus parlante relique de lui-même ; une sorte de manifestation matérielle de son génie, une révélation muette d'une partie de son âme, un commentaire vivant et sensible de sa vie, de ses actions et de ses pensées. Jeune, j'ai passé des heures solitaires et contemplatives, couché sous les oliviers qui ombragent les jardins d'Horace, en vue des cascades éblouissantes de Tibur ; je me suis couché souvent le soir, au bruit de la belle mer de Naples, sous les rameaux pendans des vignes, auprès du lieu où Virgile a voulu que reposât sa cendre, parce que c'était le plus beau et le plus doux site où ses regards se fussent reposés. Combien plus tard j'ai passé de matins et de soirs assis aux pieds des beaux châtaigniers, dans ce petit vallon des Charmettes, où le souvenir de Jean-Jacques Rousseau m'attirait et me retenait par la sympathie de ses impressions, de ses rêveries, de ses malheurs et de son génie ; ainsi de plusieurs autres écrivains ou grands hommes dont le nom ou les écrits ont fortement retenti en moi. J'ai voulu les étudier, les connaître dans les lieux qui les avaient enfantés ou inspirés; et, presque toujours, un coup d'œil intelligent découvre une analogie secrète et profonde entre la patrie et le grand homme, entre la scène et l'acteur, entre la nature et le génie qui en fut formé et inspiré. Mais ce n'était plus un grand homme ou un grand poëte dont je visitais le séjour favori ici-bas; — c'était l'homme des hommes, l'homme divin, la nature et le génie et la vertu faits chair; la divinité incarnée, dont je venais adorer les traces sur les rivages mêmes où il en imprima le plus, sur les flots mêmes qui le portèrent, sur les collines où il s'asseyait, sur les pierres où il reposait son front. Il avait, de ses yeux mortels, vu cette mer, ces flots, ces collines, ces pierres; ou plutôt cette mer, ces collines, ces pierres l'avaient vu; il avait foulé cent fois ce chemin où je marchais respectueusement; ses pieds avaient soulevé cette poussière qui s'envolait sous les miens; pendant les trois années de sa mission divine, il va et vient sans cesse de Nazareth à Tibériade, de Jérusalem à Tibériade; il se promène dans les barques des pêcheurs sur la mer de Galilée, il en calme les tempêtes; il y monte sur les flots en donnant la main à son apôtre de peu de foi comme moi, main céleste, dont j'ai besoin plus que lui dans des tempêtes d'opinions et de pensées plus terribles!

La grande et mystérieuse scène de l'Évangile se passe presque tout entière sur ce lac et au bord de ce lac et sur les montagnes qui entourent et qui voient ce lac. Voilà Emmaüs où il choisit au hasard ses disciples parmi les derniers des hommes, pour témoigner que la force de sa doctrine est dans sa doctrine même, et non dans ses impuissans organes. Voilà Tibériade où il apparaît à saint Pierre, et fonde en trois paroles l'éternelle hiérarchie de son Église. Voilà Capharnaüm, voilà la montagne où il fait le beau sermon de la montagne; voilà celle où il prononce les nouvelles béatitudes selon Dieu; — voilà celle où il s'écrie: *Misereor su-*

per turbam! et multiplie les pains et les poissons, comme sa parole enfante et multiplie la vie de l'âme; voilà le golfe de la pêche miraculeuse; voilà tout l'Évangile enfin, avec ses paraboles touchantes et ses images tendres et délicieuses qui nous apparaissent telles qu'elles apparaissaient aux auditeurs du divin maître, quand il leur montrait du doigt l'agneau, le bercail, le bon pasteur, le lis de la vallée; voilà enfin le pays que le Christ a préféré sur cette terre, celui qu'il a choisi pour en faire l'avant-scène de son drame mystérieux; celui où, pendant sa vie obscure de trente ans, il avait ses parens et ses amis selon la chair, celui où cette nature dont il avait la clef lui apparaissait avec le plus de charmes; voilà ces montagnes où il regardait comme nous s'élever et se coucher le soleil qui mesurait si rapidement ses jours mortels; c'était là qu'il venait se reposer, méditer, prier, et aimer les hommes et Dieu.

SYRIE.—GALILÉE.

15 octobre 1832.

La mer de Galilée, large d'environ une lieue à l'extrémité méridionale où nous l'avions abordée, s'élargit d'abord insensiblement jusqu'à la hauteur d'*Emmaüs*, extrémité du promontoire qui nous cachait la ville de Tibériade; puis tout à coup les montagnes qui la resserrent jusque-là, s'ouvrent en larges golfes des deux côtés, et lui forment un vaste bassin presque rond, où elle s'étend et se développe dans un lit d'environ douze à quinze lieues de tour. — Ce bassin n'est pas régulier dans sa forme; les montagnes ne descendent pas partout jusqu'à ses ondes; — tantôt elles s'écartent à quelque distance du rivage et laissent entre elles et cette mer une petite plaine basse, fertile et verte comme les plaines de Génésareth; tantôt elles se séparent et s'entr'ouvrent pour laisser pénétrer ses flots bleus dans des golfes creusés à leurs pieds et ombragés de leur ombre. — La main du peintre le plus suave ne dessinerait pas des contours plus arrondis, plus indécis et plus variés que ceux que la main créatrice a donnés à ces eaux et à ces montagnes; elle semble avoir préparé la scène évangélique pour l'œuvre de grâce, de paix, de réconciliation et d'amour qui devait une fois s'y accomplir! A l'Orient, les montagnes forment, depuis les cimes du Jelboë qu'on entrevoit du côté du midi, jusqu'aux cimes du Liban qui se montrent au nord, une chaîne serrée, mais ondulée et flexible, dont les sombres anneaux semblent de temps en temps prêts à se détendre et se brisent même çà et là pour laisser passer un peu de ciel. — Ces montagnes ne sont pas terminées à leurs sommets par ces dents aiguës, par ces rochers aiguisés par les tempêtes qui présentent leurs pointes émoussées à la foudre et aux vents, et donnent toujours à l'aspect des hautes chaînes quelque chose de vieux, de terrible, de ruiné, qui attriste le cœur en élevant la pensée. — Elles s'amoindrissent mollement en croupes plus ou moins larges, plus ou moins rapides, vêtues, les unes de quelques chênes disséminés, les autres de broussailles verdoyantes, celles-ci d'une terre nue, mais fertile, qui offre encore les traces d'une culture variée, quelques autres enfin de la seule lumière du soir ou du matin qui glisse sur leur surface et les colore d'un jaune clair, ou d'une teinte bleue et violette plus riche que le pinceau ne pourrait la retrouver. — Leurs flancs, quoiqu'ils ne laissent passage à aucune véritable vallée, ne forment pas un rempart toujours égal; ils sont creusés, de distance en distance, de profondes et larges ravines, comme si les montagnes avaient éclaté sous leur propre poids, et les accidens naturels de la lumière et de l'ombre font de ces ravines des taches lumineuses, ou plus souvent obscures, qui attirent l'œil, et rompent l'uniformité des contours et de la couleur. — Plus bas, elles s'affaissent sur elles-mêmes et avancent çà et là, sur le lac, des mamelons ou des monticules arrondis : transition douce et gracieuse entre leurs sommets et les eaux qui les réfléchissent. Presque nulle part, du côté de l'orient, le rocher ne perce la couche végétale dont elles sont grassement revêtues, et cette Arcadie de la Judée réunit ainsi toujours à la majesté et à la gravité des contrées montagneuses, l'image de la fertilité et de l'abondance variées de la terre. Si les rosées de l'*Hermon* tombaient encore sur son sein ! — Au bout du lac, vers le nord, cette chaîne de montagnes s'abaisse en s'éloignant ; on distingue de loin une plaine qui vient mourir dans les flots, et, à l'extrémité de cette plaine, une masse blanche d'écume qui semble rouler d'assez haut dans la mer. — C'est le Jourdain qui se précipite de là dans le lac qu'il traverse sans y mêler ses eaux, et qui va en sortir tranquille, silencieux et pur, à l'endroit où nous l'avons décrit. Toute cette extrémité nord de la mer de Galilée est bordée d'une lisière de champs qui paraissent cultivés ; on y distingue des chaumes jaunissans de la dernière récolte, et de vastes champs de joncs que les Arabes cultivent partout où il se trouve une source pour en arroser le pied. — Du côté occidental, j'ai peint les chaînes de monticules volcaniques que nous suivions depuis le lever du jour. — Elles règnent uniformément jusqu'à Tibériade. — Des avalanches de pierres noires, vomies par les gueules encore entr'ouvertes d'une centaine de cônes volcaniques éteints traversent à chaque instant les pentes ardues de cette côte sombre et funèbre. — La route n'était variée pour nous que par la forme bizarre et les couleurs étranges des hautes masses de lave durcie qui étaient éparses autour de nous, et par les débris de murailles, de portes de villes détruites, et de colonnes couchées à terre, que nos chevaux franchissaient à chaque pas. — Les bords de la mer de Galilée de ce côté de la Judée n'étaient, pour ainsi dire, qu'une seule ville. — Ces débris multipliés devant nous, et la multitude des villes, et la magnificence de constructions que leurs fragmens mutilés témoignent, rappellent à ma mémoire la route qui longe le pied du mont Vésuve, de Castellamare à Portici. — Comme là, les bords du lac de Génésareth semblaient porter des villes au lieu de moissons et de forêts. — Après deux heures de marche, nous arrivâmes à l'extrémité d'un promontoire qui s'avance dans le lac, et la ville de Tibériade se montra tout à coup devant nous, comme une apparition vivante et éclatante d'une ville de deux mille ans. — Elle couvre la pente d'une colline noire et nue, qui s'incline rapidement vers le lac. Elle est entourée d'une haute muraille carrée, flanquée de quinze à vingt tours crénelées. Les pointes de deux blancs minarets se dressent seules au-dessus de ces murs et de ces tours, et tout le reste de la ville semble se cacher de l'Arabe à l'abri de ces hautes murailles, et ne présenter à l'œil que la voûte basse et uniforme de ses toits gris semblables à l'écaille découpée d'une tortue.

Arrêté là, au bain minéral turc d'*Emmaüs*. — Coupole isolée et entourée de superbes débris de bains romains ou hébreux. — Nous nous établissons dans la salle même du bain. — Bassin rempli d'eau courante, chaude de 100 degrés Fahrenheit. — Pris un bain. — Dormi une heure. — Remonté à cheval. — Tempête sur le lac, que je désirais vivement voir. — Eau verte comme les feuilles du jonc qui l'entoure. — Écume livide et éblouissante. — Vagues assez hautes et très-pressées. — Grand bruit des lames sur les cailloux volcaniques qu'elles roulent, mais point de barques en péril ni en vue. — Il n'y en a pas une seule sur le lac. — Entré à Tibériade par un orage et une pluie du midi. — Réfugié dans l'église latine. — Fait apporter du feu allumé au milieu de l'église déserte, la première église du christianisme.

Tibériade ne vaut pas même pour l'intérieur ce coup d'œil rapide; — assemblage confus et boueux de quelques centaines de maisons, semblables aux cahutes arabes de boue et de paille. Nous sommes salués en italien et en allemand par plusieurs juifs polonais ou allemands qui, sur la fin de leurs jours, lorsqu'ils n'ont plus rien à attendre que l'heure incertaine de la mort, viennent passer leurs derniers instans à Tibériade, sur les bords de leur mer, au cœur même de leur cher pays, afin de mourir sous leur soleil, et d'être ensevelis dans leur terre, comme Abraham et Jacob. — Dormir dans la couche de ses pères. Témoignage de l'inextinguible amour de la patrie. — On le nierait en vain. — Il y a sympathie; il y a affinité entre l'homme et la terre dont il fut formé, dont il est sorti. — Il est bien, il est doux de lui rapporter à sa place ce peu de poussière qu'on lui a empruntée pour quelques jours. Faites que je dorme aussi, ô mon Dieu, dans la terre et auprès de la poussière de mes pères! —

Neuf heures de marche sans repos nous ramènent à Nazareth par Cana, lieu du premier miracle du Sauveur. Un joli village turc, gracieusement penché sur les deux bords d'un bassin de terre fertile, entouré de collines couvertes de nopals, de chênes et d'oliviers. — Des grenadiers, trois palmiers, des figuiers autour. — Des femmes et des troupeaux autour des auges de la fontaine. — Maison de saint Barthélemy, apôtre, dans le village. — A côté, maison où eut lieu le miracle de l'eau changée en vin : elle est en ruines et sans toit. — Les religieux montrent encore les jarres qui continrent le vin du prodige. — Broderies monacales qui déparent partout la simple et riche étoffe des traditions religieuses.

Après nous être reposés et désaltérés un moment au bord de la fontaine de Cana, nous nous remettons en marche, par un clair de lune, vers Nazareth. Nous traversons quelques plaines assez bien cultivées, puis une série de collines boisées qui s'élèvent à mesure qu'elles s'approchent de Nazareth. Après trois heures et demie de marche, nous arrivons aux portes du couvent latin, où nous sommes reçus de nouveau à Nazareth.

A mon réveil, je fus étonné d'entendre une voix qui me saluait en italien : c'était celle d'un ancien vice-consul de

France à Saint-Jean-d'Acre, M. Cattafago, personnage très-connu et très-important dans toute la Syrie, où son titre d'agent des Européens, son amitié avec Abdalla, pacha d'Acre, son commerce et ses richesses, l'ont rendu célèbre et puissant. Il est encore consul d'Autriche à Saint-Jean-d'Acre. Son costume répondait à sa double nature d'Arabe et d'Européen. Il était vêtu de la pelisse rouge fourrée d'hermine, et portait un immense chapeau à trois cornes, signe distinctif des agens français en Orient : ce chapeau date du temps de la guerre d'Égypte : c'est la défroque religieusement conservée de quelque général de brigade de Bonaparte : on ne le met sur la tête que dans les occasions officielles, dans les audiences du pacha, ou lorsqu'un Européen passe dans le pays. Ce sont ses dieux pénates qu'on s'imagine lui faire revoir. M. Cattafago était un petit vieillard, à la physionomie spirituelle, forte et perçante des Arabes; ses yeux, pleins d'un feu adouci par la bienveillance et la politesse, éclairaient sa figure d'un rayon d'une intelligence supérieure. On concevait, au premier coup d'œil, l'ascendant qu'un pareil homme avait dû prendre sur des Arabes et des Turcs qui manquent en général de ce principe d'activité qui petillait dans les regards et se trahissait dans les mouvemens et dans les gestes de M. Cattafago. Il tenait à la main un paquet de lettres pour moi, qu'il venait de recevoir de la côte de Syrie, par un courrier d'Ibrahim-Pacha, et une série de journaux français qu'il reçoit lui-même. Il avait pensé avec raison qu'il y aurait pour un voyageur français surprise et plaisir à trouver ainsi au milieu du désert, et à mille lieues de sa patrie, des nouvelles fraîches de l'Europe. Je lus les lettres, qui me donnaient toujours quelques inquiétudes sur la santé de Julia. M. Cattafago me laissa en me priant d'aller déjeuner dans un pavillon qu'il avait construit à Nazareth, et où il passait seul les jours brûlans de l'été, et j'ouvris les journaux. Mon nom fut le premier qui me frappa : c'était un feuilleton du *Journal des Débats*, où l'on citait des vers que j'avais adressés en partant de France à Walter Scott. Je tombai sur ceux-ci, dont le sens triste et inquiet convenait si bien à la scène où le hasard me les envoyait, scène des plus grandes révolutions de l'esprit humain, scène où l'esprit de Dieu avait si puissamment remué les hommes, et dont l'idée rénovatrice du christianisme avait pris son vol sur le monde, comme une idée, fille encore du christianisme, remuait l'autre rivage de ces mers d'où mes accens m'étaient revenus.

Spectateur fatigué du grand spectacle humain,
Tu nous laisses pourtant dans un rude chemin ;
Les nations n'ont plus ni barde ni prophète
Pour enchanter leur route et marcher à leur tête ;
Un tremblement de trône a secoué les rois ;
Les chefs comptent par jour et les règnes par mois ;
Le souffle impétueux de l'humaine pensée,
Équinoxe brûlant dont l'âme est renversée,
Ne permet à personne, et pas même en espoir,
De se tenir debout au sommet du pouvoir ;
Mais poussant tour à tour les plus forts sur la cime,
Les frappe de vertige et les jette à l'abîme.
En vain le monde invoque un sauveur, un appui,
Le temps, plus fort que nous, nous entraîne sous lui ;
Lorsque la mer est basse, un enfant la gourmande,
Mais tout homme est petit quand une époque est grande !
Regarde ! citoyens, rois, soldat ou tribun,
Dieu met la main sur tous et n'en choisit pas un ;
Et le pouvoir, rapide et brûlant météore,
En tombant sur nos fronts, nous juge et nous dévore.
C'en est fait ; la parole a soufflé sur les mers,
Le chaos bout, et couve un second univers,
Et pour le genre humain que le sceptre abandonne,
Le salut est dans tous et n'est plus dans personne !
A l'immense roulis d'un océan nouveau,
Aux oscillations du ciel et du vaisseau,
Aux gigantesques flots qui croulent sur nos têtes,
On sent que l'homme aussi double un cap des tempêtes,
Et passe sous la foudre et dans l'obscurité
Le tropique orageux d'une autre humanité !

Je relus ces vers comme s'ils eussent été d'un autre, tant je les avais complétement effacés de ma mémoire; je fus frappé de nouveau de ce sentiment qui me les avait inspirés ailleurs; de ce sentiment du tremblement général des choses, du vertige, de l'éblouissement universel de l'esprit humain qui court avec trop de rapidité pour se rendre compte de sa marche même, mais qui a l'instinct d'un but nouveau, inconnu, où Dieu le mène par la voie rude et précipiteuse des catastrophes sociales. J'admirai aussi cette puissance merveilleuse de la locomotion de la pensée humaine, de la presse et du journalisme, par lesquels une pensée qui m'était venue au front, six mois auparavant, dans un bois de Saint-Point, venait me retrouver, comme une fille qui cherche son père, et frapper les vieux échos des rochers de Nazareth des sons d'une langue jeune et déjà universelle.

20 octobre 1832.

Déjeuné au pavillon de M. Cattafago, avec un de ses frères et quelques Arabes. Parcouru de nouveau les environs de Nazareth; visité la pierre dans la montagne où Jésus allait, selon les traditions, prendre ses repas avec ses premiers disciples. M. Cattafago me remet des lettres pour Saint-Jean-d'Acre et pour le mutzelin de Jérusalem.

Le 21, à six heures du matin, nous partons de Nazareth. Tous les Pères espagnols et italiens du couvent, réunis dans la cour, se pressent autour de nos chevaux et nous offrent, les uns des vœux et des prières pour notre voyage, les autres des provisions fraîches, du pain excellent cuit pendant la nuit, des olives et du chocolat d'Espagne. Je donne cinq cents piastres au supérieur pour payer son hospitalité. Cela n'empêche pas quelques-uns des jeunes Pères espagnols de me glisser tout bas leur requête à l'oreille, et de recevoir furtivement quelques poignées de piastres pour s'acheter le tabac et les autres petites douceurs monacales qui distraient leur solitude. Les voyageurs ont fait une peinture romanesque et fausse de ces couvens de Terre-Sainte. Rien n'est moins poétique ni moins religieux, vu de près. La pensée en est grande et belle. Des hommes s'arrachent aux délices de la civilisation d'Occident pour aller exposer leur existence ou mener une vie de privations et de martyre parmi les persécuteurs de leur culte sur les lieux mêmes où les mystères de leur religion ont consacré la terre. Ils jeûnent, ils veillent, ils prient, au milieu des blasphèmes des Turcs et des Arabes, pour qu'un peu d'encens chrétien fume encore sur chaque site où le christianisme est né. Ils sont les gardiens du berceau et du tombeau sacrés ; l'ange du jugement les retrouvera seuls à cette place, comme ces saintes femmes qui veillaient et pleuraient près du sépulcre vide. Tout cela est beau et grand dans la pensée ; mais dans le fait il faut en rabattre presque tout le grandiose. Il n'y a point de persécution, il n'y a plus de martyre ; tout autour de ces hospices une population chrétienne est aux ordres et au service des moines de ces couvens. Les Turcs ne les inquiètent nullement, au contraire ils les protégent. C'est le peuple le plus tolérant de la terre, et qui comprend le mieux le culte et la prière dans quelque langue ou sous quelque forme qu'ils se montrent à lui. Il ne hait que l'athéisme qu'il trouve, avec raison, une dégradation de l'intelligence humaine, une insulte à l'humanité bien plus qu'à l'être évident, Dieu. Ces couvens sont de plus sous la protection redoutée et inviolable des puissances chrétiennes représentées par leurs consuls. Sur une plainte du supérieur, le consul écrit au pacha, et justice est faite à l'instant même. Les moines que j'ai vus dans la Terre-Sainte, bien loin de me présenter l'image du long martyre dont on leur fait honneur, m'ont paru les plus heureux, les plus respectés, les plus redoutés des habitans de ces contrées. Ils occupent des espèces de châteaux forts, semblables à nos vieux castels du moyen âge; ces demeures sont inviolables, entourées de murs et fermées de portes de fer. Ces portes ne s'ouvrent que pour la population catholique du voisinage, qui vient assister aux offices, recevoir un peu d'instruction pieuse, et payer en respects et en dévouement aux moines le salaire de l'autel. Je ne suis jamais sorti accompagné d'un des Pères, dans les rues d'une des villes de Syrie, sans que les enfans et les femmes vinssent s'incliner sous la main du prêtre, baiser cette main et le bas de sa robe. Les Turcs mêmes, bien loin de les insulter, semblaient partager le respect qu'ils imprimaient sur leur passage.

Maintenant, qui sont ces moines? En général des paysans d'Espagne et d'Italie, entrés jeunes dans les couvens de leurs patries, et qui, s'ennuyant de la vie monacale, désirent la diversifier au moins par l'aspect de contrées nouvelles, et demandent à être envoyés en Terre-Sainte. Leur résidence dans les maisons de leur ordre établies en Orient ne dure en général que deux ou trois ans. Un vaisseau vient les reprendre et en ramène d'autres. Ceux qui apprennent l'arabe et se consacrent au service de la population catholique des villes y restent davantage, et y consument souvent toute leur vie. Ils ont les occupations et la vie de nos curés de campagne; mais ils sont entourés de plus de vénération et de dévouement. Les autres restent renfermés dans l'enceinte du couvent, ou passent, pour faire leur pèlerinage, d'une maison dans une autre, tantôt à Nazareth, tantôt à Bethléem, quelque temps à Rome, quelque temps à Jaffa ou au couvent de Saint-Jean, dans le désert. Ils n'ont d'autre occupation que les offices de l'église, la promenade dans les jardins ou sur les terrasses du couvent. Point de livres, nulles études, aucune fonction utile. L'ennui les dévore, des cabales se forment dans l'intérieur du couvent; les Espagnols médisent des Italiens, les Italiens des Espagnols. Nous fûmes peu édifiés des propos que tenaient les uns sur les autres les moines de Nazareth. Nous n'en trouvâmes pas un seul qui pût soutenir la moindre conversation raisonnable sur les sujets mêmes que leur vocation devait leur rendre le plus familiers. Aucune connaissance de l'antiquité sacrée, des Pères, de l'histoire des lieux qu'ils habitent. Tout se réduit à un certain nombre de traditions populaires et ridicules qu'ils se transmettent sans examen, et qu'ils donnent aux voyageurs comme ils les ont reçues de l'ignorance et de la crédulité des Arabes chrétiens du pays. Ils soupirent tous après le moment de leur délivrance, et retournent en Italie ou en Espagne, sans aucuns fruits pour eux ni pour la religion. Du reste, les greniers du couvent sont bien remplis; les caves renferment les meilleurs vins que cette terre produise. Eux seuls savent le faire. Tous les deux ans un vaisseau arrive d'Espagne, apportant au Père supérieur le revenu que les puissances catholiques, l'Espagne, le Portugal et l'Italie, leur envoient. Cette somme, grossie des aumônes pieuses des chrétiens d'Égypte, de la Grèce, de Constantinople et de la Syrie, leur fournit, dit-on, un revenu de trois à quatre cent mille francs. Cela se divise entre les différens couvens, selon le nombre des moines et les besoins de la communauté. Les édifices sont bien entretenus, et tout indique l'aisance et même la richesse relative dans les maisons que j'ai visitées.

Je n'ai vu aucun scandale dans ces maisons des moines de Terre-Sainte. L'ignorance, l'oisiveté, l'ennui, voilà les trois plaies qu'il faudrait et qu'on pourrait guérir.

Ces hommes m'ont paru simples et sincèrement mais fanatiquement crédules. Quelques-uns même, à Nazareth, m'ont semblé de véritables saints animés de la foi la plus ardente et de la charité la plus active; humbles, doux, patiens, serviteurs volontaires de leurs frères et des étrangers. J'emporte leurs physionomies de paix et de candeur dans ma mémoire, et leur hospitalité dans mon cœur. J'ai bien aussi leurs noms; mais que leur importe que leurs noms courent la terre, pourvu que le ciel les connaisse et que leurs vertus demeurent ensevelies dans l'ombre du cloître où leur plaisir est de les cacher!

Même date.

A la sortie de Nazareth, nous côtoyons une montagne revêtue de figuiers et de nopals. A gauche s'ouvre une vallée verte et ombreuse; une jolie maison de campagne, rappelant à l'œil nos maisons d'Europe, est assise seule sur une des pentes de cette vallée. Elle appartient à un négociant arabe de Saint-Jean-d'Acre. Les Européens ne courent aucun danger dans les environs de Nazareth; une population presque toute chrétienne est à leur service. En deux heures de marche nous atteignons une série de petites vallées circulant gracieusement entre des monticules couverts de belles forêts de chênes verts. Ces forêts séparent la plaine de Kaïpha du pays de Nazareth et du désert du mont Thabor. Le mont Carmel, chaîne élevée de montagnes qui part du cours du Jourdain et vient finir à pic sur la mer, commence à se dessiner sur notre gauche. Sa ligne, d'un vert sombre, se détache sur un ciel d'un bleu foncé tout ondoyant de vapeurs chaudes comme la vapeur qui sort de la gueule d'un four. Ses flancs ardus sont semés d'une forte et mâle végétation. C'est partout une couche fourrée d'arbustes, dominés çà et là par les têtes élancées des chênes; des roches grises, taillées par la nature en formes bizarres et colossales, percent de temps en temps cette verdure et réfléchissent les rayons éclatans du soleil. Voilà l'aspect que nous avions à perte de vue sur notre gauche; à nos pieds, les vallées que nous suivions descendaient en douces pentes, et commençaient à s'ouvrir sur la belle plaine de Kaïpha. Nous gravissions les derniers mamelons qui nous en séparaient, et nous ne la perdions de vue un moment que pour la retrouver bientôt. Ces mamelons, entre la Palestine et la Syrie maritime, sont un des sites les plus doux et les plus solennels à la fois que nous ayons contemplés. Çà et là, les forêts de chênes abandonnés à leur seule végétation forment des clairières étendues, couvertes d'une pelouse aussi veloutée que dans nos prairies d'Occident ; derrière la cime du Thabor s'élève comme un majestueux autel couronné de guirlandes vertes dans un ciel de feu : plus loin, la cime bleue des monts de Gelboé et des collines de Samarie, tremble dans le vague de l'horizon. Le Carmel jette son rideau sombre à grands plis sur un des côtés de la scène, et le regard, en le suivant, arrive jusqu'à la mer qui termine tout, comme le ciel dans les beaux paysages. Combien de sites n'ai-je pas choisis là, dans ma pensée, pour y élever une maison, une forteresse agricole, et y fonder une colonie avec quelques amis d'Europe et quelques centaines de ces jeunes hommes déshérités de tout avenir dans nos contrées trop pleines ! La beauté des lieux, la beauté du ciel, la fertilité prodigieuse du sol, la variété des produits équinoxiaux qu'on peut y demander à la terre ; la facilité de s'y procurer des travailleurs à bas prix; le voisinage de deux plaines immenses, fécondes, arrosées et incultes, la proximité de la mer pour l'exportation des denrées ; la sécurité qu'on obtiendrait aisément contre les Arabes du Jourdain, en élevant de légères fortifications à l'issue des gorges de ces collines : tout m'a fait choisir cette partie de la Syrie pour l'entreprise agricole et civilisatrice que j'ai arrêtée depuis.

Même date, le soir.

Nous avons été surpris par un orage au milieu du jour. J'en ai peu vu de si terribles. Les nuages se sont élevés perpendiculairement, comme des tours, au-dessus du mont

Carmel; bientôt ils ont couvert toute la longue crête de cette chaîne de montagnes; la montagne, tout à l'heure si sereine et si éclatante, a été plongée peu à peu dans des vagues roulantes de ténèbres fendues çà et là par des traînées de feu. Tout l'horizon s'est abaissé en peu de momens, et s'est rétréci sur nous. Le tonnerre n'avait point d'éclats; c'était un seul roulement majestueux, continu et assourdissant comme le bruit des vagues au bord de la mer, pendant une forte tempête. Les éclairs ruisselaient véritablement, comme des torrens de feu du ciel, sur les flancs noirs du Carmel; les chênes de la montagne et ceux des collines où nous étions encore, pliaient comme des roseaux; le vent qui sortait des gorges et des cavernes nous aurait renversés, si nous n'étions pas descendus de nos chevaux, et si nous n'avions pas trouvé un peu d'abri derrière les parois d'un rocher, dans le lit à sec d'un torrent. Les feuilles sèches, soulevées par l'orage, roulaient sur nos têtes comme des nuages, et les rameaux d'arbres pleuvaient autour de nous. Je me souvins de la Bible et des prodiges d'Élie, ce prophète exterminateur sur sa montagne : sa grotte n'était pas loin.

L'orage ne dura qu'une demi-heure. Nous bûmes l'eau de sa pluie, recueillie dans les couvertures de feutre de nos chevaux. Nous nous reposâmes quelques momens, à peu près à moitié chemin de Nazareth à Kaïpha, et nous reprîmes notre route en longeant le pied du mont Carmel; la montagne sur notre gauche, une vaste plaine avec une rivière à droite. Le Carmel, que nous suivîmes ainsi pendant environ quatre heures de marche, nous présenta partout le même aspect sévère et solennel. C'est un mur gigantesque et presque à pic, revêtu partout d'un lit d'arbustes et d'herbes odoriférantes. Nulle part la roche n'y est à nu; quelques débris, détachés de la montagne, ont glissé jusque dans la plaine. Ils sont comme des citadelles données par la nature pour servir de base et d'abri à des villages d'Arabes cultivateurs. Nous ne rencontrâmes qu'un de ces villages, deux heures environ avant d'apercevoir la ville de Kaïpha. Les maisons sont basses, sans fenêtres, et couvertes d'un terrassement qui les garantit de la pluie. Au-dessus, les Arabes élèvent, en feuillage soutenu par des troncs d'arbres, un second étage de verdure qu'ils habitent pendant l'été. Ces terrasses étaient couvertes d'hommes et de femmes qui nous regardaient passer, et nous criaient des injures. L'aspect de cette population est féroce : aucun d'eux pourtant n'osa descendre du mamelon pour nous insulter de plus près.

A sept heures, nous approchions de Kaïpha, dont les dômes, les minarets et les murailles blanches forment, comme dans toutes les villes de l'Orient, un aspect brillant et gai à une certaine distance. Kaïpha s'élève au pied du Carmel, sur une grève de sable blanc, au bord de la mer. Cette ville forme l'extrémité d'un arc, dont Saint-Jean-d'Acre est l'autre extrémité. Un golfe de deux lieues de large les sépare : ce golfe est un des plus délicieux rivages de la mer sur lesquels l'œil des marins puisse se reposer. Saint-Jean-d'Acre, avec ses fortifications dentelées par le canon d'Ibrahim-Pacha et de Napoléon, avec le dôme percé à jour de sa belle mosquée écroulée, avec les voiles qui entrent et sortent de son port, attire l'œil sur un des points les plus importans et les plus illustrés par la guerre : au fond du golfe une vaste plaine cultivée ; le mont Carmel jetant sa grande ombre sur cette plaine ; puis Kaïpha, comme une sœur de Saint-Jean-d'Acre, embrassant l'autre côté du golfe, et s'avançant dans la mer avec son petit môle, où se balancent quelques bricks arabes ; au-dessus de Kaïpha, une forêt de gros oliviers ; plus haut encore, un chemin taillé dans le roc, aboutissant au sommet du cap du Carmel ; là, deux vastes édifices couronnant la montagne : l'un, maison de plaisance d'Abdalla, pacha d'Acre ; l'autre, couvent des religieux du mont Carmel, élevé récemment par les aumônes de la chrétienté, et surmonté d'un large drapeau tricolore, pour nous annoncer l'asile et la protection des Français ; un peu plus bas que le couvent, d'immenses cavernes creusées dans le granit de la montagne : ce sont les fameuses grottes des prophètes. Voilà le paysage qui nous frappe en entrant dans les rues poudreuses et étroites de Kaïpha. Les habitans étonnés regardaient avec terreur défiler notre longue caravane. Nous ne connaissions personne; nous n'avions aucun gîte, aucune hospitalité à réclamer. Le hasard nous fit rencontrer un jeune Piémontais qui faisait les fonctions de vice-consul à Kaïpha depuis la prise et le renversement d'Acre. M. Bianco, consul de Sardaigne en Syrie, lui avait écrit à notre insu, et l'avait prié de nous accueillir si nous venions à passer par Kaïpha. Il nous aborda, s'informa de nos noms, et nous conduisit à la porte de la petite maison en ruine où il vivait avec sa mère et deux jeunes sœurs. Nous laissâmes nos chevaux et nos Arabes camper sur le bord de la mer, près de la ville, et nous entrâmes chez M. Malagamba : c'est le nom de ce jeune et aimable vice-consul, le seul Européen qui reste dans ce champ de bataille désolé depuis la ruine complète d'Acre par les Égyptiens.

Une petite cour, un escalier en bois, conduisent à une petite terrasse recouverte en feuilles de palmiers : derrière cette terrasse, deux chambres nues et environnées seulement d'un divan, seul meuble indispensable du riche et du pauvre dans tout l'Orient; quelques pots de fleurs sur la terrasse, une volière peuplée de jolies colombes grises, nourries par les sœurs de M. Malagamba, des étagères autour des murs, sur lesquelles sont rangés avec ordre des tasses, des pipes, des verres à liqueur, des cassolettes d'argent pour les parfums, et des crucifix de bois incrustés de nacre, faits à Bethléem : — voilà tout l'ameublement de cette pauvre maison, où une famille délaissée représente, pour mille piastres de traitement (environ trois cents francs), une des puissances de notre Europe.

Madame Malagamba, la mère, nous reçut avec les cérémonies usitées dans le pays. Elle nous présenta les parfums et les eaux de senteur, et nous étions à peine assis sur le divan, essuyant la sueur de nos fronts, que ses filles, deux apparitions célestes, sortirent de la chambre voisine, et nous présentèrent l'eau de fleur d'oranger et les confitures, sur des plateaux de porcelaine de la Chine. L'empire de la beauté est tel sur notre âme, que, quoique dévorés de soif et accablés d'une marche de douze heures, nous serions restés en contemplation muette devant ces deux jeunes filles sans porter le verre à nos lèvres, si la mère ne nous eût pressés par ses instances d'accepter ce que ses filles nous présentaient. L'Orient tout entier était là, tel que je l'avais rêvé dans mes belles années, la pensée remplie des images enchantées de ses conteurs et de ses poëtes. L'une des jeunes filles n'était qu'un enfant; ce n'était que l'accompagnement gracieux de sa sœur, comme ces images qui en reflètent une autre. Après nous avoir offert tous les soins de l'hospitalité la plus simple et la plus poétique cependant, les jeunes filles vinrent prendre aussi leur place à côté de leur mère, sur le divan, en face de nous. C'est ce tableau que je voudrais pouvoir rendre avec des paroles, pour le conserver dans ces notes comme je le vois dans ma pensée ; mais nous avons en nous de quoi sentir la beauté dans toutes ses nuances, dans toutes ses délicatesses, dans tous ses mystères, et nous n'avons qu'un mot vague et abstrait pour dire ce qu'est la beauté. C'est là le triomphe de la peinture : elle rend d'un trait, elle conserve pour des siècles cette impression ravissante d'un visage de femme, dont le poëte ne peut que dire : *Elle est belle* ; et il faut le croire sur parole ; mais sa parole ne peint pas.

La jeune fille était donc assise sur les tapis, les jambes repliées sous elle, le coude appuyé sur les genoux de sa mère, le visage un peu penché en arrière, tantôt levant ses yeux bleus pour exprimer à sa mère son naïf étonnement de notre aspect et de nos paroles, tantôt les reportant sur nous avec une curiosité gracieuse, puis les abaissant involontairement et les cachant sous la longue soie de ses cils noirs, pendant qu'une rougeur nouvelle colorait ses joues, ou qu'un léger sourire mal contenu effleurait ses lèvres. Notre singulier costume était nouveau pour elle, et la bizarrerie de nos usages lui causait un étonnement toujours nouveau ;

sa mère lui faisait en vain signe de ne pas témoigner sa surprise, de peur de nous offenser ; la simplicité et la naïveté de ses impressions se faisaient jour malgré elle sur cette figure de seize ans, et son âme se peignait dans chaque expression de ses traits avec une telle grâce, avec une telle transparence, qu'on voyait sa pensée sous sa peau avant qu'elle en eût elle-même la conscience. Le jeu des rayons du soleil, qui glissent à travers l'ombre sur une eau limpide, est moins mobile et moins transparent que cette physionomie. Nous ne pouvions en détacher nos yeux, et nous étions déjà reposés par le seul aspect de cette figure qu'aucun de nous n'oubliera jamais.

Mademoiselle Malagamba a ce genre de beauté que l'on ne peut guère rencontrer que dans l'Orient : la forme accomplie, comme elle l'est dans la statue grecque ; l'âme révélée dans le regard, comme elle l'est dans les races du midi ; et la simplicité dans l'expression, comme elle n'existe plus que chez les peuples primitifs, quand ces trois conditions de la beauté se rencontrent dans une seule figure de femme, et s'harmonisent sur un visage avec la première fleur de l'adolescence ; quand la pensée rêveuse et errante dans le regard éclaire doucement, de ses rayons humides, des yeux qui se laissent lire jusqu'au fond de l'âme, parce que l'innocence ne soupçonne rien à voiler, quand la délicatesse des contours, la pureté virginale des lignes, l'élégance et la souplesse des formes, révèlent à l'œil cette voluptueuse sensibilité de l'être né pour aimer, et mêlent tellement l'âme et les sens qu'on ne sait, en regardant, si l'on sent ou si l'on admire ; alors la beauté est complète, et l'on éprouve à son aspect cette complète satisfaction des sens et du cœur, cette harmonie de jouissance qui n'est pas ce que nous appelons l'amour, mais qui est l'amour de l'intelligence, l'amour de l'artiste, l'amour du génie pour une œuvre parfaite. On se dit : il fait bon ici ; et l'on ne peut s'arracher de cette place où l'on vient de s'asseoir tout à l'heure avec indifférence, tant le beau est la lumière de l'esprit et l'invincible attrait du cœur.

Son costume oriental ajoutait encore aux charmes de sa personne : ses longs cheveux, d'un blond foncé et légèrement doré, étaient nattés sur sa tête en mille tresses qui retombaient des deux côtés sur ses épaules nues ; un confus mélange de perles, de sequins d'or enfilés, de fleurs blanches et de fleurs rouges, était répandu sur ses cheveux, comme si une main pleine de ce qu'elle aurait puisé dans un écrin s'était ouverte au hasard sur cette tête et y avait laissé tomber sans choix cette pluie de fleurs et de bijoux ; tout lui allait bien : rien ne peut déparer une tête de quinze ans ; sa poitrine était découverte, selon la coutume des femmes d'Arabie ; une tunique de mousseline brodée de fleurs d'argent était nouée par un châle autour de sa ceinture ; ses bras étaient passés dans les manches flottantes et ouvertes jusqu'au coude d'une veste de drap vert, dont les deux basques pendaient librement sur les hanches ; de larges pantalons à mille plis complétaient ce costume, et ses jambes nues étaient embrassées au-dessus de la cheville du pied par deux bracelets d'argent ciselé. L'un de ces bracelets était orné de petits grelots d'argent dont le bruit accompagnait le mouvement de ses pieds. Aucun poëte n'a jamais dépeint une si ravissante apparition. L'Aïdé de lord Byron, dans *Don Juan*, a quelque chose de mademoiselle Malagamba, mais elle est loin encore de cette perfection de grâce, d'innocence, de douce confusion, de voluptueuse langueur et d'éclatante sérénité, qui se confondent dans ces traits encore enfantins. Je la grave dans mon souvenir pour la peindre plus tard, comme le type de la beauté et de l'amour purs, dans le poëme où je veux consacrer mes impressions.

Ce devait être un beau tableau à faire pour un peintre, s'il y en eût un parmi nous, que cette scène de voyage. Nos costumes turcs, riches et pittoresques, nos armes de toute espèce, répandues sur le plancher autour de nous, nos lévriers couchés à nos pieds ; ces trois figures de femmes accroupies en face de nous sur un tapis d'Alep ; leurs attitudes pleines de simplicité, d'étrangeté et d'abandon ; l'expression de leurs physionomies pendant que je leur racontais mes voyages, ou que nous comparions nos usages d'Europe avec le genre d'hospitalité qu'elles nous offraient; les cassolettes de parfums qui brûlaient dans un coin en embaumant l'air du soir; les formes antiques des vases dans lesquels on nous offrait le sorbet ou les boissons aromatisées; tout cela au milieu d'une chambre délabrée, ouverte sur la mer, et où les branches d'un palmier, croissant dans la cour, s'introduisaient par de larges ouvertures sans fenêtres. Je regrette de ne pas emporter ce souvenir pour mes amis, comme je l'emporte dans mon imagination.

Madame Malagamba la mère est grecque et née dans l'île de Chypre; elle y épousa, à quatorze ans, M. Malagamba, riche négociant franc, qui était en même temps consul à Larnaca. Des malheurs et des révolutions renversèrent la fortune de M. Malagamba; il vint chercher une petite place d'agent consulaire à Acre, et y mourut, laissant sa femme et ses quatre enfans dans le dénûment le plus absolu. Son fils, jeune homme remarquable par l'honnêteté et l'intelligence, fut employé par quelques consuls, et obtint enfin la place d'agent consulaire de Sardaigne à Kaïpha. C'est avec les faibles appointemens de cet emploi précaire qu'il soutient sa mère et ses sœurs. La sœur aînée de mademoiselle Malagamba, aussi belle que celle que nous avons tant admirée, avait inspiré, nous dit-on, une telle passion à un des jeunes religieux du couvent de Kaïpha, qui avait eu occasion de la voir de la terrasse du couvent, qu'il s'était enfui sur un bâtiment anglais, avait embrassé la religion protestante afin de pouvoir la demander en mariage, et avait tenté tous les moyens de l'enlever sous divers déguisemens. On le croyait encore, à cette époque, caché dans quelque ville de la côte de Syrie pour exécuter son projet; mais les autorités turques veillaient à la sûreté de cette famille, et si les moines, qui exercent sur les religieux de leur ordre la justice la plus arbitraire et la plus inflexible, parvenaient à découvrir le fugitif, il expierait, dans une éternelle captivité, l'amour insensé que cette beauté fatale a allumé dans son cœur. Nous ne vîmes point cette sœur.

La nuit tombait, il fallait enfin nous arracher à l'enchantement de cette réception, et aller chercher un asile au couvent du mont Carmel. M. Malagamba était allé prévenir les Pères des hôtes nombreux qui leur arrivaient. Nous nous levâmes et nous fûmes forcés, pour obéir aux usages du pays, de laisser madame et mademoiselle Malagamba approcher leurs lèvres de nos mains, et nous remontâmes à cheval.

Le mont Carmel commence à s'élever, à quelques minutes de marche de Kaïpha; nous le gravîmes par une route assez belle, taillée dans le rocher sur la pointe même du cap; — chaque pas que nous faisions nous découvrait un horizon nouveau sur la mer, sur les collines de la Palestine, et sur les rivages de l'Idumée. A moitié chemin, nous rencontrâmes un des Pères du Carmel, qui, depuis quarante ans, habite une petite maisonnette qui sert d'hospice aux pauvres dans la ville de Kaïpha, et qui monte et descend deux fois par jour la montagne, pour aller prier avec ses frères. La douce expression de sérénité d'âme et de gaîté de cœur qui brillait dans tous ses traits nous frappa. Ces expressions de bonheur paisible et inaltérable ne se rencontrent jamais que dans les hommes à vie simple et rude et à généreuses résolutions. L'échelle du bonheur est une échelle descendante : on en trouve bien plus dans les humbles situations de la vie que dans les positions élevées. Dieu donne aux uns en félicité intérieure ce qu'il donne aux autres en éclat, en nom, en fortune. J'en ai fait maintes fois l'épreuve. Entrez dans un salon, cherchez l'homme dont le visage respire le plus de contentement intime, demandez son nom, c'est un inconnu pauvre et négligé du monde. La Providence se révèle partout.

A la porte du beau monastère qui s'élève aujourd'hui, tout construit à neuf, tout éblouissant de blancheur, sur le sommet le plus aigu du cap du Carmel, deux Pères nous attendaient. C'étaient les seuls habitans de cette vaste et magnifique retraite de cénobites. Nous fûmes accueillis par eux comme des compatriotes et des amis. Ils mirent à notre disposition trois cellules pourvues chacune d'un lit, meuble rare en Orient, d'une chaise et d'une table. Nos Arabes s'établirent avec nos chevaux dans les vastes cours intérieures du monastère. On nous servit un souper composé de poissons frais et de légumes cultivés parmi les rochers de la montagne. Nous passâmes une soirée délicieuse, après tant de fatigues, assis sur les larges balcons qui dominent la mer et les cavernes des prophètes. Une lune sereine flottait sur les vagues dont le murmure et la fraîcheur montaient jusqu'à nous. Nous nous promîmes de passer dans cet asile la journée du lendemain pour reposer nos chevaux et refaire nos provisions ; nous allions entrer dans une contrée nouvelle, où nous ne trouverions plus ni ville ni village, rarement des sources d'eau douce : nous voyions cinq journées de désert s'étendre devant nous.

20 octobre 1832.

Journée de repos passée au monastère du mont Carmel ou à parcourir les sites de la montagne et les grottes d'Élie et des prophètes. La principale de ces grottes, évidemment taillée de main d'homme dans le roc le plus dur, est une salle d'une prodigieuse élévation ; elle n'a d'autre vue que la mer sans bornes, et l'on n'y entend d'autre bruit que celui des flots qui brisent continuellement contre l'arête du cap. Les traditions disent que c'était là l'école où Élie enseignait les sciences des mystères et des hautes poésies. L'endroit était admirablement choisi, et la voix du vieux prophète, maître de toute une innombrable génération de prophètes, devait majestueusement retentir dans le sein creusé de la montagne qu'il sillonnait de tant de prodiges, et à laquelle il a laissé son nom! L'histoire d'Élie est une des plus merveilleuses histoires de l'antiquité sacrée : c'est le géant des bardes sacrés. A lire sa vie et ses terribles vengeances, il semble que cet homme avait la foudre du Seigneur pour âme, et que l'élément sur lequel il fut enlevé au ciel était son élément natal. C'est une belle figure lyrique ou épique à jeter dans le poëme des vieux mystères de la civilisation judaïque. En tout, l'époque des prophètes, à la considérer historiquement, est une des époques les moins intelligibles de la vie de ce peuple fugitif. On aperçoit cependant, et surtout dans l'époque d'Élie, la clef de cette singulière organisation du corps des prophètes. C'était évidemment une classe sainte et lettrée, toujours en opposition avec les rois; tribuns sacrés du peuple, le soulevant ou l'apaisant avec des chants, des paraboles, des menaces; formant des factions dans Israël, comme la parole et la presse en forment parmi nous; se combattant les uns les autres, d'abord avec le glaive de leur parole, puis avec la lapidation ou l'épée; s'exterminant de la face de la terre comme on voit Élie en exterminer par centaines; puis succombant eux-mêmes à leur tour, et faisant place à d'autres dominateurs du peuple. Jamais la poésie proprement dite n'a joué un si grand rôle dans le drame politique, dans les destinées de la civilisation. La raison ou la passion, selon qu'ils étaient faux ou vrais prophètes, ne parlait, par leur bouche, que la langue énergique et harmonieuse des images. Il n'y avait point d'orateurs comme à Athènes ou à Rome; l'orateur est trop homme! il n'y avait que des hymnes et des lamentations; le poëte est divin.

Quelle imagination ardente, colorée, délirante, ne suppose pas dans un pareil peuple une pareille domination de la parole chantée! et comment s'étonner qu'indépendamment du haut sens religieux que ces poésies renfermaient, elles aient été un monument aussi accompli, aussi inimitable, de génie et de grâce? le prix des poëtes alors, c'était la société même. Leur inspiration leur soumettait le peuple; ils l'entraînaient à leur gré au crime ou à l'héroïsme ; ils faisaient trembler les rois coupables, leur jetaient la cendre sur le front, ou, réveillant le patriotisme dans le cœur de leurs concitoyens, ils les faisaient triompher de leurs ennemis, ou leur rappelaient, dans l'exil et dans l'esclavage, les collines de Sion et la liberté des enfans de Dieu. Je suis étonné que, parmi tous les grands drames que la poésie moderne a puisés dans l'histoire des Juifs, elle n'ait pas conçu encore ce drame merveilleux des prophètes. C'est un beau chant de l'histoire du monde.

Même date.

Je reviens de me promener seul sur les pentes embaumées du Carmel. J'étais assis sous un arbousier, un peu au-dessus du sentier à pic qui monte au sommet de la montagne et aboutit au couvent, regardant la mer qui me sépare de tant de choses et de tant d'êtres que j'ai connus et aimés, mais qui ne me sépare pas de leur souvenir. Je repassais ma vie écoulée, je me rappelais des heures pareilles passées sur tant de rivages divers et avec des pensées si différentes ; je me demandais si c'était bien moi qui étais là au sommet isolé du mont Carmel, à quelques lieues de l'Arabie et du désert, et pourquoi j'y étais ; et où j'allais, et où je reviendrais, et quelle main me conduisait, et qu'est-ce que je cherchais sciemment, ou à mon insu, dans ces courses éternelles à travers le monde. J'avais peine à recomposer un seul être de moi-même avec les phases si opposées et si imprévues de ma courte existence ; mais les impressions si vives, si lucides, si présentes, de tous les êtres que j'ai aimés et perdus, retentissaient toutes avec une profonde angoisse dans le même cœur et me prouvaient trop que cette unité, que je ne retrouvais pas dans ma vie, se retrouvait tout entière dans mon cœur! et je sentais mes yeux se mouiller en regardant le passé où je n'apercevais déjà que cinq ou six tombeaux où mon bonheur s'était déjà cinq ou six fois englouti. Puis, selon mon instinct, quand mes impressions deviennent trop fortes et sont près d'écraser ma pensée, je les soulevais d'un élan religieux vers Dieu, vers cet infini qui reçoit tout, qui absorbe tout, qui rend tout; je le priais, je me soumettais à sa volonté toujours bonne, je lui disais : Tout est bien, puisque vous l'avez voulu ; me voici encore ; continuez à me conduire par vos voies et non par les miennes; menez-moi où vous voudrez et comme vous voudrez, pourvu que je me sente conduit par vous, pourvu que vous vous révéliez de temps en temps à mes ténèbres par un de ces rayons de l'âme qui nous montrent, comme l'éclair, un horizon d'un moment au milieu d'une nuit profonde; pourvu que je me sente soutenu par cette espérance immortelle que vous avez laissée sur la terre comme une voix de ceux qui n'y sont plus ; pourvu que je les retrouve en vous, et qu'ils me reconnaissent et que nous nous aimions dans cette ineffable unité que nous formerions, vous, eux et nous! Cela me suffit pour avancer encore, pour marcher jusqu'au bout dans ce chemin qui semble sans but. Mais faites que le chemin ne soit pas trop rude à des pieds déjà blessés!

Je me suis relevé plus léger et me suis pris à cueillir des poignées d'herbes odoriférantes dont le Carmel est tout embaumé. Les Pères du couvent en font une espèce de thé plus parfumé que la menthe et la sauge de nos jardins. J'ai été distrait de mes pensées et de mon herborisation par le pas de deux ânes dont les fers retentissaient sur les rocs polis du sentier. Deux femmes, enveloppées de la tête aux pieds d'un long drap blanc, étaient assises sur les ânes, un jeune homme tenait la bride du premier de ces animaux, et deux Arabes marchaient derrière, la tête chargée de larges corbeilles de roseaux, recouvertes de serviettes de mousseline brodée. C'était M. Malagamba, sa mère et sa sœur qui montaient au monastère pour m'offrir des provisions de route qu'elles nous avaient préparées pendant la nuit. Une des corbeilles était remplie de petits pains jaunes comme l'or, et d'une saveur exquise, précieuse rencontre dans une contrée où le pain est inconnu. L'autre était pleine de fruits de tous genres, de quelques bouteilles d'excellens vins de Chypre et du Liban, et de ces confitures innombrables, délices des Orientaux. Je reçus avec reconnaissance le présent de ces aimables femmes. J'envoyai les Arabes porter les corbeilles au monastère, et nous nous assîmes pour causer un moment des infortunes de madame Malagamba. L'endroit était charmant : c'était sous deux ou trois grands oliviers qui ombragent un des bassins que la source du prophète Élie s'est creusés en tombant de roc en roc dans un petit ravin du mont Carmel. Les Arabes avaient étendu les tapis de leurs ânes sur le gazon qui entoure la source, et les deux femmes qui avaient repoussé leurs longs voiles sur leurs épaules, assises sur le divan du voyageur, au bord de l'eau, dans leur costume le plus riche et le plus éclatant, formaient un groupe digne de l'œil d'un peintre. J'étais assis moi-même, vis-à-vis d'elles, sur une corniche du rocher d'où tombait la source. Bien des larmes mouillèrent les yeux de madame Malagamba en repassant ainsi devant moi le temps de ses prospérités, et sa chute dans l'infortune, et ses misères présentes, et sa fuite de Saint-Jean-d'Acre, et ses préoccupations maternelles sur l'avenir de son fils et de ses charmantes filles.

Mademoiselle Malagamba écoutait ce récit avec l'insouciance tranquille de la première jeunesse ; elle s'amusait à réunir en bouquets les fleurs sur lesquelles elle était assise ; seulement, lorsque la voix de sa mère s'altérait en parlant, et que des larmes tombaient de ses yeux, sa fille passait son bras autour du cou de sa mère, et essuyait ses pleurs avec le mouchoir de mousseline brodée d'argent qu'elle tenait à la main : puis, quand le sourire revenait sur le visage de sa mère, elle reprenait sa distraction enfantine et assortissait de nouveau les nuances de son bouquet. Je promis à ces pauvres femmes de me souvenir d'elles et de leur hospitalité si inattendue, à mon retour en Europe, et de solliciter un peu d'avancement de mes amis à Turin pour le jeune agent consulaire de Kaïpha. L'espérance, quoique bien éloignée et bien incertaine, rentra dans le cœur de madame Malagamba, et la conversation prit un autre tour. Nous parlâmes des mœurs du pays et de la monotonie de la vie des femmes arabes, dont les femmes européennes qui vivent en Arabie sont obligées de contracter aussi les habitudes. Mais mademoiselle Malagamba et sa mère n'avaient jamais connu d'autre genre de vie, et s'étonnaient au contraire de ce que je leur racontais de l'Europe. Vivre pour un seul homme et d'une seule pensée dans l'intérieur de leurs appartemens; passer la journée sur un divan à tresser ses cheveux, à disposer avec grâce les nombreux bijoux dont elles se parent; respirer l'air frais de la montagne ou de la mer du haut d'une terrasse ou à travers les treillis d'une fenêtre grillée; faire quelques pas sous les orangers et les grenadiers d'un petit jardin pour aller rêver au bord d'un bassin que le jet d'eau anime de son murmure; soigner le ménage, faire de ses mains la pâte du pain, le sorbet, les confitures; une fois par semaine, aller passer la journée au bain public en compagnie de toutes les jeunes filles de la ville, et chanter quelques strophes des poëtes arabes en s'accompagnant sur la guitare; voilà toute la vie de l'Orient pour les femmes. La société n'existe pas pour elles; aussi n'ont-elles aucune de ces passions factices de l'amour-propre que la société produit; elles sont toutes à l'amour quand elles sont jeunes et belles, et, plus tard, toutes aux soins domestiques et à leurs enfans. Cette civilisation en vaut-elle une autre? Comme nous étions à causer ainsi de choses au hasard, mon drogman, jeune homme né en Arabie et très-versé dans les lettres arabes, me cherchait aux alentours du monastère, et me découvrit auprès de la fontaine; il m'amenait un autre jeune Arabe qui avait appris mon arrivée à Kaïpha, et qui était venu de Saint-Jean-d'Acre pour faire connaissance avec un poëte de l'Occident. Ce jeune homme, né dans le Liban et élevé à Alep, était célèbre déjà par son talent poétique. J'en avais souvent entendu parler moi-même, et je m'étais fait traduire plusieurs de ses compositions. Il m'en apportait quelques-unes, dont je donnerai plus loin la traduction. Il s'assit avec nous auprès de la fontaine, et nous causâmes assez longtemps avec l'aide de mon drogman. Cependant le jour baissait, il fallait nous séparer. Puisque nous sommes ici deux poëtes, lui dis-je, et que le hasard nous réunit de deux points du monde si opposés dans un lieu si charmant, dans une si belle heure, et en présence d'une beauté si accomplie, nous devrions consacrer chacun dans notre langue, par quelques vers, notre rencontre et les impressions que ce moment nous inspire. Il sourit ; il tira de sa ceinture l'écritoire et la plume de roseau qui ne quittent pas plus un écrivain arabe que le sabre ne quitte le cavalier ; nous nous écartâmes tous les deux de quelques pas pour aller méditer un moment nos vers. Il eut fini bien avant moi. Voici ses vers, et voici les miens. On y reconnaîtra le caractère des deux poésies ; mais je n'ai pas besoin d'avertir combien toutes les langues perdent à passer dans une autre.

« Dans les jardins de Kaïpha il y a une fleur que le rayon
« du soleil cherche à travers le treillis des feuilles de palmier.

« Cette fleur a des yeux plus doux que la gazelle, des
« yeux qui ressemblent à une goutte d'eau de la mer dans
« un coquillage.

« Cette fleur a un parfum si enivrant que le scheik qui
« s'enfuit devant la lance d'une autre tribu, sur sa jument
« plus rapide que la chute des eaux, la sent au passage et
« s'arrête pour la respirer.

« Le vent de simoun enlève des habits du voyageur tous

« les autres parfums, mais il n'enlève jamais du cœur l'odeur
« de cette fleur merveilleuse.

« On la trouve au bord d'une source qui coule sans mur-
« mure à ses pieds.

« Jeune fille, dis-moi le nom de ton père, et je te dirai
« le nom de cette fleur. »

Voici ceux que je rapportai moi-même et que je fis traduire aussitôt en arabe par mon drogman :

> Fontaine au bleu miroir, quand sur ton vert rivage,
> La rêveuse Lilla dans l'ombre vient s'asseoir,
> Et sur tes flots penchée y jette son image,
> Comme au golfe immobile une étoile du soir,
>
> D'un mobile frisson tes flots dormans se plissent,
> On n'en voit plus le fond de sable ou de roseaux,
> Mais de charme et de jour tes ondes se remplissent,
> Et l'œil ne cherche plus son ciel que dans tes eaux !
>
> Tu n'es plus qu'un reflet de ravissantes choses,
> Yeux bleus comme ces fleurs qui bordent ton bassin,
> Dents de nacre riant entre des lèvres roses,
> Globes qu'un souffle pur soulève avec le sein !
>
> Cheveux nattés de fleurs et que leur poids fait pendre,
> Colliers qui de ses bras relèvent le carmin,
> Perles brillant sous l'onde et que l'on croit y prendre,
> Comme son sable d'or en y plongeant la main !
>
> Ma main s'étend sur toi, source où cette ombre nage,
> De peur que par le vent tout ne soit effacé,
> Et mes lèvres voudraient, jalouses du rivage,
> Boire ces flots heureux où l'image a passé !

Mais quand Lilla, riant, se lève et suit sa mère,
Ce n'est plus qu'un peu d'eau dans un bassin obscur.
Je goûte en vain les flots du doigt; l'onde est amère,
Et la vase et l'insecte en ternissent l'azur !

Eh bien ! ce que tu fais pour ces flots, jeune fille,
Sur mon âme à jamais la beauté le produit ;
Il y fait joie et jour tant que son œil y brille ;
Dès que son œil se voile, hélas ! il y fait nuit !

Or, la jeune fille pour qui nous venions de faire ces vers en français et en arabe littéral, n'entendait ni le français ni l'arabe, et ne comprenait qu'un peu l'italien.

23 octobre 1832.

Au lever du soleil, nous avons quitté, frais et dispos, le couvent du mont Carmel et ses deux excellens religieux, et nous nous sommes acheminés par des sentiers escarpés qui descendent du cap à la mer. Là, nous sommes entrés dans le désert ; il règne entre la mer de la Syrie, dont les côtes ici sont en général plates, sablonneuses et découpées en petits golfes, et les montagnes qui font suite au mont Carmel. Ces montagnes s'abaissent, par degrés insensibles, en se rapprochant de la Galilée ; elles sont noires et nues ; les rochers percent souvent l'enveloppe de terre et d'arbustes qui leur reste ; leur aspect est sombre et morne ; elles n'ont que leur vêtement de lumière éblouissante et la majesté idéale du passé qui les entoure ; de temps en temps, la chaîne, qu'elles continuent pendant environ dix lieues, est brisée, et quelque vallée peu profonde s'entr'ouvre au regard; au fond ou sur les flancs d'une de ces vallées, nous voyons distinctement les restes d'un château fort et un grand village arabe qui s'étend sous les murs du château; la fumée des maisons s'élève et serpente le long des flancs du Carmel, et de longues files de chameaux, de chèvres noires et de vaches rouges, se prolongent du village dans la plaine que nous traversons; quelques Arabes à cheval, armés de lances et vêtus seulement de leur couverture de laine blanche, les jambes et les bras nus, marchent en tête et en flanc de ces caravanes de pasteurs qui vont mener les troupeaux à la seule source que nous ayons rencontrée depuis quatre heures. Les sources ont été découvertes et creusées autrefois par les habitans des villes situées toutes au bord de la mer : les Arabes actuels ont abandonné ces villes depuis des siècles; il n'y reste que la fontaine, et ils font tous les jours ce voyage d'une heure ou deux pour venir chercher l'eau et abreuver des troupeaux. Nous avons marché tout le jour sur des débris de murailles, sur des mosaïques qui percent le sable; la route est jalonnée de ruines qui attestent la splendeur et l'immense population de ces rivages dans les temps reculés.

Nous avions depuis le matin à l'horizon devant nous, au bord de la mer, une immense colonne sur laquelle les rayons du soleil étaient répercutés, et qui semblait grandir et sortir des flots à mesure que nous avancions. En approchant, nous reconnaissons que cette colonne est une masse confuse de magnifiques ruines appartenant à différentes époques; nous distinguons d'abord une immense muraille, toute semblable, par sa forme, sa couleur, et la taille des pierres, à un pan du Colysée à Rome. Cette muraille, d'une prodigieuse hauteur, se dresse seule et échancrée, sur un monceau d'autres ruines de constructions grecques et romaines; bientôt nous découvrons, au delà de ce pan de mur, les restes élégans et découpés à jour, comme une dentelle de pierre, d'un monument moresque, église ou mosquée, ou peut-être tous les deux tour à tour; puis une série d'autres débris debout, et d'une belle conservation, de plusieurs autres constructions antiques; le chemin de sable que suivaient nos moukres nous menait assez près de ces curieux débris du passé dont nous ignorions complétement l'existence, le nom et la date.

A environ un demi-mille de ce groupe de monumens, la côte de la mer s'élève et le sable se change en rocher; ce rocher a été taillé partout par la main des hommes sur une étendue d'environ un mille de circuit; on dirait une ville primitive creusée dans le roc avant que les hommes eussent appris l'art d'arracher la pierre à la terre et de s'élever des demeures à sa surface; c'est en effet une des villes souterraines dont parlent les premières histoires, ou tout au moins une de ces vastes *nécropolis*, villes des morts, qui creusaient en tout sens la terre ou le rocher aux environs des grandes cités des vivans; mais la forme des rochers et des cavernes sans nombre taillées dans leurs flancs indique plutôt, à mon avis, la demeure des vivans. Ces cavernes sont vastes; les portes en sont élevées; des escaliers nombreux et larges conduisent à ces portes; des fenêtres sont percées aussi dans la roche vive pour donner de la lumière à ces habitations, et ces portes et ces fenêtres donnent sur des rues taillées profondément dans les entrailles de la colline. Nous avons suivi plusieurs de ces rues profondes et larges et où des ornières indiquent la trace de la roue des chars. Une multitude d'aigles, de vautours, et des nuées innombrables d'étourneaux s'élevaient, à notre approche, de l'ombre de ces rochers creusés; des arbustes grimpans, des fleurs pariétaires, des touffes de myrte et de figuier ont pris racine dans la poussière de ces rues de pierres, et tapissent ces longues avenues. Dans quelques endroits, les anciens habitans avaient entièrement fendu la colline avec le ciseau, et percé des canaux qui laissent venir l'eau de la mer et permettent au regard d'embrasser une partie du golfe qu'elle forme derrière la ville. C'est un paysage d'un caractère entièrement neuf, à la fois grave et dur comme le rocher, riant et lumineux comme ces percées aériennes sur le bleu de la mer, et comme ces forêts de plantes nées d'elles-mêmes dans les fentes du granit. Nous marchâmes quelque temps dans ces labyrinthes merveilleux, et nous arrivâmes enfin au pied de la grande muraille et des monumens moresques que nous avions devant nous; là, nous nous arrêtâmes un instant pour délibérer. Ces ruines ont une mauvaise renommée; c'est là que se cachent souvent des bandes d'Arabes voleurs qui pillent et massacrent les caravanes. On nous avait avertis à Kaïpha de les éviter ou de les passer en ordre de bataille et sans permettre à aucun de nos hommes de s'écarter du corps de la caravane. La curiosité l'avait emporté; nous n'avions pu résister au désir de visiter des monumens dont l'histoire ancienne et moderne ne connaît rien : nous ignorions s'ils étaient déserts ou habités. Arrivés au pied des murs d'enceinte qui les enveloppent encore, nous aperçûmes la brèche par laquelle nous devions y pénétrer. Au même moment, un groupe d'Arabes à cheval parut, la lance à la main, sur le sable qui nous séparait encore de l'entrée, et fondit sur nous; nous fûmes surpris, mais nous étions prêts; nous avions à la main nos fusils à deux coups chargés et armés, et des pistolets à la ceinture; nous avançâmes sur les Arabes, ils s'arrêtèrent court; je me détachai de la caravane en lui ordonnant de rester sous les armes; je m'avançai avec mes deux compagnons et mon drogman; nous parlementâmes; et le scheik, avec ses principaux cavaliers, nous escortèrent eux-mêmes jusqu'à la brèche, en donnant ordre aux Arabes de l'intérieur de nous respecter et de nous laisser examiner les monumens. Je jugeai prudent néanmoins de ne laisser entrer avec nous qu'une partie de mon monde; le reste demeura campé à une portée de fusil du tertre, prêt à venir à notre secours si nous fussions tombés dans une embûche. Cette précaution n'était pas inutile, car nous trouvâmes dans l'intérieur des murs une population de deux à trois cents Arabes Bédouins, y compris les femmes et les enfans. Il n'y a qu'une issue pour sortir de ces ruines, et nous aurions été facilement pris et égorgés si ces barbares n'eussent été tenus en respect par la force qui nous restait dehors et qu'ils pouvaient supposer plus considérable qu'elle ne l'était réellement : nous avions eu soin de ne pas montrer tout notre monde, et quelques moukres étaient restés exprès en arrière, campés sur un mamelon où l'on pouvait les apercevoir.

Aussitôt que nous eûmes franchi la brèche, nous nous trouvâmes dans un dédale de sentiers tournant autour des débris écroulés de la grande muraille et des autres édifices antiques que nous découvrions successivement. Ces sentiers ou ces rues n'avaient aucune percée régulière ; mais le pied des Arabes, des chameaux et des chèvres, les avait tracés au hasard parmi ces décombres. Les familles de la tribu n'avaient elles-mêmes rien édifié, elles avaient profité seulement de toutes les cavités que la chute des pierres gigantesques avait formées çà et là pour s'y abriter, les unes à l'ombre même des fûts des colonnes ou des chapiteaux arrêtés dans leur chute par d'autres débris ; les autres, par un morceau d'étoffe de poil de chèvre noire, tendu d'un pilier à l'autre, et formant ainsi le toit. Le scheik lui-même, ses femmes et ses enfans, qui occupaient sans doute le palais du village, avaient tous leur demeure à l'entrée de la ville, dans les décombres d'un temple romain, sur un tertre très-élevé, au-dessus du sentier où nous entrions, et leur maison était formée par un bloc immense de pierre sculptée qui pendait presque perpendiculairement, appuyé par un de ses angles sur d'autres blocs roulés pêle-mêle et comme arrêtés dans leur chute. Ce chaos de pierres semblait véritablement s'écrouler encore, et prêt à écraser les femmes et les enfans du scheik, qui montraient leurs têtes au-dessus de nous, hors de cette caverne artificielle. Les femmes n'étaient pas voilées ; elles n'avaient pour vêtement qu'une chemise de coton bleu, qui laisse la poitrine découverte et les jambes nues. Cette chemise est serrée autour du corps par une ceinture de cuir. Ces femmes nous parurent belles, malgré les anneaux qui perçaient leurs narines, et les tatouages bizarres dont leurs joues et leur gorge étaient sillonnées. Les enfans étaient nus, assis ou à cheval sur les blocs de pierres taillées qui formaient la terrasse de ces effrayantes demeures ; et quelques chèvres noires, aux longues oreilles pendantes, étaient grimpées à côté des enfans sur la porte de ces grottes, et nous regardaient passer, où bondissaient au-dessus de nos têtes en franchissant d'un bloc à l'autre le sentier profond où nous marchions. Nous vîmes quelques chameaux couchés çà et là dans le creux frais, formé par les interstices des débris, et dressant leur tête pensive et calme au-dessus des tronçons de colonnes et de chapiteaux éboulés. A chaque pas, la scène était nouvelle et attirait plus vivement notre attention. Un peintre trouverait mille sujets d'un pittoresque inconnu dans la forme sans cesse neuve et inattendue dont les demeures de la tribu sont mêlées et confondues avec les restes des théâtres, des bains, des églises, des mosquées, qui jonchent ce coin de terre. Moins l'homme a travaillé pour se créer un asile dans ce chaos d'une ville renversée, plus ces habitations sont improvisées par le hasard bizarre de la chute des monumens, plus aussi la scène est poétique et frappante. Des femmes trayaient leurs chèvres sur les gradins de l'amphithéâtre ; des troupeaux de moutons sautaient un à un de la fenêtre en ogive du palais d'un émir ou d'une église gothique de l'époque des croisés. Des scheiks accroupis fumaient leurs pipes sous l'arche ciselée d'un arc romain, et des chameaux avaient leurs longes attachées aux colonnettes moresques de la porte d'un harem. Nous descendîmes de cheval pour visiter en détail les principaux restes. Les Arabes nous firent de grandes difficultés quand nous témoignâmes la volonté d'entrer dans l'enceinte du grand temple qui est au bout de la ville sur un rocher au bord de la mer. Il nous fallut une contestation nouvelle à chaque cour, à chaque mur que nous avions à franchir pour y pénétrer ; nous fûmes obligés d'employer même la menace pour les forcer à nous céder le passage. Les femmes et les enfans s'éloignèrent en nous lançant des imprécations; le scheik se retira un moment, et les autres Arabes montrèrent sur leurs figures et dans leurs gestes tous les signes du mécontentement ; mais l'air d'indécision et de timidité mal déguisé que nous aperçûmes aussi dans leurs manières nous encouragea à insister, et nous entrâmes, moitié de gré, moitié de force, dans l'intérieur même de ce dernier et de ce plus étonnant des monumens.

Je ne puis dire ce que c'est ; il y a de tout dans sa construction, dans sa forme et dans ses ornemens ; je penche à croire que c'est un temple antique que les croisés ont converti en église à l'époque où ils possédèrent Césarée de Syrie et les rivages qui l'avoisinent, et que les Arabes ont converti plus tard en mosquée. Le temps, qui se joue de l'œuvre et des pensées des hommes, le convertit maintenant en poussière, et le genou du chameau se plie sur ces dalles où les genoux de trois ou quatre générations de religion se sont pliés tour à tour devant des dieux différens. Les bases de l'édifice sont évidemment d'architecture grecque d'une époque de décadence; à la naissance des voûtes, l'architecture prend le type moresque; des fenêtres, primitivement corinthiennes, ont été converties avec beaucoup d'art et de goût en fenêtres moresques à ogives et à légères colonnes accouplées; ce qui subsiste des voûtes est brodé d'arabesques d'un fini et d'une délicatesse exquis. L'édifice a huit faces, et chacun des enfoncemens produits par cette forme octogone renfermait sans doute un autel, si l'on en juge par les niches qui décorent la partie des murs où ces autels devaient être appuyés. La partie centrale du monument était occupée aussi par un principal autel; on le devine aisément à l'élévation du terrain dans cet endroit du temple. Cette élévation doit être produite par les marches qui entouraient l'autel. Les pans de cette église sont à demi écroulés, et laissent à l'œil des échappées de vue sur la mer et les écueils qui la bordent ; des plantes grimpantes pendent en touffes de feuillage et de fleurs du haut des voûtes déchirées, et des oiseaux au collier rouge, et des nuées de petites hirondelles bleues, gazouillaient dans ces bosquets aériens, ou voltigeaient le long des corniches. La nature reprend son hymne là où l'homme a fini le sien. En sortant de ce temple inconnu, nous parcourûmes à pied les différentes ruelles du village, trouvant à chaque pas des débris curieux et des scènes inattendues formées par ce mélange de mœurs sauvages avec les beaux témoignages de civilisations mortes. Nous vîmes un grand nombre de femmes et de filles arabes occupées, dans les petites cours de leurs cahutes, aux différentes occupations de la vie pastorale; les unes tissaient des étoffes de poil de chèvre; les autres étaient employées à moudre l'orge ou à faire cuire le riz; elles sont généralement très-belles, grandes, fortes, le teint brûlé par le soleil, mais avec l'apparence de la vigueur et de la santé. Leurs cheveux noirs étaient couverts de piastres d'argent enfilées; elles avaient des boucles d'oreilles et des colliers garnis du même ornement; elles jetaient des cris de surprise en nous voyant passer, et nous suivaient jusqu'à d'autres maisons. Aucun des Arabes ne nous offrit le moindre présent; nous ne jugeâmes pas devoir en offrir nous-mêmes; nous sortîmes avec précaution de l'enceinte. Personne de la tribu ne nous suivit, et nous allâmes planter nos tentes à un quart de lieue de la grande muraille, au fond d'un petit golfe entouré aussi de murs antiques, et qui fut jadis le port de cette ville inconnue. La chaleur était de trente-deux degrés; nous nous baignâmes dans la mer à l'ombre d'un vieux môle que la vague n'a pas encore complétement emporté, pendant que nos saïs dressaient nos tentes, donnaient un peu d'orge à nos chevaux, et allumaient le feu contre une arche qui servit sans doute de porte à ce port.

Les Arabes appellent ce lieu d'un nom qui veut dire *rocher coupé*. Les croisés le nomment dans leurs chroniques Castel Peregrino (Château des Pèlerins); mais je n'ai pu découvrir le nom de la ville intermédiaire, grecque, juive ou romaine, à laquelle appartenaient les grands restes qui nous avaient attirés. Le lendemain nous continuâmes à longer les rives de la mer jusqu'à Césarée, où nous arrivâmes vers le milieu du jour; nous avions traversé le matin un fleuve que les Arabes appellent Zirka, et qui est le fleuve des Crocodiles, de Pline.

Césarée, l'ancienne et splendide capitale d'Hérode, n'a plus un seul habitant; ses murailles, relevées par saint Louis pendant sa croisade, sont néanmoins intactes, et serviraient encore aujourd'hui de fortifications excellentes à une ville moderne. Nous franchîmes le fossé profond qui les entoure, sur un pont de pierre à peu près au milieu de l'enceinte, et nous entrâmes dans le dédale de pierres, de caveaux entr'ouverts, de restes d'édifices, de fragmens de marbre et de porphyre, dont le sol de l'ancienne ville est jonché. Nous fîmes lever trois chacals du sein des décombres qui retentissaient sous les pieds de nos chevaux; nous cherchions la fontaine qu'on nous avait indiquée, nous la trouvâmes avec peine à l'extrémité orientale de ces ruines; nous y campâmes. Vers le soir, un jeune pasteur arabe y arriva avec un troupeau innombrable de vaches noires, de moutons et de chèvres : il passa environ deux heures à puiser constamment de l'eau de la fontaine pour abreuver ces animaux, qui attendaient patiemment leur tour, et se retiraient en ordre après avoir bu, comme s'ils eussent été dirigés par des bergers. Cet enfant, absolument nu, était monté sur un âne; il sortit le dernier des ruines de Césarée, et nous dit qu'il venait ainsi tous les jours, d'environ deux lieues, conduire à l'abreuvoir les troupeaux de sa tribu établie dans la montagne. Voilà la seule rencontre que nous fîmes à Césarée, dans cette ville où Hérode, suivant Josèphe, avait accumulé toutes les merveilles des arts grecs et romains, où il avait creusé un port artificiel qui servait d'abri à toute la marine de Syrie. Césarée est la ville où saint Paul fut prisonnier et fit, pour sa défense et celle du christianisme naissant, cette belle harangue conservée dans le vingt-sixième chapitre des Actes des Apôtres. Cornélius le centurion et Philippe l'évangéliste étaient de Césarée, et c'est aussi du port de Césarée que les Apôtres s'embarquèrent pour aller semer la parole évangélique dans la Grèce et en Italie.

Nous passons la soirée à parcourir les masures de la ville, et à recueillir des fragmens de sculpture, que nous sommes obligés de laisser ensuite sur la place, faute de moyens de transport. — Belle nuit passée à l'abri de l'aqueduc de Césarée.

Route continuée à travers un désert de sable, couvert en quelques endroits d'arbustes et même de forêts de chênes verts qui servent de repaire aux Arabes. M. de Parseval s'endort à cheval; la caravane le devance; nous nous apercevons qu'il est en arrière; deux coups de fusil retentissent dans le lointain : nous partons au galop pour voler à son secours, en tirant nous-mêmes des coups de pistolet afin d'effrayer les Arabes; heureusement il n'avait point été attaqué; il avait tiré ses deux coups sur des gazelles qui traversaient la plaine. Nous arrivons le soir, sans avoir rencontré une seule goutte d'eau, près du village arabe de El-Mukhalid. Un immense sycomore, jeté, comme une tente naturelle, sur le flanc d'une colline nue et poudreuse, nous attire et nous sert d'abri. Nos Arabes vont au village demander le chemin de la fontaine; on la leur indique; nous y courons tous. Nous buvons, nous nous baignons la tête et les bras, nous revenons à notre camp où notre cuisinier a allumé le feu au pied de l'arbre. Son tronc est déjà calciné par les feux successifs des milliers de caravanes qui ont goûté successivement son ombre. Toutes nos tentes et tous nos chevaux sont à l'abri de ses rameaux immenses. Le scheik de El-Mukhalid vient m'apporter des melons; il s'assied sous ma tente, et me demande des nouvelles d'Ibrahim-Pacha, et quelques remèdes pour lui et pour ses femmes. Je lui donne quelques gouttes d'eau de Cologne, et l'engage à souper avec nous. Il accepte. Nous avons toutes les peines du monde à le congédier.

La nuit est brûlante. Je ne puis tenir sous la tente; je me lève et vais m'asseoir auprès de la fontaine sous un olivier. La lune éclaire toute la chaîne des montagnes de Galilée qui ondule gracieusement à l'horizon, à deux lieues environ de l'endroit où je suis campé. C'est la plus belle ligne d'horizon qui ait encore frappé mes regards. Les premières branches de lilas de Perse qui pendent en grappes au printemps n'ont pas une teinte violette plus fraîche et plus nuancée que ces montagnes à l'heure où je les contemple. A mesure que la lune monte et s'en approche, leur nuance s'assombrit, et devient plus pourpre; les formes en paraissent mobiles comme celles des grandes vagues qu'on voit par un beau coucher du soleil en pleine mer. Toutes ces montagnes ont de plus un nom et un récit dans la première histoire que nos yeux d'enfans ont lue sur les genoux de notre mère. Je sais que la Judée est là, avec ses prodiges et ses ruines; que Jérusalem est assise derrière un de ces mamelons; que je n'en suis plus séparé que par quelques heures de marche; que je touche ainsi à un des termes les plus désirés de mon long voyage. Je jouis de cette pensée, comme l'homme jouit toujours toutes les fois qu'il touche à un des buts, même insignifians, qu'une passion quelconque lui a assignés; je reste une ou deux heures à graver ces lignes, ces couleurs, ce ciel transparent et rosé, cette solitude, ce silence dans mon souvenir. L'humidité de la nuit tombe et mouille mon manteau; je rentre dans la tente, et je m'endors. Il y avait à peine une heure que j'étais endormi, que je fus réveillé par un léger bruit; je me soulève sur le coude, et je regarde autour de moi. Un des coins du rideau de la tente était relevé pour laisser entrer la brise de la nuit; la lune éclairait en plein l'intérieur; je vois un énorme chacal qui entrait avec précaution, et regardait de mon côté avec ses yeux de feu; je saisis mon fusil, le mouvement l'effraie, il part au galop. Je me rendors. Réveillé une seconde fois, je vois le chacal à mes pieds, fouillant du museau les plis de mon manteau, et prêt à saisir mon beau lévrier qui dormait sur la même natte que moi; charmant animal, qui ne m'a pas quitté un jour depuis huit ans, et que je défendrais, comme une part de ma vie, au péril de mes jours. Je l'avais recouvert heureusement d'un pan du manteau, et il dormait si profondément qu'il n'avait rien entendu, rien senti, et ne se doutait pas du danger qu'il courait; une seconde plus tard, le chacal l'emportait et l'égorgeait dans son terrier. Je jette un cri, mes compagnons s'éveillent; j'étais déjà hors de la tente et j'avais tiré un coup de fusil, mais le chacal était loin, et le lendemain aucune trace de sang ne témoignait de ma vengeance.

Nous partons aux premiers rayons qui blanchissent les collines de Judée; nous suivons des collines ondoyantes hors de la vue de la mer; la chaleur nous fatigue beaucoup, et le silence le plus profond règne dans toute la marche; à onze heures nous arrivons, accablés de soif et de lassitude, près des rives escarpées d'un fleuve qui roule lentement des eaux sombres entre deux falaises bordées de longs roseaux : il faut toucher ses eaux pour les apercevoir. Des troupeaux de buffles sauvages sont couchés dans les roseaux et dans le fleuve et montrent leurs têtes hors des flots; immobiles, ils passent ainsi les heures brûlantes du jour. Ils nous regardent sans faire un mouvement; nous traversons à gué le fleuve, nous atteignons un kan abandonné. Ce fleuve est nommé aujourd'hui par les Arabes *Nahr-el-Arsouf*. L'ancienne Apollonie devait être placée à peu près ici, à moins que sa situation ne soit déterminée par un autre fleuve que nous traversâmes une heure après, et qu'on appelle maintenant *Nahr-el-Petras*.

Nous nous étendons sur nos nattes, sous les caves fraîches et sombres qui restent seules de l'ancien kan. A peine étions-nous assis autour d'un plat de riz froid que le cuisinier nous avait apporté pour déjeuner, qu'un énorme serpent de huit pieds de long, et gros comme le bras, sortit d'un des trous du vieux mur qui nous abritait et vint se déplier entre nos jambes; nous nous précipitâmes pour le fuir vers l'entrée du souterrain, il y fut avant nous et se perdit lentement, en faisant vibrer sa queue comme la corde d'un arc, dans les roseaux qui bordaient le fleuve. Sa peau était du plus beau bleu foncé. Nous répugnions à reprendre notre gîte, mais la chaleur était si forte qu'il fallut nous y résigner, et nous nous endormîmes sur nos selles, sans souci des visites semblables qui pourraient interrompre notre sommeil.

A quatre heures après midi nous remontons à cheval. J'aperçois sur un monticule, à peu de distance du fleuve, un cavalier arabe, un fusil à la main, et accompagné d'un jeune esclave à pied. Le cavalier arabe semblait chasser : il arrêtait à chaque instant son cheval, et nous regardait défiler avec un air d'incertitude et de préoccupation. Tout à coup il met sa jument au galop, s'avance sur moi, et, m'adressant la parole en italien, il me demande si je ne suis pas le voyageur qui parcourt en ce moment l'Arabie, et dont les consuls européens ont annoncé la prochaine arrivée à Jaffa. Je me nomme, il saute à bas de son cheval et veut me baiser la main. — Je suis, nous dit-il, le fils de M. Damiani, vice-consul de France à Jaffa. Prévenu de votre arrivée par des lettres apportées de Saïde par un bâtiment anglais, je viens depuis plusieurs jours à la chasse des gazelles, de ce côté, pour vous découvrir et vous conduire à la maison de mon père. Notre nom est italien, notre famille est originaire d'Europe ; depuis un temps immémorial elle est établie en Arabie : nous sommes Arabes, mais nous avons le cœur français, et nous regarderions comme une honte et comme une insulte à nos sentimens, si vous acceptiez l'hospitalité d'une autre maison que la nôtre. Souvenez-vous que nous vous avons touché les premiers, et qu'en Orient, celui qui touche le premier un étranger a le droit d'être son hôte. Je vous en préviens, ajouta-t-il, parce que beaucoup d'autres maisons de Jaffa ont été informées de votre passage, par des lettres venues sur le même bâtiment, et vont accourir au-devant de vous, aussitôt que mon esclave aura informé la ville de votre approche. A peine avait-il terminé son discours, qu'il dit quelques mots en arabe au jeune esclave, et que celui-ci, montant sur la jument de son maître, avait disparu en un clin d'œil, derrière les monticules de sable qui bornaient l'horizon. Je fis donner à M. Damiani un de mes chevaux de main qui m'accompagnait sans être monté, et nous prîmes lentement la route de Jaffa, que nous n'apercevions pas encore. Après deux heures de marche, nous vîmes, de l'autre côté d'un fleuve qui nous restait à franchir, une trentaine de cavaliers, revêtus des plus riches costumes et d'armes étincelantes, et montés sur des chevaux arabes de toute beauté, qui caracolaient sur la plage du fleuve. Ils lancèrent leurs chevaux jusque dans l'eau, en poussant des cris et en tirant des coups de pistolet pour nous saluer : c'étaient les fils, les parens, les amis des principaux habitans de Jaffa, qui venaient au-devant de nous. Chacun d'eux s'approcha de moi, me fit son compliment auquel je répondis par l'organe de mon drogman, ou en italien pour ceux qui l'entendaient : ils se rangèrent autour de nous, et courant çà et là sur le sable, ils nous donnèrent le spectacle de ces courses de dgérid, où les cavaliers arabes déploient toute la vigueur de leurs chevaux et toute l'adresse de leurs bras. Nous approchions de Jaffa, et la ville commençait à se lever devant nous sur la colline qui s'avance dans la mer. Le coup d'œil en est magique quand on l'aborde de ce côté du désert. Les pieds de la ville sont baignés au couchant par la mer, qui déroule toujours là d'immenses lames écumeuses sur des écueils qui forment l'enceinte de son port; du côté du nord, celui par lequel nous arrivions, elle est entourée de jardins délicieux qui semblent sortir par enchantement du désert pour couronner et ombrager ses remparts : on marche sous la voûte élevée et odorante d'une forêt de palmiers, de grenadiers chargés de leurs étoiles rouges, de cèdres maritimes, au feuillage de dentelle, de citronniers, d'orangers, de figuiers, de limoniers, grands comme des noyers d'Europe, et pliant sous leurs fruits et sous leurs fleurs; l'air n'est qu'un parfum soulevé et répandu par la brise de la mer; le sol est tout blanc de fleurs d'orangers, et le vent les balaie comme chez nous les feuilles mortes en automne : de distance en distance des fontaines turques en mosaïque de marbres de diverses couleurs,

RUINES D'ASKALON.

avec des tasses de cuivre attachées à des chaînes offrent leur eau limpide au passant, et sont toujours entourées d'un groupe de femmes qui se lavent les pieds et puisent l'eau dans des urnes aux formes antiques. La ville élève ses blancs minarets, ses terrasses crénelées, ses balcons en ogive moresque, du sein de cet océan d'arbustes embaumés, et se détache, à l'orient, du fond blanc de sable qu'étend immédiatement derrière elle l'immense désert qui la sépare de l'Égypte. C'est près d'une de ces fontaines que nous découvrîmes tout à coup une troisième cavalcade, à la tête de laquelle s'avançait, sur une jument blanche, M. Damiani le père, agent consulaire de plusieurs nations européennes, et l'un des personnages les plus importans de Jaffa. Son costume grotesque nous fit sourire : il était vêtu d'un vieux cafetan bleu de ciel, doublé d'hermine, et serré par une ceinture de soie cramoisie ; ses jambes nues sortaient d'un large pantalon de mousseline sale, et il était coiffé d'un immense chapeau à trois cornes, lissé par les années et imbibé de sueur et de poussière, attestant de nombreux services pendant la campagne d'Égypte. Mais l'excellent accueil et la cordialité patriarcale de notre vieux vice-consul arrêtèrent le sourire sur nos lèvres, et ne laissèrent place dans nos cœurs qu'à la reconnaissance que nous lui témoignâmes. Il était accompagné de plusieurs de ses gendres et de ses enfans et petits-enfans, tous à cheval comme lui. Un de ses petits-fils, enfant de douze à quatorze ans, qui caracolait sur une jument arabe, sans bride, autour de son grand-père, est bien la plus admirable figure d'enfant que j'aie vue de ma vie.

M. Damiani marcha devant nous, et nous conduisit, au milieu d'une immense population pressée autour de nos chevaux, jusqu'à la porte de sa maison, où nos nouveaux amis nous saluèrent et nous laissèrent aux soins de notre hôte.

La maison de M. Damiani est petite, mais admirablement assise au sommet de la ville et dominant les trois horizons de la mer, de la côte de Gaza et d'Askalon vers l'Égypte, et du rivage de Syrie du côté du nord. Les chambres sont entourées et surmontées de terrasses découvertes où joue la brise de mer, et d'où l'on découvre, à dix lieues en mer, la moindre voile qui traverse le golfe de Damiette. Ces chambres n'ont pas de fenêtres, le climat les rend superflues : l'air a toujours la tiédeur de nos plus belles journées de printemps ; un mauvais abat-jour mal joint est le seul rempart que l'on interpose entre le soleil et soi. On partage avec les oiseaux du ciel ces demeures que l'homme s'est préparées : et dans le salon de M. Damiani, sur les étagères de bois qui règnent autour de l'appartement, des centaines de petites hirondelles au collier rouge étaient posées à côté des porcelaines de la Chine, des tasses d'argent et des tuyaux de pipe qui décorent les corniches. Elles voltigeaient tout le jour au-dessus de nos têtes, et venaient, pendant le souper, se suspendre jusque sur les branches de cuivre de la lampe qui éclairait le repas.

La famille se compose de M. Damiani père, figure indécise entre le patriarche et le marchand italien, mais où le patriarche prédomine ; de madame Damiani la mère, belle femme arabe, mère de douze enfans, mais conservant encore dans ses formes et dans son teint l'éclat et la fraîcheur de la beauté turque ; de plusieurs jeunes filles presque toutes d'une beauté remarquable, et de trois fils dont nous connaissons déjà l'aîné. Les deux autres furent pour nous de la même prévenance et de la même utilité. Les femmes ne montaient pas dans les appartemens. Elles ne parurent qu'une fois en habits de cérémonie et couvertes de leurs plus riches bijoux, et se mirent à table à un seul repas avec nous. Le reste du temps, elles étaient occupées à nous préparer nos repas dans une petite cour intérieure, où nous les apercevions en sortant de la maison et en y entrant. Les jeunes gens, élevés dans le respect que les coutumes orientales commandaient au fils pour leur père, ne s'asseyaient jamais non plus avec nous pendant les repas. Ils se tenaient debout derrière leur père, et veillaient à ce que rien ne manquât aux convives.

A peine entrés dans la maison, nous reçûmes la visite d'un grand nombre d'habitants du pays qui vinrent nous féliciter et nous offrir leurs services. On prit le café, on apporta les pipes, et la soirée se passa dans les conversations, intéressantes pour nous, que notre curiosité provoquait. Le gouverneur de Jaffa, que j'avais envoyé complimenter par mon interprète, ne tarda pas à venir lui-même nous rendre visite. C'était un jeune et bel Arabe revêtu du plus riche costume, et dont les manières et le langage attestaient la noblesse du cœur et l'élégance exquise des habitudes. J'ai peu vu de plus belles têtes d'homme. Sa barbe noire et soignée descendait en ondes luisantes et s'étendait en éventail sur sa poitrine ; sa main, dont les doigts étincelaient d'énormes diamans, jouait sans cesse dans les flots de cette barbe et y passait et repassait constamment pour l'assouplir et la peigner. Son regard était fier, doux et ouvert, comme le regard de tous les Turcs en général. On sent que ces hommes n'ont rien à cacher ; ils sont francs parce qu'ils sont forts : ils sont forts parce qu'ils ne s'appuient jamais sur eux-mêmes et sur une vaine habileté, mais toujours sur l'idée de Dieu qui dirige tout, sur la Providence qu'ils appellent fatalité. Placez un Turc entre dix Européens, vous le reconnaîtrez toujours à l'élévation du regard, à la gravité de la pensée imprimée sur ses traits par l'habitude, et à la noble simplicité de l'expression. Le gouverneur avait reçu de Méhémet-Ali et d'Ibrahim-Pacha des lettres qui me recommandaient fortement à lui. J'ai ces lettres. Je lui en fis lire une autre d'Ibrahim que je portais avec moi. En voici le sens :

« Je suis informé que notre ami (ici mon nom) est arrivé
« de France avec sa famille et plusieurs compagnons de
« voyage, pour parcourir les pays soumis à mes armes et
« connaître nos lois et nos mœurs. Mon intention est que
« toi, et tous mes gouverneurs de villes ou de provinces, les
« commandans de mes flottes, les généraux et officiers com-
« mandant mes armées, vous lui donniez toutes les marques
« d'amitié, vous lui rendiez tous les services que mon affection

« pour lui et pour sa nation me commandent ; vous lui four-
« nirez, s'il le demande, les maisons, les chevaux, les vivres
« dont il aura besoin, lui et sa suite. Vous lui procurerez les
« moyens de visiter toutes les parties de nos états qu'il dési-
« rera voir ; vous lui donnerez des escortes aussi nombreu-
« ses que sa sûreté, dont vous répondez sur votre tête, l'exi-
« gera ; et si même il éprouvait des difficultés à pénétrer
« dans certaines provinces de notre domination, par le fait
« des Arabes, vous ferez marcher vos troupes pour assurer
« ses excursions, etc. »

Le gouverneur porta cette lettre à son front après l'avoir lue et me la remit. Il me demanda ce qu'il pouvait faire pour obéir convenablement aux injonctions de son maître, et s'informa des lieux où je désirais aller. Je nommai Jérusalem et la Judée. A ces mots, lui, ses officiers, MM. Damiani, les Pères du couvent de Terre-Sainte à Jaffa, qui étaient présens, se récrièrent et me dirent que la chose était impossible ; que la peste venait d'éclater, avec l'intensité la plus alarmante, à Jérusalem, à Bethléem et sur toute la route, qu'elle était même à Ramla, première ville qu'on a à traverser pour aller à Jérusalem ; que le pacha venait de mettre en quarantaine tout ce qui revenait de la Palestine ; qu'à supposer que je fusse assez téméraire pour y pénétrer et assez heureux pour échapper à la peste, je ne pourrais peut-être pas rentrer en Syrie de plusieurs mois ; qu'enfin les couvens, où les étrangers reçoivent l'hospitalité dans la Terre-Sainte, étaient tous fermés ; que nous ne serions reçus dans aucun, et qu'il fallait, de toute nécessité, remettre à une autre époque et à une saison plus favorable le voyage que je projetais dans l'intérieur de la Judée.

Ces nouvelles m'affligèrent vivement, mais n'ébranlèrent pas ma résolution. Je répondis au gouverneur que, bien que je fusse né dans une autre religion que la sienne, je n'en adorais pas moins que lui la souveraine volonté d'Allah : que son culte à lui s'appelait fatalité et le mien providence ; mais que ces deux mots différens n'exprimaient qu'une même pensée :

Dieu est grand! Dieu est le maître! *Allah kérim!* que j'étais venu de si loin, à travers tant de mers, tant de montagnes et tant de plaines, pour visiter les sources d'où le christianisme avait coulé sur le monde, pour voir la ville sainte des chrétiens, et comparer les lieux avec les histoires; que j'étais trop avancé pour reculer et remettre à l'incertitude des temps et des choses un projet presque accompli; que la vie d'un homme n'était qu'une goutte d'eau dans la mer, un grain de sable dans le désert, et ne valait pas la peine d'être comptée; que d'ailleurs ce qui était écrit était écrit, et que si Allah voulait me garder de la peste au milieu des pestiférés de Judée, cela lui était aussi aisé que de me garder de la vague au milieu de la tempête, ou des balles des Arabes sur les bords du Jourdain; qu'en conséquence je persistais à vouloir pénétrer dans l'intérieur et entrer même à Jérusalem, quel qu'en fût le péril pour moi; mais que ce que je pouvais décider de moi, je ne pouvais et ne voulais le décider des autres, et que je laissais tous mes amis, tous mes serviteurs, tous les Arabes qui m'accompagnaient, maîtres de me suivre ou de rester à Jaffa, selon la pensée de leurs cœurs. Le gouverneur alors se récria sur ma soumission à la volonté d'Allah, me dit qu'il ne souffrirait pas que je m'exposasse seul aux dangers de la route et de la peste, et qu'il allait faire choisir, dans les troupes en garnison à Jaffa, quelques soldats courageux et disciplinés qu'il mettrait entièrement sous mon commandement, et qui garderaient ma caravane pendant la marche et mes tentes pendant la nuit, pour nous préserver du contact avec les pestiférés. Il dépêcha aussi à l'instant même un cavalier au gouverneur de Jérusalem, son ami, pour lui annoncer mon voyage et me recommander à lui, et il se retira. Nous délibérâmes alors, mes amis et moi; nos domestiques même furent appelés à ce conseil sur ce que chacun de nous voulait faire. Après quelques hésitations, tous résolurent à l'unanimité de tenter la fortune et de courir la chance de la peste plutôt que de renoncer à voir Jérusalem. Le départ fut arrêté pour le surlendemain. Nous nous couchâmes sur les nattes et sur les divans de la salle de M. Damiani, et nous nous réveillâmes au gazouillement des innombrables hirondelles qui voltigeaient sur nos têtes dans l'appartement.

La journée se passa à rendre les visites que nous avions reçues au gouverneur et au supérieur du couvent de Terre-Sainte à Jaffa, vénérable religieux espagnol qui habite Jaffa depuis l'époque où les Français y vinrent, et qui nous certifia la vérité de l'empoisonnement des pestiférés.

Jaffa ou Yaffa, l'ancienne Joppé de l'Écriture, est un des plus anciens et des plus célèbres ports de l'univers. Pline en parle comme d'une cité antédiluvienne. C'est là, selon les traditions, qu'Andromède fut attachée au roc et exposée au monstre marin ; c'est là que Noé construisit l'Arche ; c'est là que les cèdres du mont Liban abordaient par ordre de Salomon, pour servir à la construction du temple. Jonas, le prophète, s'y embarqua huit cent soixante-deux ans avant le Christ. Saint Pierre y ressuscita Tabitha. La ville fut fortifiée par saint Louis, dans le temps des croisades. En 1799, Bonaparte la prit d'assaut et y massacra les prisonniers turcs. Elle a un méchant port pour les barques seulement, et une rade très-dangereuse, comme nous l'éprouvâmes nous-mêmes à notre second voyage par mer. On compte à Jaffa cinq à six mille habitans, Turcs, Arabes, Arméniens, Grecs, catholiques et Maronites. Chacune de ces communions y a une église. Le couvent latin est magnifique. On l'embellissait encore à notre passage ; mais nous n'éprouvâmes pas l'hospitalité de ces religieux. Leurs vastes appartemens ne s'ouvrirent ni pour nous, ni pour aucun des étrangers que nous rencontrâmes à Jaffa. Ils restent déserts pendant que les pèlerins cherchent avec peine l'abri de quelque misérable kan turc, ou l'hospitalité onéreuse de quelque pauvre toit de Juif ou d'Arménien habitant de Jaffa.

Aussitôt hors des murs de Jaffa, on entre dans le grand désert d'Égypte. Décidé alors à aller au Caire par cette route, je fis partir un courrier pour El-Arich, afin d'y louer des dromadaires pour passer le désert. La route de Jaffa au Caire peut se faire ainsi en douze ou quinze jours. Mais elle offre de grandes privations et de grandes difficultés. Les ordres du gouverneur de Jaffa et l'obligeance des principaux habitans de la ville en relation avec ceux de Gaza et d'El-Arich les avaient beaucoup aplanies pour moi.

Le gouverneur nous envoya quelques cavaliers et huit fantassins choisis parmi les hommes les plus braves et les plus policés du dépôt de troupes égyptiennes qui lui restaient. Ils campèrent cette nuit même à notre porte. Au lever de l'aurore, nous étions à cheval. Nous trouvâmes, à la porte de la ville, du côté de Ramla, une foule de cavaliers appartenant à toutes les nations qui habitent Jaffa. Ils coururent le dgérid autour de nous, et nous accompagnèrent jusqu'à une magnifique fontaine ombragée de sycomores et de palmiers qu'on rencontre à une heure de marche. Là, ils déchargèrent leurs pistolets en notre honneur, et reprirent le chemin de la ville. Il est impossible de décrire la nouveauté et la magnificence de végétation qui se déploie des deux côtés de cette route, en quittant Jaffa. A droite et à gauche, c'est une forêt variée de tous les arbres fruitiers et de tous les arbustes à fleurs de l'Orient. Cette forêt, divisée en compartimens par des haies de myrtes, de jasmins et de grenadiers, est arrosée de filets d'eau échappés des belles fontaines turques dont j'ai parlé. Dans chacun de ces enclos on voit un pavillon ouvert ou une tente sous lesquels la famille qui les possède vient passer quelques semaines au printemps ou en automne. Trois piquets et un morceau de toile forment une maison de campagne pour ces heureuses familles. Les femmes couchent sur des nattes et sur des coussins sous la tente, les hommes couchent en plein air sous la voûte des citronniers et des grenadiers. Les melons, les pastèques, les figues de trente-deux espèces qui ombragent ces lieux enchantés, fournissent les tables; à peine y ajoute-t-on, de temps en temps, un agneau élevé par les enfans, et dont on fait, comme du temps de la Bible, le sacrifice aux jours solennels. Jaffa est le lieu de tout l'Orient qu'un amant de la nature et de la solitude devrait choisir pour passer les hivers. Le climat est la transition la plus indécise entre les déserts dévorans de l'Égypte et les pluies des côtes de Syrie en automne. Si j'étais maître de choisir mon séjour, j'habiterais le pied du Liban, Saïde, Bayruth ou Latakié pendant le printemps et l'automne; les hauteurs du Liban pendant les chaleurs de l'été, rafraîchies par les vents de mer, par le souffle qui sort de la vallée des Cèdres et par le voisinage des neiges; et l'hiver, les jardins de Jaffa. Jaffa a quelque chose, dans son ciel et dans son sol, de plus grandiose, de plus solennel, de plus coloré, qu'aucun des sites que j'aie parcourus. L'œil ne s'y repose que sur une mer sans limites et bleue comme son ciel; sur les immenses grèves du désert d'Égypte, où l'horizon n'est interrompu de temps en temps que par le profil d'un chameau qui s'avance avec l'ondoiement d'une vague; et sur les cimes vertes et jaunes des innombrables bois d'orangers qui se pressent autour de la ville. Tous les costumes des habitans ou des voyageurs qui animent ces routes sont pittoresques et étranges. Ce sont des Bédouins de Jéricho ou de Tibériade, revêtus de l'immense plaid de laine blanche; des Arméniens aux longues robes rayées de bleu et de blanc; des juifs de toutes les parties du globe et sous tous les vêtemens du monde, caractérisés seulement par leurs longues barbes, et par la noblesse et la majesté de leurs traits: peuple roi, mal habitué à son esclavage, et dans les regards duquel on découvre le souvenir et la certitude de grandes destinées derrière l'apparente humiliation du maintien et l'abaissement de la fortune présente; des soldats égyptiens vêtus de vestes rouges, et tout à fait semblables à nos conscrits français par la vivacité de l'œil et la rapidité de la marche. On sent que le génie et l'activité d'un grand homme ont passé en eux et les animent pour un but inconnu. Enfin ce sont des agas turcs passant fièrement sur le chemin, montés sur des chevaux du désert et suivis d'Arabes et d'esclaves noirs; de pauvres familles de pèlerins grecs assis au coin d'une rue, mangeant dans une écuelle de bois le riz ou l'orge bouillis, qu'ils ménagent pour arriver jusqu'à la ville sainte ; et de pauvres femmes juives à demi vêtues, et succombant sous l'énorme fardeau d'un sac de haillons, chassant devant elles des ânes dont les deux paniers sont pleins d'enfans de tout âge. Mais revenons à nous.

Nous marchions gaiement, essayant de temps en temps la vitesse de nos chevaux contre celle des chevaux arabes que montaient MM. Damiani et les fils du vice-consul de Sardaigne. Ces deux jeunes gens, fils d'un riche négociant arabe de Ramla, établi maintenant à Jaffa, avaient voulu nous accompagner jusqu'à Ramla : ils avaient envoyé, le matin, leurs esclaves pour nous préparer la maison de leur père et le souper. Nous étions suivis encore d'un autre personnage qui s'était joint volontairement à notre caravane et qui nous surprit par la bizarre magnificence de son costume européen : c'était un petit jeune homme de vingt à vingt-cinq ans, d'une figure joviale et grotesque, mais fine et spirituelle. Il avait un immense turban de mousseline jaune, un habit vert de la forme de nos habits de cour, à collet droit et à larges basques, brodé de larges galons d'or sur toutes les coutures ; des pantalons collans de velours blanc, et des bottes à revers, ornées d'une paire d'éperons à chaînes d'argent. Un kandjar lui servait de couteau de chasse, et une paire de pistolets, incrustés de ciselures d'argent, sortaient de sa ceinture et battaient contre sa poitrine.

Sorti d'Italie dans son enfance, il avait été jeté en Égypte par je ne sais quelle vague de fortune, et se trouvait, depuis quelques années, à Jaffa ou à Ramla, exerçant son art dans les montagnes de Judée aux dépens des scheiks et des Bédouins qui ne faisaient pas sa fortune. Sa conversation nous amusa beaucoup, et j'aurais désiré l'emmener avec moi à Jérusalem et dans les montagnes de la mer Morte, qu'il paraissait connaître parfaitement ; mais ayant vécu en Orient depuis plusieurs années, il y avait contracté l'invincible terreur que les Francs y prennent de la peste, et aucune de mes offres ne parvint à le séduire. En temps de peste, me dit-il, je ne suis plus médecin ; je n'y connais qu'un remède : partir assez vite, aller assez loin, et demeurer assez longtemps pour que le mal ne puisse vous atteindre. Il avait l'air de nous regarder avec pitié, comme des victimes prédestinées à aller chercher la mort à Jérusalem, et d'un si grand nombre d'hommes que nous étions, il ne comptait en revoir que bien peu au retour. — Il y a quelques jours, me dit-il, que je me trouvais à Acre ; un voyageur revenant de Bethléem frappa à la porte du couvent des Pères de Saint-François, ils ouvrirent ; ils étaient sept. Le surlendemain les portes du couvent étaient murées par l'ordre du gouverneur ; le pèlerin et les sept religieux étaient morts en vingt-quatre heures.

Cependant nous commencions à apercevoir la tour et les minarets de Ramla qui s'élevaient devant nous du milieu d'un bois d'oliviers dont les troncs sont aussi gros que ceux de nos plus vieux chênes.

Ramla, anciennement Rama Éphraïm, est l'ancienne Arimathie du Nouveau Testament ; elle renferme environ deux mille familles. Philippe le Bon, duc de Bourgogne, vint y fonder un couvent latin qui subsiste encore : les Arméniens et les Grecs y possèdent aussi des couvens pour le secours des pèlerins de leurs nations qui vont en Terre-Sainte. Les anciennes églises ont été converties en mosquées ; dans une des mosquées se trouve le tombeau en marbre blanc du mameluck Ayoud-Bey, qui s'enfuit d'Égypte à l'arrivée des Français, et mourut à Ramla. En entrant dans la ville, nous nous informons si la peste y exerçait déjà ses ravages ; deux religieux, arrivés de Jérusalem, venaient d'y mourir dans la journée : le couvent était en quarantaine. Nos nouveaux amis de Jaffa nous conduisirent à leur maison située au milieu de la ville. Un Arabe, ancien chaudronnier, dit-on, mais aimable et excellent homme, habitait la moitié de cette maison et exerçait les fonctions d'agent consulaire pour je ne sais quelle nation d'Europe ; cela lui donnait le droit d'avoir un drapeau européen sur le toit de sa maison : c'est la sauve-

garde la plus certaine contre les avanies des Turcs et des
Arabes. Un excellent souper nous attendait : nous eûmes le
plaisir de trouver des chaises, des lits, des tables, tous les
ustensiles de l'Europe, et nous emportâmes encore une provision de pains frais que nous dûmes à l'obligeance de nos
hôtes. Le lendemain matin, nous prîmes congé de tous nos
amis de Jaffa et de Ramla qui ne nous accompagnèrent pas
plus loin, et nous partîmes, escortés seulement de nos cavaliers et de nos fantassins égyptiens. J'établis ainsi l'ordre
de la marche : deux cavaliers en avant, à environ cinquante
pas de la caravane, pour écarter les Arabes ou les pèlerins
juifs que nous aurions pu rencontrer, et les tenir à distance
de nos hommes et de nos chevaux; à droite et à gauche, sur
nos flancs, les soldats à pied : nous marchions un à un à la
file, sans déranger l'ordre, les bagages au milieu. Une petite escouade de nos meilleurs cavaliers formait l'arrière-
garde, avec ordre de ne laisser ni homme ni mulet en
arrière. A l'aspect d'un corps d'Arabes suspects, la caravane
devait faire halte et se mettre en bataille pendant que les
cavaliers, les interprètes et moi, nous irions faire une reconnaissance. De cette manière nous avions peu à craindre des
Bédouins et de la peste, et je dois dire que cet ordre de
marche fut observé par nos soldats égyptiens, par nos cavaliers turcs et par mes propres Arabes avec un scrupule
d'obéissance et d'attention qui ferait honneur au corps le
mieux discipliné de l'Europe. Nous le conservâmes pendant
plus de vingt-cinq jours de route et dans les positions les plus
embarrassantes. Je n'eus jamais une réprimande à adresser
à personne : c'est à ces mesures que nous dûmes notre salut.

Quelque temps après le coucher du soleil, nous arrivâmes au bout de la plaine de Ramla, auprès d'une fontaine
creusée dans le roc, qui arrose un petit champ de courges.
Nous étions au pied des montagnes de Judée; une petite
vallée, de cent pas de largeur, s'ouvrait à notre droite;
nous y descendîmes : c'est là que commence la domination
des Arabes brigands de ces montagnes. Comme la nuit s'ap-

prochait, nous jugeâmes prudent d'établir notre camp dans cette vallée : nous plantâmes nos tentes à environ deux cents pas de la fontaine. Nous posâmes une garde avancée sur un mamelon qui domine la route de Jérusalem ; et pendant qu'on nous préparait à souper, nous allâmes chasser des perdrix, sur des collines en vue de nos tentes : nous en tuâmes quelques-unes et nous fîmes partir, du sein des rochers, une multitude de petits aigles qui les habitent. Ils s'élevaient en tournoyant et en criant sur nos têtes, et revenaient sur nous après que nous avions tiré sur eux. Tous les animaux ont peur du feu et de l'explosion des armes; l'aigle seul paraît les dédaigner et jouer avec le péril, soit qu'il l'ignore, soit qu'il le brave. J'ai admiré, du haut d'une de ces collines, le coup d'œil pittoresque de notre camp, avec nos piquets de cavaliers arabes sur le mamelon, nos chevaux attachés çà et là autour de nos tentes, nos moukres assis à terre et occupés à nettoyer nos harnais et nos armes ; et la flamme de notre feu, perçant à travers la toile d'une de nos tentes, et répandant sa légère fumée bleue en colonne que le vent inclinait. Combien j'aimerais cette vie nomade, sous un pareil ciel, si l'on pouvait conduire avec soi tous ceux qu'on aime et qu'on regrette sur la terre ! La terre entière appartient aux peuples pasteurs et errans comme les Arabes de Mésopotamie. Il y a plus de poésie dans une de leurs journées que dans des années entières de nos vies de cités. En demandant trop de choses à la vie civilisée, l'homme se cloue lui-même à la terre ; il ne peut s'en détacher sans perdre ces innombrables superfluités dont l'usage lui a fait des besoins. Nos maisons sont des prisons volontaires. Je voudrais que la vie fût un voyage sans fin, comme celui-ci, et si je ne tenais à l'Europe par des affections, je le continuerais tant que mes forces et ma fortune le comporteraient.

Nous étions là sur les confins des tribus d'Éphraïm et de Benjamin. Le puits près duquel nos tentes étaient dressées s'appelle encore le Puits de Job.

Nous partons avant le jour; nous suivons, pendant deux heures, une vallée étroite, stérile et rocailleuse, célèbre par les déprédations des Arabes. C'est le lieu des environs le plus exposé à leurs courses : ils peuvent y arriver par une multitude de petites vallées sinueuses, cachées par le dos des collines inhabitées; se tenir en embuscade derrière les rochers et les arbustes, et fondre à l'improviste sur les caravanes. Le célèbre Abougosh, chef des tribus arabes de ces montagnes, tient la clef de ces défilés qui conduisent à Jérusalem : il les ouvre ou les ferme à son gré, et rançonne les voyageurs. Son quartier général est à quelques lieues de nous, au village de Jérémie. Nous nous attendons à chaque instant à voir paraître ses cavaliers : nous ne rencontrons personne, excepté un jeune aga, parent du gouverneur de Jérusalem, monté sur une jument de toute beauté, et accompagné de sept ou huit cavaliers. Il nous salua poliment, et se rangea, avec sa suite, pour nous laisser passer, sans toucher nos chevaux ni nos vêtemens.

Environ à une heure de Jérémie, la vallée se rétrécit davantage, et des arbres couvrent le chemin de leurs rameaux. Il y a là une ancienne fontaine et les restes d'un kiosque ruiné; on gravit pendant une heure par un sentier escarpé et inégal, creusé dans le rocher, au milieu des bois, et l'on aperçoit tout à coup le village et l'église de Jérémie à ses pieds, sur le revers de la colline. L'église, maintenant mosquée, paraît avoir été construite avec magnificence dans le temps du royaume de Jérusalem, sous les Lusignan. Le village est composé de quarante à cinquante maisons, assez vastes, suspendues sur le penchant des deux coteaux qui embrassent la vallée. Quelques figuiers disséminés et quelques champs de vigne annoncent une espèce de culture : nous voyons des troupeaux répandus autour des maisons; quelques Arabes, revêtus de magnifiques cafetans, fument leurs pipes sur la terrasse de la maison principale, à cent pas du chemin par lequel nous descendons. Quinze à vingt chevaux, sellés et bridés, sont attachés dans la cour de la maison.

Aussitôt que les Arabes nous aperçoivent, ils descendent de la terrasse, montent à cheval, et s'avancent au petit pas vers nous. Nous nous rencontrons sur une grande place inculte, qui fait face au village, et qu'ombragent cinq ou six beaux figuiers.

C'était le fameux Abougosh et sa famille. Il s'avança seul avec son frère au-devant de moi : sa suite resta en arrière. Je fis à l'instant arrêter aussi la mienne, et je m'approchai avec mon interprète. Après les saluts d'usage et les complimens interminables qui précèdent toute conversation avec les Arabes, Abougosh me demanda si je n'étais pas l'émir franc que son amie, lady Stanhope, la reine de Palmyre, avait mis sous sa protection, et au nom de qui elle lui avait envoyé la superbe veste de drap d'or dont il était vêtu, et qu'il me montra avec orgueil et reconnaissance. J'ignorais ce don de lady Stanhope, fait si obligeamment en mon nom ; mais je répondis que j'étais en effet l'étranger que cette femme illustre avait confié à la générosité de ses amis de Jérémie ; que j'allais visiter toute la Palestine, où la domination d'Abougosh était reconnue, et que je le priais de donner les ordres nécessaires pour que lady Stanhope n'eût pas de reproches à lui adresser. A ces mots, il descendit de son cheval, ainsi que son frère ; il appela quelques cavaliers de sa suite, et leur ordonna d'apporter des nattes, des tapis et des coussins, qu'il fit étendre sous l'ombre d'un grand figuier, dans le champ même où nous étions, et nous pria avec de si vives instances de descendre nous-mêmes de cheval et de nous asseoir sur ce divan rustique, qu'il nous fut impossible de nous y refuser. Comme la peste régnait à Jérémie, Abougosh, qui savait que les Européens étaient en quarantaine, eut soin de ne pas toucher nos vêtemens, et il établit son divan et celui de ses frères vis-à-vis de nous, à une certaine distance : quant à nous, nous n'acceptâmes que les nattes de paille et de jonc, parce qu'elles sont censées ne pas communiquer la contagion. On apporta le café et les sorbets. Nous eûmes une assez longue conversation générale ; puis Abougosh me pria d'éloigner ma suite et éloigna lui-même la sienne, pour me communiquer quelques renseignemens secrets que je ne puis consigner ici. Après avoir causé ainsi quelques minutes, nous fîmes rapprocher, lui ses frères, moi mes amis. — Connaît-on mon nom en Europe? me demanda-t-il. — Oui, lui dis-je : les uns disent que vous êtes un brigand, pillant et massacrant les caravanes, emmenant les Francs en esclavage, et l'ennemi féroce des chrétiens; les autres assurent que vous êtes un prince vaillant et généreux, réprimant le brigandage des Arabes des montagnes, assurant les routes, protégeant les caravanes, l'ami de tous les Francs qui sont dignes de votre amitié. — Et vous, me dit-il en riant, que direz-vous de moi? — Je dirai ce que j'ai vu, lui répondis-je; que vous êtes aussi puissant et aussi hospitalier qu'un prince des Francs, qu'on vous a calomnié, et que vous méritez d'avoir pour amis tous les Européens qui, comme moi, ont éprouvé votre bienveillance et la protection de votre sabre. Abougosh parut enchanté. Son frère et lui me firent encore un grand nombre de questions sur les usages des Européens, sur nos habits, sur nos armes qu'ils admiraient beaucoup; et nous nous séparâmes. Au moment de nous quitter, il donna ordre à un de ses neveux et à quelques cavaliers de se mettre à la tête de notre caravane, et de ne pas me quitter pendant tout le temps que je resterais, soit à Jérusalem, soit dans les environs; je le remerciai, et nous partîmes.

Abougosh règne de fait sur environ quarante mille Arabes des montagnes de la Judée, depuis Ramla jusqu'à Jérusalem, depuis Hébron jusqu'aux montagnes de Jéricho. Cette domination, qui s'est perpétuée dans sa famille depuis quelques générations, n'a d'autre titre que sa puissance même. En Arabie, on ne discute pas l'origine ou la légitimité du pouvoir; on le reconnaît, on lui est soumis pendant qu'il existe. Une famille est plus ancienne, plus nombreuse, plus riche, plus brave que les autres : le chef de cette famille devient naturellement plus influent sur la tribu; la tribu elle-même, mieux gouvernée, plus habilement ou plus vaillamment conduite à la guerre, devient dominante sans contestation. Telle est l'origine de toutes ces suprématies de chefs et de tribus que l'on reconnaît partout en Asie. La puissance se forme et se conserve comme une chose naturelle; tout découle de la famille, et, une fois le fait de cet ascendant reconnu et constaté dans les mœurs et les habitudes, nul ne le conteste; l'obéissance devient quelque chose de filial et de religieux. Il faut de grands événemens et d'immenses infortunes pour renverser une famille; et cette noblesse, pour ainsi dire volontaire, se conserve pendant des siècles. On ne comprend bien le régime féodal qu'après avoir visité ces contrées; on voit comment s'étaient formées, dans le moyen âge, toutes ces familles, toutes ces puissances locales qui régnaient sur des châteaux, sur des villages, sur des provinces : c'est le premier degré de civilisation. A mesure que la société se perfectionne, ces petites puissances sont absorbées par de plus grandes; les municipalités naissent pour protéger le droit des villes contre l'ascendant décroissant des maisons féodales. Les grandes royautés s'élèvent qui détruisent à leur tour les priviléges municipaux sans utilité; puis viennent les autres phases sociales dont les phénomènes sont innombrables et ne nous sont pas encore tous connus.

Nous voilà bien loin d'Abougosh et de son peuple de brigands organisés. Son neveu marchait devant nous sur la route de Jérusalem. A un mille environ de Jérémie, il quitta la route et se jeta sur la droite, dans des sentiers de rochers qui sillonnent une montagne couverte de myrtes et de térébinthes. Nous le suivîmes. Les nouvelles de Jérusalem, que nous avait données Abougosh, étaient telles qu'il y avait pour nous impossibilité absolue d'y entrer. La peste y augmentait à chaque instant, soixante à quatre-vingts personnes y succombaient tous les jours; tous les hospices, tous les couvens étaient fermés. Nous avions pris la résolution d'aller d'abord dans le désert de Saint-Jean-Baptiste, à deux lieues environ de Jérusalem, dans les montagnes les plus escarpées de la Judée, de demander là un asile de quelques jours au couvent des religieux latins qui y résident, et d'agir ensuite selon les circonstances. C'était la route de cette solitude que le neveu d'Abougosh nous faisait prendre. Après avoir marché environ deux heures par des sentiers affreux et sous un soleil dévorant, nous trouvâmes, au revers de la montagne, une petite source et l'ombre de quelques oliviers; nous y fîmes halte. Le site était sublime! nous dominions la noire et profonde vallée de Térébinthe, où David, avec sa fronde, tua le géant philistin. La position des deux armées est tellement décrite dans la circonscription de la vallée et dans la pente et la disposition du terrain, qu'il est impossible à l'œil d'hésiter. Le torrent à sec sur les bords duquel David ramassa la pierre, traçait sa ligne blanchâtre au milieu de l'étroite vallée, et marquait, comme dans le récit de la Bible, la séparation des deux camps. Je n'avais là ni Bible, ni voyage à la main, personne pour me donner la clef des lieux et le nom antique des vallées et des montagnes; mais mon imagination d'enfant s'était si vivement et avec tant de vérité représenté la forme des lieux, l'aspect physique des scènes de l'ancien et du nouveau Testament, d'après les récits et les gravures des livres saints, que je reconnus tout de suite la vallée de Térébinthe et le champ de bataille de Saül. Quand nous fûmes au couvent, je n'eus qu'à me faire confirmer par les Pères l'exactitude de mes prévisions. Mes compagnons de voyage ne pouvaient le croire. La même chose m'était arrivée à Séphora, au milieu des collines de la Galilée. J'avais désigné du doigt et nommé par son nom une colline surmontée d'un château ruiné, comme le lieu probable de la naissance de la Vierge. Le lendemain, la même chose encore m'arriva pour la demeure des Machabées à *Modin*; en passant au pied d'une montagne aride surmontée de quelques débris d'aqueduc, je reconnus le tombeau des derniers grands citoyens du peuple juif, et je disais vrai sans le savoir. L'imagination de l'homme est plus vraie qu'on ne le pense; elle ne bâtit pas toujours avec des rêves, mais elle procède par des assimilations instinctives de choses et d'images qui lui donnent des résultats plus sûrs et plus évidens que la science et la logique. Excepté les vallées du Liban, les ruines de Balbek, les rives du Bosphore, à Constantinople, et le premier aspect de Damas, du haut de l'Anti-Liban, je n'ai presque jamais rencontré un lieu et une chose dont la première vue ne fût pour moi comme un souvenir! Avons-nous vécu deux fois ou mille fois? notre mémoire n'est-elle qu'une glace ternie que le souffle de Dieu ravive? ou bien avons-nous, dans notre imagination, la puissance de pressentir et de voir avant que nous voyions réellement? Questions insolubles!

A deux heures après midi, nous descendons les pentes escarpées de la vallée de Térébinthe, nous passons à sec le lit du torrent, et nous montons, par des escaliers taillés dans le roc, au village arabe de Saint-Jean-Baptiste, que nous apercevons devant nous.

Des Arabes à la physionomie féroce nous regardent du haut des terrasses de leurs maisons; les enfans et les femmes se pressent autour de nous dans les rues étroites du village; les religieux, épouvantés du tumulte qu'ils voient du haut de leur toit, du nombre de nos chevaux et de nos hommes, et de la peste que nous leur apportons, refusent d'ouvrir les portes de fer du monastère. Nous revenons sur nos pas pour aller camper sur une colline voisine du village; nous maudissons la dureté de cœur des moines; j'envoie mon drogman parlementer encore avec eux et leur adresser les reproches qu'ils méritent. Pendant ce temps, la population tout entière descend des toits; les scheiks nous enveloppent et mêlent leurs cris sauvages aux hennissemens de nos chevaux épouvantés; une horrible confusion règne dans toute notre caravane, nous armons nos fusils. Le neveu d'Abougosh, monté sur le toit d'une maison voisine du couvent, s'adresse tour à tour aux religieux et au peuple. Enfin nous obtenons, par capitulation, l'entrée du couvent; une petite porte de fer s'ouvre pour nous; nous passons en nous courbant, un à un; nous déchargeons nos chevaux, que nous faisons passer après nous. Le neveu d'Abougosh et ses cavaliers arabes restent dehors et campent à la porte; les religieux, pâles et troublés, tremblent de nous toucher; nous les rassurons en leur donnant notre parole que nous n'avons communiqué avec personne depuis Jaffa, et que nous n'entrerons pas à Jérusalem tant que nous serons dans l'asile que nous leur empruntons. Sur cette assurance les visages irrités reprennent de la sérénité; on nous introduit dans les vastes corridors du monastère; chacun de nous est conduit dans une petite cellule pourvue d'un lit et d'une table, et ornée de quelques gravures espagnoles de sujets pieux. On fait camper nos soldats, nos Arabes et nos chevaux dans un jardin inculte du couvent; l'orge et la paille sont jetées par-dessus les murailles; on tue pour nous, dans la rue, des moutons et un veau envoyés en présent par Abougosh; et, pendant que mon cuisinier arabe prépare, avec les frères servans, notre repas dans la cuisine du couvent, chacun de nous va prendre un moment de repos dans sa cellule, rafraîchie par la brise des montagnes, ou contempler la vue étrange qui entoure le monastère.

Le couvent de Saint-Jean dans le désert est une succursale du couvent latin de Terre-Sainte à Jérusalem. Ceux des religieux dont l'âge, les infirmités, ou les goûts de retraite plus profonde, font des cénobites plus volontaires, sont envoyés dans cette maison. La maison est grande et belle, entourée de jardins taillés dans le rocher, de cours, de pressoirs pour faire l'excellent vin de Jérusalem; il y avait une vingtaine de religieux quand nous y vînmes; la plupart étaient des vieillards espagnols ayant passé la plus grande partie de leur vie dans l'exercice des fonctions de curé, soit à Jérusalem, soit à Bethléem, soit dans les autres villes de la Palestine. Quelques-uns étaient des novices assez récemment arrivés de leurs couvens d'Espagne; les huit ou dix jours que nous avons passés avec eux nous ont laissé la meilleure impression de leur caractère, de leur charité et de la pureté de leur vie. Le père supérieur surtout est le modèle le plus accompli des vertus du chrétien : simplicité, douceur, humilité, patience inaltérable, obligeance toujours gracieuse, zèle toujours opportun, soins infatigables des frères et des étrangers sans acception de rang ou de richesse, foi naturelle, agissante et contemplative à la fois, sérénité d'humeur, et de parole et de visage, qu'aucune contrariété ne pouvait jamais altérer. C'est un de ces rares exemples de ce que peut produire la perfection du principe religieux sur une âme d'homme; l'homme n'existe plus que dans sa forme visible; l'âme est déjà transformée en quelque chose de surhumain, d'angélique, de déifié, qui fuit l'admiration, mais qui la commande. Nous fûmes tous également frappés, maîtres et domestiques, chrétiens ou Arabes, de la sainteté communicative de cet excellent religieux; son âme semblait s'être répandue sur tous les pères et les frères du couvent; car, à des degrés différens, nous admirâmes dans tous un peu des qualités du supérieur, et cette maison de charité et de paix nous a laissé un ineffaçable souvenir. L'état monacal, dans l'époque où nous sommes, a toujours profondément répugné à mon intelligence et à ma raison; mais l'aspect du couvent de Saint-Jean-Baptiste serait propre à détruire ces répugnances s'il n'était une exception, et si ce qui est contraire à la nature, à la famille, à la société, pouvait jamais être une institution justifiable. Les couvens de Terre-Sainte ne sont pas au reste dans ce cas, ils sont utiles au monde par l'asile qu'ils offrent aux pèlerins d'Occident, par l'exemple des vertus chrétiennes qu'ils peuvent donner aux peuples qui ignorent ces vertus, enfin par les rapports qu'ils entretiennent seuls entre certaines parties de l'Orient et les nations de l'Occident.

Les pères nous réveillèrent vers le soir pour nous conduire au réfectoire où leurs serviteurs et les nôtres avaient préparé notre repas. Ce repas, comme celui de tous les jours que nous passâmes dans ce couvent, consistait en omelettes, en morceaux de mouton enfilés dans une brochette de fer et rôtis au feu et en pilau de riz. On nous donna, pour la première fois, d'excellent vin blanc des vignes des environs : c'est le seul vin qui soit connu en Judée. Les pères du désert de Saint-Jean-Baptiste sont les seuls qui sachent le faire ; ils en fournissent à tous les couvens de la Palestine : j'en achetai un petit baril, que j'expédiai en Europe. Pendant le repas, tous les religieux se promenaient dans le réfectoire, causant tour à tour avec nous ; le père supérieur veillait à ce que rien ne nous manquât, nous servait souvent de ses propres mains, et allait nous chercher, dans les armoires du couvent, les liqueurs, le chocolat et toutes les petites friandises qui lui restaient du dernier vaisseau arrivé d'Espagne. Après le souper, nous montâmes avec eux sur les terrasses du monastère : c'est la promenade habituelle des religieux en temps de peste, et ils restent souvent reclus ainsi pendant plusieurs mois de l'année. Au reste, nous disaient-ils, cette réclusion nous est moins pénible que vous ne pensez, car elle nous donne le droit de fermer nos portes de fer aux Arabes du pays qui nous importunent sans cesse de leurs visites et de leurs demandes. Lorsque la quarantaine est levée, le couvent est toujours plein de ces hommes insatiables : nous aimons mieux la peste que la nécessité de les voir. Je le compris après les avoir moi-même connus.

Le village de Saint-Jean du désert est sur un mamelon entouré de toutes parts de profondes et sombres vallées dont on n'aperçoit pas le fond. Les flancs de ces vallées, qui font face de tous les côtés aux fenêtres du couvent, sont taillés presque à pic dans le rocher gris qui leur sert de base. Ces rochers sont percés de profondes cavernes que la nature a creusées et que les solitaires des premiers siècles ont approfondies pour y mener la vie des aigles ou des colombes. Çà et là, sur des pentes un peu moins raides, on voit quelques plantations de vigne qui s'élèvent sur les troncs des petits figuiers et retombent en rampant sur le roc. Voilà l'aspect de toutes ces solitudes. Une teinte grise, tachetée d'un vert jaune couvre tout le paysage ; du toit du couvent, on plonge de toutes parts sur des abîmes sans fond ; quelques pauvres maisons d'Arabes mahométans et chrétiens sont groupées sur les rochers, à l'ombre du monastère. Ces Arabes sont les plus féroces et les plus perfides de tous les hommes. Ils reconnaissent l'autorité d'Abougosh. Le nom d'Abougosh fait pâlir les moines. Ils ne pouvaient comprendre par quelle puissance de séduction ou d'autorité ce chef nous avait accueillis ainsi, et donné son propre neveu pour guide; ils soupçonnaient en ceci quelque grande intelligence diplomatique, et ne cessaient de me demander ma protection auprès du tyran de leurs tyrans. Nous rentrâmes lorsque la nuit fut venue, et passâmes la soirée dans le corridor du couvent, dans de douces conversations avec l'excellent supérieur et les bons pères espagnols. Ils étaient étrangers à tout; aucunes nouvelles d'Europe ne franchissent ces inaccessibles montagnes. Il leur était impossible de comprendre quelque chose à la nouvelle révolution française. Enfin, disaient-ils pour conclusion à tous nos récits, pourvu que le roi de France soit catholique et que la France continue à protéger les couvens de Terre-Sainte, tout va bien. Ils nous firent voir leur église, charmante petite nef, bâtie à l'endroit où naquit le précurseur du Christ, et ornée d'un orgue ainsi que de plusieurs tableaux médiocres de l'école espagnole.

Le lendemain nous ne pûmes résister au désir de jeter au moins de loin un regard sur Jérusalem.

Nous fîmes nos conditions avec les pères ; il fut convenu que nous laisserions au monastère une partie de nos gens, de nos chevaux et de nos bagages ; que nous ne prendrions avec nous que les cavaliers d'Abougosh, les soldats égyptiens et les domestiques arabes, indispensables aux soins de nos chevaux de selle ; que nous n'entrerions pas dans la ville ; que nous nous bornerions à en faire le tour, en évitant le contact avec les habitans ; que dans le cas où, par accident ou autrement, ce contact aurait eu lieu, nous ne demanderions plus à rentrer au couvent, mais que nous retirerions nos effets et notre monde, et camperions dans les environs de Jérusalem. Ces conditions acceptées, et sans autre gage que notre parole et notre véracité, nous partîmes.

JÉRUSALEM.

Le 28 octobre, nous partons à cinq heures du matin, du désert de Saint-Jean-Baptiste. Nous attendons l'aurore à cheval, dans la cour du couvent, fermée de hautes murailles, pour ne pas communiquer, dans les ténèbres, avec les Arabes et les Turcs pestiférés du village et de Bethléem. A cinq heures et demie, nous sommes en marche, nous gravissons une montagne toute semée de roches grises énormes, et attachées en bloc, les unes les autres, comme si le marteau les avait cassées.—Quelques vignes rampantes, aux feuilles jaunies par l'automne, se traînent dans de petits champs défrichés dans les intervalles des rochers, et d'énormes tours de pierres, semblables à celles dont parle le *Cantique des Cantiques*, s'élèvent dans ces vignes : — des figuiers, dont le sommet est déjà dépouillé de feuilles, sont jetés sur les bords de la vigne, et laissent tomber leurs figues noires sur la roche.—A notre droite, le désert de Saint-Jean, où retentit la voix, — *Vox clamavit in deserto*, se creuse, comme un immense abîme, entre cinq ou six hautes et noires montagnes, et dans l'intervalle que laissent leurs sommets pierreux, l'horizon de la mer d'Égypte, couvert d'une brume noirâtre, s'entr'ouvre à nos yeux : à notre gauche, et tout près de nous, voici une ruine de tour ou de château antique, sur la pointe d'un mamelon très-élevé, qui se dépouille, comme tout ce qui l'entoure : on distingue quelques autres ruines, semblables aux arches d'un aqueduc, descendant de ce château : sur la pente de la montagne, quelques ceps croissent à leurs pieds, et jettent sur ces arches écroulées quelques voûtes de verdure jaune et pâle : un ou deux térébinthes croissent isolés dans ces débris ; c'est *Modin*, le château et le tombeau des derniers hommes héroïques de l'histoire sacrée, — les Machabées. — Nous laissons derrière nous ces ruines étincelantes des rayons les plus hauts du matin ; ces rayons ne sont pas fondus, comme en Europe, dans une vague et confuse clarté, dans un rayonnement éclatant et universel ; ils s'élancent du haut des montagnes qui nous cachent Jérusalem, comme des flèches de feu, de diverses teintes, réunies à leur centre, et divergeant dans le ciel à mesure qu'ils s'en éloignent : les uns sont d'un bleu légèrement argenté ; les autres d'un blanc mat ; ceux-ci d'un rose tendre et pâlissant sur leurs bords, ceux-là d'une couleur de feu ardent, et chauds comme les rayons d'un incendie, — divisés, et cependant harmonieusement accordés, par des teintes successives et dégradées : ils ressemblent à un brillant arc-en-ciel, dont le cercle se serait brisé dans le firmament, et qui se disséminerait dans les airs : — c'est la troisième fois que ce beau phénomène de l'aurore ou du coucher du soleil se présente à nous sous cet aspect, depuis que nous sommes dans la région montagneuse de la Galilée et de la Judée ; c'est l'aurore ou le soir, tels que les peintres antiques les représentent, image qui paraîtrait fausse à qui n'a pas été témoin de la réalité. — A mesure que le jour monte, l'éclat distinct et la couleur azurée ou enflammée de chacune de ces barres lumineuses, diminue et se fond dans la lueur générale de l'atmosphère ; et la lune qui était suspendue sur nos têtes, rose encore et couleur de feu, s'efface, prend une teinte nacrée, et s'enfonce dans la profondeur du ciel, comme un disque d'argent, dont la couleur pâlit à mesure qu'il s'enfonce dans une eau profonde. — Après avoir gravi une seconde montagne, plus haute et plus nue

encore que la première, l'horizon s'ouvre tout à coup sur la
droite, et laisse voir tout l'espace qui s'étend entre les derniers sommets de la Judée où nous sommes, et la haute
chaîne des montagnes d'Arabie. Cet espace est inondé déjà
de la lumière ondoyante et vaporeuse du matin; après les
collines inférieures qui sont sous nos pieds, roulées et brisées en blocs de roches grises et concassées, l'œil ne distingue plus rien que cet espace éblouissant et si semblable à
une vaste mer, que l'illusion fut pour nous complète, et que
nous crûmes discerner ces intervalles d'ombre foncée, et de
plaques mattes et argentées, que le jour naissant fait briller
ou fait assombrir sur une mer calme; sur les bords de cet
océan imaginaire, un peu sur la gauche de notre horizon, et
environ à une lieue de nous, le soleil brillait sur une tour
carrée, sur un minaret élevé et sur les larges murailles
jaunes de quelques édifices qui couronnent le sommet d'une
colline basse, et dont la colline même nous dérobait la base :
mais à quelques pointes de minarets, à quelques créneaux
de murs plus élevés, et à la cime noire et bleue de quelques
dômes qui pyramidaient derrière la tour et le grand minaret,
on reconnaissait une ville, dont nous ne pouvions découvrir
que la partie la plus élevée, et qui descendait le long des
flancs de la colline : ce ne pouvait être que Jérusalem ; nous
nous en croyions plus éloignés encore, et chacun de nous,
sans oser rien demander au guide, de peur de voir son illusion détruite, jouissait en silence de ce premier regard jeté à
la dérobée sur la ville, et tout m'inspirait le nom de Jérusalem ! C'était elle : elle se détachait en jaune sombre et mat,
sur le fond bleu du firmament et sur le fond noir du mont
des Oliviers. Nous arrêtâmes nos chevaux pour la contempler
dans cette mystérieuse et éblouissante apparition. Chaque
pas que nous avions à faire, en descendant dans les vallées
profondes et sombres qui étaient sous nos pieds, allait de
nouveau la dérober à nos yeux : derrière ces hautes murailles
et ces dômes abaissés de Jérusalem, une haute et large colline s'élevait en seconde ligne, plus sombre que celle qui

portait et cachait la ville : cette seconde colline bordait et terminait pour nous l'horizon. Le soleil laissait dans l'ombre son flanc occidental, mais rasant de ses rayons verticaux sa cime, semblable à une large coupole, il paraissait faire nager son sommet transparent dans la lumière, et l'on ne reconaissait la limite indécise de la terre et du ciel qu'à quelques arbres larges et noirs, plantés sur le sommet le plus élevé, et à travers lesquels le soleil faisait passer ses rayons; c'était la montagne des Oliviers; c'étaient ces oliviers eux-mêmes, vieux témoins de tant de jours écrits sur la terre et dans le ciel, arrosés de larmes divines, de la sueur de sang, et de tant d'autres larmes, et de tant d'autres sueurs, depuis la nuit qui les a rendus sacrés. On en distinguait confusément quelques autres qui formaient des taches sombres sur ses flancs; puis les murs de Jérusalem coupaient l'horizon et cachaient le pied de la Montagne Sacrée : plus près de nous, et immédiatement sous nos yeux, rien que le désert de pierres, — qui sert d'avenue à la ville de pierres : — ces pierres énormes et fondues, d'une teinte uniforme de gris de cendre, s'étendent, sans interruption, depuis l'endroit où nous étions jusqu'aux portes de Jérusalem. Les collines s'abaissent et se relèvent; des vallées étroites circulent et serpentent entre leurs racines; quelques vallons mêmes s'étendent çà et là, comme pour tromper l'œil de l'homme et lui promettre la végétation et la vie; mais tout est de pierre, collines, vallées et plaines : ce n'est qu'une seule couche de dix ou douze pieds d'épaisseur de roches fondues, et qui n'offrent qu'assez d'intervalle entre elles pour laisser ramper le reptile, ou pour briser la jambe du chameau qui s'y enfonce. Si l'on se représente d'énormes murailles de pierres colossales comme celles du Colysée ou des grands théâtres romains, s'écroulant d'une seule pièce, et recouvrant de leurs pans immenses et fondus la terre qui les porte, on aura une exacte idée de la couche et de la nature des roches qui recouvrent partout ces derniers remparts de la ville du désert. Plus on approche, plus les pierres se pressent et s'élèvent comme des avalanches éternelles, prêtes à engloutir le passant. Les derniers pas que l'on fait avant de découvrir Jérusalem sont creusés au milieu d'une avenue immobile et funèbre de ces rochers qui s'élèvent de dix pieds au-dessus de la tête du voyageur, et ne laissent voir que la partie du ciel qui est au-dessus d'eux : nous étions dans cette dernière et lugubre avenue, nous y marchions depuis un quart d'heure, quand les rochers s'écartant tout à coup à droite et à gauche, nous laissèrent face à face avec les murs de Jérusalem, auxquels nous touchions sans nous en douter. Un espace vide de quelques centaines de pas s'étendait seul entre la porte de Bethléem et nous : cet espace, aride et ondulé comme ces glacis qui entourent de loin les places fortes de l'Europe et désolé comme eux, s'ouvrait à droite et s'y creusait en un étroit vallon, qui descendait en pente douce, et à gauche, il portait cinq vieux troncs d'oliviers à demi couchés sous le poids du temps et des soleils ; arbres pour ainsi dire pétrifiés, comme les champs stériles d'où ils sont péniblement sortis. La porte de Bethléem, dominée par deux tours couronnées de créneaux gothiques, mais déserte et silencieuse comme ces vieilles portes de châteaux abandonnés, était ouverte devant nous. Nous restâmes quelques minutes immobiles à la contempler ; nous brûlions du désir de la franchir, mais la peste était à son plus haut période d'intensité dans Jérusalem : on ne nous avait reçus au couvent de Saint-Jean-Baptiste du désert que sous la promesse la plus formelle de ne pas entrer dans la ville. Nous n'entrâmes pas, — et tournant à gauche, nous descendîmes lentement le long des hautes murailles, bâties au revers d'un ravin profond ou d'un fossé où nous apercevions de temps en temps les pierres fondamentales de l'ancienne enceinte d'Hérode. A tous les pas nous rencontrions les cimetières turcs, blanchis de monumens funéraires, surmontés du turban : ces cimetières, dont la peste peuplait chaque nuit les solitudes, étaient çà et là remplis de groupes de femmes turques et arabes qui venaient pleurer leurs maris ou leurs pères. Quelques tentes étaient plantées sur les tombes, et sept ou huit femmes assises ou à genoux, tenant de beaux enfans qu'elles allaitaient, sur leurs bras, poussaient, par intervalles, des lamentations cadencées, chants ou prières funèbres, dont la religieuse mélancolie s'alliait merveilleusement à la scène désolée qui était sous nos yeux. Ces femmes n'étaient point voilées; quelques-unes étaient jeunes et belles; elles avaient à côté d'elles des corbeilles pleines de fleurs artificielles et peintes de couleurs éclatantes, qu'elles plantaient tout autour du tombeau en les arrosant de larmes. Elles se penchaient de temps en temps vers la terre, fraîchement remuée, et chantaient au mort quelques versets de leur complainte, paraissant lui parler tout bas ; puis, restant en silence, l'oreille collée au monument, elles avaient l'air d'attendre et d'écouter la réponse. Ces groupes de femmes et d'enfans, assis pour pleurer là tout le jour, étaient le seul signe de vie et d'habitation humaine qui nous apparût pendant notre circuit autour des murailles : du reste, nul bruit, nulle fumée ne s'élevait; et quelques colombes, volant des figuiers aux créneaux, et des créneaux sur les bords des piscines saintes, étaient le seul mouvement et le seul murmure de cette enceinte muette et vide.

A moitié chemin de la descente qui nous conduisait au Cédron et au pied du mont des Oliviers, nous vîmes une grotte profonde, ouverte, non loin des fossés de la ville, sous un monticule de roche jaunâtre. Je ne voulus pas m'y arrêter ; je voulais voir d'abord Jérusalem et rien qu'elle, et elle tout entière, embrassée d'un seul regard avec ses vallées et ses collines, son Josaphat et son Cédron, son temple et son sépulcre, ses ruines et son horizon!

Nous passâmes ensuite devant la porte de Damas, charmant monument du goût arabe, flanquée de deux tours, ouverte par une large, haute et élégante ogive, et crénelée de créneaux arabesques en forme de turbans de pierre. Puis nous tournâmes à droite contre l'angle des murs de la ville

JARDIN DES OLIVIERS.

qui forment du côté du nord un carré régulier, et ayant à notre gauche la profonde et obscure vallée de Gethsémani, dont le torrent à sec du Cédron occupe et remplit le fond, nous suivîmes, jusqu'à la porte de Saint-Étienne, un sentier étroit touchant aux murailles, interrompu par deux belles piscines, dans l'une desquelles le Christ guérit le paralytique. Ce sentier est suspendu sur une marge étroite qui domine le précipice de Gethsémani et la vallée de Josaphat : à la porte de Saint-Étienne, il est interrompu dans sa direction le long des terrasses à pic qui portaient le temple de Salomon, et portent aujourd'hui la mosquée d'Omar; et une pente rapide et large descend tout à coup à gauche, vers le pont qui traverse le Cédron et conduit à Gethsémani et au jardin des Olives. Nous passâmes ce pont, et nous redescendîmes de cheval en face d'un charmant édifice d'architecture composite, mais d'un caractère sévère et antique, qui est comme enseveli au plus profond de la vallée de Gethsémani et en occupe toute la largeur. C'est le tombeau supposé de la Vierge, mère du Christ : il appartient aux Arméniens dont les couvens étaient les plus ravagés par la peste. Nous n'entrâmes donc pas dans le sanctuaire même du tombeau; je me contentai de me mettre à genoux sur la marche de marbre de la cour qui précède ce joli temple, et d'invoquer celle dont toute mère apprend, de bonne heure, à son enfant le culte pieux et tendre; en me levant, j'aperçus derrière moi un arpent d'étendue, touchant d'un côté à la rive élevée du torrent du Cédron, et de l'autre, s'élevant doucement contre la base du mont des Olives. Un petit mur de pierres sans ciment entoure ce champ, et huit oliviers espacés de trente à quarante pas les uns des autres, le couvrent presque tout entier de leur ombre. Ces oliviers sont au nombre des plus gros arbres de cette espèce que j'aie jamais rencontrés : la tradition fait remonter leurs années jusqu'à la date mémorable de l'agonie de l'Homme-Dieu qui les choisit pour cacher ses divines angoisses. Leur aspect confirmerait au besoin la tradition qui les vénère;

leurs immenses racines, comme les accroissemens séculaires, ont soulevé la terre et les pierres qui les recouvraient, et, s'élevant de plusieurs pieds au-dessus du niveau du sol, présentent au pèlerin des siéges naturels, où il peut s'agenouiller ou s'asseoir pour recueillir les saintes pensées qui descendent de leurs cimes silencieuses. Un tronc noueux, cannelé, creusé par la vieillesse, comme par des rides profondes, s'élève en large colonne sur ces groupes de racines, et, comme accablé et penché par le poids des jours, s'incline à droite ou à gauche et laisse pendre ses vastes rameaux entrelacés, que la hache a cent fois retranchés pour les rajeunir. Ces rameaux vieux et lourds, qui s'inclinent sur le tronc, en portent d'autres plus jeunes qui s'élèvent un peu vers le ciel, et d'où s'échappent quelques tiges d'une ou deux années, couronnées de quelques touffes de feuilles, et noircies de quelques petites olives bleues qui tombent, comme des reliques célestes, sur les pieds du voyageur chrétien. Je m'écartai de la caravane qui était restée autour du tombeau de la Vierge, et je m'assis un moment sur les racines du plus solitaire et du plus vieux de ces oliviers; son ombre me cachait les murs de Jérusalem; son large tronc me dérobait aux regards des bergers qui paissaient des brebis noires sur le penchant du mont des Olives. Je n'avais sous les yeux que le ravin profond et déchiré du Cédron, et les cimes de quelques autres oliviers qui couvrent en cet endroit toute la largeur de la vallée de Josaphat. Nul bruit ne s'élevait du lit du torrent à sec; nulle feuille ne frémissait sur l'arbre; je fermai un moment les yeux, je me reportai en pensée à cette nuit, veille de la rédemption du genre humain, où le messager divin avait bu jusqu'à la lie le calice de l'agonie, avant de recevoir la mort de la main des hommes, pour salaire de son céleste message.

Je demandai ma part de ce salut qu'il était venu apporter au monde à un si haut prix; je me représentai l'océan d'angoisses qui dut inonder le cœur du fils de l'homme quand il contempla d'un seul regard toutes les misères, toutes les ténèbres, toutes les amertumes, toutes les vanités, toutes les iniquités du sort de l'homme ; quand il voulut soulever seul ce fardeau de crimes et de malheurs sous lequel l'humanité tout entière passe courbée et gémissante dans cette étroite vallée de larmes ; quand il comprit qu'on ne pouvait apporter même une vérité et une consolation nouvelle à l'homme qu'au prix de sa vie ; quand, reculant d'effroi devant l'ombre de la mort qu'il sentait déjà sur lui, il dit à son père : « Que ce calice passe loin de moi ! » Et moi, homme misérable, ignorant et faible, je pourrais donc m'écrier aussi au pied de l'arbre de la faiblesse humaine : Seigneur ! que tous ces calices d'amertume s'éloignent de moi et soient reversés par vous dans ce calice déjà bu pour nous tous ! — Lui, avait la force de le boire jusqu'à la lie, — il vous connaissait, il vous avait vu ; il savait pourquoi il allait le boire ; il savait quelle vie immortelle l'attendait au fond de son tombeau de trois jours ; — mais moi, Seigneur, que sais-je, si ce n'est la souffrance qui brise mon cœur, et l'espérance qu'il m'a apprise ?

Je me relevai, et j'admirai combien ce lieu avait été divinement prédestiné et choisi pour la scène la plus douloureuse de la passion de l'homme-Dieu. C'était une vallée étroite, encaissée, profonde ; fermée au nord par des hauteurs sombres et nues qui portaient les tombeaux des rois ; ombragée à l'ouest par l'ombre des murs sombres et gigantesques d'une ville d'iniquités ; couverte à l'orient par la cime de la montagne des Oliviers, et traversée par un torrent qui roulait ses ondes amères et jaunâtres sur les rochers brisés de la vallée de Josaphat. A quelques pas de là, un rocher noir et nu se détache, comme un promontoire, du pied de la montagne, et, suspendu sur le Cédron et sur la vallée, porte quelques vieux tombeaux des rois et des patriarches, taillés en architecture gigantesque et bizarre, et s'élance, comme le pont de la mort, sur la vallée des lamentations !

A cette époque, sans doute, les flancs, aujourd'hui deminus, de la montagne des Oliviers étaient arrosés par l'eau des piscines et par les flots encore coulants du Cédron. Des jardins de grenadiers, d'orangers et d'oliviers, couvraient d'une ombre plus épaisse l'étroite vallée de Gethsémani, qui se creuse comme un nid de douleur, dans le fond le plus rétréci et le plus ténébreux de celle de Josaphat. L'homme d'opprobre, l'homme de douleur, pouvait s'y cacher comme un criminel, entre les racines de quelques arbres, entre les roches du torrent, sous les triples ombres de la ville, de la montagne et de la nuit; il pouvait entendre de là les pas secrets de sa mère et de ses disciples qui passaient sur le chemin en cherchant leur fils et leur maître; les bruits confus, les acclamations stupides de la ville, qui s'élevaient au-dessus de sa tête pour se réjouir d'avoir vaincu la vérité et chassé la justice; et le gémissement du Cédron qui roulait ses ondes sous ses pieds, et qui bientôt allait voir sa ville renversée et ses sources brisées par la ruine d'une nation coupable et aveugle. Le Christ pouvait-il mieux choisir le lieu de ses larmes? pouvait-il arroser de la sueur de sang une terre plus labourée de misères, plus abreuvée de tristesses, plus imbibée de lamentations?

Je remontai à cheval, et, tournant à chaque instant la tête pour apercevoir quelque chose de plus de la vallée et de la ville, je gravis en un quart d'heure la montagne des Oliviers : chaque pas que faisait mon cheval sur le sentier qui y monte me découvrait un quartier, un édifice de plus de Jérusalem. J'arrivai au sommet couronné d'une mosquée en ruines qui couvre la place où le Christ s'éleva au ciel après sa résurrection; je déclinai un peu vers la droite de cette mosquée pour arriver auprès de deux colonnes brisées, couchées à terre aux pieds de quelques oliviers, sur un plateau qui regarde à la fois Jérusalem, Sion, les vallées de Saint-Saba qui mènent à la mer Morte; la mer Morte elle-même brillant de là entre les cimes des montagnes et l'horizon immense et sillonné de cimes diverses qui se termine aux montagnes d'Arabie; là, je m'assis. — Voici la scène devant moi : —

La montagne des Oliviers au sommet de laquelle je suis assis, descend, en pente brusque et rapide, jusque dans le profond abîme qui la sépare de Jérusalem et qui s'appelle la vallée de Josaphat. Du fond de cette sombre et étroite vallée dont les flancs nus sont tachetés de pierres noires et blanches, pierres funèbres de la mort, dont ils sont presque partout pavés, s'élève une immense et large colline dont l'inclinaison rapide ressemble à celle d'un haut rempart éboulé ; nul arbre n'y peut planter ses racines ; nulle mousse même n'y peut accrocher ses filamens ; la pente est si raide que la terre et les pierres y croulent sans cesse, et elle ne présente à l'œil qu'une surface de poussière aride et desséchée, semblable à des monceaux de cendres jetées du haut de la ville. Vers le milieu de cette colline ou de ce rempart naturel, de hautes et fortes murailles de pierres larges et non taillées sur leur face extérieure prennent naissance, cachant leurs fondations romaines et hébraïques sous cette cendre même qui recouvre leurs pieds et s'élèvent ici de cinquante, de cent, et, plus loin, de deux à trois cents pieds au-dessus de cette base de terre. — Les murailles sont coupées de trois portes de ville, dont deux sont murées, et dont la seule ouverte devant nous semble aussi vide et aussi déserte que si elle ne donnait entrée que dans une ville inhabitée. Les murs s'élèvent encore au-dessus de ces portes et soutiennent une large et vaste terrasse qui s'étend sur les deux tiers de la longueur de Jérusalem, du côté qui regarde l'orient ; cette terrasse peut avoir à vue d'œil mille pieds de long sur cinq à six cents pieds de large ; elle est d'un niveau à peu près parfait, sauf à son centre où elle se creuse insensiblement, comme pour rappeler à l'œil la vallée peu profonde qui séparait jadis la colline de Sion de la ville de Jérusalem. Cette magnifique plate-forme, préparée sans doute par la nature, mais évidemment achevée par la main des hommes, était le piédestal sublime sur lequel s'élevait le temple de Salomon ; elle porte aujourd'hui deux mosquées turques : l'une, El-Sakara, au centre de la plate-forme, sur l'emplacement même où devait s'étendre le temple; l'autre, à l'extrémité sud-est de la terrasse, touchant aux murs de la ville. La mosquée d'Omar, ou El-Sakara, édifice admirable d'architecture arabe, est un bloc de pierre et de marbre d'immenses dimensions, à huit pans, chaque pan orné de sept arcades terminées en ogive; au-dessus de ce premier ordre d'architecture, un toit en terrasse d'où part tout un autre ordre d'arcades plus rétrécies, terminées par un dôme gracieux couvert en cuivre, autrefois doré. — Les murs de la mosquée sont revêtus d'émail bleu; à droite et à gauche s'étendent de larges parois terminées par de légères colonnades moresques, correspondant aux huit portes de la mosquée. Au delà de ces arches détachées de tout autre édifice, les plates-formes continuent et se terminent, l'une à la partie nord de la ville, l'autre aux murs du côté du midi. De hauts cyprès disséminés comme au hasard, quelques oliviers et des arbustes verts et gracieux, croissant çà et là entre les mosquées, relèvent leur élégante architecture et la couleur éclatante de leurs murailles, par la forme pyramidale et la sombre verdure qui se découpent sur la façade des temples et des dômes de la ville. Au delà des deux mosquées et de l'emplacement du temple, Jérusalem tout entière s'étend et jaillit, pour ainsi dire, devant nous, sans que l'œil puisse en perdre un toit ou une pierre, et comme le plan d'une ville en relief que l'artiste étalerait sur une table. Cette ville, non pas comme on nous l'a représentée, amas informe et confus de ruines et de cendres sur lequel sont jetées quelques chaumières d'Arabes, ou plantées quelques tentes de Bédouins; non pas comme Athènes, chaos de poussière et de murs écroulés où le voyageur cherche en vain l'ombre des édifices, la trace des rues, la vision d'une ville : mais ville brillante de lumière et de couleur! — présentant noblement aux regards ses murs intacts et crénelés, sa mosquée bleue avec ses colonnades blanches, ses milliers de dômes resplendissans sur lesquels la lumière d'un soleil d'automne tombe et rejaillit en vapeur éblouissante; les façades de ses maisons teintes, par le temps et par les étés, de la couleur jaune et

LE ST SÉPULCRE.

dorée des édifices de Pestum ou de Rome ; ses vieilles tours, gardiennes de ses murailles, auxquelles il ne manque ni une pierre, ni une meurtrière, ni un créneau ; et enfin, au milieu de cet océan de maisons et de cette nuée de petits dômes qui les recouvrent, un dôme noir et surbaissé, plus large que les autres, dominé par un autre dôme blanc ; c'est le Saint-Sépulcre et le Calvaire ; ils sont confondus et comme noyés, de là, dans l'immense dédale de dômes, d'édifices et de rues qui les environnent, et il est difficile de se rendre compte ainsi de l'emplacement du Calvaire et de celui du Sépulcre qui, selon les idées que nous donne l'Évangile, devraient se trouver sur une colline écartée hors des murs, et non dans le centre de Jérusalem ! La ville, rétrécie du côté de Sion, se sera sans doute agrandie du côté du nord pour embrasser, dans son enceinte, les deux sites qui font sa honte et sa gloire, le site du supplice du juste, et celui de la résurrection de l'homme-Dieu !

Voilà la ville du haut de la montagne des Oliviers ! Elle n'a pas d'horizon derrière elle, ni du côté de l'occident, ni du côté du nord. La ligne de ses murs et de ses tours, les aiguilles de ses nombreux minarets, les cintres de ses dômes éclatans, se découpent à nu et crûment sur le bleu d'un ciel d'Orient ; et la ville, ainsi portée et présentée sur son plateau large et élevé, semble briller encore de toute l'antique splendeur de ses prophéties, ou n'attendre qu'une parole pour sortir tout éblouissante de ses dix-sept ruines successives, et devenir cette *Jérusalem nouvelle* qui *sort du sein du désert, brillante de clarté !*

C'est la vision la plus éclatante que l'œil puisse avoir d'une ville qui n'est plus ; car elle semble être encore et rayonner comme une ville pleine de jeunesse et de vie ; et cependant, si l'on y regarde avec plus d'attention, on sent que ce n'est plus en effet qu'une belle vision de la ville de David et de Salomon. Aucun bruit ne s'élève de ses places et de ses rues ; il n'y a plus de routes qui mènent à ses portes de l'orient et de l'occident, du midi ou du septentrion ; il n'y a que quelques sentiers serpentant au hasard entre les rochers, où l'on ne rencontre que quelques Arabes demi-nus, montés sur leurs ânes, et quelques chameliers de Damas, ou quelques femmes de Bethléem ou de Jéricho, portant sur leurs têtes un panier de raisins d'Engaddi, ou une corbeille de colombes qu'elles vont vendre le matin, sous les térébinthes, hors des portes de la ville.

Nous fûmes assis tout le jour en face des portes principales de Jérusalem ; nous fîmes le tour des murs, en passant devant toutes les autres portes de la ville. Personne n'entrait, personne ne sortait ; le mendiant même n'était pas assis contre les bornes ; la sentinelle ne se montrait pas sur le seuil ; nous ne vîmes rien, nous n'entendîmes rien ; le même vide, le même silence à l'entrée d'une ville de trente mille âmes, pendant les douze heures du jour, que si nous eussions passé devant les portes mortes de Pompéia ou d'Herculanum! Nous ne vîmes que quatre convois funèbres sortir en silence de la porte de Damas, et s'acheminer le long des murs vers les cimetières turcs ; et de la porte de Sion, lorsque nous y passâmes, qu'un pauvre chrétien mort de la peste le matin, et que quatre fossoyeurs emportaient au cimetière des Grecs. Ils passèrent près de nous, étendirent le corps du pestiféré sur la terre, enveloppé de ses habits, et se mirent à creuser en silence son dernier lit, sous les pieds de nos chevaux. La terre autour de la ville était fraîchement remuée par de semblables sépultures que la peste multipliait chaque jour ; et le seul bruit sensible, hors des murailles de Jérusalem, était la complainte monotone des femmes turques qui pleuraient leurs morts! Je ne sais si la peste était la seule cause de la nudité des chemins et du silence profond, autour de Jérusalem et dedans. Je ne le crois pas, car les Turcs et les Arabes ne se détournent pas des fléaux de Dieu, convaincus qu'ils peuvent les atteindre partout, et qu'aucune route ne leur échappe. — Sublime raison de leur part, mais qui les mène à de funestes conséquences!

A gauche de la plate-forme, du temple et des murs de Jérusalem, la colline qui porte la ville s'affaisse tout à coup, s'élargit, se développe à l'œil en pentes douces, soutenues çà et là par quelques terrasses de pierres roulantes. Cette colline porte à son sommet, à quelques cents pas de Jérusalem, une mosquée et un groupe d'édifices turcs assez semblables à un hameau d'Europe, couronné de son église et de son clocher. C'est Sion! c'est le palais! — c'est le tombeau de David! c'est le lieu de ses inspirations et de ses délices, de sa vie et de son repos! lieu doublement sacré pour moi, dont ce chantre divin a si souvent touché le cœur et ravi la pensée. C'est le premier des poëtes du sentiment! c'est le roi des lyriques! Jamais la fibre humaine n'a résonné d'accords si intimes, si pénétrans et si graves! jamais la pensée du poëte ne s'est adressée si haut et n'a crié si juste! jamais l'âme de l'homme ne s'est répandue devant l'homme et devant Dieu en expressions et en sentimens si tendres, si sympathiques et si déchirans! Tous les gémissemens les plus secrets du cœur humain ont trouvé leurs voix et leurs notes sur les lèvres et sur la harpe de cet homme! et si l'on remonte à l'époque reculée où de tels chants retentissaient sur la terre; si l'on pense qu'alors la poésie lyrique des nations les plus cultivées ne chantait que le vin, l'amour, le sang, et les victoires des muses et des coursiers dans les jeux de l'Élide, on est saisi d'un profond étonnement aux accens mystiques du roi-prophète qui parle au Dieu créateur comme un ami à son ami, qui comprend et loue ses merveilles, qui admire ses justices, qui implore ses miséricordes, et semble un écho anticipé de la poésie évangélique, répétant les douces paroles du Christ avant que de les avoir entendues. Prophète ou non, selon qu'il sera considéré par le philosophe ou le chrétien, aucun d'eux ne pourra refuser au poëte-roi une inspiration qui ne fut donnée à aucun autre homme! Lisez de l'Horace ou du Pindare après un psaume! Pour moi, je ne le peux plus!

J'aurais, moi, humble poëte d'un temps de décadence et de silence, j'aurais, si j'avais vécu à Jérusalem, choisi le lieu de mon séjour et la pierre de mon repos précisément où David choisit le sien à Sion. C'est la plus belle vue de la Judée, et de la Palestine, et de la Galilée. Jérusalem est à gauche avec le temple et ses édifices, sur lesquels le regard du roi ou du poëte pouvait plonger sans en être vu. Devant lui, des jardins fertiles, descendant en pentes mourantes, le pouvaient conduire jusqu'au fond du lit du torrent dont il aimait l'écume et la voix. — Plus bas, la vallée s'ouvre et s'étend; les figuiers, les grenadiers, les oliviers l'ombragent : c'est sur quelques-uns de ces rochers suspendus sur l'eau courante; c'est dans quelques-unes de ces grottes sonores, rafraîchies par l'haleine et par le murmure des eaux; c'est au pied de quelques-uns de ces térébinthes aïeux du térébinthe qui me couvre, que le poëte sacré venait sans doute attendre le souffle qui l'inspirait si mélodieusement! Que ne puis-je l'y retrouver pour chanter les tristesses de mon cœur et celles du cœur de tous les hommes, dans cet âge inquiet, comme il chantait ses espérances dans un âge de jeunesse et de foi! Mais il n'y a plus de chant dans le cœur de l'homme, car le désespoir ne chante pas. Et tant qu'un nouveau rayon ne descendra pas sur la ténébreuse humanité de nos temps, les lyres resteront muettes, et l'homme passera en silence entre deux abîmes de doute, sans avoir ni aimé, ni prié, ni chanté ! — Mais je remonte au palais de David. Il plonge ses regards sur la ravine alors verdoyante et arrosée de Josaphat; une large ouverture dans les collines de l'est conduit de pente en pente, de cime en cime, d'ondulation en ondulation, jusqu'au bassin de la mer Morte, qui réfléchit là-bas les rayons du soir, dans ses eaux pesantes et épaisses, comme une épaisse glace de Venise, qui donne une teinte mate et plombée à la lumière qui l'effleure. Ce n'est point ce que la pensée se figure, un lac pétrifié dans un horizon triste et sans couleur! C'est d'ici un des plus beaux lacs de Suisse ou d'Italie, laissant dormir ses eaux tranquilles entre l'ombre des hautes montagnes d'Arabie qui s'étendent, comme des Alpes, à perte de vue derrière ses flots, et entre les cimes élancées, pyramidales, coniques, légères, dentelées et étincelantes des dernières montagnes de la Judée. Voilà la vue de Sion ! — Passons. —

Il y a une autre scène de paysage de Jérusalem que je voudrais me graver à moi-même dans la mémoire ; mais je n'ai ni pinceau ni couleur. C'est la vallée de Josaphat ! vallée célèbre dans les traditions de trois religions, où les Juifs, les chrétiens et les mahométans s'accordent à placer la scène terrible du jugement suprême ! — vallée qui a vu déjà sur ses bords la plus grande scène du drame évangélique : les larmes, les gémissemens et la mort du Christ ! vallée où tous les prophètes ont passé tour à tour, en jetant un cri de tristesse et d'horreur qui semble y retentir encore ! vallée qui doit entendre une fois le grand bruit du torrent des âmes roulant devant Dieu, et se présentant d'elles-mêmes à leur fatal jugement !

Même date.

Nous rentrons, sans avoir violé aucune condition du pacte conclu avec les religieux, au couvent de Saint-Jean dans le désert. Nous sommes reçus avec une confiance et une charité qui nous attendrissent ; car si nous n'étions pas des hommes d'honneur, si un de nos Arabes seulement avait échappé à notre surveillance et communiqué avec ceux qui portaient les pestiférés tout au milieu de nous, ce serait la mort que nous rapporterions peut-être à tout le couvent.

29 octobre 1832.

Parti à cinq heures du matin du désert de Saint-Jean, avec tous nos chevaux, escortes, Arabes d'Abougosh et quatre cavaliers envoyés par le gouverneur de Jérusalem. Nous établissons notre camp à deux portées de fusil des murs, à côté du cimetière turc, tout couvert de petites tentes où les femmes viennent pleurer. Ces tentes sont pleines de femmes, d'enfans et d'esclaves portant des corbeilles de fleurs qu'elles plantent pour la journée autour du tombeau. Nos cavaliers de Naplouse entrent seuls dans la ville et vont avertir le gouverneur de notre arrivée. Pendant qu'ils portent notre message, nous ôtons nos souliers, nos bottes et nos sous-pieds de drap, qui sont susceptibles de prendre la peste, et nous chaussons des babouches de maroquin; nous nous frottons d'huile et d'ail, préservatif que j'ai imaginé d'après le fait connu à Constantinople, que les marchands et les porteurs d'huile sont moins sujets à la contagion. Au bout d'une demi-heure, nous voyons sortir de la porte de Bethléem le kiaya du gouverneur, l'interprète du couvent des moines latins, cinq ou six cavaliers revêtus de costumes éclatans et portant des cannes à pommeaux d'or et d'argent, enfin nos propres cavaliers de Naplouse et quelques jeunes pages aussi à cheval. Nous allons à leur rencontre, ils forment la haie autour de nous, et nous entrons par la porte de Bethléem. Trois pestiférés, morts de la nuit, en sortaient au même moment, et nous disputent un instant le passage avec leurs porteurs, sous la voûte sombre de l'entrée de la ville. Immédiatement après avoir franchi cette voûte, nous nous trouvons dans un carrefour composé de petites et misérables maisons, et de quelques jardins incultes, dont les murs d'enceinte sont éboulés. Nous suivons un moment le chemin le plus large de ce carrefour, il nous mène à une ou deux petites rues aussi obscures, aussi étroites, aussi sales; nous ne voyons, dans ces rues, que des convois de morts qui passent d'un pas précipité en se rangeant contre les murailles, à la voix et sous le bâton levé des janissaires du gouverneur. Çà et là, quelques marchands de pain et de fruits, couverts de haillons, assis sur le seuil de petites échoppes, avec leurs paniers sur leurs genoux, et criant leurs marchandises à la manière de nos halles de grandes villes. De temps en temps une femme voilée paraît à la fenêtre grillée en bois de ces maisons, un enfant ouvre une porte basse et sombre, et vient acheter, pour la famille, la provision du jour. Ces rues sont partout obstruées de décombres, d'immondices amoncelées, et surtout de tas de chiffons de drap ou d'étoffe de coton, teinte en bleu, que le vent balaie comme les feuilles mortes, et dont nous ne pouvons éviter le contact. C'est par ces immondices et ces lambeaux d'étoffes, dont le pavé des villes d'orient est couvert, que la peste se communique le plus. Jusqu'ici nous ne voyons, dans les rues de Jérusalem, rien qui annonce la demeure d'une nation; aucun signe de richesse, de mouvement et de vie; l'aspect extérieur nous avait trompés comme nous l'avions été si souvent déjà dans d'autres villes de la Grèce ou de la Syrie. La plus misérable bourgade des Alpes ou des Pyrénées, les ruelles les plus négligées de nos faubourgs abandonnés aux dernières classes de nos populations d'ouvriers, ont plus de propreté, de luxe et d'élégance que ces rues désertes de la reine des villes. Nous ne rencontrons que quelques cavaliers bédouins, montés sur des jumens arabes, dont le pied glisse ou s'enfonce dans les trous dont le pavé est labouré. Ces hommes n'ont pas l'air noble et chevaleresque des scheiks arabes de la Syrie et du Liban. Ils ont la physionomie féroce, l'œil du vautour et le costume du brigand.

Après avoir circulé quelque temps dans ces rues toutes semblables, arrêtés de temps en temps par l'interprète du couvent latin, qui, en nous montrant une maison turque en décombres, une vieille porte en bois vermoulu, les débris d'une fenêtre moresque, nous disait : Voilà la maison de Véronique, la porte du Juif-Errant, la fenêtre du Prétoire ; paroles qui ne faisaient qu'une pénible impression sur nous, démenties qu'elles étaient par l'aspect évidemment moderne et par l'invraisemblance parlante de ces démonstrations arbitraires ; pieuses fraudes dont personne n'est coupable, parce qu'elles datent de je ne sais qui, et qu'on les répète peut-être depuis des siècles aux pèlerins dont la crédulité ignorante les a elle-même inventées. — On nous montre enfin le toit du couvent latin, mais nous ne pouvons y entrer. Les religieux sont en quarantaine, le monastère est fermé en temps de peste. Une petite maison qui en dépend reste seulement ouverte aux étrangers sous la direction du religieux, curé de Jérusalem ; elle n'a qu'une ou deux chambres ; elles sont occupées, nous n'y allons pas. On nous introduit dans une petite cour carrée, enceinte de toutes parts par de hautes arcades qui portent des terrasses ; c'est la cour d'un couvent. Les religieux viennent sur les terrasses et s'entretiennent quelques momens avec nous en espagnol et en italien. Aucun d'eux ne parle français ; ceux que nous voyons sont presque tous des vieillards à la physionomie douce, vénérable et heureuse. Ils nous accueillent avec gaîté et cordialité, et paraissent regretter beaucoup que la calamité régnante leur interdise toute communication avec des hôtes exposés comme nous à prendre et à donner la peste. Nous leur apprenons des nouvelles d'Europe ; ils nous offrent les secours que leur pays comporte. Un boucher tue des moutons pour nous, dans la cour. On nous descend des pains frais par une corde, du haut des terrasses. Nous recevons d'eux, par la même voie, une provision de croix, de chapelets et d'autres pieuses curiosités, dont ils ont toujours des magasins abondamment fournis ; nous leur remettons en échange quelques aumônes, et des lettres dont leurs amis de Chypre et de Syrie nous ont chargés pour eux. Chaque objet qui passe de nous à eux est soumis d'abord à une rigoureuse fumigation, puis plongé dans un vase d'eau froide, et hissé enfin au sommet de la terrasse, dans un bassin de cuivre suspendu à une corde. Ces pauvres religieux paraissent plus terrifiés que nous du danger qui les environne. Ils ont si souvent éprouvé qu'une légère imprudence dans l'observation des règles sanitaires enlevait en peu de momens un couvent tout entier, qu'ils les observent avec une rigoureuse fidélité. Ils ne peuvent comprendre comment nous nous sommes jetés volontairement et de gaîté de cœur dans cet océan de contagion, dont une seule goutte fait pâlir. Le curé de Jérusalem, au contraire, forcé par état de courir les chances de ses paroissiens, veut nous persuader qu'il n'y a point de peste.

Après une demi-heure de conversation avec ces religieux, la cloche les appelle à la messe. Nous leur faisons nos remercîmens; ils nous adressent leurs vœux de bon voyage; nous envoyons à notre camp les provisions et les vivres dont nous nous sommes pourvus, et nous sortons de la cour du couvent.

Après avoir descendu quelques autres rues semblables à celles que je viens de décrire, nous nous trouvâmes sur une petite place, ouverte au nord sur un coin du ciel et de la colline des Oliviers; à notre gauche, quelques marches à descendre nous conduisirent sur un parvis découvert. La façade de l'église du Saint-Sépulcre donnait sur ce parvis. L'église du Saint-Sépulcre a été tant et si bien décrite, que je ne la décrirai pas de nouveau. C'est, à l'extérieur surtout, un vaste et beau monument de l'époque byzantine; l'architecture en est grave, solennelle, grandiose et riche, pour le temps où elle fut construite; c'est un digne pavillon jeté par la piété des hommes sur le tombeau du fils de l'homme. A comparer cette église avec ce que le même temps a produit, on la trouve supérieure à tout. Sainte-Sophie, bien plus colossale, est bien plus barbare dans sa forme; ce n'est au dehors qu'une montagne de pierres flanquée de collines de pierres; le Saint-Sépulcre, au contraire, est une coupole aérienne et ciselée, où la taille savante et gracieuse des portes, des fenêtres, des chapiteaux et des corniches, ajoute à la masse l'inestimable prix d'un travail habile, où la pierre est devenue dentelle pour être digne d'entrer dans ce monument élevé à la plus grande pensée humaine; où la pensée même qui l'a élevé est écrite dans les détails comme dans l'ensemble de l'édifice. Il est vrai que l'église du Saint-Sépulcre n'est pas telle aujourd'hui que sainte Hélène, mère de Constantin, la construisit; les rois de Jérusalem la retouchèrent et l'embellirent des ornemens de cette architecture semi-occidentale, semi-moresque, dont ils avaient trouvé le goût et les modèles en Orient. Mais telle qu'elle est maintenant à l'extérieur, avec sa masse byzantine et ses décorations grecques, gothiques et arabesques, avec les déchirures même, stigmates du temps et des barbares, qui restent imprimées sur sa façade, elle ne fait point contraste avec la pensée qu'on y apporte, avec la pensée qu'elle exprime; on n'éprouve pas, à son aspect, cette pénible impression d'une grande idée mal rendue, d'un grand souvenir profané par la main des hommes : au contraire, on se dit involontairement : Voilà ce que j'attendais. L'homme a fait ce qu'il a pu de mieux. Le monument n'est pas digne du tombeau, mais il est digne de cette race humaine qui a voulu honorer ce grand sépulcre, et l'on entre dans le vestibule voûté et sombre de la nef, sous le coup de cette première et grave impression.

A gauche, en entrant sous ce vestibule qui ouvre sur le parvis même de la nef, dans l'enfoncement d'une large et profonde niche qui portait jadis des statues, les Turcs ont établi leur divan; ils sont les gardiens du Saint-Sépulcre, qu'eux seuls ont le droit de fermer ou d'ouvrir. Quand je passai, cinq ou six figures vénérables de Turcs à longues barbes blanches étaient accroupies sur ce divan recouvert de riches tapis d'Alep; des tasses à café et des pipes étaient autour d'eux sur ces tapis; ils nous saluèrent avec dignité et grâce, et donnèrent ordre à un des surveillans de nous accompagner dans toutes les parties de l'église. Je ne vis rien sur leurs visages, dans leurs propos ou dans leurs gestes, de cette irrévérence dont on les accuse. Ils n'entrent pas dans l'église, ils sont à la porte, ils parlent aux chrétiens avec la gravité et le respect que le lieu et l'objet de la visite comportent. Possesseurs, par la guerre, du monument sacré des chrétiens, ils ne le détruisent pas, ils n'en jettent pas la cendre au vent; ils le conservent, ils y maintiennent un ordre, une police, une révérence silencieuse, que les communions chrétiennes, qui se le disputent, sont bien loin d'y garder elles-mêmes. Ils veillent à ce que la relique commune de tout ce qui porte le nom de chrétien soit préservée pour tous, afin que chaque communion jouisse, à son tour, du culte qu'elle veut rendre au saint tombeau. Sans les Turcs, ce tombeau, que se disputent les grecs et les catholiques, et les innombrables ramifications de l'idée chrétienne, aurait déjà été cent fois un objet de lutte entre ces communions haineuses et rivales, aurait tour à tour passé exclusivement de l'une à l'autre, et aurait été interdit, sans doute, aux ennemis de la communion triomphante. Je ne vois pas là de quoi accuser et injurier les Turcs. Cette prétendue intolérance brutale, dont les ignorans les accusent, ne se manifeste que par de la tolérance et du respect pour ce que d'autres hommes vénèrent et adorent. Partout où le musulman voit l'idée de Dieu dans la pensée de ses frères, il s'incline et il respecte. Il pense que l'idée sanctifie la forme. C'est le seul peuple tolérant. Que les chrétiens s'interrogent et se demandent de bonne foi ce qu'ils auraient fait si les destinées de la guerre leur avaient livré la Mecque et la Kaaba. Les Turcs viendraient-ils de toutes les parties de l'Europe et de l'Asie y vénérer en paix les monumens conservés de l'islamisme?

Au bout de ce vestibule, nous nous trouvâmes sous la large coupole de l'église. Le centre de cette coupole, que les traditions locales donnent pour le centre de la terre, est occupé par un petit monument renfermé dans le grand, comme une pierre précieuse enchâssée dans une autre. Ce monument intérieur est un carré long, orné de quelques pilastres, d'une corniche et d'une coupole de marbre, le tout de mauvais goût et d'un dessin tourmenté et bizarre; il a été reconstruit, en 1817, par un architecte européen, aux frais de l'église grecque qui le possède maintenant. Tout autour de ce pavillon intérieur du sépulcre, règne le vide de la grande coupole extérieure; on y circule librement, et l'on trouve, de piliers en piliers, des chapelles vastes et profondes qui sont affectées chacune à un des mystères de la passion du Christ; elles renferment toutes quelques témoignages réels ou supposés des scènes de la rédemption; la partie de l'église du Saint-Sépulcre qui n'est pas sous la coupole est exclusivement réservée aux grecs schismatiques; une séparation en bois peint, et couverte de tableaux de l'école grecque, divise cette nef de l'autre. Malgré la bizarre profusion de mauvaises peintures et d'ornemens de tous genres dont les murs et l'autel sont surchargés, son ensemble est d'un effet grave et religieux; on sent que la prière, sous toutes les formes, a envahi ce sanctuaire et accumulé tout ce que des générations superstitieuses, mais ferventes, ont cru avoir de précieux devant Dieu; un escalier taillé dans le roc conduit de là au sommet du Calvaire où les trois croix furent plantées : le Calvaire, le tombeau et plusieurs autres sites du drame de la Rédemption se trouvent ainsi accumulés sous le toit d'un seul édifice d'une médiocre étendue; cela semble peu conforme aux récits des évangiles, et l'on est loin de s'attendre à trouver le tombeau de Joseph d'Arimathie taillé dans le roc hors des murs de Sion, à cinquante pas du Calvaire, lieu des exécutions, renfermé dans l'enceinte des murailles modernes; mais les traditions sont telles, et elles ont prévalu. L'esprit ne conteste pas sur une pareille scène, pour quelques pas de différence entre les vraisemblances historiques et les traditions; que ce fût ici ou là, toujours est-il que ce ne fut pas loin des sites qu'on nous désigne. Après un moment de méditation profonde et silencieuse donné, dans chacun de ces lieux sacrés, au souvenir qu'il retraçait, nous redescendîmes dans l'enceinte de l'église, et nous pénétrâmes dans le monument intérieur qui sert de rideau de pierre ou d'enveloppe au tombeau même : il est divisé en deux petits sanctuaires ; dans le premier se trouve la pierre où les anges étaient assis quand ils répondirent aux saintes femmes : *Il n'est plus là, il est ressuscité;* le second et dernier sanctuaire renferme le sépulcre, recouvert encore d'une espèce de sarcophage de marbre blanc qui entoure et cache entièrement à l'œil la substance même du rocher primitif dans lequel le sépulcre était creusé. Des lampes d'or et d'argent, alimentées éternellement, éclairent cette chapelle, et des parfums y brûlent nuit et jour ; l'air qu'on y respire est tiède et embaumé ; nous y entrâmes un à un, séparément, sans permettre à aucun des desservans du temple d'y pénétrer avec nous, et séparés par un rideau de soie cramoisie du premier sanctuaire. Nous ne voulions pas qu'aucun regard troublât la solennité du lieu ni l'intimité des impressions qu'il pourrait inspirer à chacun selon sa pensée et selon la mesure et la nature de sa foi dans le grand événement que ce tombeau rappelle ; chacun de nous y resta environ un quart d'heure, et nul n'en sortit les yeux secs. Quelle que soit la forme que les méditations intérieures, la lecture de l'histoire, les années, les vicissitudes du cœur et de l'esprit de l'homme, aient donnée au sentiment religieux dans son âme, soit qu'il ait gardé la lettre du christianisme, les dogmes de sa mère, soit qu'il n'ait qu'un christianisme philosophique et selon l'esprit, soit que le **Christ** pour lui soit un dieu crucifié, soit qu'il ne voie en lui que le plus saint des hommes divinisé par la vertu, inspiré par la vérité suprême et mourant pour rendre témoignage à son père ; que Jésus soit à ses yeux le fils de Dieu ou le fils de l'homme, la divinité faite homme ou l'humanité divinisée, toujours est-il que le christianisme est la religion de ses souvenirs, de son cœur et de son imagination ; qu'il ne s'est pas tellement évaporé au vent du siècle et de la vie, que l'âme où on le versa n'en conserve la première odeur, et que l'aspect des lieux et des monumens visibles de son premier culte ne rajeunisse en lui ses impressions, et ne l'ébranle d'un solennel frémissement. Pour le chrétien ou pour le philosophe, pour le moraliste ou pour l'historien, ce tombeau est la borne qui sépare deux mondes, le monde ancien et le monde nouveau ; c'est le point de départ d'une idée qui a renouvelé l'univers, d'une civilisation qui a tout transformé, d'une parole qui a retenti sur tout le globe : ce tombeau est le sépulcre du vieux monde et le berceau du monde nouveau ; aucune pierre ici-bas n'a été le fondement d'un si vaste édifice ; aucune tombe n'a été si féconde, aucune doctrine ensevelie trois jours ou trois siècles n'a brisé d'une manière aussi victorieuse le rocher que l'homme avait scellé sur elle, et n'a donné un démenti à la mort par une si éclatante et si perpétuelle résurrection !

J'entrai à mon tour et le dernier dans le Saint-Sépulcre, l'esprit assiégé de ces idées immenses, le cœur ému d'impressions plus intimes, qui restent mystère entre l'homme et son âme, entre l'insecte pensant et le Créateur : ces impressions ne s'écrivent point ; elles s'exhalent avec la fumée des lampes pieuses, avec les parfums des encensoirs, avec le murmure vague et confus des soupirs ; elles tombent avec les larmes qui viennent aux yeux au souvenir des premiers noms que nous avons balbutiés dans notre enfance, du père et de la mère qui nous les ont enseignés, des frères, des sœurs, des amis avec lesquels nous les avons murmurés ; toutes les impressions pieuses qui ont remué notre âme à toutes les époques de la vie, toutes les prières qui sont sorties de notre cœur et de nos lèvres au nom de celui qui nous apprit à prier son père et le nôtre ; toutes les joies, toutes les tristesses de la pensée dont ces prières furent le langage, se réveillent au fond de l'âme, et produisent, par leur retentissement, par leur confusion, cet éblouissement de l'intelligence, cet attendrissement du cœur qui ne cherchent point de paroles, mais qui se résolvent dans des yeux mouillés, dans une poitrine oppressée, dans un front qui s'incline et dans une bouche qui se colle silencieusement sur la pierre d'un sépulcre. Je restai longtemps ainsi, priant le ciel, le père, là, dans le lieu même où la plus belle des prières monta pour la première fois vers le ciel; priant pour mon père ici-bas, pour ma mère dans un autre monde, pour tous ceux qui sont ou qui ne sont plus, mais avec qui le lien invisible n'est jamais rompu; la communion de l'amour existe toujours; le nom de tous les êtres que j'ai connus, aimés, dont j'ai été aimé, passa de mes lèvres sur la pierre du Saint-Sépulcre. Je ne priai qu'après pour moi-même; ma prière fut ardente et forte; je demandai de la vérité et du courage devant le tombeau de celui qui jeta le plus de vérité dans ce monde, et mourut avec le plus de dévouement à cette vérité dont Dieu l'avait fait le verbe; je me souviendrai à jamais des paroles que je murmurai dans cette heure de crise pour ma vie morale. Peut-être fus-je exaucé : une grande lumière de raison et de conviction se répandit dans mon intelligence et sépara plus clairement le jour des ténèbres, les erreurs des vérités; il y a des momens dans la vie où les pensées de l'homme, longtemps vagues et douteuses, et flottantes comme des flots sans lit, finissent par toucher un rivage où elles se brisent et reviennent sur elles-mêmes avec des formes nouvelles et un courant contraire à celui qui les a poussées jusque-là. Ce fut là pour moi un de ces momens : celui qui sonde les pensées et les cœurs le sait, et je le comprendrai peut-être moi-même un jour. Ce fut un mystère dans ma vie, qui se révélera plus tard.

Même date.

Au sortir de l'église du Saint-Sépulcre, nous suivîmes la voie Douloureuse, dont M. de Chateaubriand a donné un si poétique itinéraire. Rien de frappant, rien de constaté, rien de vraisemblable ; des masures de construction moderne, données partout, par les moines aux pèlerins, pour des vestiges incontestés des diverses stations du Christ. L'œil ne peut avoir même un doute, et toute confiance dans ces traditions locales est détruite d'avance par l'histoire des premières années du christianisme, où Jérusalem ne conserva pas pierre sur pierre ; où les chrétiens furent ensuite bannis de la ville pendant de nombreuses années. Jérusalem, à l'exception de ses piscines et des tombeaux des rois, ne conserve aucun monument d'aucune de ces grandes époques : quelques sites seulement sont reconnaissables, comme le site du temple, dessiné par ses terrasses et portant aujourd'hui l'immense et belle mosquée d'Omar-el-Sakara ; le mont de Sion, occupé par le couvent des Arméniens et le tombeau de David ; mais ce n'est même que l'histoire à la main et avec l'œil du doute que la plupart de ces sites peuvent être assignés avec une certaine précision. Hormis les murs de terrasses sur la vallée de Josaphat, aucune pierre ne porte sa date dans sa forme et dans sa couleur ; tout est en poudre, ou tout est moderne. L'esprit erre incertain sur l'horizon de la ville, sans savoir où se poser ; mais la ville tout entière, dessinée par la colline circonscrite qui la porte, par les différentes vallées qui l'enceignent, et surtout par la profonde vallée du Cédron, est un monument auquel l'œil ne peut se tromper : c'est bien là que Sion était assise ; site bizarre et malheureux pour la capitale d'un grand peuple : c'est plutôt la forteresse naturelle d'un petit peuple, chassé de la terre, et se réfugiant avec son dieu et son temple sur un sol que nul n'a intérêt à lui disputer ; sur des rochers qu'aucunes routes ne peuvent rendre accessibles, dans des vallées sans eau, dans un climat rude et stérile, n'ayant pour horizon que les montagnes calcinées par le feu intérieur des volcans, les montagnes d'Arabie et de Jéricho, et qu'une mer infecte, sans rivage et sans navigation, la mer Morte ! — Voilà la Judée, voilà le site de ce peuple dont le destin est d'être proscrit à toutes les époques de son histoire, et à qui les nations ont disputé même cette capitale de ses proscriptions, jetée, comme un nid d'aigle, au sommet de ce groupe de montagnes : et cependant ce peuple portait avec lui la grande idée de l'unité de Dieu, et ce qu'il y avait de vérité dans cette idée élémentaire suffisait pour le séparer des autres peuples et pour le rendre fier de ses proscriptions et confiant dans ses doctrines providentielles.

Même date.

Après avoir parcouru les différens quartiers de la ville, tous aussi nus, tous aussi misérables, tous aussi démantelés que ceux par lesquels nous étions entrés, nous descendîmes du côté de la fameuse mosquée qui tient la place du temple de Salomon. Le gouverneur de Jérusalem a son sérail dans un édifice attenant aux jardins et aux murs de la mosquée. Nous allions lui faire notre visite de remercîment. La cour du sérail était entourée de cachots grillés, où nous aperçûmes quelques figures de bandits de Jéricho et de Samarie, qui attendaient leur délivrance ou le sabre du pacha. Des cavaliers, couchés aux pieds de leurs chevaux, des scheiks du désert et des Arabes de Naplouse étaient groupés çà et là sur les escaliers ou sous les hangars, attendant l'heure du divan. Le gouverneur, apprenant notre arrivée, nous envoya son fils pour nous engager à monter. Ce jeune homme, d'environ trente ans, est le plus beau des Arabes, et peut-être des hommes que j'aie vus en ma vie. La force, la grâce, l'intelligence et la douceur, sont fondues avec une telle harmonie dans ses traits, et brillent à la fois dans son œil bleu avec une si attrayante évidence, que nous restâmes tous frappés de son aspect. C'est un Samaritain. Le gouverneur de Jérusalem, son père, est le plus puissant des Arabes de Naplouse. Persécuté par Abdalla, pacha d'Acre, et souvent en guerre avec lui, pendant la domination des Turcs, il avait été forcé de se réfugier, avec sa famille, dans les montagnes au delà de la mer Morte; la victoire d'Ibrahim-Pacha sur Abdalla l'avait ramené dans sa patrie. Il y avait retrouvé ses richesses et son influence; il avait chassé ses ennemis du pays, et le pacha d'Égypte, pour suppléer à l'insuffisance de ses troupes égyptiennes en Judée, lui avait confié le gouvernement de Samarie et de Jérusalem. Il n'avait d'autres troupes que quelques centaines de cavaliers de sa tribu, à l'aide desquels il maintenait l'ordre et la domination d'Ibrahim sur toutes les populations d'alentour. Nous entrâmes dans le divan, grande salle sans aucun ornement que quelques tapis sur des nattes, des pipes et des tasses de café sur le sol. Le gouverneur, entouré d'un grand nombre d'esclaves, d'Arabes armés et de quelques secrétaires à genoux, écrivant sur leurs mains, était occupé à rendre la justice et à expédier ses ordres. Il se leva à notre approche et vint au-devant de nous. Il fit enlever les tapis du divan, susceptibles de donner la peste, et y fit substituer des nattes d'Égypte, qui ne la communiquent pas. Nous nous assîmes. On nous présenta les pipes et le café. Mon drogman lui fit en mon nom les complimens d'usage, et je le remerciai moi-même de tous les soins qu'il avait bien voulu prendre pour que des étrangers comme nous pussent visiter sans péril les lieux consacrés par leur religion. Il me répondit avec

un sourire obligeant qu'il ne faisait que son devoir ; que les amis d'Ibrahim étaient ses amis ; qu'il répondait d'un cheveu de leurs têtes ; qu'il était prêt, non-seulement à faire pour moi ce qu'il avait fait, mais encore à marcher lui-même, si je l'ordonnais, avec ses troupes et à m'accompagner partout où ma curiosité ou ma religion m'inspireraient le désir d'aller, dans les limites de son gouvernement ; que tel était l'ordre du pacha. Puis il s'informa de nous, des nouvelles de la guerre, et de la part que les puissances de l'Europe prenaient à la fortune d'Ibrahim. Je lui répondis de manière à satisfaire ses pensées secrètes : que l'Europe admirait dans Ibrahim-Pacha un conquérant civilisateur ; que, sous ce rapport, elle prenait intérêt à ses victoires ; qu'il était temps que l'Orient participât aux bienfaits d'une meilleure administration ; que le pacha d'Égypte était le missionnaire armé de la civilisation européenne en Arabie ; que sa bravoure et la tactique qu'il nous empruntait lui donnaient la certitude de vaincre le grand-visir qui s'avançait à sa rencontre en Caramanie ; que selon toute apparence, il remporterait là une grande victoire, et marcherait sur Constantinople ; qu'il n'y entrerait pas, parce que les Européens ne le lui permettraient pas encore, mais qu'il ferait la paix avec leur médiation, et garderait l'Arabie et la Syrie en souveraineté permanente. C'était là ce qui touchait au cœur du vieux révolté de Naplouse : ses regards buvaient mes paroles, et son fils et ses amis penchaient leurs têtes au-dessus de la mienne pour ne pas perdre un mot de cette conversation, qui était pour eux l'augure d'une longue et paisible domination dans Samarie. Quand je vis le gouverneur si bien disposé, je lui témoignai le désir, non pas d'entrer dans la mosquée d'Omar, puisque je savais qu'une telle démarche eût été contraire aux mœurs du pays, mais d'en contempler l'extérieur.
— Si vous l'exigez, me répondit-il, tout vous sera ouvert, mais je m'exposerais à irriter profondément les musulmans de la ville : ils sont encore ignorans ; ils croient que la présence d'un chrétien dans l'enceinte de la mosquée leur ferait

courir de grands périls, parce qu'une prophétie dit que tout ce qu'un chrétien demanderait à Dieu dans l'intérieur de El-Sakara, il l'obtiendrait, et ils ne doutent pas qu'un chrétien n'y demandât à Dieu la ruine de la religion du Prophète et l'extermination des musulmans. Pour moi, ajouta-t-il, je n'en crois rien : tous les hommes sont frères, bien qu'ils adorent, chacun dans leur langue, le Père commun ; il ne donne rien aux uns aux dépens des autres ; il fait luire son soleil sur les adorateurs de tous les prophètes ; les hommes ne savent rien, mais Dieu sait tout ; Allah Kérim, Dieu est grand! et il inclina sa tête en souriant.—Dieu me préserve, lui dis-je d'abuser de votre hospitalité et de vous exposer pour satisfaire une vaine curiosité de voyageur! Si j'étais dans la mosquée d'El-Sakara, je ne prierais pour l'extermination d'aucun peuple, mais pour la lumière et le bonheur de tous les enfans d'Allah. A ces mots, nous nous levâmes ; il nous conduisit par un corridor à une fenêtre de son sérail, qui donnait sur les cours extérieures de la mosquée. Nous ne pûmes pas en saisir aussi bien l'ensemble de cet endroit, qu'on le fait du haut de la montagne des Oliviers : nous ne vîmes que les murs de la coupole, quelques portiques moresques de l'architecture la plus élégante, et les cimes des cyprès qui croissent dans les jardins intérieurs. Je pris congé du gouverneur en lui annonçant que mon projet était de passer huit ou dix jours, campé aux environs de la ville, et de partir le lendemain pour aller à la mer Morte, au Jourdain, à Jéricho, et jusqu'au pied des montagnes de l'Arabie-Pétrée ; que je rentrerais plusieurs fois, comme aujourd'hui, dans l'intérieur de Jérusalem ; et que je n'avais à lui demander que le nombre de cavaliers suffisant pour garantir notre sûreté dans les différentes excursions que nous nous proposions de faire en Judée. Nous sortîmes de Jérusalem par la même porte de Bethléem, près de laquelle nos tentes étaient dressées ce jour-là, et nous achevâmes de visiter, dans la soirée, tous les sites remarquables ou consacrés autour des murs de la ville.

Même date.

Soirée passée à parcourir les pentes qui s'étendent au sud de Jérusalem, entre le tombeau de David et la vallée de Josaphat. Ces pentes sont le seul côté de la ville qui présente l'apparence d'un peu de végétation. Au coucher du soleil, je m'assieds en face de la colline des Oliviers, à quatre ou cinq cents pas au-dessus de la fontaine de Siloé, à peu près où étaient les jardins de David : Josaphat est à mes pieds ; les hautes murailles des terrasses du temple sont un peu au-dessus de moi à ma gauche ; je vois les cimes des beaux cyprès qui élèvent leurs têtes pyramidales au-dessus des portiques de la mosquée El-Aksa, et les dômes des orangers qui recouvrent la belle fontaine du temple appelée la Fontaine de l'Oranger. Cette fontaine me rappelle une des plus délicieuses traditions orientales inventées, transmises ou conservées par les Arabes. Voici comment ils racontent que Salomon choisit le sol de la mosquée.

« Jérusalem était un champ labouré ; deux frères possédaient la partie de terrain où s'élève aujourd'hui le temple ; l'un de ces frères était marié et avait plusieurs enfans, l'autre vivait seul ; ils cultivaient en commun le champ qu'ils avaient hérité de leur mère ; le temps de la moisson venu, les deux frères lièrent leurs gerbes, et en firent deux tas égaux qu'ils laissèrent sur le champ. Pendant la nuit, celui des deux frères qui n'était pas marié eut une bonne pensée ; il se dit à lui-même : Mon frère a une femme et des enfans à nourrir, il n'est pas juste que ma part soit aussi forte que la sienne ; allons, prenons dans mon tas quelques gerbes que j'ajouterai secrètement aux siennes, il ne s'en apercevra pas et ne pourra ainsi refuser. Et il fit comme il avait pensé. La même nuit, l'autre frère se réveilla et dit à sa femme : Mon frère est jeune, il vit seul et sans compagne, il n'a personne pour l'assister dans son travail et pour le consoler dans ses fatigues, il n'est pas juste que nous prenions du champ commun autant de gerbes que lui ; levons-nous, allons, et portons secrètement à son tas un certain nombre de gerbes, il ne s'en apercevra pas demain et ne pourra ainsi les refuser. Et ils firent comme ils avaient pensé. Le lendemain chacun des frères se rendit au champ, et fut bien surpris de voir que les deux tas étaient toujours pareils : ni l'un ni l'autre ne pouvait intérieurement se rendre compte de ce prodige ; ils firent de même pendant plusieurs nuits de suite ; mais comme chacun d'eux portait au tas de son frère le même nombre de gerbes, les tas demeuraient toujours égaux, jusqu'à ce qu'une nuit, tous deux s'étant mis en sentinelle pour approfondir la cause de ce miracle, ils se rencontrèrent portant chacun les gerbes qu'ils se destinaient mutuellement.

« Or, le lieu où une si bonne pensée était venue à la fois et si persévéramment à deux hommes, devait être une place agréable à Dieu, et les hommes la bénirent et la choisirent pour y bâtir une maison de Dieu ! »

Quelle charmante tradition ! comme elle respire la naïve bonté des mœurs patriarcales ! comme l'inspiration qui vient aux hommes de consacrer à Dieu un lieu où la vertu a germé sur la terre, est simple, antique et naturelle ! J'ai entendu chez les Arabes des centaines de légendes de cette nature. On respire l'air de la Bible dans toutes les parties de cet Orient.

L'aspect de la vallée de Josaphat est conforme à la destination que les idées chrétiennes lui assignent. Elle ressemble à un vaste sépulcre, trop étroit cependant pour les flots du genre humain qui doivent s'y accumuler. Dominée de toutes parts elle-même par des monumens funèbres ; encaissée à son extrémité méridionale dans le rocher de Silhoa, tout percé de caves sépulcrales comme une ruche de la mort ; ayant çà et là pour bornes tumulaires les tombeaux de

Josaphat et celui d'Absalon, taillés en pyramide dans le roc vif et ombragés d'un côté par les noires collines du mont des Offenses, de l'autre par les remparts du temple écroulé ; ce fut un lieu naturellement imprégné d'une sainte horreur, destiné de bonne heure à devenir les gémonies d'une grande ville, et où l'imagination des prophètes dut placer sans efforts les scènes de mort, de résurrection et de jugement. On se figure la vallée de Josaphat comme un vaste encaissement de montagnes où le Cédron, large et noir torrent aux eaux lugubres, coule avec des murmures lamentables ; où de larges gorges, ouvertes sur les quatre vents, s'élargissent pour laisser passer les quatre torrens des morts venant de l'orient et de l'occident, du septentrion et du midi ; les immenses gradins des collines s'y étendent en amphithéâtre pour faire place aux enfans innombrables d'Adam, venant assister, chacun pour sa part, au dénoûment final du grand drame de l'humanité : rien de tout cela. La vallée de Josaphat n'est qu'un fossé naturel creusé entre deux monticules de quelques cents pieds d'élévation, dont l'un porte Jérusalem et l'autre la cime du mont des Olives ; les remparts de Jérusalem en s'écroulant en combleraient la plus grande partie ; nulle gorge n'y a son embouchure ; le Cédron, qui sort de terre à quelques pas au-dessus de la vallée, n'est qu'un torrent formé en hiver par l'écoulement des eaux pluviales qui dégouttent de quelques champs d'oliviers au-dessous des tombeaux des rois, et il est traversé par un pont au milieu de la vallée, en face d'une des portes de Jérusalem ; il a quelques pas de large, et la vallée, dans cet endroit, n'est pas plus large que son fleuve. Ce fleuve, sans eau, trace seulement un lit rapide de cailloux blancs au fond de cette gorge. La vallée de Josaphat, en un mot, ressemble tout à fait à un de ces fossés creusés au pied des hautes fortifications d'une grande ville, où l'égout de la ville roule en hiver ses immondices, où quelques pauvres habitans des faubourgs disputent un coin de terre aux remparts pour cultiver quelques légumes, où les chèvres et les ânes abandonnés vont brouter, sur les pentes escarpées, l'herbe flétrie par les immondices et la poussière. Semez le sol de pierres sépulcrales appartenant à tous les cultes du monde, et vous aurez devant les yeux la vallée du Jugement.

Même date.

Voici la fontaine de Siloé, la source unique de la vallée, la source inspiratrice des rois et des prophètes; je ne sais comment tant de voyageurs ont eu de la peine à la découvrir, et se disputent encore sur le site qu'elle occupait. La voilà tout entière pleine d'eau limpide et savoureuse, répandant l'haleine des eaux dans cet air embrasé et poudreux de la vallée, creusée de vingt marches dans le rocher dont la cime portait le palais de David, avec sa voûte de blocs de pierre, polis par les siècles et tapissés, dans leurs jointures, de mousses humides et de lierre éternel. Les marches de ses escaliers, usées par le pied des femmes qui viennent du village de Silhoa y remplir leurs cruches, sont luisantes comme le marbre. J'y descends; je m'assieds un moment sur ces fraîches dalles; j'écoute, pour m'en souvenir, le léger suintement de la source, je lave mes mains et mon front dans ses eaux; je répète les vers de Milton pour invoquer, à mon tour, ses inspirations depuis si longtemps muettes. C'est le seul endroit des environs de Jérusalem où le voyageur trouve à mouiller son doigt, à étancher sa soif, à reposer sa tête à l'ombre du rocher rafraîchi et de deux ou trois touffes de verdure. Quelques petits jardins, plantés de grenadiers et d'autres arbrisseaux par les Arabes de Silhoa, jettent autour de la fontaine un bouquet de pâle verdure. Elle la nourrit du superflu de ses eaux. C'est là que finit la vallée de Josaphat. Plus bas, une petite plaine à pente douce entraîne le regard dans les larges et profondes gorges des montagnes volcaniques de Jéricho et de Saint-Saba, et la mer Morte finit 'horizon.

BORDS DU JOURDAIN,

AU DELA DE LA PLAINE DE JÉRICHO, A QUELQUES LIEUES DE L'EMBOUCHURE DU FLEUVE DANS LA MER MORTE.

Parti hier, 30 octobre, de Jérusalem, à sept heures du matin, avec toute ma caravane : six soldats d'Ibrahim-Pacha, le neveu d'Abougosh et quatre cavaliers de ce chef; huit cavaliers arabes de Naplouse, envoyés par le gouverneur de Jérusalem. Nous avons fait le tour de la ville, descendu au fond de la vallée de Josaphat; nous avons remonté le long du mont des Oliviers, laissé à droite le *mons Offensionis*, traversé, à son extrémité méridionale, la chaîne de montagnes qui fait suite à celle des Oliviers; arrivés au village de Béthulie, peuplé encore de quelques familles arabes, nous y reconnaissons les restes d'un monument chrétien. Il y a une bonne source. Un Arabe tire de l'eau, pendant une heure, pour abreuver nos chevaux et remplir nos jarres suspendues aux selles de nos mulets. Il n'y a plus d'eau jusqu'à Jéricho, dix ou douze heures de marche. Nous repartons de Béthulie à quatre heures après midi. Descente de deux heures par un chemin large et à pentes artificiellement ménagées, taillé dans les flancs à pic des montagnes qui se succèdent sans interruption. C'est la seule trace d'une route que j'aie vue en Orient. C'était la route de Jéricho et des plaines fertiles arrosées par le Jourdain. Elle menait aux possessions des tribus d'Israël qui avaient eu en partage tout le cours de ce fleuve et la plaine de Tibériade jusqu'aux environs de Tyr et au pied du Liban. Elle conduisait en Arabie, en Mésopotamie, et par là en Perse et aux Indes, pays avec lesquels Salomon avait établi ses grandes relations commerciales. Ce fut lui, sans doute, qui créa cette route. C'est aussi par ces vallées que le peuple juif passa, pour la première fois, quand il descendit de l'Arabie Pétrée, traversa le Jourdain, et vint s'emparer de son héritage. A partir de Béthulie, on ne rencontre plus ni maison ni culture; les montagnes sont complétement dépouillées de végétation; c'est du rocher ou de la poussière de rocher que le vent laboure à son gré; une teinte de cendre noirâtre couvre, comme d'un linceul funèbre, toute cette terre. De temps en temps les montagnes se concassent et se fendent en gorges étroites et profondes : abîmes où nul sentier ne conduit, où l'œil ne voit que la répétition éternelle des mêmes scènes qui l'environnent. Presque toutes ces montagnes ont l'apparence volcanique; les pierres roulées sur leurs flancs ou sur la route, par les eaux d'hiver, ressemblent à des blocs de lave durcie et gercée par les siècles. On voit même çà et là dans les lointains, sur quelques croupes de collines, cette légère teinte jaunâtre et sulfureuse qu'on aperçoit sur le Vésuve ou sur l'Etna; il est impossible de résister longtemps à l'impression de tristesse et d'horreur que ce paysage inspire. C'est une oppression du cœur et une affliction des yeux. Quand on est au sommet d'une des montagnes, et que l'horizon s'ouvre un instant au regard, on ne voit, aussi loin que la vue peut porter, que des chaînes noirâtres, des cîmes coniques ou tronquées, amoncelées les unes sur les autres et se détachant du bleu cru du firmament; c'est un labyrinthe, sans bornes, d'avenues de montagnes de toutes formes, déchirées, cassées, fendues en morceaux gigantesques, renouées les unes aux autres par des chaînes de collines semblables, avec des ravins sans fond où l'on espère entendre au moins le bruit d'un torrent, mais où rien ne remue, sans qu'on puisse découvrir un arbre, une herbe, une fleur, une mousse; ruines d'un monde calciné, ébullition d'une terre en feu dont les bouillons pétrifiés ont formé ces vagues de terre et de pierre. A six heures, nous rencontrons, au fond d'un ravin, les murs d'un caravansérail ruiné et une source protégée par un petit mur orné de sentences du Coran. La source ne verse que goutte à goutte sa pluie dans le bassin de pierre; nos Arabes y appliquent en vain leurs lèvres; nous faisons reposer un moment nos chevaux à l'ombre du caravansérail; nous avons descendu si longtemps, que nous nous croyons au niveau de la plaine de Jéricho et de la mer Morte; nous nous remettons en route, déjà accablés de la chaleur et de la fatigue de la journée; nos cavaliers arabes nous flattent de l'espérance d'être en quelques heures à Jéricho; cependant le jour tombe de minute en minute, et le crépuscule ajoute son horreur à celle des gorges où nous sommes. Après une heure de marche dans le fond de cette vallée, nous nous trouvons encore sur les pentes escarpées d'une chaîne de montagnes nouvelle qui nous semble enfin la dernière avant la descente sur la plaine de Jéricho; la nuit nous dérobe entièrement l'horizon; nous n'avons assez de lumière que pour distinguer à nos pieds les précipices sans fond où le moindre faux pas de nos chevaux nous ferait rouler; nos jarres sont épuisées, la soif nous dévore; un des Samaritains dit à notre drogman qu'il connaît une source dans le voisinage; nous nous décidons à faire halte où nous sommes, s'il peut en effet trouver un peu d'eau; après une demi-heure d'attente, le Samaritain revient et dit qu'il n'a pu trouver la source; il faut marcher; il nous reste quatre heures de route, nous plaçons les Arabes de Naplouse à la tête de la caravane; chaque cavalier a l'ordre de suivre pas à pas celui qui le précède, sans perdre sa trace; le plus profond silence règne dans toute la bande; la nuit est devenue si sombre qu'il est impossible de voir à la tête de son cheval; on suit son compagnon au bruit de ses pas. A chaque instant la caravane entière s'arrête parce que les premiers cavaliers sondent le sentier de peur de nous précipiter dans l'abîme; nous descendons tous de cheval pour marcher avec plus de tâtonnemens; vingt fois nous sommes obligés de nous arrêter aux cris qui partent de la tête ou de la queue de la caravane; c'est un cheval qui a roulé; c'est un homme qui est tombé; nous sommes souvent sur le point de nous arrêter tout à fait et d'attendre, immobiles à notre place, que cette longue et profonde nuit soit passée; mais la tête marche, il faut marcher; après trois heures d'une pareille anxiété, nous entendons de grands cris et des coups de fusil à la tête de la caravane: nous croyons que les Arabes de Jéricho nous attaquent; chacun de nous se prépare à faire feu au hasard; mais, de proche en proche, nous apprenons que ce sont les Naplousiens qui crient de joie et tirent leurs armes parce que nous avons franchi le mauvais pas; nous sentons en effet la route s'aplanir un peu sous nos pieds; je remonte à cheval; mon jeune étalon arabe, sentant l'eau dans le voisinage, se défend, et dans la lutte se précipite avec moi dans un ravin; personne ne s'en aperçoit tant la nuit est noire; je ne lâche pas la bride et, me remettant en selle, j'abandonne l'animal à son instinct, sans savoir si je suis sur une corniche ou dans le fond d'un ravin creusé dans la plaine; il s'élance au galop en hennissant, et ne s'arrête qu'aux bords d'un ruisseau large, peu profond et entouré d'arbustes épineux; il s'y abreuve; j'entends à ma gauche les cris et les coups de pistolet des Arabes qui viennent de s'apercevoir de ma disparition, et qui me cherchent dans la plaine; je vois briller un feu à travers les feuilles des arbustes, je lance mon cheval de ce côté, et en peu de minutes je me trouve à la porte de ma tente, plantée au bord de ce même ruisseau; il était minuit; nous mangeâmes un morceau de pain trempé dans l'eau et nous nous endormîmes sans savoir où nous étions, et ne concevant pas par quel prodige nous étions passés tout à coup de cette solitude sans ombre et sans eau, aux bords d'un ruisseau qui, à la lumière de nos torches et du foyer des Arabes, nous apparaissait comme un ruisseau des Alpes, avec son rideau de saules et ses touffes de jonc et de cresson.

Si le Tasse avait eu, comme le prétend M. de Chateaubriand, l'inspiration des lieux en écrivant la Jérusalem délivrée (et j'avoue que tout admirateur que je suis du Tasse, ce n'est pas par là que je le louerais, car il est impossible d'avoir moins compris les sites, et plus menti aux mœurs qu'il ne l'a fait; mais qu'importe les sites et les mœurs? la poésie n'est pas là, elle est dans le cœur); mais s'il avait eu cette inspiration, c'eût été sans doute au bord de ce ruisseau qu'il eût fait arriver Herminie fuyant sur son coursier abandonné à son essor, et qu'elle eût rencontré ce pasteur arcadien, et non arabe, dont il nous fait une si ravissante description.

Nous nous réveillâmes comme elle au gazouillement de mille oiseaux volant sur les branches des arbres, et au bruissement de l'eau sur son lit de cailloutages. Nous sortîmes des tentes pour reconnaître le site où la nuit nous avait jetés. Les montagnes de Judée, traversées la veille, nous restaient à l'orient à une lieue environ de notre camp; leur chaîne, toujours stérile et dentelée, s'étendait à perte de vue au midi et au nord, et de loin en loin nous apercevions de vastes gorges qui débouchaient dans la plaine, et d'où les flots de vapeurs nocturnes sortaient comme de larges fleuves, et se répandaient en nappes de brouillards sur les sables ondulés des rivages du lac Asphaltite. A l'occident, un large désert de sable nous séparait des bords du Jourdain que nous ne pouvions discerner; de la mer Morte, et des montagnes bleues de l'Arabie Pétrée. Ces montagnes, vues à cette heure et de cette distance, nous semblaient par le jeu des ombres sur leurs croupes et dans leurs vallées, parsemées de culture et ombragées d'immenses forêts; les ravins blanchâtres qui les sillonnent imitaient, à s'y méprendre, la chute et l'éblouissement des eaux d'une cascade. Il n'en est rien cependant; quand j'en approchai, je reconnus qu'elles ne présentaient en plus grand que le même aspect stérile et dépouillé des montagnes de la Judée. Autour de nous, tout était riant et frais, quoique inculte; l'eau anime tout, même le désert, et les arbustes légers qui étaient répandus, comme des bocages artificiels, par groupes de deux ou trois sur ses bords, nous rappelaient les plus doux sites de la patrie. Nous montâmes à cheval, nous ne devions être qu'à une heure de Jéricho, mais nous n'apercevions ni murs ni fumée dans la plaine, et nous ne savions trop où nous diriger, quand une trentaine de cavaliers bédouins, montés sur des chevaux superbes, débouchèrent entre deux mamelons de sable et s'avancèrent en caracolant au-devant de nous. C'était le scheik et les principaux habitans de Jéricho qui, informés de notre approche par un Arabe du gouverneur de Jérusalem, nous cherchaient dans le désert pour se mettre à notre suite. Nous ne connaissions les Arabes du désert de Jéricho que par la renommée de férocité et de brigandage qu'ils ont dans toute la Syrie, et nous ne savions trop, au premier moment, s'ils venaient à nous en amis ou en ennemis; mais rien, dans leur conduite pendant plusieurs jours qu'ils restèrent avec nous, ne dénota une mauvaise intention de leur part. Domptés par la terreur du nom d'Ibrahim, dont ils croyaient voir en nous les émissaires, ils nous donnèrent tout ce que leur pays peut offrir, le désert libre, l'eau de leurs fontaines et un peu d'orge et de doura pour nourrir nos chevaux. Je remerciai le scheik et ses amis de l'escorte qu'ils venaient nous offrir; ils se joignirent à notre troupe, et, courant çà et là sur nos flancs à travers les monticules de sable, ils paraissaient et disparaissaient avec la rapidité du vent. Je remarquai là un cheval admirable de forme et de vitesse, monté par le frère du scheik, et je chargeai mon drogman de me l'acheter à tout prix. Mais comme de pareilles offres ne peuvent se faire directement sans une espèce d'outrage à la délicatesse du propriétaire du cheval, il fallut plusieurs jours de négociations pour me rendre possesseur de ce bel animal, que je destinais à ma fille et que je lui donnai en effet.

JÉRICHO.

Après une heure de marche, nous nous trouvâmes, sans nous en douter, aux pieds des remparts de Jéricho ; ces remparts étaient de véritables murailles de vingt pieds d'élévation sur quinze à vingt pieds de largeur, formées de fagots d'épines accumulés les uns sur les autres et arrangés avec une admirable industrie pour empêcher le passage des bestiaux et des hommes, fortifications qui ne se seraient pas écroulées au son de la trompette, mais que l'étincelle du feu du pasteur ou le renard de Samson aurait embrasées. Cette forteresse d'épines sèches avait deux ou trois larges portes toujours ouvertes, et où les sentinelles arabes veillaient sans doute pendant la nuit. En passant devant ces portes, nous vîmes sur les larges toits de quelques huttes de boue, toutes les femmes et tous les enfans de la ville du désert, groupés dans les attitudes les plus pittoresques, qui se pressaient et se portaient les uns les autres pour nous voir passer. Ces femmes, dont les épaules et les jambes étaient nues, avaient pour tout vêtement un morceau de toile de coton bleu, serré au milieu du corps par une ceinture de cuir; les bras et les jambes entourés de plusieurs bracelets d'or et d'argent, les cheveux crépus et flottant sur le cou; quelques-unes les avaient tressés et nattés avec des piastres et des sequins, en immense profusion, qui retombaient comme une cuirasse sur leur poitrine et sur leurs épaules. Il y en avait de remarquablement belles : elles n'ont point cet air de douceur, de modestie timide et de langueur voluptueuse des femmes arabes de la Syrie. Ce ne sont plus des femmes, ce sont les femelles des barbares; elles ont dans l'œil et dans l'attitude le même feu, la même audace, la même férocité que le Bédouin. Plusieurs négresses étaient au milieu d'elles, et ne semblaient point esclaves : les Bédouins épousent également les négresses ou les blanches, et la couleur n'établit pas les rangs. Ces femmes poussaient des cris sauvages et riaient en nous voyant passer; les hommes, au contraire, semblaient réprouver leur indiscrète curiosité, et ne nous montraient que gravité et respect. Non loin des murs d'épines, nous passâmes près de deux ou trois maisons de scheiks; elles sont bâties de boue desséchée au soleil; elles n'ont que quelques pieds d'élévation; la terrasse recouverte de nattes et de tapis en est le principal appartement; la famille s'y tient presque jour et nuit. Devant la porte est un large banc de boue séchée où l'on étend un tapis pour le chef. Il s'y établit dès le matin, entouré de ses principaux esclaves et visité par ses amis. Le café et la pipe y fument sans cesse. Une grande cour remplie de chevaux, de chameaux, de chèvres et de vaches entoure la maison. Il y a toujours deux ou trois belles juments sellées et bridées pour les courses du maître.

Nous ne nous arrêtâmes que quelques momens près du palais de boue du scheik, qui nous offrit de l'eau, du café, la pipe, et fit égorger un veau et plusieurs moutons pour notre caravane. Nous reçûmes aussi en présent des grains de doura grillés, des poulets et des pastèques; nous repartîmes précédés du scheik et de quinze à vingt des principaux Arabes de la ville; nous trouvâmes quelques champs de maïs et de doura bien cultivés aux environs de Jéricho; quelques jardins d'orangers et de grenadiers, quelques beaux palmiers entourent aussi les maisons éparses autour de la ville; puis tout redevient désert et sable. Ce désert est une immense plaine à plusieurs gradins qui vont en s'abaissant successivement jusqu'au fleuve du Jourdain par des degrés réguliers comme les marches d'un escalier naturel ; l'œil ne voit qu'une plaine unie ; mais, après avoir marché une heure, on se trouve tout à coup au bord d'une de ces terrasses; on descend par une pente rapide ; on marche une heure encore, puis une nouvelle descente, et ainsi de suite. Le sol est un sable blanc, solide et recouvert d'une croûte concrète et saline produite, sans doute, par les brouillards de la mer Morte, qui, en s'évaporant, laissent cette croûte de sel ; il n'y a ni pierre ni terre, excepté en approchant des bords du fleuve ou des montagnes; on a partout un horizon assez vaste, et l'on peut distinguer de très-loin un Arabe galopant dans la plaine. Comme ce désert est le théâtre de leur brigandage, du pillage et du massacre des caravanes qui vont de Jérusalem à Damas, ou de la Mésopotamie en Égypte, les Arabes ont profité de quelques mamelons formés par le sable mouvant et en ont aussi élevé eux-mêmes de factices pour se dérober aux regards des caravanes et les observer de plus loin; ils creusent un trou dans le sable au sommet de ces mamelons et s'y enterrent, eux et leurs chevaux. Aussitôt qu'ils aperçoivent une proie, ils s'élancent avec la rapidité du faucon ; ils vont avertir leur tribu et reviennent ensemble à l'attaque : c'est là leur unique industrie, leur unique gloire ; leur civilisation à eux, c'est le meurtre et le pillage, et ils attachent autant d'estime à leurs succès dans ce genre d'exploits que nos conquérants à la conquête d'une province. Leurs poëtes, car ils en ont, célèbrent dans leurs vers ces scènes de barbarie, et font passer de générations en générations le souvenir honoré de leur courage et de leurs crimes. Les chevaux surtout ont leur part de gloire dans ces récits ; en voici un que le fils du scheik nous raconta chemin faisant :

« Un Arabe et sa tribu avaient attaqué dans le désert la caravane de Damas; la victoire était complète, et les Arabes étaient déjà occupés à charger leur riche butin, quand les cavaliers du pacha d'Acre, qui venaient à la rencontre de cette caravane, fondirent à l'improviste sur les Arabes victorieux, en tuèrent un grand nombre, firent les autres prisonniers, et les ayant attachés avec des cordes, les emmenèrent à Acre pour en faire présent au pacha. Abou-el-Marsch, c'est le nom de l'Arabe dont il nous parlait, avait reçu une balle dans le bras pendant le combat; comme sa blessure n'était pas mortelle, les Turcs l'avaient attaché sur un chameau, et, s'étant emparés du cheval, emmenaient le cheval et le cavalier. Le soir du jour où ils devaient entrer à Acre, ils campèrent avec leurs prisonniers dans les montagnes de Saphadt; l'Arabe blessé avait les jambes liées ensemble par une courroie de cuir, et était étendu près de la tente où couchaient les Turcs. Pendant la nuit, tenu éveillé par la douleur de sa blessure, il entendit hennir son cheval parmi les autres chevaux entravés autour des tentes; selon l'usage des Orientaux; il reconnut sa voix, et ne pouvant résister au désir d'aller parler encore une fois au compagnon de sa vie, il se traîna péniblement sur la terre, à l'aide de ses mains et de ses genoux, et parvint jusqu'à son coursier. « Pauvre ami, lui dit-il, que feras-tu parmi les Turcs? tu seras emprisonné sous les voûtes d'un kan avec les chevaux d'un aga ou d'un pacha; les femmes et les enfans ne t'apporteront plus le lait de chameau, l'orge ou le doura dans le creux de la main; tu ne courras plus libre dans le désert comme le vent d'Égypte, tu ne fendras plus du poitrail l'eau du Jourdain qui rafraîchissait ton poil aussi blanc que ton écume; qu'au moins, si je suis esclave, tu restes libre! Tiens, va, retourne à la tente que tu connais, va dire à ma femme qu'Abou-el-Marsch ne reviendra plus, et passe ta tête entre les rideaux de la tente pour lécher la main de mes petits enfans. » En parlant ainsi, Abou-el-Marsch avait rongé avec ses dents la corde de poil de chèvre qui sert d'entraves aux chevaux arabes, et l'animal était libre; mais voyant son maître blessé et enchaîné à ses pieds, le fidèle et intelligent coursier comprit, avec son instinct, ce qu'aucune langue ne pouvait lui expliquer; il baissa la tête, flaira son maître, et l'empoignant avec les dents par la ceinture de cuir qu'il avait autour du corps, il partit au galop et l'emporta jusqu'à ses tentes. En arrivant et en jetant son maître sur le sable aux pieds de sa femme et de ses enfans, le cheval expira de fatigue; toute la tribu l'a pleuré, les poëtes l'ont chanté, et son nom est constamment dans la bouche des Arabes de Jéricho. »

Nous n'avons nous-mêmes aucune idée du degré d'intelligence et d'attachement auquel l'habitude de vivre avec la famille, d'être caressé par les enfans, nourri par les femmes, réprimandé ou encouragé par la voix du maître, peut élever l'instinct du cheval arabe. L'animal est, par sa race même, plus intelligent et plus apprivoisé que les races de nos climats; il en est de même de tous les animaux en Arabie. La nature ou le ciel leur a donné plus d'instinct, plus de fraternité pour l'homme que chez nous. Ils se souviennent mieux des jours d'Éden où ils étaient encore soumis volontairement à la domination du roi de la nature. J'ai vu moi-même fréquemment, en Syrie, des oiseaux, pris le matin par des enfans, et parfaitement apprivoisés le soir, n'ayant plus besoin ni de cage ni de fil aux pattes pour les retenir avec la famille qui les adopte, mais volant libres sur les orangers et les mûriers du jardin, et revenant à la voix se percher d'eux-mêmes sur le doigt des enfans ou sur la tête des jeunes filles.

Le cheval du scheik de Jéricho, que j'achetai et que je montai, me connaissait, au bout de peu de jours, pour son maître : il ne voulait plus se laisser monter par un autre, et franchissait toute la caravane pour venir à ma voix, bien que ma langue lui fût une langue étrangère. Doux et caressant pour moi, et accoutumé aux soins de mes Arabes, il marchait paisible et sage à son rang, dans la caravane, tant que nous ne rencontrions que des Turcs, des Arabes, vêtus à la turque, ou des Syriens; mais s'il venait, même un an après, à apercevoir un Bédouin, monté sur un cheval du désert, il devenait tout à coup un autre animal; son œil s'animait, son cou se gonflait, sa queue s'élevait et battait ses flancs comme un fouet; il se dressait sur ses jarrets, et marchait ainsi longtemps sous le poids de sa selle et de son cavalier : il ne hennissait pas, mais il jetait un cri belliqueux, comme celui d'une trompette d'airain, un cri tel que tous les chevaux en étaient effrayés, et s'arrêtaient, en dressant les oreilles, pour l'écouter.

Même date.

Après cinq heures de marche, pendant lesquelles le fleuve semblait toujours s'éloigner de nous, nous arrivâmes au dernier plateau, au pied duquel il devait couler ; mais bien que nous n'en fussions plus qu'à deux ou trois cents pas, nous n'apercevions toujours que la plaine et le désert devant nous, et aucune trace de vallée ni de fleuve. C'est, je pense, cette illusion du désert qui a fait dire et croire à quelques voyageurs que le Jourdain roulait ses eaux bourbeuses sur un lit de cailloux et entre des rivages de sable dans le désert de Jéricho. Ces voyageurs n'avaient pas pu parvenir jusqu'au fleuve, et voyant de loin une vaste mer de sable, ils n'ont pu s'imaginer qu'une oasis fraîche, profonde, ombreuse et délicieuse, était creusée entre les plateaux de ce désert monotone, et couvrait les flots à plein bord, et le lit murmurant du Jourdain, de rideaux de verdure que la Tamise même lui envierait : c'est là pourtant la vérité. Nous en restâmes confondus et charmés quand, arrivés nous-mêmes au bord du dernier plateau qui manque tout à coup sous les pas, et se creuse en vallée à pic, nous eûmes devant les yeux un des plus gracieux vallons où jamais nos regards se fussent reposés. Nous nous y précipitâmes au galop de nos chevaux, attirés par la nouveauté du spectacle et par l'attrait de la fraîcheur, de l'humidité et de l'ombre, dont cette vallée était toute pleine : ce n'était partout que pelouses du plus beau vert, où croissaient çà et là des touffes de joncs en fleurs, et des plantes bulbeuses dont les larges et éclatantes corolles semaient d'étoiles de toutes couleurs les gazons et le pied des arbres ; des bosquets d'arbustes aux longues tiges flexibles, retombant comme des panaches tout autour de leurs troncs multipliés ; de grands peupliers de Perse, aux légers feuillages, non pas s'élevant en pyramides, comme nos peupliers taillés, mais jetant librement, de tous côtés, leurs membres nerveux comme ceux des chênes, et dont l'écorce, lisse et blanche, brillait aux rayons mobiles du soleil du matin ; des forêts de saule de toute espèce ; et de grands osiers, tellement touffus, qu'il était impossible d'y pénétrer, tant les arbres étaient pressés, et tant les innombrables lianes, qui serpentaient à leurs pieds et se tressaient d'une tige à l'autre, formaient entre eux un extricable réseau. Ces forêts s'étendaient à perte de vue, des deux côtés, et sur les deux rives du fleuve. Il nous fallut descendre de cheval, et établir notre camp dans une des clairières de la forêt, pour pénétrer à pied jusqu'au cours du Jourdain, que nous entendions sans le voir. Nous avançâmes avec peine, tantôt dans le fourré du bois, tantôt dans les longues herbes, tantôt à travers les tiges hautes des joncs ; enfin, nous trouvâmes un endroit où le gazon seul bordait les eaux, et nous trempâmes nos pieds et nos mains dans le fleuve. Il peut avoir cent à cent vingt pieds de largeur ; sa profondeur paraît considérable, son cours est rapide comme celui du Rhône à Genève ; ses eaux sont d'un bleu pâle, légèrement ternies par le mélange des terres grises qu'il traverse et qu'il creuse, et dont nous entendions, de momens en momens, d'énormes falaises qui s'écroulaient dans son cours : ses bords sont à pic, mais il les remplit jusqu'au pied des joncs et des arbres dont ils sont couverts. Ces arbres, à chaque instant minés par les eaux, y laissent pendre et traîner leurs racines ; souvent déracinés eux-mêmes, et manquant d'appui dans la terre qui s'éboule, ils penchent sur les eaux avec tous leurs rameaux et toutes leurs feuilles, qui y trempent et lancent comme des arches de verdure d'un bord à l'autre. De temps en temps un de ces arbres est emporté avec la portion du sol qui le soutient, et vogue tout feuillé sur le fleuve avec ses lianes arrachées et accrochées à ses branches, ses nids submergés, et ses oiseaux encore perchés sur ses rameaux : nous en vîmes passer plusieurs, pendant le peu d'heures que nous restâmes dans cette charmante oasis. La forêt suit toutes les sinuosités du Jourdain, et lui tresse partout une perpétuelle guirlande de rameaux et de feuilles qui trempent dans l'eau et font murmurer ses vagues légères. Une innombrable quantité d'oiseaux habite ces forêts impénétrables. Les Arabes nous avertissent de ne pas marcher sans nos armes, et de ne nous avancer qu'avec précaution, parce que ces épais taillis sont le repaire de quelques lions, de panthères et de chats-tigres. Nous n'en vîmes aucun, mais nous entendîmes souvent dans l'ombre du fourré des rugissemens et des bruits semblables à ceux que font les grands animaux en perçant les profondeurs des bois. Nous parcourûmes, pendant une ou deux heures, les parties accessibles du rivage de ce beau fleuve. Dans quelques endroits, les Arabes des tribus sauvages des montagnes de l'Arabie Pétrée, au pied desquelles nous étions, avaient incendié la forêt, pour y pénétrer ou pour enlever du bois : il y restait une grande quantité de troncs, calcinés seulement par l'écorce; mais les jets nouveaux avaient poussé autour des arbres brûlés, et les plantes grimpantes de ce sol fertile avaient déjà tellement enlacé les arbres morts et les arbres jeunes, que la forêt en était plus étrange, sans en être moins vaste et moins luxuriante. Nous cueillîmes une ample provision de branches de saules, de peupliers, de tous les arbres à longue tige et à belle écorce, dont j'ignore les noms, pour en faire des présens à nos amis d'Europe, et nous rejoignîmes le camp que nos Arabes avaient changé de place pendant notre excursion au bord du fleuve.

Ils avaient découvert un site encore plus gracieux et plus propre à dresser nos tentes, que tous ceux que nous venions de parcourir : c'était une pelouse d'une herbe aussi fine et aussi touffue que si elle eût été broutée par un troupeau de moutons. Çà et là, disséminés sur cette pelouse, quelques arbustes à large feuille, quelques jeunes touffes de platanes et de sycomores jetaient une tache d'ombre sur l'herbe pour nous abriter et tenir les chevaux au frais. Le Jourdain, dont le cours n'était qu'à vingt pas, avait creusé un petit golfe peu profond dans le milieu de la clairière, et ses eaux venaient y tournoyer aux pieds de deux ou trois grands peupliers. Une pente accessible menait jusqu'au fleuve et nous permettait d'y conduire un à un nos chevaux altérés, et d'aller nous y baigner nous-mêmes. Nous dressâmes là nos deux tentes, et nous y fîmes la halte du jour.

Le jour suivant, 2 novembre, nous continuâmes notre route, tirant vers les plus hautes montagnes de l'Arabie Pétrée, quittant et retrouvant le Jourdain, selon les sinuosités de son cours, et nous rapprochant de la mer Morte. Il y a, non loin du cours du fleuve, dans un endroit du désert que je ne saurais comment désigner, les restes encore imposans d'un château des croisés, bâti par eux, apparemment pour garder cette route. Cette masure est inhabitée, et peut servir au contraire à abriter les Arabes en embuscade pour dépouiller les caravanes. Elle produit, au milieu de ces vagues de sable, l'effet d'une carcasse de vaisseau, abandonnée sur l'horizon de la mer. En approchant de la mer Morte, les ondulations de terrain diminuent ; la pente incline insensiblement vers le rivage ; le sable devient spongieux, et les chevaux, enfonçant à chaque pas, avancent péniblement. Quand nous aperçûmes enfin la réverbération des flots, nous ne pûmes contenir notre impatience ; nous partîmes au galop pour nous précipiter dans les premières vagues qui dormaient devant nous, brillantes comme du plomb fondu, sur le sable. Le scheik de Jéricho et ses Arabes, qui nous suivaient toujours, croyant que nous voulions courir le dgérid avec eux, partirent alors en même temps en tous sens dans la plaine, et, revenant sur nous en poussant des cris, brandissaient leurs longues lances de roseaux comme s'ils eussent voulu nous percer; puis arrêtant court leurs chevaux et les renversant sur leurs jarrets, ils nous laissaient passer et repartaient de nouveau pour revenir encore. J'arrivai le premier, grâce à la vitesse de mon cheval turcoman; mais, à trente ou quarante pas des flots, le lit de sable mêlé de terre est tellement humide et d'un fond si marécageux, que mon cheval enfonçait jusqu'au ventre, et que je craignis d'être englouti. Je revins sur mes pas; et descendant de cheval, nous nous approchâmes à pied du rivage. La mer Morte a été décrite par plusieurs voyageurs. Je n'ai noté ni son poids spécifique, ni la quantité de sel relative que ses eaux contiennent. Ce n'était pas de la science ou de la critique que je venais y chercher. J'y venais simplement parce qu'elle était sur ma route, parce qu'elle était au milieu d'un désert fameux, fameuse elle-même par l'engloutissement des villes qui s'élevèrent jadis là où je voyais s'étendre ses flots immobiles. Ses bords sont plats du côté du levant et du couchant; au nord et au midi, les hautes montagnes de Judée et d'Arabie l'encadrent, et descendent presque jusqu'à ses flots. Celles d'Arabie cependant s'en éloignent un peu plus, surtout du côté de l'embouchure du Jourdain où nous étions alors. Ces bords sont entièrement déserts; l'air y est infect et malsain. Nous en éprouvâmes nous-mêmes l'influence pendant plusieurs jours que nous passâmes dans ce désert. Une grande pesanteur de tête et un sentiment fébrile nous atteignit tous et ne nous abandonna qu'en quittant cette atmosphère. On n'y aperçoit pas d'île. Cependant, au coucher du soleil, du haut d'un monticule de sable, je crus en distinguer deux à l'extrémité de l'horizon, du côté de l'Idumée. Les Arabes n'en savent rien. La mer a, dans cette partie, au moins trente lieues de long, et ils ne s'aventurent jamais à suivre si loin son rivage. Aucun voyageur n'a jamais pu tenter une circumnavigation de la mer Morte; elle n'a même jamais été vue par son autre extrémité, ni par ses deux rivages de Judée et d'Arabie. Nous sommes, je crois, les premiers qui ayons pu en toute liberté l'explorer sous les trois faces, et si nous avions eu à nous un peu plus de temps à dépenser, rien ne nous eût empêché de faire venir des planches de sapin du Liban, de Jérusalem ou de Jaffa, de faire construire sur les lieux une chaloupe, et de visiter en paix toutes les côtes de cette méditerranée merveilleuse. Les Arabes, qui ne laissent pas ordinairement approcher les voyageurs, et dont les préjugés s'opposent à ce que personne tente de naviguer sur cette mer, étaient alors tellement dévoués à nos moindres volontés, qu'ils n'auraient mis nul obstacle à notre tentative. Je l'aurais certainement exécutée si j'avais pu prévoir l'accueil que ces Arabes nous firent. — Mais il était trop tard; il aurait fallu renvoyer à Jérusalem, faire venir des charpentiers pour construire la barque; tout cela nous eût pris, avec la navigation, au moins trois semaines, et nos jours étaient comptés. J'y renonçai donc, non sans peine. Un voyageur, dans les mêmes circonstances que moi, pourra facilement l'accomplir, et jeter sur ce phénomène naturel et sur cette question géographique, les lumières que la critique et la science sollicitent depuis si longtemps.

L'aspect de la mer Morte n'est ni triste ni funèbre, excepté à la pensée. A l'œil, c'est un lac éblouissant, dont la nappe immense et argentée répercute la lumière et le ciel, comme une glace de Venise; des montagnes, aux belles coupes, jettent leur ombre jusque sur ses bords.. On dit qu'il n'y a ni poissons dans son sein, ni oiseaux sur ses rives. Je n'en sais rien; je n'y vis ni procellaria, ni mouettes, ni ces beaux oiseaux blancs, semblables à des colombes marines, qui nagent tout le jour sur les vagues de la mer de Syrie, et accompagnent les caïques sur le Bosphore; mais à quelques centaines de pas de la mer Morte, je tirai et tuai des oiseaux semblables à des canards sauvages, qui se levaient des bords marécageux du Jourdain. Si l'air de la mer était mortel pour eux, ils ne viendraient pas si près affronter ses vapeurs méphitiques. Je n'aperçus pas non plus ces ruines de villes englouties que l'on voit, dit-on, à peu de profondeur sous les vagues. Les Arabes qui m'accompagnaient prétendent qu'on les découvre quelquefois. Je suivis longtemps les bords de cette mer, tantôt du côté de l'Arabie où est l'embouchure du Jourdain (ce fleuve est là, véritablement, comme les voyageurs le décrivent, une mare d'eau sale dans un lit de boue); tantôt du côté des montagnes de Judée, où les rivages s'élèvent et prennent quelquefois la forme des légères dunes de l'Océan. La nappe d'eau nous offrit partout le même aspect : éclat, azur et immobilité. Les hommes ont bien conservé la faculté que Dieu leur donna, dans la Genèse, d'appeler les choses par leurs noms. Cette mer est belle; elle étincelle, elle inonde, de la réflexion de ses eaux, l'immense désert qu'elle couvre; elle attire l'œil, elle émeut la pensée; mais elle est morte; le mouvement et le bruit n'y sont plus : ses ondes, trop lourdes pour le vent, ne se déroulent pas en vagues sonores, et jamais la blanche ceinture de son écume ne joue sur les cailloux de ses bords : c'est une mer pétrifiée. Comment s'est-elle formée? apparemment comme dit la Bible et comme dit la vraisemblance; vaste centre de chaînes volcaniques qui s'étendent de Jérusalem en Mésopotamie, et du Liban à l'Idumée, un cratère se sera ouvert dans son sein, au temps où sept villes peuplaient sa plaine. Les villes auront été secouées par le tremblement de terre : le Jourdain qui, selon toute probabilité, courait alors à travers ces plaines, et allait se jeter dans la mer Rouge, arrêté tout à coup par les monticules volcaniques sortis de la terre, et s'engouffrant dans les cratères de Sodome et de Gomorrhe, aura formé cette mer corrompue par le sel, le soufre et le bitume, alimens ou produits ordinaires des volcans : voilà le fait et la vraisemblance. Cela n'ajoute ni ne retranche rien à l'action de cette souveraine et éternelle volonté, que les uns appellent miracle et que les autres appellent nature; nature et miracle n'est-ce pas tout un? et l'univers est-il autre chose que miracle éternel et de tous les momens?

Même date.

Nous revenons par le côté septentrional de la mer Morte, du côté de la vallée de Saint-Saba. Le désert est beaucoup plus accentué dans cette partie : il est labouré de vagues de terre et de sables énormes, qu'il nous faut à tout moment tourner ou franchir. La file de notre caravane se dessine onduleusement sur le dos de ses vagues, comme une longue flotte sur une grosse mer, dont on aperçoit tour à tour et dont on perd les différens bâtimens dans les plis de la vague. Après trois heures de route, quelquefois sur de petites plaines unies, où nous courons au galop, quelquefois sur le bord de profonds ravins de sable, où roulent quelques-uns de nos chevaux, nous apercevons devant nous la fumée des maisons de Jéricho, les Arabes se détachent et s'enfuient vers cette fumée. Deux seulement restent avec nous pour nous montrer la route. En approchant de Jéricho, les principaux d'entre les Arabes reviennent au-devant de nous. Nous campons au milieu d'un champ ombragé de quelques palmiers, et où coule une petite rivière. Nos tentes sont promptement dressées, et nous trouvons un souper préparé, grâce aux présens de tout genre que les Arabes ont apportés à notre camp. L'Arabe qui montait le beau cheval que je désirais emmener, avait paru admirer lui-même le cheval turcoman que j'avais monté la veille. La conversation amenée habilement sur nos chevaux mutuels, il fait l'éloge de plusieurs des miens. Je lui propose de changer le sien contre le cheval turcoman; nous débattons toute la soirée sur le surplus à donner par moi : rien ne se décide encore. A chaque fois que j'arrive à son prix, il témoigne une si grande douleur de se détacher de son cheval que nous allons nous coucher sans conclure. Le lendemain, au moment du départ, tous les chevaux déjà bridés et montés, je lui fais encore quelques avances. Il se détermine enfin à monter lui-même mon cheval turcoman, il le galope à travers la plaine : séduit par les brillantes qualités de l'animal, il m'envoie le sien par son fils. Je lui remets neuf cents piastres, je monte le cheval; et je pars. Toute la tribu semblait le voir partir avec regret : les enfans lui parlaient, les femmes le montraient du doigt, le scheik revenait sans cesse le regarder et lui faire certains signes cabalistiques, que les Arabes ont toujours la précaution de faire aux chevaux qu'ils vendent ou qu'ils achètent. L'animal lui-même semblait comprendre la séparation, et baissait tristement sa tête ombragée d'une superbe crinière, en regardant à droite et à gauche le désert d'un œil triste et inquiet. L'œil des chevaux arabes est une langue tout entière. Par leur bel œil, dont la prunelle de feu se détache du blanc large et marbré de sang de l'orbite, ils disent et comprennent tout.

J'avais cessé depuis quelques jours de monter celui de mes chevaux que je préférais à tous les autres. Par suite des innombrables superstitions arabes, il y a soixante et dix signes bons ou mauvais pour l'horoscope d'un cheval, et c'est une science que possèdent presque tous les hommes du désert. Le cheval dont je parle, et que j'avais appelé Liban, parce que je l'avais acheté dans ces montagnes, était un jeune et superbe étalon, grand, fort, courageux, infatigable et sage, et à qui je n'ai jamais reconnu l'ombre d'un vice pendant quinze mois que je l'ai monté; mais il avait sur le poitrail, dans la disposition accidentelle de son beau poil gris cendré, un de ces épis que les Arabes ont mis au nombre des signes funestes. J'en avais été prévenu en l'achetant, mais je l'avais acquis par ce raisonnement bien simple et à leur portée, qu'un signe funeste pour un mahométan était un signe favorable pour un chrétien. Ils n'avaient trouvé rien à répondre, et je montais Liban toutes les fois que j'avais à faire des journées de route plus longues ou plus mauvaises que les autres. Lorsque nous approchions d'une ville ou d'une tribu, et que l'on venait au-devant de la caravane, les Arabes ou les Turcs, frappés de la beauté et de la vigueur de Liban, commençaient par me faire compliment et par l'admirer avec l'œil de l'envie ; mais, après quelques momens d'admiration, le signe fatal, qui était cependant un peu couvert par le collier de soie et l'amulette suspendus au cou, que tout cheval porte toujours, venait à se découvrir, et les Arabes, s'approchant de moi, changeaient de figure, prenaient l'air grave et affligé, et me faisaient signe de ne plus monter ce cheval. Cela était peu important en Syrie ; mais dans la Judée et dans les tribus du désert, je craignais que cela ne portât atteinte à ma considération et ne détruisît le respect et le prestige d'obéissance qui nous entouraient. Je cessai donc de le monter, et on le menait en main à ma suite. Je ne doute pas que nous n'ayons dû une grande part de la déférence et de la crainte dont nous fûmes environnés, à la beauté des douze ou quinze chevaux arabes que nous montions ou qui nous suivaient. Un cheval en Arabie, c'est la fortune d'un homme : cela suppose tout ; cela tient lieu de tout : ils prenaient une haute idée d'un Franc qui possédait tant de chevaux, aussi beaux que ceux de leur scheik et que les chevaux du pacha.

Nous revenons à Jérusalem par cette même vallée que nous avons traversée de nuit en arrivant. Avant d'entrer dans la première gorge des montagnes, sur un beau et large plateau qui domine la plaine, nous voyons des traces évidentes d'antiques constructions, et nous supposons que c'est là le véritable emplacement de l'ancienne Jéricho. Il a fallu de grands progrès de civilisation pour bâtir les villes dans les plaines. On ne se trompe jamais en cherchant les villes antiques sur les hauteurs.

C'est dans cette gorge que la parabole touchante du Samaritain place la scène du meurtre et de la charité. Il paraît que, dès le temps de l'Évangile, ces vallées étaient en mauvaise renommée.

Journée fatigante par la monotonie de quatorze heures de route et par l'excessive ardeur du soleil réverbéré par les flancs escarpés des vallées ; nous ne rencontrons personne dans ces quatorze heures, qu'un berger arabe qui paissait un innombrable troupeau de chèvres noires, sur la croupe d'une colline.

2 novembre 1832, campé auprès de la piscine de Salomon, sous les murs de Jérusalem.

Nous voulions consacrer une journée à la prière dans ce lieu vers lequel tous les chrétiens se tournent en priant, comme les mahométans se tournent vers la Mecke. Nous engageâmes le religieux qui faisait seul les fonctions de curé à Jérusalem, à célébrer, pour nos parens vivans et morts, pour nos amis de tous les temps et de tous les lieux, pour nous-mêmes enfin, la commémoration du grand et douloureux sacrifice qui avait arrosé cette terre du sang du juste pour y faire germer la charité et l'espérance ; nous y assistâmes tous dans les sentimens que nos souvenirs, nos douleurs, nos pertes, nos désirs et nos mesures diverses de piété et de croyance, nous inspiraient à chacun ; nous choisîmes pour temple et pour autel la grotte de Gethsémani, dans le creux de la vallée de Josaphat ; c'est dans cette caverne du pied du mont des Olives, que le Christ se retirait, suivant les traditions, pour échapper quelquefois à la persécution de ses ennemis et à l'importunité de ses disciples ; c'est là qu'il s'entretenait avec ses pensées célestes et qu'il demandait à son père que le calice trop amer qu'il avait rempli lui-même, comme nous remplissons tous le nôtre, passât loin de ses lèvres ; c'est là qu'il dit à ses trois amis, la veille de sa mort, de rester à l'écart et de ne pas s'endormir, et qu'il fut obligé de les réveiller trois fois, tant le zèle de la charité humaine est prompt à s'assoupir ; c'est là enfin qu'il passa ces heures terribles de l'agonie, lutte ineffable entre la vie et la mort, entre la volonté et l'instinct, entre l'âme qui veut s'affranchir et la matière qui résiste parce qu'elle est aveugle! c'est là qu'il sua le sang et l'eau, et que, las de combattre avec lui-même sans que la victoire de l'intelligence donnât la paix à ses pensées, il dit ces paroles finales, ces paroles qui résument tout l'homme et tout Dieu, ces paroles qui sont devenues la sagesse de tous les sages, et qui devraient être l'épitaphe de toutes les vies, et l'inscription unique de toutes les choses créées : Mon père! que votre volonté soit faite, et non la mienne!

Le site de cette grotte, creusée dans le rocher du Cédron, est un des sites les plus probables et les mieux justifiés par l'aspect des lieux, de tous ceux que la pieuse crédulité populaire a assignés à chacune des scènes du drame évangélique; c'est bien là la vallée assise à l'ombre de la mort, l'abîme caché sous les murs de la ville, le creux le plus profond et vraisemblablement alors le plus fui des hommes, où le Christ, qui devait avoir tous les hommes pour ennemis, parce qu'il venait attaquer tous leurs mensonges, dut chercher quelquefois un abri et se recueillir en lui-même pour méditer, pour prier et pour souffrir! Le torrent impur de Cédron coule à quelques pas. Ce n'était alors qu'un égout de Jérusalem; la colline des Oliviers s'y replie pour se joindre avec les collines qui portent le tombeau des rois, et forme là comme un coude enfoncé, où des masses d'oliviers, de térébinthes et de figuiers, et ces arbres fruitiers que le pauvre peuple cultive toujours, dans la poussière même du rocher, aux alentours d'une grande ville, devaient cacher l'entrée de la grotte; de plus ce site ne fut pas remué et rendu méconnaissable par les ruines qui ensevelirent Jérusalem. Des disciples qui avaient veillé et prié avec le Christ purent revenir et dire, en marquant le rocher et les arbres : C'était là! Une vallée ne s'efface pas comme une rue, et le moindre rocher dure plus que le plus magnifique des temples.

La grotte de Gethsémani et le rocher qui la couvre sont

entourés maintenant des murs d'une petite chapelle fermée à clef, et dont la clef reste entre les mains des religieux latins de Jérusalem. Cette grotte et les sept oliviers du champ voisin leur appartiennent; la porte, taillée dans le roc, ouvre sur la cour d'un autre pieux sanctuaire, que l'on appelle le Tombeau de la Vierge; celle-ci appartient aux Grecs; la grotte est profonde et haute, et divisée en deux cavités qui communiquent par une espèce de portique souterrain. Il y a plusieurs autels taillés aussi dans la roche vive; on n'a pas défiguré ce sanctuaire donné par la nature, par autant d'ornemens artificiels que tous les autres sanctuaires du Saint-Sépulcre; la voûte, le sol et les parois sont le rocher même, suintant encore, comme des larmes, l'humidité caverneuse de la terre qui l'enveloppe; on a seulement appliqué, au-dessus de chaque autel, une mauvaise représentation, en lames de cuivre peint de couleur de chair, et de grandeur naturelle, de la scène de l'agonie du Christ, avec les anges qui lui présentent le calice de la mort; si l'on arrachait ces mauvaises figures qui détruisent celles que l'imagination pieuse aime à se créer dans l'ombre de cette grotte vide; si on laissait les regards mouillés de larmes monter librement et sans images sensibles vers la pensée dont cette nuit est pleine, cette grotte serait la plus intacte et la plus religieuse relique des collines de Sion; mais il faut que les hommes gâtent toujours un peu tout ce qu'ils touchent! Hélas! s'ils avaient altéré et gâté seulement les pierres et les ruines de ces scènes visibles! Mais que n'ont-ils pas fait des dogmes, des doctrines, des exemples, de cette religion de raison, de simplicité, d'amour et d'humilité, que le fils de l'homme leur avait enseignée au prix de son sang? Quand Dieu permet qu'une vérité tombe sur la terre, les hommes commencent par maudire et par lapider celui qui l'apporte, puis ils s'emparent de cette vérité qu'ils n'ont pu tuer avec lui parce qu'elle est immortelle; c'est sa dépouille, c'est leur héritage; mais comme la pierre précieuse que les malfaiteurs enlèvent au pèlerin céleste, ils l'enchâssent dans tant d'erreurs qu'elle devient méconnaissable, jusqu'à ce que le jour brille de nouveau sur elle, et que, séparant après des siècles le diamant de son entourage, la sagesse dise : Voilà le vrai, voilà le faux ; ceci est la vérité, ceci est l'erreur ! Voilà pourquoi toutes les religions ont deux natures dont l'association étonne les esprits ; une nature populaire : miracles, légendes, superstitions honteuses ; alliage impur dont les siècles d'ignorance et de ténèbres mêlent et ternissent la pensée du ciel ; une nature rationnelle et philosophique que l'on découvre éclatante et immuable en effaçant de la main la rouille humaine, et qui, présentée au jour éternel et incorruptible, qui est la raison, la réfléchit pure et entière, et éclaire toute chose et toute intelligence de cette lumière de vérité et d'amour au fond de laquelle on voit et l'on aime l'*Être évident*, Dieu !

Même date.

Il reste, non loin de la grotte de Gethsémani, un petit coin de terre ombragée encore par sept oliviers, que les traditions populaires assignent comme les mêmes arbres sous lesquels Jésus se coucha et pleura. Ces oliviers, en effet, portent réellement sur leurs troncs et sur leurs immenses racines la date des dix-huit siècles qui se sont écoulés depuis cette grande nuit. Ces troncs sont énormes et formés, comme tous ceux des vieux oliviers, d'un grand nombre de tiges qui semblent s'être incorporées à l'arbre, sous la même écorce, et forment comme un faisceau de colonnes accouplées. Leurs rameaux sont presque desséchés, mais portent cependant encore quelques olives. Nous cueillîmes celles qui jonchaient le sol sous les arbres ; nous en fîmes tomber quelques-unes avec une pieuse discrétion, et nous en remplîmes nos poches pour les apporter en reliques, de cette terre, à nos amis. Je conçois qu'il est doux pour l'âme chrétienne de prier, en roulant dans ses doigts les noyaux d'olives de ces arbres dont Jésus arrosa et féconda peut-être les racines de ses larmes, quand il pria lui-même, pour la dernière fois, sur la terre. Si ce ne sont pas les mêmes troncs, ce sont probablement les rejetons de ces arbres sacrés. Mais rien ne prouve que ce ne soient pas identiquement les mêmes souches. J'ai parcouru toutes les parties du monde où croît l'olivier; cet arbre vit des siècles, et nulle part je n'en ai trouvé de plus gros, quoique plantés dans un sol rocailleux et aride. J'ai bien vu, sur le sommet du Liban, des cèdres que les traditions arabes reportent aux années de Salomon. Il n'y a là rien d'impossible; la nature a donné à certains végétaux plus de durée qu'aux empires; certains chênes ont vu passer bien des dynasties, et le gland que nous foulons aux pieds, le noyau d'olive que je roule dans mes doigts, la pomme de cèdre que le vent balaie, se reproduiront, fleuriront et couvriront encore la terre de leur ombre, quand les centaines de générations qui nous suivent auront rendu à la terre cette poignée de poussière qu'elles lui empruntent tour à tour. Ceci n'est pas une marque de mépris de la création pour nous. L'importance relative des êtres ne se mesure pas à la durée, mais à l'intensité de leur existence. Il y a plus de vie dans une heure de pensée, de contemplation, de prière ou d'amour, que dans une existence tout entière d'homme purement physique. Il y a plus de vie dans une pensée qui parcourt le monde et monte au ciel dans un espace de temps inappréciable, dans le millionième d'une seconde, que dans les dix-huit siècles de végétation des oliviers que je touche, ou dans les deux mille cinq cents ans des cèdres de Salomon.

FONTAINE DE SILOÉ.

Même date.

Déjeuné, assis sur les marches de la fontaine de Siloé. Ecrit quelques vers, déchiré et jeté les lambeaux dans la source. La parole est une arme ébréchée. Les plus beaux vers sont ceux qu'on ne peut pas écrire. Les mots de toute langue sont incomplets, et chaque jour le cœur de l'homme trouve, dans les nuances de ses sentimens, et l'imagination dans les impressions de la nature visible, des choses que la bouche ne peut exprimer, faute de mots. Le cœur et la pensée de l'homme sont un musicien forcé de jouer une musique infinie sur un clavier qui n'a que quelques notes. Il vaut mieux se taire. Le silence est une belle poésie dans certains momens. L'esprit l'entend et Dieu la comprend : c'est assez.

Même date.

En remontant la vallée de Josaphat, je passe auprès du sépulcre d'Absalon. C'est un bloc de rocher taillé dans le bloc même de la montagne de Silhoa, et qui n'est pas détaché du roc primitif qui lui sert de base. Il a environ trente pieds d'élévation, et vingt de large sur toutes ses faces. Je le dis au hasard, car je ne mesure rien : la toise ne sert qu'à l'architecte. La forme est une base carrée avec une porte grecque au milieu, corniche corinthienne, portant pyramide au sommet. Nul caractère romain ni grec. — Apparence grave, bizarre, monumentale et neuve comme les monumens égyptiens. Les Juifs n'eurent pas d'architecture propre. Ils empruntèrent à l'Égypte, à la Grèce, mais, je crois, surtout aux Indes ; la clef de tout est aux Indes ; la génération des pensées et des arts me semble remonter là. Elles ont enfanté l'Assyrie, la Chaldée, la Mésopotamie, la Syrie, les grandes villes du désert, comme Balbek; puis l'Égypte, puis les îles, comme Crète et Chypre, puis l'Étrurie, puis Rome ; puis la nuit est venue, et le christianisme, couvé d'abord par la philosophie platonicienne, ensuite par la barbare ignorance du moyen âge, a enfanté notre civilisation et nos arts modernes. Nous sommes jeunes, et nous passons à peine l'âge de la virilité. Un monde nouveau dans la pensée, dans les formes sociales et dans les arts, sortira, probablement avant peu de siècles, de la grande ruine du moyen âge à laquelle nous assistons. On sent que le monde moral porte son fruit, dont l'enfantement se fera dans les convulsions et la douleur ; la parole écrite et multipliée par la presse, en portant la discussion, la critique et l'examen sur tout, en appelant la lumière de toutes les intelligences sur chaque point de fait ou de contestation dans le monde, amène invinciblement l'âge de raison pour l'humanité. La révélation à tous par tous. — La réverbération de la lumière divine, qui est raison et religion, par tous les centres de l'humanité. — On ferait un beau livre de l'histoire de l'esprit divin dans les différentes phases de l'humanité ; de l'histoire de la divinité dans l'homme, où l'on trouverait ce principe religieux agissant d'abord dans les premiers temps connus de l'humanité par les instincts et par les impulsions aveugles ; puis chantant par la voix des poëtes, *mens divinior*; puis se manifestant sur les tables des législateurs, ou dans les initiations mystérieuses des théocraties indiennes, égyptiennes, hébraïques. Lorsque ces formes mythologiques s'évanouissent de l'esprit humain, usées par le temps, épuisées par la crédulité des hommes, on le verrait disséminé et épars dans les grandes écoles philosophiques de la Grèce et de l'Asie-Mineure et dans les sectes pythagoriciennes, chercher en vain des symboles universels jusqu'à ce que le christianisme résumât toute vérité spéculative et contestée en ces deux grandes vérités pratiques et incontestables : adoration d'un Dieu unique ; charité et fraternité entre tous les hommes. Le christianisme lui-même, obscurci et mêlé d'erreurs comme toute doctrine devenue populaire, par les crédulités des siècles qu'il a traversés, paraît destiné à se transformer lui-même, à ressortir plus rationnel et plus pur des mystères surabondans dont on l'a enveloppé, et à confondre ses divines clartés avec celle de la religieuse raison qu'il a fait éclore le premier, et élevée si haut sur l'horizon de l'humanité.

Même date.

Un peu au-dessus de la naissance de la vallée du Cédron, au nord de Jérusalem, nous traversâmes quelques champs d'une terre rougeâtre et plus fertile, couverte d'un bois d'oliviers. A environ cinq cents pas de la ville, nous nous trouvâmes aux bords d'une profonde carrière ; nous y descendîmes. A gauche, un bloc de roche, richement sculpté, s'étendait dans toute la largeur de la carrière, et laissait voir au-dessous une étroite ouverture à demi fermée par la terre et les pierres éboulées. Un homme pouvait à peine s'y glisser en rampant. Nous y pénétrâmes, mais comme nous n'avions ni briquets ni torches, nous ressortîmes aussitôt, et ne visitâmes pas les chambres intérieures : c'étaient les sépulcres des rois. La frise, magnifiquement sculptée et du plus beau travail grec, qui règne sur le rocher extérieur, assigne à cette décoration des monumens l'époque la plus florissante des arts dans la Grèce ; cependant elle date peut-être de Salomon, car qui peut savoir ce que ce grand prince avait emprunté au génie des Indes ou de l'Égypte ?

3 novembre 1832.

La peste, qui ravage de plus en plus Jérusalem et les environs, ne nous permet pas d'entrer dans Bethléem, dont le couvent et le sanctuaire sont fermés. Nous montons cependant à cheval dans la soirée, et après avoir traversé un plateau d'environ deux lieues, qui règne à l'orient de Jérusalem, nous arrivons sur une hauteur à peu de distance de Bethléem et d'où l'on découvre parfaitement toute cette petite ville. A peine y étions-nous assis, qu'une nombreuse cavalcade d'Arabes bethléémites arrive et demande à m'être présentée. Après les complimens d'usage, ils me disent qu'ils sont députés auprès de moi par la population de Bethléem pour me prier de faire diminuer l'impôt dont Ibrahim-Pacha a frappé leur ville ; qu'ils savent, par la renommée et par les Arabes d'Abougosh, leur chef, qu'Ibrahim-Pacha est mon ami et ne me refusera certainement pas, si je sollicite son indulgence pour eux. Comme les Arabes bethléémites sont la plus détestable race de ces contrées, toujours en guerre avec leurs voisins, toujours rançonnant le couvent latin de Bethléem, je leur réponds avec gravité, en leur faisant de sévères reproches sur leurs rapines, que j'aurai égard à leur requête et que je la présenterai au pacha, mais à condition qu'ils respecteront les Européens, les pèlerins, et surtout les couvens de Bethléem et du désert de Saint-Jean ; et que, s'ils se permettent la moindre violation de domicile à l'égard de ces pauvres religieux, la résolution d'Ibrahim est de les exterminer jusqu'au dernier, ou de les chasser dans les déserts de l'Arabie Pétrée. J'ajoute, et ceci semble leur faire une vive impression, que si les forces d'Ibrahim-Pacha ne suffisent pas, les pachas de l'Europe sont décidés à venir eux-mêmes, et à les mettre à la raison. En attendant, je les engage à payer le tribut. Depuis ce jour-là jusqu'au jour de mon départ, j'ai eu constamment à ma suite, malgré toutes mes instances pour les congédier, un certain nombre de scheiks bédouins de Bethléem, d'Hébron et du désert de Saint-Jean, qui ne cessaient de m'implorer pour la réduction du tribut. Rentré au camp dans la vallée de la piscine de Salomon, sous les murs de Sion, je reçois la visite d'Abougosh, qui vient avec son oncle et son frère s'informer de nos nouvelles. Je lui donne le café et la pipe, et nous causons une heure à la porte de ma tente, assis chacun sous un olivier.

Même date.

Un courrier de Jaffa m'apporte des lettres d'Europe et de Bayruth, et me les remet sous les remparts de Jérusalem. Ces lettres me rassurent sur la santé de ma fille : mais comme elle ajoute au bas de la lettre de sa mère qu'elle ne veut pas absolument que j'aille en Égypte en ce moment, je change ma marche; je contremande ma caravane de chameaux à El-Arisch, et je me détermine à revenir par la côte de Syrie. Nous levons nos tentes; j'envoie un présent de cinq cents piastres au couvent, en outre de quinze cents piastres que j'ai payées pour chapelets, reliques, crucifix, etc., et nous prenons de nouveau la route du désert de Saint-Jean.

L'aspect général des environs de Jérusalem peut se peindre en peu de mots : montagnes sans ombre, vallées sans eau, terre sans verdure, rochers sans terreur et sans grandiose ; quelques blocs de pierre grise perçant la terre friable et crevassée ; de temps en temps un figuier auprès, une gazelle ou un chacal se glissant furtivement entre les brisures de la roche ; quelques plants de vigne rampant sur la cendre grise ou rougeâtre du sol ; de loin en loin un bouquet de pâles oliviers jetant une petite tache d'ombre sur les flancs escarpés d'une colline à l'horizon, un térébinthe ou un noir caroubier se détachant triste et seul du bleu du ciel ; les murs et les tours grises des fortifications de la ville apparaissant de loin sur la crête de Sion ; voilà la terre. Un ciel élevé, pur, net, profond, où jamais le moindre nuage ne flotte et ne se colore de la pourpre du soir et du matin. Du côté de l'Arabie, un large gouffre descendant entre les montagnes noires, et conduisant les regards jusqu'aux flots éblouissans de la mer Morte et à l'horizon violet des cimes des montagnes de Moab. Pas un souffle de vent murmurant dans les créneaux ou entre les branches sèches des oliviers ; pas un oiseau chantant ni un grillon criant dans le sillon sans herbe : un silence complet, éternel, dans la ville, sur les chemins, dans la campagne. Telle était Jérusalem pendant tous les jours que nous passâmes sous ses murailles. Je n'y ai entendu que le hennissement de mes chevaux qui s'impatientaient au soleil, autour de notre camp, et qui creusaient du pied le sol en poussière, et d'heure en heure le chant mélancolique du muetzlin criant l'heure du haut des minarets, ou les lamentations cadencées des pleureurs turcs, accompagnant en longues files les pestiférés aux différens cimetières qui entourent les murs. Jérusalem, où l'on veut visiter un sépulcre, est bien elle-même le tombeau d'un peuple, mais tombeau sans cyprès, sans inscriptions, sans monumens, dont on a brisé la pierre, et dont les cendres semblent recouvrir la terre qui l'entoure de deuil, de silence et de stérilité. Nous y jetâmes plusieurs fois nos regards, en la quittant, du haut de chaque colline d'où nous pouvions l'apercevoir encore, et enfin nous vîmes, pour la dernière fois, la couronne d'oliviers qui domine la montagne de ce nom, et qui surnage longtemps dans l'horizon, après qu'on a perdu la ville de l'œil, s'abaisser elle-même dans le ciel, et disparaître comme ces couronnes de fleurs pâles que l'on jette dans un sépulcre.

Nous devions cependant y revenir encore, mais, hélas! non plus dans les mêmes sentimens; non plus pour y pleurer sur les misères des autres, mais pour y gémir sur nos propres misères, et pour y faire boire nos propres larmes à cette terre qui en a tant bu et tant séché.

Hier j'avais planté ma tente dans un champ rocailleux, où croissaient quelques troncs d'oliviers noueux ou rabougris, sous les murs de Jérusalem, à quelques centaines de pas de la tour de David; un peu au-dessus de la fontaine de Siloé qui coule encore sur les dalles usées de sa grotte, non loin du tombeau du poëte-roi qui l'a si souvent chantée. Les hautes et noires terrasses qui portaient jadis le temple de Salomon s'élevaient à ma gauche, couronnées par les trois coupoles bleues et par les colonnettes légères et aériennes de la mosquée d'Omar, qui plane aujourd'hui sur les ruines de la maison de Jéhovah. — La ville de Jérusalem, ravagée par la peste, était tout inondée des rayons d'un soleil éblouissant répercutés sur ses mille dômes, sur ses marbres blancs, sur ses tours de pierre dorée, sur ses murailles polies par les siècles et par les vents salins du lac Asphaltite; aucun bruit ne montait de son enceinte muette et morte comme la couche d'un agonisant : ses larges portes étaient ouvertes, et l'on apercevait de temps en temps le turban blanc et le manteau rouge du soldat arabe, gardien inutile de ces portes abandonnées : rien ne venait, rien ne sortait; l'air du matin soulevait seul la poudre ondoyante des chemins, et faisait un moment l'illusion d'une caravane; mais quand la bouffée de vent avait passé, quand elle était venue mourir en sifflant sur les créneaux de la tour des Pisans ou sur les trois palmiers de la maison de Caïphe, la poussière retombait, le désert apparaissait de nouveau, et le pas d'aucun chameau, d'aucun mulet, ne retentissait sur les pavés de la route ; seulement, de quart d'heure en quart d'heure, les deux battans ferrés de toutes les portes de Jérusalem s'ouvraient, et nous voyions passer les morts que la peste venait d'achever, et que deux esclaves nus portaient sur un brancard, aux tombes répandues tout autour de nous. Quelquefois un long cortége de Turcs, d'Arabes, d'Arméniens, de Juifs, accompagnait le mort et défilait en chantant, entre les troncs d'oliviers, puis rentrait à pas lents et silencieusement dans la ville ; plus souvent les morts étaient seuls ; et quand les deux esclaves avaient creusé de quelques palmes le sable ou la terre de la colline, et couché le pestiféré dans son dernier lit, ils s'asseyaient sur le tertre même qu'ils venaient d'élever, se partageaient les vêtemens du mort, et, allumant leurs longues pipes, ils fumaient en silence, et regardaient la fumée de leurs chibouks monter en légère colonne bleue, et se perdre gracieusement dans l'air limpide, vif et transparent, de ces journées d'automne.

A mes pieds, la vallée de Josaphat s'étendait comme un vaste sépulcre ; le Cédron tari la sillonnait d'une déchirure blanchâtre, toute semée de gros cailloux, et les flancs des deux collines qui la cernent étaient tout blancs de tombes et de turbans sculptés, monument banal des Osmanlis : un peu sur la droite, la colline des Oliviers s'affaissait et laissait, entre les chaînes éparses des cônes volcaniques des montagnes nues de Jéricho et de Saint-Saba, l'horizon s'étendre et se prolonger, comme une avenue lumineuse, entre des cimes de cyprès inégaux : le regard s'y jetait de lui-même, attiré par l'éclat azuré et plombé de la mer Morte, qui luisait aux pieds des degrés de ces montagnes ; et derrière, la chaîne bleue des montagnes de l'Arabie Pétrée bornait l'horizon. Mais borner n'est pas le mot, car ces montagnes semblaient transparentes comme le cristal, et l'on voyait, ou l'on croyait voir au delà un horizon vague et indéfini s'étendre encore, et nager dans les vapeurs ambiantes d'un air teint de pourpre et de céruse.

C'était l'heure de midi, l'heure où le muetzlin épie le soleil sur la plus haute galerie du minaret, et chante l'heure et la prière de toutes les heures ; voix vivante, animée, qui sait ce qu'elle dit et ce qu'elle chante, bien supérieure, à mon avis, à la voix sans conscience de la cloche de nos cathédrales. Mes Arabes avaient donné l'orge, dans le sac de poil de chèvre, à mes chevaux attachés çà et là autour de ma tente, les pieds enchaînés à des anneaux de fer : ces beaux et doux animaux étaient immobiles, leur tête penchée et ombragée par leur longue crinière éparse, leur poil gris, luisant et fumant sous les rayons d'un soleil de plomb. Les hommes s'étaient rassemblés à l'ombre du plus large des oliviers ; ils avaient étendu sur la terre leurs nattes de Damas, et ils fumaient, en se contant des histoires du désert, ou en chantant des vers d'Antar.

Antar, ce type de l'Arabe errant, à la fois pasteur, guerrier et poëte, qui a écrit le désert tout entier dans ses poésies nationales, épique comme Homère, plaintif comme Job, amoureux comme Théocrite, philosophe comme Salomon ; ses vers, qui endorment ou exaltent l'imagination de l'Arabe autant que la fumée du tombach dans le narguilé, retentissaient en sons gutturaux dans le groupe animé de mes saïs ; et quand le poëte avait touché plus juste ou plus fort la corde sensible de ces hommes sauvages, mais impressionnables, on entendait un léger murmure de leurs lèvres ; ils joignaient leurs mains, les élevaient au-dessus de leurs oreilles, et, inclinant la tête, ils s'écriaient : *Allah! Allah! Allah!*

Plus tard, le souvenir de ces heures passées ainsi à écouter ces vers, que je ne pouvais comprendre, me fit rechercher avec soin quelques fragmens de poésies arabes populaires, et surtout du poëme héroïque d'Antar. Je parvins à m'en procurer un certain nombre, et je me les faisais traduire par mon drogman pendant les soirées d'hiver que je passai dans le Liban. Je commençais moi-même à entendre un peu d'arabe, mais pas assez pour le lire ; mon interprète traduisait les morceaux du poëme en italien vulgaire, et je les traduisais ensuite mot à mot en français. Je conserve ces essais poétiques inconnus en Europe, et je les fais insérer à la fin de ce volume. On verra que la poésie est de tous les lieux, de tous les temps et de toutes les civilisations.

Le poëme d'Antar est, comme je viens de le dire, la poésie nationale de l'Arabe errant; ce sont les livres saints de son imagination. Combien d'autres fois encore n'ai-je pas vu des groupes de mes Arabes, accroupis le soir autour du feu de mon bivouac, tendre le cou, prêter l'oreille, diriger leurs regards de feu vers un de leurs compagnons qui leur récitait quelques passages de ces admirables poésies, tandis qu'un nuage de fumée, s'élevant de leurs pipes, formait au-dessus de leurs têtes l'atmosphère fantastique des songes, et que nos chevaux, la tête penchée sur eux, semblaient eux-mêmes attentifs à la voix monotone de leurs maîtres. Je m'asseyais non loin du cercle, et j'écoutais aussi, bien que je ne comprisse pas; mais je comprenais le son de la voix, le jeu des physionomies, les frémissemens des auditeurs; je savais que c'était de la poésie, et je me figurais des récits touchans, dramatiques, merveilleux, que je me récitais à moi-même. C'est ainsi qu'en écoutant de la musique mélodieuse ou passionnée, je crois entendre les paroles, et que la poésie de la langue chantée me révèle et me parle la poésie de la langue écrite; faut-il même tout dire : je n'ai jamais lu de poésie comparable à cette poésie que j'entendais dans la langue inintelligible pour moi de ces Arabes; l'imagination dépassant toujours la réalité, je croyais comprendre la poésie primitive et patriarcale du désert; je voyais le chameau, le cheval, la gazelle; je voyais l'oasis dressant ses têtes de palmiers d'un vert jaune au-dessus des dunes immenses de sable rouge, les combats des guerriers et les jeunes beautés arabes enlevées et reprises parmi la mêlée et reconnaissant leurs amans dans leurs libérateurs. Cela me rappelle que j'ai eu toujours plus de plaisir à lire un poëte étranger dans une détestable et plate traduction que dans l'original même; c'est que l'original le plus beau laisse toujours quelque chose à désirer dans l'expression, et que la mauvaise traduction ne fait qu'indiquer la pensée, le motif poétique; que l'imagination, brodant elle-même ce motif avec des paroles qu'elle suppose aussi transparentes que l'idée, jouit d'un plaisir complet et qu'elle se crée à elle-même. L'infini étant dans la pensée, elle le suppose dans l'expression; le plaisir est ainsi infini. Il faut, pour se donner ce plaisir, être jusqu'à un certain point musicien ou poëte; mais qui ne l'est pas?

Antar, à la fois le héros et le poëte de l'Arabe errant, est peu connu de nous; nous savons mal son histoire; nous ignorons même la date précise de son existence. Quelques savans prétendent qu'il vivait dans le sixième siècle de notre ère. Les traditions locales reportent sa vie bien plus haut. Antar, selon ces traditions empruntées en partie à son poëme, était un esclave nègre qui conquit sa liberté par ses exploits et ses vertus, et obtint sa maîtresse Abla à force d'amour et d'héroïsme. Le poëme d'Antar n'est pas comme celui d'Homère, écrit entièrement en vers; il est en prose poétique de l'arabe le plus pur et le plus classique, entrecoupée de vers. Ce qu'il y a de singulier dans ce poëme, c'est que la partie du récit écrite en prose est infiniment supérieure aux fragmens lyriques qui y sont intercalés. La partie poétique y sent la recherche, l'affectation et la manière des littératures en décadence; rien au contraire n'est plus simple, plus naturel, plus véritablement passionné, que le récitatif. Tout ce que j'ai lu de poésies arabes, antiques ou modernes, participe plus ou moins de cette malheureuse recherche de la poésie d'Antar : ce sont, sinon des jeux de mots, du moins des jeux d'idées, des jeux d'images, plutôt faits pour amuser l'esprit que pour toucher le cœur. Il faut des siècles à l'art pour arriver à l'expression simple et sublime de la nature. Pour les Arabes, les vers ne sont encore qu'un ingénieux mode de badiner avec leur esprit ou avec leurs sentimens. J'excepte quelques poésies religieuses, écrites, il y a environ trente ans, par un évêque maronite du mont Liban : j'en rapporte quelques fragmens dignes des lieux qui les ont inspirées et des sujets sacrés auxquels ce pieux cénobite avait exclusivement consacré son mâle génie. Ces poésies religieuses sont plus solennelles et plus intimes qu'aucune de celles que je connaisse en Europe; il y reste quelque chose de l'accent de Job, de la grandeur de Salomon et de la mélancolie de David.

Je regrette qu'un orientaliste exercé ne traduise pas pour nous Antar tout entier; cela vaudrait mieux qu'un voyage, car rien ne réfléchit autant les mœurs qu'un poëme; cela rajeunirait aussi nos propres inspirations par les couleurs si neuves qu'Antar a puisées dans ses solitudes; cela serait, de plus, amusant comme l'Arioste, touchant comme le Tasse. Je ne puis douter que la poésie italienne de l'Arioste et du Tasse ne soit sœur des poésies arabes : la même alliance d'idées qui produisit l'Alhambra, Séville, Grenade, et quelques-unes de nos cathédrales, a produit la *Jérusalem* et les drames charmans du poëte de Reggio. Antar est plus intéressant que les *Mille et une Nuits*, parce qu'il est moins merveilleux. Tout l'intérêt est puisé dans le cœur de l'homme et dans les aventures vraies ou vraisemblables du héros et de son amante. Les Anglais ont une traduction presque complète de ce délicieux poëme; nous n'en possédons que quelques beaux fragmens disséminés dans nos revues littéraires. Le lecteur pourra à peine entrevoir, à travers les imperfections des morceaux placés à la fin de ce volume, les admirables beautés de l'original.

A quelques pas de moi, une jeune femme turque pleurait son mari, sur un de ces petits monumens de pierre blanche, dont toutes les collines, autour de Jérusalen, sont parsemées : elle paraissait à peine avoir dix-huit à vingt ans, et je ne vis jamais une si ravissante image de la douleur. Son profil, que son voile rejeté en arrière me laissait entrevoir, avait la pureté de lignes des plus belles têtes du Parthénon; mais en même temps la mollesse, la suavité et la gracieuse langueur des femmes de l'Asie, beauté bien plus féminine, bien plus amoureuse, bien plus fascinante pour le cœur que la beauté sévère et mâle des statues grecques ; ses cheveux d'un blond bronzé et doré comme le cuivre des statues antiques, couleur très-estimée dans ce pays du soleil, dont elle est comme un reflet permanent ; ses cheveux, détachés de sa tête, tombaient autour d'elle, et balayaient littéralement le sol ; sa poitrine était entièrement découverte, selon la coutume des femmes de cette partie de l'Arabie, et quand elle se baissait pour embrasser la pierre du turban, ou pour coller son oreille à la tombe, ses deux seins nus touchaient la terre, et creusaient leur moule dans la poussière, comme ce moule du beau sein d'Atala ensevelie, que le sable du sépulcre dessinait encore, dans l'admirable épopée de M. de Chateaubriand. Elle avait jonché de toutes sortes de fleurs le tombeau et la terre à l'entour ; un beau tapis de Damas était étendu sur ses genoux ; sur le tapis, il y avait quelques vases de fleurs, et une corbeille pleine de figues et de galettes d'orge ; car cette femme devait passer la journée entière à pleurer ainsi. Un trou, creusé dans la terre, et qui était censé correspondre à l'oreille du mort, lui servait de porte-voix vers cet autre monde où dormait celui qu'elle venait visiter. Elle se penchait de momens en momens vers cette ouverture ; elle y chantait des choses entremêlées de sanglots, elle y collait ensuite l'oreille, comme si elle eût attendu la réponse ; puis elle se remettait à chanter en pleurant encore. J'essayai de comprendre les paroles qu'elle murmurait ainsi, et qui venaient jusqu'à moi ; mais mon drogman arabe ne put les saisir ou les rendre. Combien je les regrette ! Que de secrets de l'amour ou de la douleur ! Que de soupirs animés de toute la vie de deux âmes arrachées l'une à l'autre, ces paroles confuses et noyées de larmes devaient contenir ! Oh ! si quelque chose pouvait jamais réveiller un mort, c'était de pareilles paroles, murmurées par une pareille bouche.

À deux pas de cette femme, sous un morceau de toile

noire soutenue par deux roseaux fichés en terre, pour servir de parasol, ses deux petits enfans jouaient avec trois esclaves noires d'Abyssinie, accroupies comme leur maîtresse sur le sable que recouvrait un tapis. Ces trois femmes, toutes les trois jeunes et belles aussi, aux formes sveltes et au profil aquilin des nègres de l'Abyssinie, étaient groupées dans des attitudes diverses, comme trois statues tirées d'un seul bloc. L'une avait un genou en terre, et tenait sur l'autre genou un des enfans qui tendait ses bras du côté où pleurait sa mère; l'autre avait ses deux jambes repliées sous elle et ses deux mains jointes, comme la Madeleine de Canova, sur son tablier de toile bleue; la troisième était debout, un peu penchée sur ses deux compagnes, et, se balançant à droite et à gauche, berçait contre son sein, à peine dessiné, le plus petit des enfans qu'elle essayait en vain d'endormir. Quand les sanglots de la jeune veuve arrivaient jusqu'aux enfans, ceux-ci se prenaient à pleurer, et les trois esclaves noires, après avoir répondu par un sanglot à celui de leur maîtresse, se mettaient à chanter des airs assoupissans et des paroles enfantines de leur pays, pour apaiser les deux enfans.

C'était un dimanche; à deux cents pas de moi, derrière les murailles épaisses et hautes de Jérusalem, j'entendais sortir par bouffées, de la noire coupole du couvent grec, les échos éloignés et affaiblis de l'office des vêpres. Les hymnes et les psaumes de David s'élevaient après trois mille ans, rapportés par des voix étrangères et dans une langue nouvelle, sur ces mêmes collines qui les avaient inspirés; et je voyais sur les terrasses du couvent quelques figures de vieux moines de Terre-Sainte, aller et venir, leur bréviaire à la main, et murmurant ces prières murmurées déjà par tant de siècles dans des langues et dans des rhythmes divers.

Et moi, j'étais là aussi pour chanter toutes ces choses; pour étudier les siècles à leur berceau; pour remonter, jusqu'à sa source, le cours inconnu d'une civilisation, d'une religion; pour m'inspirer de l'esprit des lieux et du sens caché des histoires et des monumens, sur ces bords qui furent le point de départ du monde moderne, et pour nourrir, d'une sagesse plus réelle et d'une philosophie plus vraie, la poésie grave et pensée de l'époque où nous vivons!

Cette scène, jetée par hasard sous mes yeux, et recueillie dans un de mes mille souvenirs de voyages, me présenta les destinées et les phases presque complètes de toute poésie : les trois esclaves noires berçant les enfans avec les chansons naïves et sans pensée de leur pays, la poésie pastorale et instructive de l'enfance des nations; la jeune veuve turque pleurant son mari en chantant ses sanglots à la terre, la poésie élégiaque et passionnée, la poésie du cœur; les soldats et les moukres arabes récitant des fragmens belliqueux, amoureux et merveilleux d'Antar, la poésie épique et guerrière des peuples nomades ou conquérans; les moines grecs chantant les psaumes sur leurs terrasses solitaires, la poésie sacrée et lyrique des âges d'enthousiasme et de rénovation religieuse; et moi, méditant sous ma tente et recueillant des vérités historiques ou des pensées sur toute la terre, la poésie de philosophie et de méditations, fille d'une époque où l'humanité s'étudie et se résume elle-même jusque dans les chants dont elle amuse ses loisirs.

Voilà la poésie tout entière dans le passé; mais dans l'avenir, que sera-t-elle?. . . . .
. . . .
. . . .

GETHSÉMANI,

OU LA MORT DE JULIA.

NOTE DE L'ÉDITEUR.

Nous plaçons ici, avant que l'auteur quitte Jérusalem et les grottes de Gethsémani, qu'il vient de décrire, des vers qu'il écrivit quatorze mois après la perte de son unique enfant, vers dont la scène et les images se rapportent aux lieux qu'il vient de visiter. Ces vers, qu'il a bien voulu nous permettre d'insérer dans ce volume, n'ont jamais été publiés, ni même lus par lui à aucun de ses amis les plus intimes. On le comprendra en les lisant.

Je fus dès la mamelle un homme de douleur ;
Mon cœur, au lieu de sang, ne roule que des larmes,
Ou plutôt, de ces pleurs Dieu m'a ravi les charmes,
Il a pétrifié les larmes dans mon cœur.
L'amertume est mon miel, la tristesse est ma joie ;
Un instinct fraternel m'attache à tout cercueil,
Nul chemin ne m'arrête, à moins que je n'y voie
    Quelque ruine ou quelque deuil !

Si je vois des champs verts qu'un ciel pur entretienne,
De doux vallons s'ouvrant pour embrasser la mer,
Je passe, et je me dis avec un rire amer :
Place pour le bonheur, hélas ! et non la mienne !
Mon esprit n'a d'écho qu'où l'on entend gémir,

EN ORIENT.

Partout où l'on pleura mon âme a sa patrie,
Une terre de cendre et de larmes pétrie
    Est le lit où j'aime à dormir.

Demandez-vous pourquoi ? je ne pourrais le dire ;
De cet abîme amer je remûrais les flots,
Ma bouche, pour parler n'aurait que des sanglots ;
Mais déchirez ce cœur si vous voulez y lire.
La mort dans chaque fibre a plongé le couteau,
Ses battemens ne sont que lentes agonies,
Il n'est plein que de morts comme des gémonies ;
    Toute mon âme est un tombeau !

Or, quand je fus aux bords où le Christ voulut naître,
Je ne demandai pas les lieux sanctifiés
Où les pauvres jetaient les palmes sous ses piés,
Où le Verbe à sa voix se faisait reconnaître,
Où l'hosanna courait sur ses pas triomphans,
Où sa main, qu'arrosaient les pleurs des saintes femmes,
Essuyant de son front la sueur et les flammes,
    Caressait les petits enfans ;

Conduisez-moi, mon père, à la place où l'on pleure !
A ce jardin funèbre où l'homme de salut,
Abandonné du père et des hommes, voulut
Suer le sang et l'eau qu'on sue avant qu'on meure ;
Laissez-moi seul, allez, j'y veux sentir aussi
Ce qu'il tient de douleur dans une heure infinie :
Homme de désespoir, mon culte est l'agonie,
    Mon autel à moi, c'est ici !

Il est aux pieds poudreux du jardin des Olives,
Sous l'ombre des remparts d'où s'écroula Sion,
Un lieu d'où le soleil écarte tout rayon,
Où le Cédron tari filtre entre ses deux rives ;
Josaphat en sépulcre y creuse ses coteaux ;
Au lieu d'herbe, la terre y germe des ruines,
Et des vieux troncs minés les traînantes racines
    Fendent les pierres des tombeaux.

Là, s'ouvre entre deux rocs la grotte ténébreuse
Où l'homme de douleur vint savourer la mort,
Quand réveillant trois fois l'amitié qui s'endort,
Il dit à ses amis : Veillez, l'heure est affreuse !
La lèvre, en frémissant, croit encore étancher
Sur le pavé sanglant les gouttes du calice,
Et la moite sueur du fatal sacrifice
  Sue encore aux flancs du rocher.

Le front dans mes deux mains, je m'assis sur la pierre,
Pensant à ce qu'avait pensé ce front divin,
Et repassant en moi, de leur source à leur fin,
Ces larmes dont le cours a creusé ma carrière ;
Je repris mes fardeaux et je les soulevai,
Je comptai mes douleurs, mort à mort, vie à vie,
Puis, dans un songe enfin mon âme fut ravie.
  Quel rêve, grand Dieu ! je rêvai !

J'avais laissé non loin, sous l'aile maternelle,
Ma fille, mon enfant, mon souci, mon trésor ;
Son front à chaque été s'accomplissait encore ;
Mais son âme avait l'âge où le ciel les rappelle,
Son image de l'œil ne pouvait s'effacer,
Partout à son rayon sa trace était suivie,
Et sans se retourner pour me porter envie,
  Nul père ne la vit passer.

C'était le seul débris de ma longue tempête,
Seul fruit de tant de fleurs, seul vestige d'amour,
Une larme au départ, un baiser au retour,
Pour mes foyers errans une éternelle fête ;
C'était sur ma fenêtre un rayon de soleil,
Un oiseau gazouillant qui buvait sur ma bouche,
Un souffle harmonieux la nuit près de ma couche,
  Une caresse à mon réveil !

C'était plus : de ma mère, hélas ! c'était l'image ;
Son regard par ses yeux semblait me revenir,
Par elle mon passé renaissait avenir,

EN ORIENT.

Mon bonheur n'avait fait que changer de visage ;
Sa voix était l'écho de dix ans de bonheur,
Son pas dans la maison remplissait l'air de charmes,
Son regard dans mes yeux faisait monter les larmes,
    Son sourire éclairait mon cœur.

Son front se nuançait à ma moindre pensée,
Toujours son bel œil bleu réfléchissait le mien,
Je voyais mes soucis teindre et mouiller le sien,
Comme dans une eau claire une ombre est retracée.
Mais tout ce qui montait de son cœur était doux,
Et sa lèvre jamais n'avait un pli sévère
Qu'en joignant ses deux mains dans les mains de sa mère,
    Pour prier Dieu sur ses genoux !

Je rêvais qu'en ces lieux je l'avais amenée,
Et que je la tenais belle sur mon genou,
L'un de mes bras portant ses pieds, l'autre son cou,
Ma tête sur son front tendrement inclinée ;
Ce front se renversant sur le bras paternel,
Secouait l'air bruni de ses tresses soyeuses,
Ses dents blanches brillaient sous ses lèvres rieuses
    Qu'entr'ouvrait leur rire éternel !

Pour me darder son cœur et pour puiser mon âme,
Toujours vers moi, toujours ses regards se levaient,
Et dans le doux rayon dont mes yeux la couvraient,
Dieu seul peut mesurer ce qu'il brillait de flamme ;
Mes lèvres ne savaient d'amour où se poser ;
Elle les appelait comme un enfant qui joue,
Et les faisait flotter de sa bouche à sa joue
    Qu'elle dérobait au baiser !

Et je disais à Dieu dans ce cœur qu'elle enivre :
Mon Dieu ! tant que ces yeux luiront autour de moi,
Je n'aurai que des chants et des grâces pour toi,
Dans cette vie en fleurs c'est assez de revivre.
Va ! donne-lui ma part de tes dons les plus doux,

Effeuille sous mes pas ses jours en espérance,
Prépare-lui sa couche, entr'ouvre-lui d'avance
    Les bras enchaînés d'un époux !

Et tout en m'enivrant de joie et de prière,
Mes regards et mon cœur ne s'apercevaient pas
Que ce front devenait plus pesant sur mon bras,
Que ses pieds me glaçaient les mains, comme la pierre.
Julia ! Julia ! d'où vient que tu pâlis ?
Pourquoi ce front mouillé, cette couleur qui change ?
Parle-moi ! souris-moi ! Pas de ces jeux, mon ange !
    Rouvre-moi ces yeux où je lis !

Mais le bleu du trépas cernait sa lèvre rose,
Le sourire y mourait à peine commencé,
Son souffle raccourci devenait plus pressé,
Comme les battemens d'une aile qui se pose ;
L'oreille sur son cœur, j'attendais ses élans,
Et quand le dernier souffle eut enlevé son âme,
Mon cœur mourut en moi comme un fruit que la femme
    Porte mort et froid dans ses flancs !

Et sur mes bras raidis, portant plus que ma vie,
Tel qu'un homme qui marche après le coup mortel,
Je me levai debout, je marchai vers l'autel
Et j'étendis l'enfant sur la pierre attiédie,
Et ma lèvre à ses yeux fermés vint se coller,
Et ce front déjà marbre était tout tiède encore,
Comme la place au nid d'où l'oiseau d'une aurore
    Vient à peine de s'envoler !

Et je sentis ainsi dans une heure éternelle,
Passer des mers d'angoisse et des siècles d'horreur,
Et la douleur combla la place où fut mon cœur
Et je dis à mon Dieu : Mon Dieu ! je n'avais qu'elle !
Tous mes amours s'étaient noyés dans cet amour,
Elle avait remplacé ceux que la mort retranche ;
C'était l'unique fruit demeuré sur la branche
    Après les vents d'un mauvais jour.

C'était le seul anneau de ma chaîne brisée,
Le seul coin pur et bleu dans tout mon horizon ;
Pour que son nom sonnât plus doux dans la maison,
D'un nom mélodieux nous l'avions baptisée.
C'était mon univers, mon mouvement, mon bruit,
La voix qui m'enchantait dans toutes mes demeures,
Le charme ou le souci de mes yeux, de mes heures,
    Mon matin, mon soir et ma nuit ;

Le miroir où mon cœur s'aimait dans son image,
Le plus pur de mes jours sur ce front arrêté,
Un rayon permanent de ma félicité,
Tous tes dons rassemblés, Seigneur, sur un visage :
Doux fardeau qu'à mon cou sa mère suspendait,
Yeux où brillaient mes yeux, âme à mon sein ravie,
Voix où vibrait ma voix, vie où vivait ma vie,
    Ciel vivant qui me regardait.

Eh bien ! prends ! assouvis, implacable justice,
D'agonie et de mort ce besoin immortel ;
Moi-même, je l'étends sur ton funèbre autel ;
Si je l'ai tout vidé, brise enfin mon calice !
Ma fille ! mon enfant ! mon souffle ! la voilà !
La voilà ! j'ai coupé seulement ces deux tresses
Dont elle m'enchaînait hier dans ses caresses,
    Et je n'ai gardé que cela !

Un sanglot m'étouffa, je m'éveillai ; la pierre
Suintait sous mon corps d'une sueur de sang ;
Ma main froide glaçait mon front en y passant ;
L'horreur avait gelé deux pleurs sous ma paupière ;
Je m'enfuis ; l'aigle au nid est moins prompt à courir.
Des sanglots étouffés sortaient de ma demeure,
L'amour seul suspendait pour moi sa dernière heure,
    Elle m'attendait pour mourir !

Maintenant, tout est mort dans ma maison aride,
Deux yeux toujours pleurant sont toujours devant moi ;
Je vais sans savoir où, j'attends sans savoir quoi ;

Mes bras s'ouvrent à rien et se ferment à vide.
Tous mes jours et mes nuits sont de même couleur,
La prière en mon sein avec l'espoir est morte,
Mais c'est Dieu qui t'écrase, ô mon âme ! sois forte,
Baise sa main sous la douleur !

4 novembre 1832.

Passé la soirée et la nuit au désert de Saint-Jean, à prendre congé de nos excellens religieux, dont la mémoire nous accompagnera toujours ; le souvenir des vertus humbles et parfaites reste dans l'âme, comme le parfum des odeurs d'un temple que l'on a traversé ; nous remîmes à ces bons pères une aumône à peine suffisante pour les indemniser des dépenses que nous leur avions occasionnées ; ils comptèrent pour rien le péril que nous leur avions fait courir ; ils me prièrent de les recommander à la protection terrible d'Abougosh, que je devais revoir à Jérémie. Nous partîmes avant le jour, pour éviter l'importunité de la poursuite des Bédouins de Bethléem et du désert de Saint-Jean, qui ne se lassaient pas de me suivre et commençaient même à me menacer. A huit heures du matin, nous avions franchi les hautes montagnes que couronne le tombeau des Machabées, et nous étions assis sous les figuiers de Jérémie, fumant la pipe et prenant le café avec Abougosh, son oncle et ses frères. Abougosh me combla de nouvelles marques d'égards et de bienveillance ; il m'offrit un cheval que je refusai, ne voulant pas lui faire de cadeau moi-même, parce que ce cadeau aurait semblé une reconnaissance du tribut qu'il impose ordinairement aux pèlerins, tribut dont Ibrahim les a affranchis ; je mis sous sa sauvegarde les religieux de Saint-Jean, de Bethléem et de Jérusalem. J'ai su depuis qu'il était allé en effet les délivrer de l'obsession des Bédouins du désert ; il ne se doutait pas, sans doute, alors que je lui demandais sa protection pour de pauvres religieux francs exilés dans ses montagnes, que huit mois plus tard il enverrait implorer la mienne pour la délivrance de son propre frère, emmené prisonnier à Damas, et que je serais assez heureux pour lui être utile à mon tour. Le café pris, nos chevaux rafraîchis, nous repartîmes, escortés par l'immense population de Jérémie, et nous allâmes camper au delà de Ramla, dans un superbe bois d'oliviers qui entoure la ville. Accablés de lassitude et sans vivres, nous fîmes demander l'hospitalité aux religieux du couvent de Terre-Sainte ; ils nous la refusèrent comme à des pestiférés que nous pouvions bien être en effet ; nous nous passâmes donc de souper et nous nous endormîmes au bruit du vent de mer jouant dans la cime des oliviers. C'est là que la Vierge, saint Joseph et l'Enfant passèrent la nuit dans la campagne en fuyant en Égypte. Ces pensées adoucirent notre couche.

Partis de Ramla, à six heures du matin, venus déjeuner à Jaffa chez M. Damiani ; — un jour passé à nous reposer et à préparer les provisions pour venir en Syrie par la côte.

Rien de plus délicieux que ces voyages en caravane quand le pays est beau ; que les chevaux bien reposés marchent légèrement au lever du jour, sur un sol uni et sablonneux ; que les sites se succèdent sans monotonie : que la mer surtout, qui nous envoie au visage la fraîche ondulation de l'air, produite par ses vagues souples et régulières, se déroule verte ou bleue aux pieds de votre cheval, et vous jette par moments les gouttes poudreuses de son écume : c'est le plaisir que nous éprouvions en longeant le charmant golfe qui sépare Caïpha de Saint-Jean-d'Acre. Le désert, formé par la plaine de Zabulon, est caché à droite par les hautes touffes de roseaux et par la cime des palmiers qui séparent la grève de la terre : on marche sur un lit de sable blanc et fin, continuellement arrosé par la vague qui s'y déplie et y répand ses nappes blanches et cannelées ; le golfe, enfermé à l'orient par la haute pointe du cap Carmel, surmontée de son monastère, à l'occident, par les blanches murailles en lambeaux de Saint-Jean-d'Acre, ressemble à un vaste lac où les plus petites barques peuvent se faire bercer impunément par les flots : il n'en est rien cependant; la côte de Syrie, partout dangereuse, l'est davantage encore dans le golfe de Caïpha : les navires qui s'y réfugient et y jettent l'ancre, pour éviter la tempête, sur un fond de sable peu solide, sont fréquemment jetés à la côte : de tristes et pittoresques débris l'attestaient trop à nos regards; la plage entière est bordée de carcasses de vaisseaux naufragés à demi, ensevelis dans le sable; quelques-unes montrent encore leur haute proue fracassée où les oiseaux de mer font leurs nids; beaucoup ont seulement leurs mâts hors du sable : ces arbres immobiles et sans feuillage ressemblent à ces croix funèbres que nous plantons sur la cendre de ceux qui ne sont plus : il y en a qui ont encore leurs vergues et leurs cordages, rouillés par la vapeur saline de la mer, pendant autour des mâts. Les Arabes ne touchent pas à ces ruines de bâtimens naufragés; il faut que le temps et les tempêtes d'hiver se chargent seuls d'accomplir leur dégradation, ou que le sable les ensevelisse jour à jour. Nous vîmes là, comme presque dans toutes les autres mers de Syrie, comment les Arabes pêchent le poisson. Un homme, tenant un petit filet replié, élevé au-dessus de sa tête et prêt à être lancé, s'avance à quelques pas dans la mer, et choisit l'heure et la place où le soleil est derrière lui, et illumine la vague sans l'éblouir. Il attend les vagues qui viennent, en s'amoncelant et en se dressant, fondre à ses pieds sur l'écueil ou sur le sable. Il plonge un regard perçant et exercé dans chaque écume, et s'il aperçoit qu'elle roule du poisson, il lance son filet au moment même où elle se brise et entraînerait ce qu'elle apporte avec son reflux : le filet tombe, la vague se retire et le poisson reste. Il faut un temps un peu gros pour que cette pêche ait lieu sur les côtes de Syrie; quand la mer est calme, le pêcheur n'y découvre rien; la vague ne devient transparente qu'en se dressant au soleil à la surface de la mer.

L'odeur infecte des champs de bataille nous annonçait le voisinage d'Acre ; nous n'étions plus qu'à un quart d'heure de ses murs. C'est un monceau de ruines ; les dômes des mosquées sont percés à jour, les murailles crénelées d'immenses brèches, les tours écroulées dans le port ; elle venait de subir un siége d'un an et d'être emportée d'assaut par les quarante mille héros d'Ibrahim.

On connaît mal en Europe la politique de l'Orient ; on lui suppose des desseins, elle n'a que des caprices ; des plans, elle n'a que des passions ; un avenir, elle n'a que le jour et le lendemain. On a vu dans l'agression de Méhémet-Ali la préméditation d'une longue et progressive ambition ; ce ne fut que l'entraînement de la fortune qui, d'un pas à l'autre, le mena presque involontairement jusqu'à ébranler le trône de son maître et à conquérir une moitié de l'empire : une chance nouvelle peut le conduire plus loin encore.

Voici comment la querelle naquit : Abdalla, pacha d'Acre, jeune homme inconsidéré, passé au gouvernement d'Acre par un jeu de la faveur et du hasard, s'était révolté contre le grand-seigneur ; vaincu, il avait imploré la protection du pacha d'Égypte qui avait acheté sa grâce du divan. Abdalla, oubliant bientôt la reconnaissance qu'il devait à Méhémet, refusa de tenir certaines conditions jurées dans le temps de son infortune. Ibrahim marche pour l'y forcer ; il éprouve à Acre une résistance imprévue ; sa colère s'irrite ; il demande à son maître des troupes nouvelles ; elles arrivent, et sont de nouveau repoussées. Méhémet-Ali se lasse et rappelle son fils de tous ses vœux ; l'amour-propre d'Ibrahim résiste : il veut mourir sous les murs d'Acre ou la soumettre à son père. Il enfonce enfin, à force d'hommes sacrifiés, les portes de cette ville. Abdalla, prisonnier, s'attend à la mort ; Ibrahim le fait venir sous sa tente, lui adresse quelques sarcasmes amers, et l'expédie à Alexandrie. Au lieu du cordon ou du sabre, Méhémet-Ali lui envoie son cheval, le fait entrer en triomphe, le fait asseoir à ses côtés sur le divan, lui adresse des éloges sur sa bravoure et sa fidélité au sultan, lui donne un palais, des esclaves et d'immenses revenus.

Abdalla méritait ce traitement par sa bravoure : renfermé dans Acre avec trois mille osmanlis, il avait résisté un an à toutes les forces de l'Égypte par terre et par mer ; la fortune d'Ibrahim, comme celle de Napoléon, avait hésité devant cet écueil : si le grand-seigneur, en vain sollicité par Abdalla, lui avait envoyé quelques mille hommes à propos, ou avait seulement lancé sur les mers de Syrie deux ou trois de ces belles frégates qui dorment inutilement sur leurs ancres devant les caïques du Bosphore, c'en était fait d'Ibrahim : il rentrait en Égypte avec la conviction de l'impuissance de sa colère ; mais la Porte fut fidèle à son système de fatalité ; elle laissa s'accomplir la ruine de son pacha. Le boulevard de la Syrie fut renversé, et le divan ne se réveilla que trop tard. Cependant Méhémet-Ali écrivait à son général de revenir ; mais celui-ci, homme de courage et d'aventures, voulut tâter jusqu'au bout la faiblesse du sultan et sa propre destinée : il avança. Deux victoires éclatantes et mal disputées, celle de Homs en Syrie et celle de Konia en Asie-Mineure, le rendirent maître absolu de l'Arabie, de la Syrie, et de tous ces royaumes de Pont, de Bithynie, de Cappadoce, qui sont aujourd'hui la Caramanie. La Porte pouvait encore lui couper la retraite, et, débarquant des troupes sur ses derrières, reprendre possession des villes et des provinces où il ne pouvait laisser des garnisons suffisantes ; un corps de six mille hommes, jeté par elle dans les défilés du Taurus et de la Syrie, faisant d'Ibrahim et de son armée une proie, l'emprisonnait dans ses victoires. La flotte turque était infiniment plus nombreuse que celle d'Ibrahim ; ou plutôt la Porte avait une flotte immense et magnifique ; Ibrahim n'avait que deux ou trois frégates ; mais, dès le commencement de la campagne, Kalil-Pacha, jeune homme aux mœurs élégantes, favori du grand-seigneur, et nommé par lui capitan-pacha, s'était retiré de la mer devant les faibles forces d'Ibrahim; je l'avais vu, de mes yeux, quitter la rade de Rhodes et s'enfermer dans la rade de Marmorizza sur la côte de Caramanie, au fond du golfe de Macri. Une fois avec ses vaisseaux dans ce port dont la passe est prodigieusement étroite, Ibrahim, avec deux bâtimens, pouvait l'empêcher d'en sortir. Il n'en sortit plus en effet, et tout l'hiver, où les opérations militaires furent les plus importantes et les plus décisives sur les côtes de Syrie, les vaisseaux d'Ibrahim parurent seuls sur ces mers, et lui transportèrent sans obstacles des renforts et des munitions; et cependant Kalil-Pacha n'était ni traître ni sans valeur; mais ainsi vont les affaires d'un peuple qui demeure immobile quand tout marche autour de lui : la fortune des nations, c'est leur génie : le génie des musulmans tremble maintenant devant celui du dernier de ses pachas; on sait le reste de cette campagne qui rappelle celle d'Alexandre; Ibrahim est incontestablement un héros, et Méhémet-Ali un grand homme; mais toute leur fortune repose sur leurs deux têtes; ces deux hommes de moins, il n'y a plus d'Égypte, il n'y a plus d'empire arabe, il n'y a plus de Machabée pour l'islamisme, et l'Orient revient à l'Occident par cette invincible loi des choses qui porte l'empire là où est la lumière.

Même date.

Le sable qui borde le golfe de Saint-Jean-d'Acre devenait de plus en plus fétide. Nous commencions à apercevoir des ossemens d'hommes, de chevaux, de chameaux, roulés sur la grève et blanchissant au soleil, lavés par l'écume des vagues. A chaque pas, ces débris amoncelés se multipliaient à nos yeux. Bientôt toute la lisière, entre la terre et les falaises, en parut couverte, et le bruit des pas de nos chevaux faisait partir à tout moment des bandes de chiens sauvages, de hideux chacals, et d'oiseaux de proie, occupés depuis deux mois à ronger les restes d'un horrible festin que le canon d'Ibrahim et d'Abdalla leur avait fait. Les uns entraînaient en fuyant des membres d'hommes mal ensevelis, les autres des jambes de chevaux où la peau tenait encore ; quelques aigles posés sur des têtes osseuses de chameaux, s'élevaient à notre approche avec des cris de colère, et revenaient planer, même à nos coups de fusil, sur leur horrible proie. Les hautes herbes, les joncs, les arbustes du rivage, étaient également jonchés de ces débris d'hommes ou d'animaux. Tout n'était pas le reste de la guerre. Le typhus, qui ravageait Acre depuis plusieurs mois, achevait ce que les armes avaient épargné ; il restait à peine douze à quinze cents hommes dans une ville de douze à quinze mille âmes, et chaque jour on jetait hors des murs ou dans la mer les cadavres nouveaux que la mer rejetait au fond du golfe ou que les chacals déterraient dans les champs. Nous arrivâmes jusqu'à la porte orientale de cette malheureuse ville. L'air n'était plus respirable ; nous n'entrâmes pas, mais tournant à droite, le long des murs écroulés où travaillaient quelques esclaves, nous traversâmes le champ de bataille dans toute son étendue, depuis les murs de la ville jusqu'à la maison de campagne des anciens pachas d'Acre, bâtie au milieu de la plaine, à une ou deux heures du bord de la mer. En approchant de cette maison de magnifique apparence et flanquée de kiosques élégans d'architecture indienne, nous vîmes de longs sillons un peu plus élevés que ceux que la charrue trace dans nos fortes terres. Ces sillons pouvaient avoir une demi-lieue de long sur à peu près autant de large ; le dos du sillon s'élevait à un ou deux pieds au-dessus du sol : c'était la place du camp d'Ibrahim et la tombe de quinze mille hommes qu'il avait fait ensevelir dans ces tranchées sépulcrales ; nous marchâmes longtemps avec difficulté sur ce sol qui recouvrait à peine tant de victimes de l'ambition et du caprice de ce qu'on appelle un héros.

Nous pressions le pas de nos chevaux dont les pieds heurtaient sans cesse contre les morts et brisaient les ossemens que les chacals avaient découverts, et nous allâmes camper à environ une heure de cet endroit funeste, dans un site charmant de cette plaine, tout arrosé d'eau courante, tout ombragé de palmes d'orangers et de limoniers doux, hors du vent de Saint-Jean-d'Acre dont les émanations nous poursuivaient. Ces jardins, jetés comme une oasis dans la nudité de la plaine d'Acre, avaient été plantés par l'avant-dernier pacha, successeur du fameux Djezzar-Pacha; quelques pauvres Arabes, réfugiés dans des huttes de terre et de boue, nous fournirent des oranges, des œufs et des poulets; nous dormîmes là.

Le lendemain, M. de Laroyère put à peine se lever de sa natte et monter à cheval; tous ses membres engourdis par la douleur se refusaient au moindre mouvement. Il sentit les premiers symptômes du typhus, que sa science médicale lui apprenait à distinguer mieux que nous. Mais le lieu ne nous offrant ni abri ni ressources pour établir un malade, nous nous hâtâmes de nous en éloigner avant que la maladie fût devenue plus grave, et nous allâmes coucher à quinze lieues de là, dans la plaine de Tyr, aux bords d'un fleuve ombragé d'immenses roseaux, et non loin d'une ruine isolée qui semble avoir appartenu à l'époque des croisés. Le mouvement et la chaleur avaient ranimé M. de Laroyère. Nous le couchâmes sous la tente, et nous allâmes tuer des canards et des oies sauvages qui s'élevaient, comme des nuages, des roseaux aux bords du fleuve. Ces oiseaux nourrirent ce jour-là toute notre caravane.

Le jour suivant, nous rencontrâmes, sur le bord de la mer, dans un endroit délicieux, ombragé de cèdres maritimes et de magnifiques platanes, un aga turc qui revenait de la Mecke avec une suite nombreuse d'hommes et de chevaux. Nous nous établîmes sous un arbre auprès de la fontaine, non loin d'un autre arbre où l'aga déjeunait. Ses esclaves promenaient ses chevaux. Je fus frappé de la perfection de formes et de la légèreté d'un jeune étalon arabe de pur sang. Je chargeai mon drogman d'entrer en pourparler avec l'aga. Nous lui envoyâmes en présens quelques-unes de nos provisions de route et une paire de pistolets à piston ; il nous fit présent à son tour d'un yatagan de Perse. Je fis passer mes chevaux devant lui pour amener la conversation d'une manière naturelle sur ce sujet. Nous y parvînmes, mais la difficulté était de lui proposer de me vendre le sien. Mon drogman lui raconta qu'un de nos compagnons de route était si malade, qu'il ne pouvait trouver un cheval d'une allure assez douce pour le porter. L'aga alors dit qu'il en avait un sur le dos duquel on pouvait boire le café au galop sans qu'il en tombât une goutte de la tasse. C'était précisément le bel animal que j'avais admiré, et que je désirais si vivement posséder pour ma femme. Après de longues circonvolutions de paroles, nous finîmes par entrer en marché ; et j'emmenai le cheval, que j'appelai *El Kantara*, en mémoire du lieu et de la fontaine où je l'avais acheté. Je le montai à l'instant même pour achever la journée : je n'ai jamais monté un animal aussi léger. On ne sentait ni le mouvement élastique de ses épaules, ni la réaction de son sabot sur le rocher, ni le plus léger poids de sa tête sur le mors. L'encolure courte et élancée, relevant ses pieds comme une gazelle, on croyait monter un oiseau dont les ailes auraient soutenu la marche insensible. Il courait aussi mieux qu'aucun cheval arabe avec qui je l'aie essayé. Son poil était gris perlé. Je le donnai à ma femme, qui ne voulut plus en monter d'autre pendant tout notre séjour en Orient. Je regretterai toujours ce cheval accompli. Il était né dans le Khorassan, et n'avait que cinq ans.

Le soir nous arrivâmes aux Puits de Salomon ; le lendemain, de bonne heure, nous entrions à Saïde, l'antique Sidon, escortés par les Francs du pays et par les fils de M. Giraudin, notre excellent vice-consul à Saïde. Nous trouvâmes aussi à Saïde M. Cattafago, que nous avions connu à Nazareth, et sa famille. Il venait de bâtir une maison dans cette ville, et s'occupait des préparatifs du mariage d'une de ses filles. L'antique Sidon n'offrant plus aucun vestige de sa grandeur passée, nous nous livrâmes tout entiers aux soins aimables de M. Giraudin, et au plaisir de causer de l'Europe et de l'Orient avec cet intéressant vieillard. Devenu patriarche dans la terre des patriarches, il nous présentait en lui et dans sa famille l'image de toutes les vertus patriarcales dont il nous rappelait les mœurs dans ses mœurs.

Le typhus se caractérise avec tous ses symptômes dans la maladie croissante de M. de Laroyère. Ne pouvant plus se lever pour monter à cheval, nous affrétons une barque à Saïde pour le transporter par mer à Bayruth ; nous repartons avec le reste de la caravane ; j'envoie un courrier à lady Stanhope, pour la remercier des obligeantes démarches qu'elle a faites en ma faveur auprès du chef Abougosh, et la prier de saisir les occasions qui se présenteraient d'annoncer mon arrivée prochaine aux Arabes du désert de Bkâ, de Balbek et de Palmyre.

3 novembre 1832.

Couché à une mauvaise masure antique, abandonnée sur les bords de la mer ; écrit quelques vers pendant la nuit sur les pages de ma Bible ; joie d'approcher de Bayruth après un voyage si heureusement accompli ; trouvé en route un cavalier arabe porteur d'une lettre de ma femme ; tout va bien, Julia est florissante de santé ; on m'attend pour aller passer quelques jours au monastère d'Antoura, dans le Liban, chez le patriarche catholique qui est venu nous y inviter. A quatre heures après midi, orage épouvantable ; la calotte des nuages semble tomber tout à coup sur les montagnes qui sont à notre droite ; le bruit du flux et du reflux de ces lourds nuages contre les pics du Liban qui les déchirent, se confond au bruit de la mer qui ressemble elle-même à une plaine de neige remuée par un vent furieux. La pluie ne tombe pas, comme en Occident, par gouttes plus ou moins pressées, mais par ruisseaux continus et lourds qui frappent et pèsent sur l'homme et le cheval comme la main de la tempête; le jour a complétement disparu; nos chevaux marchent dans des torrens mêlés de pierres roulantes, et sont à chaque instant près d'être entraînés dans la mer. Quand le ciel se relève et reparaît, nous nous trouvons aux bords du plateau des pins de Facardin, à une demi-lieue de la ville; la patrie est quelque chose pour les animaux comme pour les hommes; ceux de mes chevaux qui reconnaissent ce site pour nous y avoir portés souvent, quoique accablés de trois cents lieues de route, hennissent, dressent leurs oreilles et bondissent de joie sur le sable; je laisse la caravane défiler lentement sous les pins; je lance Liban au galop et j'arrive, le cœur tremblant d'inquiétude et de joie, dans les bras de ma femme : Julia était à s'amuser dans une maison voisine avec les filles du prince de la montagne, devenu gouverneur de Bayruth pendant mon absence; elle m'a vu accourir du haut de la terrasse; je l'entends qui accourt elle-même en disant : — Où est-il? Est-ce bien lui? — Elle entre, elle se précipite dans mes bras, elle me couvre de caresses, puis elle court autour de la chambre, ses beaux yeux tout brillans de larmes de joie, élevant ses bras et répétant : — Oh! que je suis contente! oh! que je suis contente! et revient s'asseoir sur mes genoux et m'embrasser encore. Il y avait dans la chambre deux jeunes pères jésuites du Liban en visite chez ma femme; je n'ai pu de longtemps leur adresser un mot de politesse : muets eux-mêmes devant cette expression naïve et passionnée de la tendresse d'âme d'un enfant pour son père, et devant l'éclat céleste que le bonheur ajoutait à la beauté de cette tête rayonnante, ils restaient debout, frappés de silence et d'admiration; nos amis et notre suite arrivent et remplissent les champs de mûriers, de nos chevaux et de nos tentes.

Plusieurs jours de repos et de bonheur passés à recevoir les visites de nos amis de Bayruth : les fils de l'émir Beschir, descendus des montagnes, par l'ordre d'Ibrahim, pour occuper le pays qui menace de se soulever en faveur des Turcs, sont campés dans la vallée de Nar-el-Kelb, à une heure environ de chez moi.

7 novembre 1832.

Le consul de Sardaigne, M. Bianco, lié depuis longues années avec ces princes, nous invite à un dîner qu'il leur donne. Ils arrivent vêtus de cafetans magnifiques, tissus en entier de fil d'or ; leur turban est également composé des plus riches étoffes de Cachemire. L'aîné des princes, qui commande l'armée de son père, a un poignard dont le manche est entièrement incrusté de diamans d'un prix inestimable. Leur suite est nombreuse et singulière : au milieu d'un grand nombre de musulmans et d'esclaves noirs, il y a un poëte tout à fait semblable, par ses attributions, aux bardes du moyen âge ; ses fonctions consistent à chanter les vertus et les exploits de son maître, à lui composer des histoires quand il l'appelle pour le désennuyer, à rester debout derrière lui pendant les repas pour improviser des vers, espèces de toasts politiques en son honneur ou en l'honneur des convives que le prince veut distinguer. Il y a aussi un chapelain ou confesseur maronite catholique qui ne le quitte jamais, même à table, et à qui seul l'entrée du harem est permise : c'est un moine à figure joviale et guerrière, tout à fait semblable à ce que nous entendons par aumônier de régiment. Le chapelain, à cause de son caractère ecclésiastique, est assis à table, le poëte reste debout.

Ces princes, et surtout l'aîné, ne paraissent nullement embarrassés de nos usages ni de la présence des femmes européennes. Ils causent tour à tour avec nous, avec la même grâce de manières, le même à-propos, la même liberté d'esprit, que s'ils avaient été nourris dans la cour la plus élégante de l'Europe. La civilisation orientale est toujours au niveau de notre civilisation, parce qu'elle est plus vieille et originairement plus pure et plus parfaite. A un œil sans préjugé, il n'y a pas de comparaison entre la noblesse, la décence, la grâce sévère des mœurs arabes, turques, indiennes, persanes, et les nôtres. On sent en nous les peuples jeunes, sortant à peine de civilisations dures, grossières, incomplètes : on sent en eux les enfans de bonne maison, les peuples héritiers de la sagesse et de la vertu antiques. Leur noblesse, qui n'est que la filiation des vertus primitives, est écrite sur leurs fronts et empreinte dans toutes leurs coutumes; et puis il n'y a pas de peuple parmi eux. La civilisation morale, la seule dont je tienne compte, est partout de niveau. Le pasteur et l'émir sont de même famille, parlent la même langue, ont les mêmes usages et participent à la même sagesse, à la même grandeur de traditions, qui est l'atmosphère d'un peuple.

Au dessert, les vins de Chypre et du Liban circulent à grands flots; les Arabes chrétiens et la famille de l'émir Beschir qui est chrétienne, ou croit l'être, en boivent sans difficulté dans l'occasion. On porte des toasts à la victoire d'Ibrahim, à l'affranchissement du Liban, à l'amitié des Francs et des Arabes; puis enfin le prince en porte un aux dames présentes à cette fête : son barde alors se prit à improviser à l'ordre du prince, et chanta, en récitatif et à gorge déployée, des vers arabes, dont voici à peu près le sens :

« Buvons le jus d'Éden qui enivre et réjouit le cœur de l'esclave et du prince. C'est du vin de ces plants que Noé a plantés lui-même quand la colombe, au lieu du rameau d'olivier, lui rapporta du ciel le cep de la vigne. Par la vertu de ce vin, le poëte un instant devient prince, et le prince devient poëte.

« Buvons-le en l'honneur de ces jeunes et belles Franques qui viennent du pays où toute femme est reine. Les yeux des femmes de Syrie sont doux, mais ils sont voilés. Dans les yeux des filles d'Occident il y a plus d'ivresse que dans la coupe transparente que je bois.

« Boire le vin et contempler le visage des femmes, pour le musulman c'est pécher deux fois; pour l'Arabe c'est deux fois jouir et bénir Dieu de deux manières. »

Le chapelain parut lui-même enchanté de ces vers, et chantait les refrains du barde en riant et en vidant son verre; le prince nous proposa le spectacle d'une chasse au faucon, divertissement habituel de tous les princes et scheiks de Syrie. C'est de là que les croisés rapportèrent cet usage en Europe.

6 novembre 1832.

Le climat, à l'exception de quelques coups de vent sur la mer et de quelques orages de pluie vers le milieu du jour, est aussi beau qu'au mois de mai en France. Aussitôt que les pluies ont commencé, c'est un printemps nouveau qui commence; les murailles des terrasses qui soutiennent les pentes cultivées du Liban et les collines fertiles des environs de Bayruth se sont tellement couvertes de végétation en peu de jours, que la terre est entièrement cachée sous la mousse, l'herbe, les lianes et les fleurs: l'orge verte tapisse tous les champs qui n'étaient que poussière à notre arrivée; les mûriers, qui poussent leurs secondes feuilles, forment, tout autour des maisons, des forêts impénétrables au soleil; on aperçoit, çà et là, les toits des maisons disséminées dans la plaine, qui sortent de cet océan de verdure, et les femmes grecques et syriennes dans leur riche et éclatant costume, semblables à des reines, qui prennent l'air sur les pavillons de leurs jardins; de petits sentiers encaissés dans le sable conduisent de maisons en maisons, d'une colline à l'autre, à travers ces jardins continus qui vont de la mer jusqu'aux pieds du Liban; en les suivant, on trouve tout à coup, sur le seuil de ces petites maisons, les scènes les plus ravissantes de la vie patriarcale; ce sont les femmes et les jeunes filles accroupies sous le mûrier ou le figuier, à leur porte, qui brodent les riches tapis de laines aux couleurs heurtées et éclatantes; d'autres, attachant les bouts de fil de soie à des arbres éloignés, les dévident en marchant lentement et en chantant d'un arbre à l'autre; des hommes marchant, au contraire, en reculant d'arbre en arbre, occupés à faire des étoffes de soie, et jetant la navette qu'un autre homme leur renvoie; les enfans sont couchés dans des berceaux de jonc ou sur des nattes à l'ombre; quèques-uns sont suspendus aux branches des orangers; les gros moutons de Syrie, à la queue immense et traînante, trop lourds pour pouvoir se remuer, sont couchés dans des trous qu'on creuse exprès dans la terre fraîche devant la porte; une ou deux belles chèvres à longues oreilles, pendantes comme celles de nos chiens de chasse, et quelquefois une vache, complètent le tableau champêtre; le cheval du maître est toujours là aussi, couvert de son harnais magnifique, et prêt à être monté; il fait partie de la famille et semble prendre intérêt à tout ce qui se fait, à tout ce qui se dit autour de lui; sa physionomie s'anime comme celle d'un visage humain : quand l'étranger paraît et lui parle, il dresse ses oreilles, il relève ses lèvres, ride ses naseaux, tend sa tête au vent et flaire l'inconnu qui le flatte; ses yeux doux, mais profonds et pensifs, brillent, comme deux charbons, sous la belle et longue crinière de son front. Les familles grecques, syriennes et arabes de cultivateurs, qui habitent ces maisons aux pieds du Liban, n'ont rien de sauvage ni rien de barbare; plus instruits que les paysans de nos provinces, ils savent tous lire, entendent tous deux langues, l'arabe et le grec; ils sont doux, paisibles, laborieux et sobres ; occupés toute la semaine des travaux de la terre ou de la soie, ils se délassent le dimanche en assistant avec leurs familles aux longs et spectaculeux offices du culte grec ou syriaque; ils rentrent ensuite à la maison pour prendre un repas un peu plus recherché que les jours ordinaires; les femmes et les jeunes filles, parées de leurs plus riches habits et les cheveux tressés et tout parsemés de fleurs d'oranger, de giroflée-ponceau et d'œillets, restent assises sur des nattes, à la porte de la maison, avec leurs voisines et leurs amies. Il serait impossible de peindre avec la plume les groupes admirables de pittoresque, de richesse de costume et de beauté que ces femmes forment alors dans la campagne. Je vois là tous les jours des visages de jeunes femmes ou de jeunes filles que Raphaël n'avait pas entrevus, même dans ses songes d'artiste. C'est bien plus que la beauté italienne et que la beauté grecque; c'est la pureté de formes, la délicatesse de contours, en un mot, tout ce que l'art grec et romain nous ont laissé de plus accompli; mais cela est rendu plus enivrant encore par une naïveté primitive et simple d'expression, par une langueur sereine et voluptueuse, par un jour céleste que le regard des yeux bleus bordés de cils noirs répand sur les traits, et par une finesse de sourire, une harmonie de proportions, une blancheur animée de la peau, une transparence indescriptible du teint, un vernis métallique des cheveux, une grâce de mouvemens, une étrangeté d'attitudes et un son perlé et vibrant de la voix qui font de la jeune Syrienne la houri du paradis des yeux. Ces beautés admirables et variées sont aussi extrêmement communes; je ne marche jamais une heure dans la campagne sans en rencontrer plusieurs allant aux fontaines ou revenant avec leurs urnes étrusques sur l'épaule, et leurs jambes nues entourées de bracelets d'argent; les hommes et les jeunes garçons vont le dimanche s'asseoir, pour tout délassement, sur des nattes étendues au pied de quelque grand sycomore, non loin d'une fontaine; ils restent là immobiles tout le jour, à conter des histoires merveilleuses, buvant de temps en temps une tasse de café ou une tasse d'eau fraîche; les autres vont sur le haut des collines, et vous les voyez là paisiblement groupés sous leurs vignes ou leurs oliviers, paraissant jouir avec délices de la vue de la mer que ces coteaux dominent, de la limpidité du ciel, du chant des oiseaux et de toutes ces voluptés instinctives de l'homme pur et simple, que nos populations ont perdues pour l'ivresse bruyante du cabaret ou les fumées de l'orgie. Jamais plus belles scènes de la création ne furent peuplées et animées de plus pures et plus belles impressions; la nature ici est véritablement un hymne perpétuel à la bonté du Créateur, et aucun ton faux, aucun spectacle de misère ou de vice, ne trouble, pour l'étranger, la ravissante harmonie de cet hymne; — hommes, femmes, oiseaux, animaux, arbres, montagnes, mer, ciel, climat, tout est beau, tout est pur, tout est splendide et religieux.

10 novembre 1832.

Ce matin, je suis allé errer de bonne heure avec Julia sur la colline que les Grecs nomment San-Dimitri, à une lieue environ de Bayruth, en se rapprochant du Liban et en suivant obliquement la courbe de la ligne de la mer. Deux de mes Arabes nous accompagnaient, l'un pour nous guider, l'autre pour se tenir à la tête du cheval de Julia et la recevoir dans ses bras si le cheval s'animait trop. Quand les sentiers devenaient trop rapides, nous laissions nos montures un moment, et nous parcourions à pied les terrasses naturelles ou artificielles qui forment des gradins de verdure de toute la colline de San-Dimitri. Dans mon enfance, je me suis représenté souvent ce paradis terrestre, cet Éden que toutes les nations ont dans leurs souvenirs, soit comme un beau rêve, soit comme une tradition d'un temps et d'un séjour plus parfait ; j'ai suivi Milton dans ses délicieuses descriptions de ce séjour enchanté de nos premiers parens ; mais ici, comme en toutes choses, la nature surpasse infiniment l'imagination. Dieu n'a pas donné à l'homme de rêver aussi beau qu'il a fait. J'avais rêvé Éden, je puis dire que je l'ai vu.

Quand nous eûmes marché une demi-heure sous les arceaux de nopals qui encaissent tous les sentiers de la plaine, nous commençâmes à monter par de petits chemins plus étroits et plus escarpés qui arrivent tous à des plateaux successifs, d'où l'horizon de la campagne, de la mer et du Liban, se découvre successivement davantage. Ces plateaux, d'une médiocre largeur, sont tous entourés d'arbres forestiers inconnus à nos climats, et dont j'ignore malheureusement la nomenclature ; mais leur tronc, le port de leurs branches, les formes neuves et étranges de leurs cimes coniques, échevelées, pyramidales, ou s'étendant comme des ailes, donnent à cette bordure de végétation une grâce et une nouveauté d'aspect qui signalent assez l'Asie. Leurs feuillages aussi ont toutes les formes et toutes les teintes, depuis la noire verdure du cyprès jusqu'au vert gris de l'olivier, jusqu'au jaune du citronnier et de l'oranger, depuis les larges feuilles du mûrier de la Chine, dont chacune suffirait pour cacher le soleil au front d'un enfant, jusqu'aux légères découpures de l'arbre à thé, du grenadier et d'autres innombrables arbustes dont les feuilles ressemblent aux feuilles du persil, et jettent comme de légères draperies de dentelles végétales entre l'horizon et vous. Le long de ces lisières de bois règne une lisière de verdure qui se couvre de fleurs à leur ombre. L'intérieur des plateaux est semé d'orge, et, à un angle quelconque, deux ou trois têtes de palmiers, ou le dôme sombre et arrondi du caroubier colossal, indiquent la place où un cultivateur arabe a bâti sa cabane, entourée de quelques plants de vignes, d'un fossé défendu par des palissades vertes de figuiers d'Inde, couverts de leurs fruits épineux, et d'un petit jardin d'orangers semé d'œillets et de giroflées pour l'ornement des cheveux de ses filles. Quand par hasard le sentier nous conduisait à la porte de ces maisons enfoncées, comme des nids humains, dans ces vagues de verdure, nous ne voyions sur la physionomie de ses heureux et bons habitans, ni surprise, ni humeur, ni colère. Ils nous saluaient, en souriant à la beauté de Julia, du salut pieux des Orientaux : *Saba el Kaïr*, que le jour soit béni pour vous. Quelques-uns nous priaient de nous arrêter sous leur palmier ; ils apportaient, selon leur richesse, ou une natte ou un tapis, et nous offraient des fruits, du lait, ou des fleurs de leur jardin. Nous acceptions quelquefois, et nous leur promettions de revenir leur apporter à notre tour quelque chose d'Europe. Mais leur politesse et leur hospitalité n'étaient nullement intéressées. Ils aiment les Francs, qui savent guérir de toutes les maladies, qui connaissent les vertus de toutes les plantes, et qui adorent le même Dieu qu'eux.

D'un de ces plateaux nous montions à un autre ; mêmes scènes, mêmes enceintes d'arbres, même mosaïque de végétation sur le terrain qu'elles entourent ; seulement de plateaux en plateaux, le magnifique horizon s'élargissait, les plateaux inférieurs s'étendaient comme un damier de toutes couleurs où les haies d'arbustes, rapprochées et groupées par l'optique, formaient des bois et des taches sombres sous nos pieds. Nous suivîmes ces plateaux de collines en collines, redescendant de temps en temps dans les vallons qui les séparent : vallons mille fois plus ombragés, plus délicieux encore que les collines ; tous voilés par les rideaux d'arbres des terrasses qui les dominent, tous ensevelis dans ces vagues de végétation odorante, mais ayant tous cependant à leur embouchure une étroite échappée de vue sur la plaine et sur la mer. Comme la plaine disparaît à cause de l'élévation de ces vallées, elles semblent déboucher immédiatement sur la plage; leurs arbres se détachent en noir sur le bleu des vagues, et nous nous amusions quelquefois, assis au pied d'un palmier, à voir les voiles des vaisseaux, qui étaient en réalité à quatre ou cinq lieues de nous, glisser lentement d'un arbre à l'autre comme s'ils eussent navigué sur un lac, dont ces vallons étaient immédiatement le rivage.

Nous arrivâmes enfin, par le seul hasard de nos pas, au plus complet et au plus enchanté de ces paysages. J'y reviendrai souvent.

C'est une vallée supérieure, ouverte de l'orient à l'occident, et encaissée dans les plis de la dernière chaîne de collines qui s'avance sur la grande vallée où coule le Narh-Bayruth. Rien ne peut décrire la prodigieuse végétation qui tapisse son lit et ses flancs; bien que des deux côtés ses parois soient de rocher, elles sont tellement revêtues de lichens de toute espèce, si suintantes de l'humidité qui s'y distille goutte à goutte, si revêtues de grappes de bruyères, de fougères, d'herbes odoriférantes, de lianes, de lierres et d'arbustes enracinés dans leurs fentes imperceptibles, qu'il est impossible de se douter que ce soit la roche vive qui végète ainsi. C'est un tapis touffu d'un ou de deux pieds d'épaisseur; un velours de végétation serré, nuancé de teintes et de couleurs, semé partout de bouquets de fleurs inconnues, aux mille formes, aux mille odeurs, qui tantôt dorment immobiles comme les fleurs peintes sur une étoffe tendue dans nos salons, tantôt quand la brise de la mer vient à glisser sur elles, se relèvent avec les herbes et les rameaux, d'où elles s'échappent comme la soie d'un animal qu'on caresse à rebrousse-poil, se nuancent de teintes ondoyantes, et ressemblent à un fleuve de verdure et de fleurs qui ruissellerait à vagues parfumées. Il s'en échappe alors des bouffées d'odeurs enivrantes, des multitudes d'insectes aux ailes colorées, des oiseaux innombrables qui vont se percher sur les arbres voisins; l'air est rempli de leurs voix qui se répondent, du bourdonnement des essaims de guêpes et d'abeilles, et de ce sourd murmure de la terre au printemps, que l'on prend, avec raison peut-être, pour le bruit sensible des mille végétations de sa surface. Les gouttes de rosée de la nuit tombent de chaque feuille, brillent sur chaque brin d'herbe et rafraîchissent le lit de cette petite vallée à mesure que le soleil s'élève et commence à faire glisser ses rayons au-dessus des hautes cimes d'arbres et des rochers qui l'enveloppent.

Nous déjeunâmes là, sur une pierre, au bord d'une caverne où deux gazelles s'étaient réfugiées au bruit de nos pas. Nous nous gardâmes bien de troubler l'asile de ces charmans animaux, qui sont à ces déserts ce que l'agneau est à nos prés, ce que les colombes apprivoisées sont aux toits ou aux cours de nos cabanes.

Toute la vallée était tendue des mêmes rideaux mobiles de feuillage, de mousse, de végétation; nous ne pouvions retenir une exclamation à chaque pas; je ne me souviens pas d'avoir jamais vu tant de vie dans la nature, accumulée et débordant dans un si petit espace. Nous suivîmes cette vallée dans toute sa longueur, nous asseyant de temps en temps là où l'ombre était la plus fraîche, et donnant çà et là un coup dans l'herbe avec la main pour en faire jaillir les gouttes de rosée, les bouffées d'odeurs et les nuages d'insectes qui s'élevaient de son sein comme de la poussière d'or. Que Dieu est grand! que la source d'où toutes ces vies et ces beautés et ces bontés découlent, doit être profonde et infinie! s'il y a tant à voir, à admirer, à s'étonner, à se confondre dans un seul petit coin de la nature, que sera-ce quand le rideau des mondes sera levé pour nous et que nous comtemplerons l'ensemble de l'œuvre sans fin! Il est impossible de voir et de réfléchir sans être inondé de l'évidence intérieure où se réfléchit l'idée de Dieu. Toute la nature est semée de fragmens étincelans de ce miroir où Dieu se peint!

En arrivant vers l'embouchure occidentale de la vallée, le ciel s'élargit; ses parois s'abaissent, sa pente incline légèrement sous les pas; les cimes brillantes de neige du Liban se dressent dans le ciel ondoyant de vapeurs brûlantes : on descend avec le regard, de ces neiges éternelles à ces noires taches de pins, de cyprès ou de cèdres, puis à ces ravines profondes où l'ombre repose comme dans son nid ; puis, enfin, à ces pics de rochers couleur d'or, au pied desquels s'étendent les hauts Maronites, et les villages des Druses ; tout finit par une bordure de forêts d'oliviers qui meurent sur les bords de la plaine. La plaine elle-même, qui s'étend entre les collines où nous étions et ces racines du haut Liban, peut avoir une lieue de large. Elle est sinueuse, et nous n'embrassions de l'œil qu'environ deux lieues de sa longueur ; le reste nous était caché par des mamelons couverts de noires forêts de pins. Le Narh-Bayruth, ou fleuve de Bayruth, qui s'échappe, à quelques milles de là, d'une des gorges les plus profondes et les plus rocheuses du Liban, partage la plaine en deux. Il court gracieusement à pleins bords, tantôt resserré dans ses rives bordées de joncs, semblables à des champs de sucre, tantôt extravasé dans les pelouses verdoyantes, ou sous les lentisques, et jetant çà et là comme de petits lacs brillans dans la plaine. Tous ses bords sont couverts de végétation, et nous distinguions des ânes, des chevaux, des chèvres, des buffles noirs et des vaches blanches, répandus en troupeaux le long du fleuve, et des bergers arabes qui passaient le fleuve à gué sur le dos de leurs chameaux. On voyait aussi plus loin, sur les premières falaises de la montagne, des moines maronites, vêtus de leur robe noire à capuchon de matelot, qui conduisaient silencieusement la charrue sous les oliviers de leur champ. On entendait la cloche des couvens qui les rappelait de temps en temps à la prière. Alors ils arrêtaient leurs bœufs, appuyaient la perche contre le manche de la charrue, et se mettant à genoux quelques minutes, ils laissaient souffler leur attelage, tandis qu'eux-mêmes aspiraient un moment au ciel. En avançant davantage encore, en commençant à descendre vers le fleuve, nous découvrîmes tout à coup la mer que les parois de la vallée nous cachaient jusque-là, et l'embouchure plus large du Narh-Bayruth qui s'y perdait. Non loin de cette embouchure, un pont romain presqu'en ruines, à arches très-élevées et sans parapets, traverse le fleuve; une longue caravane de Damas, allant à Alep, y passait dans ce moment même; on les voyait un à un, ceux-ci sur un dromadaire, ceux-là sur un cheval, sortir des roseaux qui ombragent les culées du pont, gravir lentement le sommet des arches, se dessiner là un moment sur le bleu de la mer avec leur monture et leur costume éclatant et bizarre, puis redescendre de cette cime de ruines et disparaître avec leur longue file d'ânes et de chameaux sous les touffes de roseaux, de lauriers-roses et de platanes, qui ombragent l'autre rive du fleuve. Un peu plus loin on les voyait reparaître sur la grève de sable où les hautes vagues venaient rouler leur frange d'écume jusque sous les pieds des montures. D'immenses rochers à pics d'un cap avancé les cachaient enfin, et, se prolongeant dans la mer, bornaient l'horizon de ce côté. A l'embouchure du fleuve, la mer était de deux couleurs, bleue et verte au large, et étincelante de diamans mobiles; jaune et terne à l'endroit où les eaux du fleuve luttaient avec ses vagues et les teignaient de leur sable d'or qu'elles entraînent sans cesse dans cette rade. Dix-sept navires, à l'ancre dans ce golfe, se balançaient pesamment sur les grosses lames qui le sillonnent toujours, et leurs mâts s'élevaient et s'abaissaient comme de longs roseaux au souffle du vent. Les uns avaient leurs mâts nus comme des arbres d'hiver; les autres, étendant leurs voiles pour les faire sécher au soleil, ressemblaient à ces grands oiseaux blancs de ces mers, qui planent sans qu'on voie trembler leurs ailes. Le golfe, plus éclatant que le ciel qui le couvre, réfléchissait une partie des neiges du Liban, et les monastères aux murs crénelés, debout sur les pics avancés. Quelques barques de pêcheurs passaient à pleines voiles, et venaient s'abriter dans le fleuve. La vallée sous nos pas, les pentes vers la plaine, le fleuve sous les arches pyramidales, la mer avec ses anses dans les rochers, l'immense bloc du Liban avec les innombrables accidens de sa structure; ces pyramides de neige allant s'enfoncer, comme des cônes d'argent, dans les profondeurs du ciel où l'œil les cherchait comme des étoiles; les bruits insensibles des insectes autour de nous, le chant des mille oiseaux sur les arbres, les mugissemens des buffles ou les plaintes presque humaines du chameau des caravanes; le retentissement sourd et périodique des larges lames brisant sur le sable à l'embouchure du fleuve, l'horizon sans fin de la Méditerranée; l'horizon serpentant et vert du lit du Narh-Bayruth à droite; la muraille crénelée et gigantesque du Liban en face; le dôme rayonnant et serein du ciel échancré seulement par les cimes des monts ou par les têtes aux formes coniques des grands arbres; la tiédeur, le parfum de l'air où tout cela semblait nager, comme une image dans l'eau transparente d'un lac de la Suisse : tous ces aspects, tous ces bruits, toutes ces ombres, toute cette lumière, toutes ces impressions, formaient, de cette scène, le plus sublime et le plus gracieux paysage dont mes yeux se fussent enivrés jamais. Qu'était-ce donc pour Julia! Elle était tout émue, toute rayonnante, toute tremblante de saisissement et de volupté intérieure; et moi, j'aimais à graver de tels spectacles dans son imagination d'enfant! Dieu s'y peint mieux que dans les lignes d'un catéchisme : il s'y peint en traits dignes de lui; la souveraine beauté, l'immense bonté d'une nature accomplie, le révèlent, tel qu'il est, à l'âme de l'enfant; cette beauté physique et matérielle se traduit pour elle en sentiment de beauté morale. On fait voir à l'artiste les statues de la Grèce pour lui inspirer l'instinct du beau. Il faut faire voir à l'âme jeune les grandes et belles scènes de la nature, pour que l'image qu'elle se forme de son auteur soit digne d'elle et de lui!

Nous remontâmes à cheval au pied de la colline, dans la plaine au bord du fleuve; nous traversâmes le pont, nous gravîmes quelques coteaux boisés du Liban, jusqu'au premier monastère qui s'élevait comme un château fort, sur un piédestal de granit. Les moines me connaissaient par les rapports de leurs Arabes, et me reçurent dans le couvent. Je parcourus les cellules, le réfectoire, les chapelles. Les moines, rentrant du travail, étaient occupés dans la vaste cour à dételer les bœufs et les buffles : cette cour avait l'aspect d'une cour de grande ferme ; elle était encombrée de charrues, de bétail, de fumiers, de volailles, de tous les instrumens de la vie rustique. Le travail se faisait sans bruit, sans cris, mais sans affectation de silence et comme par des hommes animés d'une décence naturelle, mais non commandés par une règle sévère et inflexible. Les figures de ces hommes étaient douces, sereines, respirant la paix et le contentement : aspect d'une communauté de laboureurs. Quand l'heure du repas eut sonné, ils entrèrent au réfectoire, non pas tous ensemble, mais un à un, ou deux à deux, selon qu'ils avaient terminé plus tôt ou plus tard leur travail du moment. Ce repas consistait, comme tous les jours, en deux ou trois galettes de farine pétrie et séchée plutôt que cuite sur la pierre chaude ; de l'eau, et cinq olives confites dans l'huile : on y ajoute quelquefois un peu de fromage ou de lait aigri ; voilà toute la nourriture de ces cénobites : ils la prennent debout ou assis sur la terre. Tous les meubles de nos contrées leur sont inconnus. Après avoir assisté à leur dîner et mangé nous-mêmes un morceau de galette et bu un verre d'excellent vin du Liban que le supérieur nous fit apporter, nous visitâmes quelques-unes des cellules : elles sont toutes semblables. Une petite chambre de cinq ou six pieds carrés avec une natte de jonc et un tapis : voilà tous les meubles ; quelques images de saints clouées contre la muraille, une Bible arabe, quelques manuscrits syriaques : voilà toute la décoration. Une longue galerie intérieure, couverte en chaume, sert d'avenue à toutes ces chambres. La vue dont on jouit des fenêtres du monastère, et de presque tous ces monastères, est admirable ; les premières pentes du Liban sous le regard, la plaine et le fleuve de Bayruth, les dômes aériens des forêts de pins, tranchant sur l'horizon rouge du désert de sable, puis la mer encadrée partout dans ses caps, ses golfes, ses anses, ses rochers, avec les voiles blanches qui la traversent en tous sens : voilà l'horizon sans cesse sous les yeux de ces moines. Ils nous firent plusieurs présens de fruits secs et d'outres de vin qui furent chargés sur des ânes, et nous les quittâmes pour revenir par un autre chemin à Bayruth. Je parlerai d'eux plus tard.

Nous descendîmes par des degrés escarpés taillés dans les blocs détachés d'un grès jaune et tendre qui couvre tous les premiers plans du Liban. Le sentier circule à travers ces blocs; dans les interstices du rocher, quelques arbustes et quelques herbes s'enracinent. Il y a des fleurs admirables, pareilles aux tulipes de nos jardins, mais infiniment plus larges. Nous fîmes lever plusieurs gazelles et quelques chacals qui s'abritent dans les creux formés par ces rochers. Une grande quantité de perdrix, de cailles et de bécasses s'envolèrent au bruit des pas de nos chevaux. Arrivés à la plaine, nous retrouvâmes la culture de la vigne, de l'orge, du palmier; nous en traversâmes la moitié à peu près, au milieu de cette riche végétation, et nous nous trouvâmes bientôt au pied d'un large mamelon, couvert d'une forêt de pins d'Italie, avec de larges clairières où nous apercevions de loin des troupeaux de chameaux et de chèvres. Ce mamelon nous cachait le Narh-Bayruth que nous voulions traverser dans sa partie méridionale. Nous nous enfonçâmes sous les voûtes élevées de ces beaux pins parasols, et après avoir marché environ un quart d'heure à leur ombre, nous entendîmes tout à coup de grands cris, le bruit des pas d'une multitude d'hommes, de femmes et d'enfans qui accouraient de notre côté, les roulemens de tambours, les sons de la musette et du fifre. En un instant nous fûmes cernés par cinq ou six cents Arabes d'un aspect étrange. Les chefs, revêtus de magnifiques costumes, mais sales et en lambeaux, s'avancèrent vers nous, à la tête de leur musique; ils s'inclinèrent et nous firent des complimens, en apparence très-respectueux, mais que nous ne pûmes comprendre. Leurs gestes et leurs clameurs, accompagnés des gestes et des clameurs de la tribu tout entière, nous aidèrent à interpréter leurs paroles. Ils nous priaient et nous forcèrent, pour ainsi dire, de les suivre dans l'intérieur de la forêt, où leur camp était tendu : c'était une des tribus de Kurdes qui viennent, des provinces voisines de la Perse, passer l'hiver, tantôt dans les plaines de la Mésopotamie, aux environs de Damas, tantôt dans celles de la Syrie, emmenant avec eux leurs familles et leurs troupeaux. Ils s'emparent d'un bois, d'une plaine, d'une colline abandonnés, et s'y établissent ainsi pour cinq ou six mois. Beaucoup plus barbares que les Arabes, on redoute en général leurs invasions et leur voisinage; ce sont les bohémiens armés de l'Orient.

Entourés de cette foule d'hommes, de femmes et d'enfans, nous marchâmes quelques minutes aux sons de cette musique sauvage, et aux cris de cette multitude qui nous regardait avec une curiosité moitié rieuse, moitié féroce. Nous nous trouvâmes bientôt au milieu du camp, devant la porte de la tente d'un des scheiks de la tribu. Ils nous firent descendre de cheval, remirent nos chevaux, qu'ils admiraient beaucoup, à la garde de quelques jeunes Kurdes, et nous apportèrent des tapis de Caramanie, sur lesquels nous nous assîmes au pied d'un arbre. Les esclaves du scheik nous présentèrent les pipes et le café : les femmes de la tente apportèrent du lait de chamelle pour Julia. La vue de ce camp de barbares nomades, au milieu d'une sombre forêt de pins, mérite qu'on la décrive.

La forêt, dans cet endroit, était clairsemée et entrecoupée de larges clairières. Au pied de chaque arbre, une famille avait sa tente : ces tentes n'étaient, pour la plupart, qu'un morceau de toile noire, de poil de chèvre, attaché au tronc de l'arbre par une corde, et, de l'autre côté, supportée par deux piquets plantés en terre; la toile souvent n'entourait pas tout l'espace occupé par la famille; mais un lambeau seulement retombait du côté du vent ou du soleil, et abritait l'aire de la tente et le feu du foyer. On n'y voyait aucun meuble, si ce n'est des jarres de terre noirâtres, couchées sur le flanc, dans lesquelles les femmes vont puiser l'eau ; quelques outres de peau de chèvre, des sabres et de longs fusils suspendus en faisceaux aux branches des arbres, les nattes, les tapis et quelques vêtemens d'hommes ou de femmes jetés çà et là sur le sol. Quelques-uns de ces Arabes avaient deux ou trois coffres carrés, de bois peint en rouge, avec des dessins de clous à tête dorée, pour contenir leurs effets. Je ne vis que deux ou trois chevaux dans toute la tribu. Le plus grand nombre des familles n'avait autour de la tente qu'un chameau couché, ruminant avec sa haute tête intelligente, dressée et tendue vers la porte de la tente, quelques belles chèvres, aux longues soies noires et aux oreilles pendantes, des moutons et des buffles : presque tous avaient en outre un ou deux magnifiques chiens lévriers, de grande taille et à poil blanc. Ces chiens, contre la coutume des mahométans, étaient gras et bien soignés : ils semblaient reconnaître des maîtres, d'où je présume que ces tribus s'en servaient pour la chasse. Les scheiks paraissaient jouir d'une autorité absolue, et le moindre signe de leur part rétablissait l'ordre et le silence, que le tumulte de notre arrivée avait troublés. Quelques enfans ayant commis, par curiosité, de légères indiscrétions envers nous, ils les firent saisir à l'instant par les hommes qui nous entouraient, et chasser loin de nous, vers un autre quartier du camp. Les hommes étaient généralement grands, forts, beaux et bien faits ; leurs habits n'annonçaient pas la pauvreté, mais la négligence. Plusieurs avaient des vestes de soie, mêlée de fils d'or ou d'argent, et des pelisses de soie bleue, doublées de riches fourrures. Leurs armes étaient également remarquables par les ciselures et les incrustations d'argent dont elles étaient ornées. Les femmes n'étaient ni renfermées, ni voilées ; elles étaient même à demi nues ; surtout les jeunes filles de dix à quinze ans. Tout leur vêtement consistait en un pantalon à larges plis, qui laissait les jambes et les pieds nus ; elles avaient toutes des bracelets d'argent, au-dessus de la cheville du pied. Le haut du corps était couvert d'une chemise d'étoffe de coton ou de soie, serrée par une ceinture et laissant la poitrine et le cou découverts. Leurs cheveux, généralement très-noirs, étaient nattés en longues tresses pendantes jusque sur les talons, et ornés de pièces de monnaie enfilées : elles avaient aussi les reins et la gorge cuirassés d'un réseau de piastres enfilées, et résonnant à chaque pas qu'elles faisaient, comme les écailles d'un serpent. Ces femmes n'étaient ni grandes, ni blanches, ni modestes, ni gracieuses, comme les Arabes Syriennes ; elles n'avaient pas non plus l'air féroce et craintif des Bédouines ; elles étaient, en général, petites, maigres, le teint hâlé par le soleil, mais gaies, vives, enjouées, lestes, dansant et chantant aux sons de leur musique, qui n'avait pas cessé un moment ses airs vifs et animés. Elles ne montraient aucun embarras de nos regards, aucune pudeur de leur presque nudité devant les hommes de la tribu : les hommes eux-mêmes ne paraissaient pas exercer d'autorité sur elles ; ils se contentaient de rire de leur curiosité indiscrète à notre égard, et les repoussaient avec douceur et en plaisantant. Quelques-unes des jeunes filles étaient extrêmement jolies et piquantes ; leurs yeux noirs étaient teints avec le henné sur le bord des paupières, ce qui donne beaucoup plus de vivacité au regard. Leurs jambes et leurs mains étaient également peintes d'une couleur d'acajou : leurs dents blanches comme l'ivoire, dont leurs lèvres tatouées de bleu et leur teint hâlé faisaient ressortir l'éclat, donnaient à leurs physionomies et à leurs rires un caractère sauvage, mais non pas féroce ; elles ressemblaient à de jeunes Provençales ou à des Napolitaines, avec le front plus haut, les allures plus libres, le sourire plus franc et les manières plus naturelles. Leur figure se grave profondément dans la mémoire, parce qu'on ne voit pas deux fois des figures de ce caractère.

Il y avait autour de nous un cercle de cent ou deux cents personnes de la tribu ; quand nous eûmes bien contemplé leur camp, leurs figures et leurs ouvrages, nous fîmes signe que nous désirions remonter à cheval. Aussitôt nos chevaux nous furent ramenés ; comme ils étaient effrayés par l'aspect étrange, les cris de cette foule et les sons des tambourins, le scheik fit prendre Julia par deux de ses femmes qui la portèrent jusqu'au bout de la forêt : la tribu entière nous accompagna jusque-là. Nous remontâmes à cheval, ils nous offrirent une chèvre et un jeune chameau en présent ; nous n'acceptâmes pas et nous leur donnâmes nous-mêmes une poignée de piastres turques que les jeunes filles se partagèrent pour ajouter à celles des colliers, et deux gazzis d'or aux femmes du scheik. A peu de distance de la forêt, nous retrouvâmes le fleuve ; nous le traversâmes à gué ; sous les lauriers-roses qui le bordent, nous rencontrâmes encore une centaine de jeunes filles de la tribu des Kurdes qui revenaient de Bayruth où elles étaient allées acheter des jarres de terre et quelques pièces d'étoffe pour une fiancée de leur tribu : elles s'étaient arrêtées là, et dansaient à l'ombre, tenant chacune à la main un des objets du ménage ou de la parure de leur compagne ; elles nous suivirent longtemps en poussant des cris sauvages et en s'attachant à la robe de Julia et à la crinière de nos chevaux pour obtenir quelques pièces de monnaie ; nous leur en jetâmes ; elles s'enfuirent et se précipitèrent toutes dans le fleuve pour regagner le camp.

Après avoir traversé le Narh-Bayruth et l'autre moitié de la plaine cultivée et ombragée de jeunes palmiers et de pins, nous entrâmes dans les collines de sable rouge qui s'étendent à l'orient de Bayruth entre la mer et la vallée du fleuve : c'est un morceau du désert d'Égypte jeté au pied du Liban et entouré de magnifiques oasis ; le sable en est rouge comme de l'ocre, et fin comme une poussière impalpable ; les Arabes disent que ce désert de sable rouge n'est pas apporté là par les vents ni accumulé par les vagues, mais vomi par un torrent souterrain qui communique avec les déserts de Gaza et de El-Arish ; ils prétendent qu'il existe des sources de sable comme des sources d'eau ; ils montrent, pour confirmer leur opinion, la couleur et la forme du sable de la mer, qui ne ressemble en rien en effet à celui de ce désert. La couleur est aussi tranchée que celle d'une carrière de granit et d'une carrière de marbre. Quoi qu'il en soit, ce sable vomi par des fleuves souterrains, ou semé là par les grands vents d'hiver, s'y déroule en nappes de cinq à six lieues de tour, et élève des montagnes ou creuse des vallées qui changent de forme à chaque tempête ; à peine a-t-on marché quelque temps dans ces labyrinthes ondoyans qu'il est impossible de savoir où l'on se trouve ; les collines de sable vous cachent l'horizon de toutes parts ; aucun sentier ne subsiste sur la surface de ces vagues ; le cheval et le chameau y passent sans y laisser plus de traces qu'une barque n'en laisse sur l'eau ; la moindre brise efface tout ; quelques-unes de ces dunes étaient si rapides que nos chevaux pouvaient à peine les gravir, et nous n'avancions qu'avec précaution, de peur d'être engloutis par les fondrières fréquentes dans ces mers de sable ; on n'y découvre aucune trace de végétation, si ce n'est quelques gros oignons de plantes bulbeuses qui roulent de temps en temps sous les pieds des chevaux ; l'impression de ces solitudes mobiles est triste et morne : c'est une tempête sans bruit, mais avec toutes ses images de mort. Quand le simoun, vent du désert, se lève, ces collines ondoient comme les lames d'une mer, et se repliant en silence sur leurs profondes vallées, engloutissent le chameau des caravanes ; elles s'avancent tous les ans de quelques pas sur les parties de terre cultivées qui les environnent, et vous voyez sur leurs bords des têtes de palmiers ou de figuiers qui se dressent desséchées sur leur surface comme des mâts de navire engloutis sous les vagues : nous n'entendions aucun bruit que la chute lointaine et lourde des lames de la mer qui brisaient à une lieue de nous contre les écueils ; le soleil couchant teignait la crête de ces montagnes de poussière rouge, d'une couleur semblable au fer ardent qui sort des fournaises ; ou, glissant dans ces vallées, il les inondait de feux, comme les avenues d'un édifice incendié ; de temps en temps, en nous retrouvant au sommet d'une colline, nous découvrions les cimes blanches du Liban, ou la mer avec sa lisière d'écume bordant les longues côtes sinueuses du golfe de Saïde ; puis nous replongions tout à coup dans les ravines de sable et nous ne voyions plus que le ciel sur nos têtes. Je suivais Julia, qui se retournait souvent vers moi avec son beau visage tout coloré d'émotions et de fatigue, et je lisais dans ses yeux, dont le regard semblait m'interroger, ses impressions mêlées de terreur, d'enthousiasme et de plaisir. Le bruit de la mer augmentait et nous annonçait le rivage ; nous le découvrîmes tout à coup, élevé, escarpé à pic sous les pieds de nos chevaux : il dominait la Méditerranée de deux cents pieds au moins ; le sol, solide et sonore sous nos pas, quoique recouvert encore d'une légère couche de sable blanc, nous indiquait le rocher succédant aux vagues de sable : c'était le rocher en effet qui borde toutes les côtes de Syrie ; nous étions arrivés par hasard à un des points de cette côte où la lutte de la pierre et des eaux présente à l'œil le plus étrange spectacle ; le choc répété des flots ou des tremblemens de terre ont détaché en cet endroit, du bloc continu de la côte, d'immenses collines de roches vives qui, roulées dans la mer et y ayant pris leur aplomb, ont été usées, polies, léchées, par les vagues depuis des siècles, et ont affecté les formes les plus bizarres ; il y avait devant nous, à une distance d'environ cent pieds, un de ces rochers debout, sortant de la mer et dressant sa crête au-dessus du niveau du rivage ; les vagues, en le frappant sans cesse, avaient fini par le fendre dans son milieu et par y former une arche gigantesque, semblable à l'ouverture d'un monument triomphal. Les parois intérieures de cette arche étaient polies et luisantes comme le marbre de Carrare ; les vagues, en se retirant, laissaient voir ces parois à sec, toutes ruisselantes de l'écume qui retombait avec les flots ; puis au retour de la lame elles s'engloutissaient, avec un bruit de tonnerre, dans l'arche qu'elles remplissaient jusqu'à la voûte, et, pressées par le choc, elles en jaillissaient en un torrent d'écume nouvelle qui se dressait comme des langues furieuses jusqu'au sommet du rocher, d'où elles retombaient en chevelures et en poussière d'eau. Nos chevaux frissonnaient d'horreur à chacun de ces retours de la vague, et nous ne pouvions arracher nos yeux de ce combat des deux élémens. Pendant une demi-heure de marche, la côte est inondée de ces jeux magnifiques de la nature : il y a des tours crénelées toutes couvertes de nids d'hirondelles de mer, des ponts naturels joignant le rivage et les écueils, et sous lesquels vous entendez, en passant, mugir les lames souterraines; il y a, dans certains endroits, des rochers percés par le refoulement des vagues, qui laissent jaillir l'écume de la mer sous nos pieds comme des tuyaux de jets d'eau;—l'eau s'élève à quelques pieds de terre en immense colonne, puis rentre en murmurant dans ses abîmes, lorsque le flot s'est retiré. La mer était forte en ce moment; elle arrivait en larges et hautes collines bleues, se dressait en crêtes transparentes en approchant des rochers, et y croulait avec un tel fracas que la rive en tremblait au loin, et que nous croyions voir vaciller l'arche marine que nous contemplions devant nous. Après les solitudes silencieuses et terribles que nous venions de traverser, l'aspect sans bornes d'une mer immense et vide de bâtimens, à l'heure du soir où les premières ombres commencent à brunir ses abîmes; ces cassures gigantesques de la côte, et ce bruit tumultueux des vagues qui roulaient des rochers énormes, comme les pattes de l'oiseau font rouler des grains de sable; ces coups de la brise sur nos fronts, sur la crinière de nos chevaux; ces immenses échos souterrains qui multipliaient les mugissemens sourds de la tempête, tout cela frappait nos âmes d'impressions si diverses, si solennelles, si fortes, que nous ne pouvions plus parler, et que des larmes d'émotion brillaient dans les yeux de Julia !

Nous rentrâmes en silence dans le désert de sable rouge; nous le traversâmes dans sa partie la plus étroite, en nous rapprochant des collines de Bayruth, et nous nous retrouvâmes, au soleil couché, sous la grande forêt de pins de l'émir Fakar-el-Din. Là, Julia, retrouvant la voix, se tourna vers moi et me dit avec ivresse : — N'est-ce pas que j'ai fait la plus belle promenade qu'il soit possible de faire au monde? Oh! que Dieu est grand! et qu'il est bon pour moi, ajouta-t-elle, de m'avoir choisie pour me faire contempler si jeune de si belles choses !

Il était nuit quand nous descendîmes de cheval à la porte de la maison; nous projetâmes d'autres courses pour les jours qui nous restaient avant le voyage à Damas.

PEUPLADES DU LIBAN.

LES MARONITES.

Les Maronites, dont je viens de parler, ont des ténèbres autour de leur berceau. L'histoire, si incomplète et si fabuleuse en tout ce qui concerne les premiers siècles de notre ère, laisse planer le doute sur les différentes causes qu'on assigne à leurs institutions. Ils n'ont que peu de livres, sans critique et sans contrôle ; cependant, comme il faut toujours s'en rapporter à ce qu'un peuple sait de lui-même plutôt qu'aux vaines spéculations du voyageur, voici ce qui résulte de leurs propres histoires. Un saint solitaire, nommé Marron, vivait environ vers l'année 400. Théodoric et saint Chrysostome en font mention. Marron habitait le désert, et ses disciples s'étant répandus dans les différentes régions de la Syrie, y bâtirent plusieurs monastères; le principal était aux environs d'Apamée, sur les bords fertiles de l'Oronte. Tous les chrétiens syriaques qui n'étaient pas alors infectés de l'hérésie des monothélites se réfugièrent autour de ces monastères, et de cette circonstance reçurent le nom de Maronites. Volney, qui a vécu quelques mois parmi eux, a recueilli les meilleurs renseignemens sur leur origine ; ils se rapprochent de ceux-ci, que j'ai recueillis moi-même des traditions locales. Quoi qu'il en soit, les Maronites forment aujourd'hui un peuple gouverné par la plus pure théocratie qui ait résisté au temps : théocratie qui, menacée sans cesse par la tyrannie des musulmans, a été obligée de rester modérée et protectrice, et a laissé germer des principes de liberté civile prêts à se développer chez ce peuple. La nation des Maronites qui, selon Volney, était en 1784 de cent vingt mille âmes, en compte aujourd'hui plus de deux cent mille et s'accroît tous les jours. Son territoire est de cent cinquante lieues carrées ; mais ce territoire n'a que des limites arbitraires ; il s'étend sur les flancs du Liban, dans les vallées ou dans les plaines qui l'entourent, à mesure que les essaims de la population vont fonder de nouveaux villages. La ville de Zarklé, à l'embouchure de la vallée de Bkâ, vis-à-vis de Balbek, qui comptait à peine mille à douze cents âmes, il y a vingt ans, en compte maintenant dix à douze mille, et tend à s'augmenter tous les jours.

Les Maronites sont soumis à l'émir Beschir et forment, avec les Druses et les Métualis, une espèce de confédération despotique sous le gouvernement de cet émir. Bien que les membres de ces trois nations diffèrent d'origine, de religion et de mœurs, qu'ils ne se confondent presque jamais dans les mêmes villages, l'intérêt de la défense d'une liberté commune et la main forte et politique de l'émir Beschir les retiennent en un seul faisceau. Ils couvrent de leurs nombreuses habitations l'espace compris entre Latakié et Saint-Jean-d'Acre d'un côté, Damas et Bayruth de l'autre. Je dirai un mot à part des Druses et des Métualis.

Les Maronites occupent les vallées les plus centrales et les chaînes les plus élevées du groupe principal du mont Liban, depuis les environs de Bayruth jusqu'à Tripoli de Syrie. Les pentes de ces montagnes, qui versent vers la mer, sont fertiles, arrosées de fleuves nombreux et de cascades intarissables ; ils y récoltent la soie, l'huile, l'orge et le blé ; les hauteurs sont presque inaccessibles, et le rocher nu perce partout les flancs de ces montagnes ; mais l'infatigable activité de ce peuple qui n'avait d'asile sûr pour sa religion que derrière ces pics et ces précipices, a rendu le rocher même fertile ; il a élevé d'étage en étage, jusqu'aux dernières crêtes, jusqu'aux neiges éternelles, des murs de terrasses formées avec des blocs de roche roulante; sur ces terrasses il a porté le peu de terre végétale que les eaux entraînaient dans les ravines, il a pilé la pierre même pour rendre sa poussière féconde en la mêlant à ce peu de terre, et il a fait du Liban tout entier un jardin couvert de mûriers, de figuiers, d'oliviers et de céréales; le voyageur ne peut revenir de son étonnement quand, après avoir gravi pendant des journées entières sur les parois à pic des montagnes, qui ne sont qu'un bloc de rocher, il trouve tout à coup, dans les enfoncemens d'une gorge élevée ou sur le plateau d'une pyramide de montagnes, un beau village bâti de pierres blanches, peuplé d'une nombreuse et riche population, avec un château moresque au milieu, un monastère dans le lointain, un torrent qui roule son écume au pied du village, et tout autour un horizon de végétation et de verdure où les pins, les châtaigniers, les mûriers, ombragent la vigne ou les champs de maïs et de blé. Ces villages sont suspendus quelquefois les uns sur les autres, presque perpendiculairement; on peut jeter une pierre d'un village dans l'autre; on peut s'entendre avec la voix, et la déclivité de la montagne exige cependant tant de sinuosités et de détours pour y tracer le sentier de communication, qu'il faut une heure ou deux pour passer d'un hameau à l'autre.

Dans chacun de ces villages vous trouvez un scheik, espèce de seigneur féodal qui a l'administration et la justice du pays. Mais cette administration et cette justice, rendues sommairement et dans de simples attributions de police par les scheiks, ne sont ni absolues ni sans appel. La haute administration appartient à l'émir et à son divan. La justice relève en partie de l'émir, en partie des évêques. Il y a conflit de juridiction entre l'émir et l'autorité ecclésiastique. Le patriarche des Maronites conserve seul la décision de tous les cas où la loi civile est en conflit avec la loi religieuse, comme les mariages, dispenses, séparations. Le prince a les plus grands ménagemens à garder envers le patriarche et les évêques, car l'autorité du clergé sur les esprits est immense et incontestée. Ce clergé se compose du patriarche élu par les évêques, confirmé par le pape, et d'un légat du pape envoyé de Rome, et résidant au monastère d'Antoura ou de Kanoubin, des évêques, des supérieurs des monastères et des curés. Bien que l'Église romaine ait sévèrement maintenu la loi du célibat des prêtres en Europe, et que plusieurs de ses écrivains affectent de voir une loi de dogme dans ce règlement de sa discipline, elle a été obligée de céder sur ce point en Orient; et, quoique fervens et dévoués catholiques, les prêtres sont mariés chez les Maronites. Cette faculté du mariage ne s'étend ni aux moines qui vivent en communauté, ni aux évêques. Le clergé séculier et les curés usent seuls de ce privilége. La réclusion dans laquelle vivent les femmes arabes, la simplicité des mœurs patriarcales de ce peuple, et l'habitude, ôtent tout inconvénient à cet usage du clergé maronite. Et bien loin qu'il ait nui, comme on affecte de le dire, à la pureté des mœurs sacerdotales, au respect des populations pour le ministre du culte, ou au précepte de la confession, on peut dire avec vérité que, dans aucune contrée de l'Europe, le clergé n'est aussi pur, aussi exclusivement renfermé dans ses pieux ministères, aussi vénérable et aussi puissant sur le peuple qu'il l'est ici. Si l'on veut avoir sous les yeux ce que l'imagination se figure du temps du christianisme naissant et pur, si l'on veut voir la simplicité et la ferveur de la foi primitive, la pureté des mœurs, le désintéressement des ministres de la charité, l'influence sacerdotale sans abus, l'autorité sans domination, la pauvreté sans mendicité, la dignité sans orgueil, la prière, les veilles, la sobriété, la chasteté, le travail des mains, il faut venir chez les Maronites. Le philosophe le plus rigide ne trouvera pas une réforme à faire dans l'existence publique et privée de ces prêtres, qui sont restés les modèles, les conseillers et les serviteurs du peuple.

Il existe environ deux cents monastères maronites, de différents ordres, sur la surface du Liban. Ces monastères sont peuplés de vingt à vingt-cinq mille moines. Mais ces moines ne sont ni riches ni mendians, ni oppresseurs, ni sangsues du peuple. Ce sont des réunions d'hommes simples et laborieux qui, voulant se consacrer à une vie de prière et de liberté d'esprit, renoncent aux soucis d'une famille à élever, et se consacrent à Dieu et à la terre dans une de ces retraites. Leur vie, comme je l'ai raconté tout à l'heure, est la vie d'un paysan laborieux. Ils soignent le bétail ou les vers à soie, ils fendent le rocher, ils bâtissent de leurs mains les murs de terrassement de leurs champs, ils bêchent, ils labourent, ils moissonnent. Les monastères possèdent peu de terrain et ne reçoivent de moines qu'autant qu'ils en peuvent nourrir. J'ai habité longtemps parmi ce peuple, j'ai fréquenté plusieurs de ces monastères, et je n'ai jamais entendu parler d'un scandale quelconque donné par ces moines. Il n'y a pas un murmure contre eux ; chaque monastère n'est qu'une pauvre ferme dont les serviteurs sont volontaires, et ne reçoivent pour tout salaire que le toit, une nourriture d'anachorète et les prières de leur église. Le travail utile est tellement la loi de l'homme, il est tellement la condition du bonheur et de la vertu ici-bas, que je n'ai pas vu un seul de ces solitaires qui ne portât sur ses traits l'empreinte de la paix de l'âme, du contentement et de la santé. Les évêques ont une autorité absolue sur les monastères qui se trouvent dans leurs juridictions. Ces juridictions sont très-restreintes. Chaque grand village a son évêque.

Le peuple maronite, soit qu'il descende des Arabes ou des Syriens, participe de toutes les vertus de son clergé, et forme un peuple à part dans tout l'Orient ; on dirait d'une colonie européenne jetée par le hasard au milieu des tribus du désert ; sa physionomie cependant est arabe ; les hommes sont grands, beaux, au regard franc et fier, au sourire spirituel et doux ; les yeux bleus, le nez aquilin, la barbe blonde, le geste noble, la voix grave et gutturale, les manières polies sans bassesse, le costume splendide et les armes éclatantes ; quand vous traversez un village et que vous voyez le scheik assis à la porte de son manoir crénelé, ses beaux chevaux entravés dans sa cour, et les principaux du village vêtus de leurs riches pelisses, avec leurs ceintures de soie rouge remplies de yatagans et de kandjiars aux manches d'argent, coiffés d'un immense turban composé d'étoffes de diverses couleurs, avec un large pan de soie pourpre retombant sur l'épaule, vous croiriez voir un peuple de rois. Ils aiment les Européens comme des frères; ils sont liés à nous par ce lien de la communauté de religion, le plus fort de tous; ils croient que nous les protégeons par nos consuls et nos ambassadeurs contre les Turcs; ils reçoivent dans leurs villages nos voyageurs, nos missionnaires, nos jeunes interprètes, qui vont s'instruire dans la langue arabe, comme on reçoit des parens éloignés dans une famille; le voyageur, le missionnaire, le jeune interprète deviennent l'hôte chéri de toute la contrée. On le loge dans le monastère ou chez le scheik; on lui fournit abondamment tout ce que le pays produit; on le mène à la chasse du faucon; on l'introduit avec confiance dans la société même des femmes; on lui parle avec respect; on forme avec lui des liens d'amitié qui ne se brisent plus et dont les chefs de la famille conservent le souvenir à leurs enfans. Je ne doute pas que si ce peuple était plus connu, si la magnifique contrée qu'il habite était plus souvent visitée, beaucoup d'Européens n'allassent s'établir parmi les Maronites : beauté de sites, admirable perfection du climat, modicité des prix de toutes choses, analogie de religion, hospitalité de mœurs, sûreté et tranquillité individuelle, tout concourt à faire désirer l'habitation parmi ce peuple ; et quant à moi, si l'homme pouvait se déraciner tout à fait; s'il ne devait pas vivre là où la Providence lui a indiqué son berceau et sa tombe, pour servir et aimer ses compatriotes; si l'exil involontaire s'ouvrait jamais pour moi, je ne le trouverais nulle part plus doux que dans un de ces paisibles villages de Maronites, au pied ou sur les flancs du Liban, au sein d'une population simple, religieuse, bienveillante, avec la vue de la mer et des hautes neiges, sous le palmier ou sous l'oranger d'un des jardins de ces monastères. La plus admirable police, résultat de la religion et des mœurs bien plus que d'aucune législation, règne dans toute l'étendue du pays habité par les Maronites ; vous y voyagez seul et sans guide, le jour ou la nuit, sans craindre ni vol ni violence ; les crimes y sont presque inconnus ; l'étranger est sacré pour l'Arabe mahométan, mais plus sacré encore pour l'Arabe chrétien ; sa porte lui est ouverte à toute heure ; il tue son chevreau pour lui faire honneur ; il abandonne sa natte de jonc pour lui faire place.

Il y a dans tous les villages une église ou une chapelle dans laquelle les cérémonies du culte catholique sont célébrées dans la forme et dans la langue syriaque. A l'évangile le prêtre se retourne vers les assistans et leur lit l'évangile du jour en arabe. Les religions, qui durent plus que les races humaines, conservent leur langue sacrée quand les peuples ont perdu les leurs.

Les Maronites sont braves et naturellement guerriers comme tous les montagnards ; ils se lèvent, au nombre de trente à quarante mille hommes, à la voix de l'émir Beschir, soit pour défendre les routes inaccessibles de leurs montagnes, soit pour fondre dans la plaine, et faire trembler Damas ou les villes de Syrie. Les Turcs n'osent jamais pénétrer dans le Liban, quand ces peuples sont en paix entre eux ; les pachas d'Acre et de Damas n'y sont jamais venus que lorsque des discussions intestines les appelaient au secours de l'un ou de l'autre parti. Je ne sais si je me trompe, mais je crois que de grandes destinées peuvent être réservées à ce peuple maronite, peuple vierge et primitif par ses mœurs, sa religion et son courage ; peuple qui a les vertus traditionnelles des patriarches, la propriété, un peu de liberté, beaucoup de patriotisme, et qui, par la similitude de religion et les relations de commerce et de culte, s'imprègne de jour en jour davantage de la civilisation occidentale. Pendant que tout périt autour de lui d'impuissance ou de vieillesse, lui seul semble rajeunir et prendre de nouvelles forces ; à mesure que la Syrie se dépeuplera, il descendra de ses montagnes, fondera des villes de commerce aux bords de la mer, cultivera les plaines fertiles qui ne sont plus aujourd'hui qu'aux chacals et aux gazelles, et établira une domination nouvelle dans ces contrées où les vieilles dominations expirent : si dès aujourd'hui un homme de tête s'élevait parmi eux, soit des rangs du clergé tout-puissant, soit du sein d'une de ces familles d'émirs ou de scheiks qu'ils vénèrent ; s'il comprenait l'avenir, et faisait alliance avec une des puissances de l'Europe, il renouvellerait facilement les merveilles de Méhémet-Ali, pacha d'Égypte, et laisserait après lui le véritable germe d'un empire d'Arabie. L'Europe est intéressée à ce que ce vœu se réalise : c'est une colonie toute faite qu'elle aurait sur ces beaux rivages ; et la Syrie, en se repeuplant d'une nation chrétienne, industrieuse, enrichirait la Méditerranée d'un commerce qui languit, ouvrirait la route des Indes, refoulerait les tribus nomades et barbares du désert, et raviverait l'Orient : il y a plus d'avenir là qu'en Égypte. L'Égypte n'a qu'un homme, le Liban a un peuple.

LES DRUSES.

Les Druses, qui, avec les Métualis et les Maronites, forment la principale population du Liban, ont passé longtemps pour une colonie européenne laissée en Orient par les croisés. Rien de plus absurde. Ce qui se conserve le plus longtemps parmi les peuples, c'est la religion et la langue : les Druses sont idolâtres et parlent arabe ; ils ne descendent donc pas d'un peuple franc et chrétien ; ce qu'il y a de plus probable, c'est qu'ils sont, comme les Maronites, une tribu arabe du désert, qui, ayant refusé d'adopter la religion du prophète et persécutée par les nouveaux croyans, se sera réfugiée dans les solitudes inaccessibles du haut Liban pour y défendre ses dieux et sa liberté. Ils ont prospéré ; ils ont eu souvent la prédominance sur les peuplades qui habitent avec eux la Syrie, et l'histoire de leur principal chef, l'émir Fakar-el-Din, dont nous avons fait Facardin, les a rendus célèbres, même en Europe. C'est au commencement du dix-septième siècle que ce prince apparaît dans l'histoire. Nommé gouverneur des Druses, il gagne la confiance de la Porte. Il repousse les tribus féroces de Balbek, délivre Tyr et Saint-Jean-d'Acre des incursions des Arabes bédouins, chasse l'aga de Bayruth, et établit sa capitale dans cette ville. En vain les pachas d'Alep et de Damas le menacent ou le dénoncent au divan ; il corrompt ses juges et triomphe, par la ruse ou la force, de tous ses ennemis. Cependant la Porte, tant de fois avertie des progrès des Druses, prend la résolution de les combattre et prépare une expédition formidable. L'émir Fakar-el-Din veut temporiser. Il avait formé des alliances et conclu des traités de commerce avec des princes d'Italie : il va lui-même solliciter les secours que ces princes lui ont promis. Il laisse le gouvernement à son fils Ali, s'embarque à Bayruth, et se réfugie à la cour des Médicis, à Florence. L'arrivée d'un prince mahométan en Europe éveille l'attention. On répand le bruit que Fakar-el-Din est un descendant des princes de la maison de Lorraine ; que les Druses tirent leur origine des compagnons d'un comte de Dreux, restés dans le Liban après les croisades. En vain l'historien Benjamin de Tudèle fait mention des Druses avant l'époque des croisades : l'habile aventurier propage lui-même cette opinion pour intéresser à son sort les souverains de l'Europe. Après neuf ans de séjour à Florence, l'émir Fakar-el-Din retourne en Syrie. Son fils Ali avait repoussé les Turcs et conservé intactes les provinces conquises par son père. Il lui remet le commandement. L'émir, corrompu par les arts et les délices de Florence, oublié qu'il règne à condition d'inspirer le respect et la terreur à ses ennemis. Il bâtit à Bayruth des palais magnifiques et ornés, comme les palais d'Italie, de statues et de peintures qui blessent les préjugés des Orientaux. Ses sujets s'aigrissent; le sultan Amurath IV s'irrite, et envoie de nouveau le pacha de Damas avec une puissante armée contre Fakar-el-Din. Pendant que le pacha descend du Liban, une flotte turque bloque le port de Bayruth. Ali, fils aîné de l'émir, et gouverneur de Saphad, est tué en combattant l'armée du pacha de Damas. Fakar-el-Din envoie son second fils implorer la paix à bord du vaisseau amiral. L'amiral retient cet enfant prisonnier, et se refuse à toute négociation. L'émir consterné s'enfuit, et se renferme avec un petit nombre d'amis dévoués dans l'inaccessible rocher de Nilka. Les Turcs, après l'avoir vainement assiégé pendant une année entière, se retirent. Fakar-el-Din est libre et reprend le chemin de sa montagne; mais, trahi par quelques-uns des compagnons de sa fortune, il est livré aux Turcs et conduit à Constantinople. Prosterné aux pieds d'Amurath, ce prince lui témoigne d'abord de la générosité et de la bienveillance. Il lui donne un palais et des esclaves; mais peu de temps après, sur des soupçons d'Amurath, le brave et infortuné Fakar-el-Din est étranglé. Les Turcs qui se contentent, dans leur politique, d'écarter du pied l'ennemi qui leur fait ombrage, mais qui respectent du reste les habitudes des peuples et les légitimités traditionnelles des familles, laissèrent régner la postérité de Fakar-el-Din; il n'y a qu'une centaine d'années que le dernier descendant du célèbre émir a laissé par sa mort le sceptre du Liban passer à une autre famille, la famille Chab, originaire de la Mecque, et dont le chef actuel, le vieux émir Beschir, gouverne aujourd'hui ces contrées.

La religion des Druses est un mystère que nul voyageur n'a jamais pu percer. J'ai connu plusieurs Européens, vivant depuis de nombreuses années au milieu de ce peuple, et qui m'ont confessé leur ignorance à cet égard. Lady Stanhope elle-même, qui fait exception, par sa résidence habituelle au milieu des Arabes de cette tribu et par le dévouement qu'elle inspire à ces hommes dont elle parle la langue et suit les mœurs, m'a dit que pour elle aussi la religion des Druses était un mystère. La plupart des voyageurs qui ont écrit sur eux prétendent que ce culte n'est qu'un schisme du mahométisme. J'ai la conviction que ces voyageurs se trompent. Un fait certain, c'est que la religion des Druses leur permet d'affecter tous les cultes des peuples avec lesquels ils communiquent ; de là est venue l'opinion qu'ils étaient des mahométans schismatiques. Cela n'est point. Ils adorent le veau, c'est le seul fait constaté. Ils ont des institutions comme les peuples de l'antiquité. Ils sont divisés en deux castes, les *akkals* ou *ceux qui savent*, les *djahels* ou *ceux qui ignorent ;* et selon qu'un Druse est d'une de ces deux castes, il pratique telle ou telle forme de culte. Moïse, Mahomet, Jésus, sont des noms qu'ils ont en vénération. Ils s'assemblent un jour de la semaine, chacun dans le lieu consacré au degré d'initiation auquel il est parvenu, et accomplissent leurs rites. Des gardes veillent, pendant les cérémonies, à ce qu'aucun profane ne puisse approcher des initiés. La mort punit à l'instant le téméraire. Les femmes sont admises à ces mystères. Les prêtres ou akkals sont mariés. Ils ont une hiérarchie sacerdotale. Le chef des akkals, ou le souverain pontife des Druses, réside au village de *El-Mutna*. Après la mort d'un Druse, on se réunit autour du tombeau, on reçoit des témoignages sur sa vie ; si ces témoignages sont favorables, l'akkal s'écrie : Que le Tout-Puissant te soit miséricordieux ! Si les témoignages sont mauvais, le prêtre et les assistants gardent le silence. Le peuple en général croit à la transmigration des âmes. Si la vie du Druse a été pure, il revivra dans un homme favorisé de la fortune, brave et aimé de ses compatriotes ; s'il a été vil ou lâche, il reviendra sous la forme d'un chameau ou d'un chien.

Les écoles pour les enfans sont nombreuses ; les akkals les dirigent. On apprend à lire dans le Koran. Quelquefois, quand les Druses sont peu nombreux dans un village, et que les écoles manquent, ils laissent instruire leurs enfans avec ceux des chrétiens; lorsqu'ils les initient plus tard à leurs rites mystérieux, ils effacent de leur esprit les traces du christianisme. Les femmes sont admises au sacerdoce comme les hommes; le divorce est fréquent; l'adultère se rachète; l'hospitalité est sacrée, et aucune menace ou aucune promesse ne forcerait jamais un Druse à livrer, même au prince, l'hôte qui se serait confié à son seuil. A l'époque de la bataille de Navarin, les Européens habitant des villes de Syrie, et redoutant la vengeance des Turcs, se retirèrent pendant plusieurs mois parmi les Druses, et y vécurent en parfaite sûreté. Tous les hommes sont frères, est leur morale proverbiale comme celle de l'Évangile, mais ils l'observent mieux que nous. Nos paroles sont évangéliques, et nos lois sont païennes.

Dans mon opinion, les Druses sont un de ces peuples dont la source s'est perdue dans la nuit des temps, mais qui remontent à l'antiquité la plus reculée; leur race, au physique, a beaucoup de rapport avec la race juive, et l'adoration du veau me porterait à croire qu'ils descendent de ces peuples de l'Arabie Pétrée qui avaient poussé les Juifs à ce genre d'idolâtre, ou qu'ils sont d'origine samaritaine. Accoutumés maintenant à une sorte de fraternité avec les chrétiens maronites, et détestant le joug des mahométans, nombreux, riches, disciplinables, aimant l'agriculture et le commerce, ils feront aisément corps avec le peuple maronite, et avanceront du même pas dans la civilisation, pourvu qu'on respecte leurs rites religieux.

LES MÉTUALIS.

Les Métualis, qui forment le tiers environ de la population du bas Liban, sont des mahométans de la secte d'Ali, secte dominante en Perse; les Turcs au contraire sont de la secte d'Omar : ce schisme s'opéra dans l'islamisme, la 36ᵉ année de l'hégyre; les partisans d'Ali maudissent Omar comme usurpateur du kalifat; Hussein et Ali sont leurs saints; comme les Persans, ils ne boivent ni ne mangent avec les sectateurs d'une autre religion que la leur, et brisent le verre ou le plat qui a servi à l'étranger; ils se considèrent comme souillés si leurs vêtemens touchent les nôtres; cependant, comme ils sont généralement faibles et méprisés dans la Syrie, ils s'accommodent au temps, et j'en ai eu plusieurs à mon service qui n'observaient pas rigoureusement ces préceptes de leur intolérance. Leur origine est connue; ils étaient maîtres de Balbek vers le seizième siècle; leur tribu, en grandissant, s'étendit d'abord sur les flancs de l'Anti-Liban, autour du désert de Bkâ; ils le traversèrent plus tard, et se mêlèrent aux Druses dans cette partie de montagnes qui règne entre Tyr et Saïde : l'émir Yousef, inquiet de leur voisinage, arma les Druses contre eux, et les repoussa du côté de Saphadt et des montagnes de Galilée : Daher, pacha d'Acre, les accueillit et fit alliance avec eux en 1760; ils étaient déjà assez nombreux pour lui fournir dix mille cavaliers; à cette époque, ils s'emparèrent des ruines de Tyr, village au bord de la mer, appelé maintenant Sour; ils combattirent vaillamment les Druses et défirent complétement l'armée de l'émir Yousef, forte de vingt-cinq mille hommes; ils n'étaient eux-mêmes que cinq cents, mais la rage et la vengeance en firent autant de héros, et les querelles intestines qui divisaient les Druses entre l'émir Mansour et l'émir Yousef contribuèrent aux succès des Métualis ; ils abandonnèrent Daher, pacha d'Acre, et leur abandon causa sa perte et sa mort ; Djezzar-Pacha, son successeur, s'en vengea cruellement sur eux. Depuis l'année 1777, Djezzar-Pacha, maître de Saïde et d'Acre, travailla sans relâche à la destruction de ce peuple ; ces persécutions les contraignirent à se réconcilier avec les Druses ; ils rentrèrent dans le parti de l'émir Yousef, et, quoique réduits à sept ou huit cents combattans, ils firent plus dans cette campagne, pour la cause commune, que les vingt mille Druses et Maronites réunis à Deir-el-Kammar ; ils s'emparèrent seuls de la forteresse de Mar-Djebba, et passèrent huit cents Arnautes au fil de l'épée ; chassés de Balbek l'année suivante, après une résistance désespérée, ils se réfugièrent, au nombre de cinq à six cents familles, parmi les Druses et les Maronites ; ils redescendirent plus tard dans cette vallée, et occupent encore aujourd'hui les magnifiques ruines d'Héliopolis ; mais la plus grande partie de la nation est restée sur les pentes et dans les vallées du Liban, du côté de Sour ; la principauté de Balbek a été dans ces derniers temps le sujet d'une lutte acharnée entre deux frères de la famille Harfousch, Djadjha et Sultan ; ils se sont dépossédés tour à tour de ce monceau de débris, et ont perdu dans cette guerre plus de quatre-vingts personnes de leur propre famille. Depuis 1810, l'émir Djadjha a régné définitivement sur Balbek.

LES ANSARIÉS.

Volney a donné sur la nation des Ansariés, qui occupe la partie occidentale de la chaîne du Liban et les plaines de Latakié, les plus judicieuses informations. Je ne saurais rien y ajouter. Idolâtres comme les Druses, ils couvrent comme eux leurs rites religieux des ténèbres de l'initiation, mais ils sont plus barbares. Je m'occuperai seulement de cette partie de leur histoire qui remonte à l'année 1807.

A cette époque, une tribu d'Ansariés, ayant feint une querelle avec leur chef, quitta son territoire dans les montagnes, et vint demander asile et protection à l'émir de Maszyad. L'émir, profitant avec empressement d'une occasion si favorable d'affaiblir ses ennemis en les divisant, accueillit les Ansariés ainsi que leur scheik Mahmoud, dans les murs de Maszyad, et poussa l'hospitalité jusqu'à déloger une partie des habitans pour faire place aux fugitifs. Pendant plusieurs mois tout fut tranquille; mais un jour, où le plus grand nombre des Ismaéliens de Maszyad étaient sortis de leur ville pour aller travailler dans les champs, à un signal donné, les Ansariés se jettent sur l'émir et sur son fils, les poignardent, s'emparent du château, massacrent tous les Ismaéliens qui se trouvent dans la ville, et y mettent le feu. Le lendemain un grand nombre d'Ansariés vient rejoindre à Maszyad les exécuteurs de cet abominable complot, dont un peuple tout entier avait gardé le secret pendant quatre ou cinq mois. Environ trois cents Ismaéliens avaient péri. Le reste s'était réfugié à Hama, à Homs ou à Tripoli.

Les pratiques pieuses et les mœurs des Ansariés ont fait penser à Burckhardt qu'ils étaient une tribu dépaysée de l'Indoustan ; ce qu'il y a de certain, c'est qu'ils étaient établis en Syrie longtemps avant la conquête des Ottomans ; quelques-uns d'entre eux sont encore idolâtres. Le culte du chien, qui paraît avoir été en honneur chez les anciens Syriens et avoir donné son nom au fleuve du Chien, *Nahr-el-Kelb*, près de l'ancienne Béryte, s'est, dit-on, conservé parmi quelques familles d'Ansariés. Ce peuple est en décadence, et serait aisément refoulé ou asservi par les Druses et les Maronites.

18 novembre 1832.

J'arrive d'une excursion au monastère d'Antoura, un des plus beaux et des plus célèbres du Liban. En quittant Bayruth, on marche pendant une heure le long du rivage de la mer, sous une voûte d'arbres de tous les feuillages et de toutes les formes. La plupart sont des arbres fruitiers, figuiers, grenadiers, orangers, aloès, figuiers-sycomores, arbre gigantesque dont les fruits innombrables, pareils à de petites figues, ne poussent pas à l'extrémité des rameaux, mais sont attachés au tronc et aux branches comme des mousses. Après avoir traversé le fleuve sur le pont romain dont j'ai décrit l'aspect plus haut, on suit une plage sablonneuse jusqu'au cap Batroûne, formé par un bras du Liban, projeté dans la mer. Ce bras n'est qu'un rocher dans lequel on a taillé, dans l'antiquité, une route en corniche d'où la vue est magnifique. Les flancs du rocher sont couverts, en plusieurs endroits, d'inscriptions grecques, latines et syriaques, et de figures sculptées dans le roc même, dont les symboles et les significations sont perdus. Il est vraisemblable qu'ils se rapportent au culte d'Adonis pratiqué jadis dans ces contrées ; il avait, selon les traditions, des temples et des cérémonies funèbres près du lieu où il périt. On croit que c'est au bord du fleuve que nous venions de traverser. En redescendant de cette haute et pittoresque corniche, le pays change tout à coup de caractère. Le regard s'engouffre dans une gorge étroite, profonde, toute remplie par un autre fleuve, Nahr-el-Kelb, le fleuve du Chien. Il coule silencieusement entre deux parois de rochers perpendiculaires, de deux ou trois cents pieds d'élévation. Il remplit toute la vallée dans certains endroits; dans d'autres, il laisse seulement une marge étroite entre ses ondes et le rocher. Cette marge est couverte d'arbres, de cannes à sucre, de roseaux et de lianes, qui forment une voûte verte et épaisse sur les rives et quelquefois sur le lit entier du fleuve. Un kan ruiné est jeté sur le roc, au bord de l'eau, vis-à-vis d'un pont à arche élancée, sur lequel on passe en tremblant. Dans les flancs des rochers qui forment cette vallée, la patience des Arabes a creusé quelques sentiers en gradins de pierre, qui pendent presque à pic sur le fleuve, et qu'il faut cependant gravir et descendre à cheval. Nous nous abandonnâmes à l'instinct et aux pieds de biche de nos chevaux; mais il était impossible de ne pas fermer les yeux dans certains passages, pour ne pas voir la hauteur des degrés, le poli des pierres, l'inclinaison du sentier, et la profondeur du précipice. C'est là que le dernier légat du pape auprès des Maronites fut précipité par un faux pas de son cheval et périt il y a quelques années. A l'issue de ce sentier on se trouve sur des plateaux élevés, couverts de cultures, de vignes, et de petits villages maronites. On aperçoit sur un mamelon devant soi, une jolie maison neuve, d'architecture italienne, avec portique, terrasses et balustrades. C'est la demeure que monsignor Lozanna, évêque d'Abydos, et légat actuel du saint-siége en Syrie, s'est fait construire pour passer les hivers. Il habite l'été le monastère de Kanobin, résidence du patriarche, et capitale ecclésiastique des Maronites. Ce couvent, beaucoup plus élevé dans la montagne, est presque inaccessible, et enseveli l'hiver dans les neiges. Monsignor Lozanna, homme de mœurs élégantes, de manières romaines, d'esprit orné, d'érudition profonde, et d'intelligence ferme et rapide, a été heureusement choisi par la cour de Rome pour aller représenter la politique et ménager l'influence catholique auprès du haut clergé maronite. Il serait fait pour les représenter à Vienne ou à Paris : c'est le type d'un de ces prélats romains héritiers des grandes et nobles traditions diplomatiques de ce gouvernement où la force n'est rien, où l'habileté et la dignité personnelles sont tout. Monsignor Lozanna est Piémontais; il ne restera sans doute pas longtemps dans ces solitudes, Rome l'emploiera plus utilement sur un plus orageux théâtre. Il est un de ces hommes qui justifient la fortune, et dont la fortune est écrite d'avance sur un front actif et intelligent. Il affecte avec raison, parmi ces peuples, un luxe oriental et une solennité de costume et de manières sans lesquels les hommes de l'Asie ne reconnaissent ni la sainteté ni la puissance. Il a pris le costume arabe; sa barbe immense, et soigneusement peignée, descend à flots d'or sur sa robe de pourpre, et sa jument arabe de pur sang, brillante et docile dans sa main, défie la plus belle jument des scheiks du désert. Nous l'aperçûmes bientôt, venant au-devant de nous, suivi d'une escorte nombreuse, et caracolant sur des précipices de rocher où nous n'avancions qu'avec précaution. Après les premières paroles de compliment, il nous conduisit à sa charmante villa, où une collation nous attendait, et nous accompagna bientôt après au monastère d'Antoura, où il résidait provisoirement. Deux jeunes prêtres lazaristes, venus de France après la révolution de juillet, occupent maintenant seuls ce beau et vaste couvent bâti jadis par les jésuites; les jésuites ont essayé plusieurs fois d'établir leur mission et leur influence parmi les Arabes; ils n'ont jamais réussi, et ne paraissent pas destinés à plus de succès de nos jours. La raison en est simple : il n'y a point de politique dans la religion des hommes de l'Orient; complétement séparée de la puissance civile, elle ne donne ni influence ni action dans l'État; l'État est mahométan, le catholicisme est libre, mais il n'a aucun moyen humain de domination ; or, c'est surtout par les moyens humains que le système des jésuites a essayé d'agir et agit religieusement : ce pays ne leur convenait pas. Le religion y est divisée en communions orthodoxes ou schismatiques, dont les croyances font partie du sang et de l'esprit héréditaire des familles. Il y a repoussement et haine irréconciliable entre les diverses communions chrétiennes, bien plus qu'entre les Turcs et les chrétiens. Les conversions sont impossibles là où le changement de communion serait un opprobre qui flétrirait, et que punirait souvent de mort une tribu, un village, une famille ; quant aux mahométans, il est inouï qu'on en ait jamais converti. Leur religion est un déisme pratique, dont la morale est la même en principe que celle du christianisme, moins le dogme de la divinité de l'homme. Le dogme du mahométisme n'est que la croyance dans l'inspiration divine, manifestée par un homme plus sage et plus favorisé de l'émanation céleste que le reste de ses semblables ; on a mêlé plus tard quelques faits miraculeux à la mission de Mahomet ; mais ces miracles des légendes islamiques ne sont pas le fond de la religion, et ne sont pas admis par les Turcs éclairés. Toutes les religions ont leurs légendes, leurs traditions absurdes, leur côté populaire ; le côté philosophique du mahométisme est pur de ces grossiers mélanges. Il n'est que résignation à la volonté de Dieu, et charité envers les hommes. J'ai vu un grand nombre de Turcs et d'Arabes profondément religieux qui n'admettaient de leur religion que ce qu'elle a de raisonnable et d'humain. Leur raison n'avait pas d'effort à faire pour admettre des dogmes qui la révoltent. C'est le théisme pratique et contemplatif. On ne convertit guère de pareils hommes : on descend du dogme merveilleux au dogme simple ; on ne remonte pas du dogme simple au dogme merveilleux.

L'intervention des jésuites avait un autre inconvénient parmi les Maronites. Par la nature même de leur institution, ils créent facilement des partis, des factions pieuses, dans le clergé et dans la population ; ils inspirent, par l'ardeur même de leur zèle, ou l'enthousiasme, ou la haine. Rien ne reste tiède autour d'eux : le haut clergé maronite, quoique simple et bon, ne pouvait voir d'un œil bienveillant l'établissement parmi eux d'un corps religieux qui aurait enlevé une partie des populations catholiques à leur domination spirituelle. Les jésuites n'existent donc plus en Syrie. Ces dernières années seulement il y est arrivé deux jeunes pères, l'un Français, l'autre Allemand, qu'un évêque maronite a fait venir pour professer dans l'école maronite qu'il fonde. J'ai connu ces deux excellens jeunes gens, tous les deux pleins de foi et consumés d'un zèle désintéressé. Ils ne négligeaient rien pour propager parmi les Druses, leurs voisins, quelques idées de christianisme ; mais l'effet de leurs démarches se bornait à baptiser en secret, à l'insu des parens, de petits enfans dans les familles où ils s'introduisaient sous prétexte d'y donner des conseils médicaux. Ils me parurent peu disposés à se soumettre aux habitudes un peu ignorantes des évêques maronites en matière d'instruction, et je crois qu'ils reviendront en Europe sans avoir réussi à naturaliser le goût d'une plus haute instruction. Le père français était digne de professer à Rome et à Paris.

Le couvent d'Antoura a passé aux lazaristes après l'extinction de l'ordre des jésuites. Les deux jeunes pères qui l'habitaient étaient venus souvent nous rendre visite à Bayruth. Nous avions trouvé en eux une société aussi aimable qu'inattendue : bons, simples, modestes, uniquement occupés d'études sévères et élevées, au courant de toutes les choses de l'Europe, et participant au mouvement d'esprit qui nous emporte, leur conversation universelle et savante nous avait d'autant plus charmés, que les occasions en sont plus rares dans ces déserts. Quand nous passions une soirée avec eux, parlant des événemens politiques de notre patrie, des partis intellectuels qui tombaient ou de ceux qui se reformaient en France, des écrivains qui se disputaient la presse, des orateurs qui conquéraient tour à tour la tribune, des doctrines de l'avenir, ou de celles des saint-simoniens, nous aurions pu nous croire à deux lieues de la rue du Bac, causant avec des hommes sortant de Paris le matin pour y rentrer le soir. Ces deux lazaristes étaient en même temps des modèles de sainteté et de ferveur simple et pieuse. L'un d'eux était très-souffrant : l'air vif du Liban rongeait sa poitrine, et raccourcissait le nombre de ses années. Il n'avait qu'un mot à écrire à ses supérieurs pour obtenir son rappel en France ; il ne voulait pas le prendre sur sa conscience. Il vint consulter M. de Laroyère, que j'avais auprès de moi, et lui demanda si, en sa qualité de médecin, il pouvait lui donner l'avis formel et consciencieux que l'air de Syrie était mortel pour sa constitution. M. de Laroyère, dont la conscience est aussi sévèrement scrupuleuse que celle du jeune prêtre, n'osa pas lui dire aussi explicitement sa pensée, et le bon religieux se tut et resta.

Ces ecclésiastiques, perdus dans ce vaste monastère où ils n'ont qu'un seul Arabe pour les servir, nous reçurent avec cette cordialité que le nom de la patrie inspire à ceux qui se rencontrent loin d'elle. Nous passâmes deux jours avec eux : nous avions chacun une assez grande cellule avec un lit et des chaises, meubles inusités dans ces montagnes. Le couvent est situé dans le creux d'un vallon, au pied d'un bois de pins ; mais ce vallon lui-même, à mi-hauteur du Liban, a, par une gorge, une échappée de vue sans bornes sur les côtes et sur la mer de Syrie ; le reste de l'horizon se compose de sommets et d'aiguilles de roches grises, couronnés de villages ou de grands monastères maronites. Quelques sapins, des orangers et des figuiers, croissent çà et là dans les abris de roc, et aux environs des torrens et des sources : c'est un site digne de Naples et du golfe de Gênes.

Le couvent d'Antoura est voisin d'un couvent de femmes maronites, dont les religieuses appartiennent aux principales familles du Liban. Des fenêtres de nos cellules, nous voyions celles de ces jeunes Syriennes, que l'arrivée d'une compagnie d'étrangers dans leur voisinage semblait vivement préoccuper. Ces couvens de femmes n'ont ici aucune utilité sociale. Volney parle dans son Voyage en Syrie, de ce couvent près d'Antoura, où une femme nommée Hindia, exerçait, dit-on, d'horribles atrocités sur ses novices. Le nom et l'histoire de cette Hindia sont encore très-présens dans ces montagnes. Emprisonnée pendant longues années par ordre du patriarche maronite, son repentir et sa bonne conduite lui obtinrent sa liberté. Elle est morte, il y a peu de temps, en renommée de sainteté parmi quelques chrétiens de sa secte. C'était une femme fanatisée par sa volonté ou par son imagination, et qui avait réussi à fanatiser un certain nombre d'imaginations simples et crédules. Cette terre arabe est la terre des prodiges; tout y germe, et tout homme crédule ou fanatique peut y devenir prophète à son tour : lady Stanhope en sera une preuve de plus. Cette disposition au merveilleux tient à deux causes, à un sentiment religieux très-développé et à un défaut d'équilibre entre l'imagination et la raison. Les fantômes ne paraissent que la nuit; toute terre ignorante est miraculeuse.

La terrasse du couvent d'Antoura, où nous nous promenions une partie du jour, est ombragée d'orangers magnifiques, cités déjà par Volney comme les plus beaux et les plus anciens de la Syrie; ils n'ont point péri; semblables à des noyers de cinquante ans dans nos pays, ils ombragent le jardin et le toit du couvent de leur ombre épaisse et embaumée, et portent sur leurs troncs les noms de Volney et de voyageurs anglais qui avaient, comme nous, passé quelques momens à leurs pieds.

Le groupe de montagnes, dans lequel se trouve compris Antoura, est connu sous le nom de Kesrouan ou de la chaîne de Castravan : cette contrée s'étend du Nahr-el-Kébir au Nahr-el-Kelb. C'est le pays, proprement dit, des Maronites : cette terre leur appartient : c'est là seulement que leurs priviléges s'étendent, bien que de jour en jour ils se répandent dans le pays des Druses, et y portent leurs lois et leurs mœurs. Le principal produit de ces montagnes est la soie.

Le miri, ou l'impôt territorial, est fixé d'après le nombre des mûriers que chacun possède. Les Turcs exigent de l'émir Beschir un ou deux miris par an comme tribut, et l'émir en perçoit souvent en outre plusieurs pour son propre compte : néanmoins, et malgré les plaintes des Maronites sur l'excès des taxes, ces impôts ne sont pas à comparer avec ce que nous payons en France ou en Angleterre. Ce n'est pas le taux de l'impôt, c'est son arbitraire, c'est son irrégularité qui opprime une nation. Si l'impôt en Turquie était légal et fixe, on ne le sentirait pas; mais là où la taxe n'est pas déterminée par la loi, il n'y a pas de propriété, ou bien la propriété est incertaine et languissante; la richesse d'un peuple, c'est la bonne constitution de la propriété. Chaque scheik de village répartit l'impôt et s'en attribue une portion à lui-même. Au fond ce peuple est heureux. Ses dominateurs le craignent et n'osent s'établir dans ses provinces; sa religion est libre et honorée; ses couvens, ses églises couvrent les sommets de ses collines; ses cloches, qu'il aime comme une voix de liberté et d'indépendance, sonnent nuit et jour la prière dans les vallées; il est gouverné par ses propres chefs, choisis par l'usage, ou donnés par l'hérédité parmi ses principales familles; une police rigoureuse, mais juste, maintient l'ordre et la sécurité dans les villages; la propriété est connue, garantie, transmissible du père au fils; le commerce est actif, les mœurs parfaitement simples et pures. Je n'ai vu aucune population au monde portant sur ses traits plus d'apparence de santé, de noblesse et de civilisation que ces hommes du Liban. L'instruction du peuple, bien que bornée à la lecture, à l'écriture, au calcul, au catéchisme, y est universelle, et donne aux Maronites un ascendant légitime sur les autres populations syriennes. Je ne saurais les comparer qu'aux paysans de la Saxe et de l'Écosse.

Nous revînmes à Bayruth par le bord de la mer. Les montagnes qui bordent la côte sont couvertes de monastères construits dans le style des villas florentines du moyen âge. Un village est planté sur chaque mamelon, couronné d'une forêt de pins parasols, et traversé par un torrent qui tombe en cascade brillante au fond d'un ravin. De petits ports de pêcheurs sont ouverts sur toute cette côte dentelée, et remplis de petites barques attachées aux môles ou aux rochers. De belles cultures de vigne, d'orge, de mûriers, descendent des villages à la mer. Les cloches des monastères et des églises s'élèvent au-dessus de la sombre verdure des figuiers ou des cyprès; une grève de sable blanc sépare le pied des montagnes de la vague limpide et bleue comme celle d'une rivière. Il y a là deux lieues de pays qui tromperaient l'œil du voyageur, s'il ne se souvenait qu'il est à huit cents lieues de l'Europe : il pourrait se croire sur les bords du lac de Genève, entre Lausanne et Vevay, ou sur les rives enchantées de la Saône, entre Mâcon et Lyon; seulement le cadre du tableau est plus majestueux à Antoura, et quand il lève les yeux, il voit les cimes de neige du Sannin, qui fendent le ciel comme des langues d'incendie..............................

Le journal de l'auteur fut interrompu ici. Au commencement de décembre il perdit sa fille unique; elle fut emportée en deux jours, au moment où sa santé, altérée en France, paraissait complétement rétablie par l'air de l'Asie; elle mourut entre les bras de son père et de sa mère, dans la maison de campagne où M. de Lamartine avait établi sa famille pour passer l'hiver, aux environs de Bayruth. Le vaisseau que M. de Lamartine avait renvoyé en Europe ne devait revenir qu'au mois de mai 1833, toucher aux côtes de Syrie et reprendre les voyageurs : ils restèrent six mois dans le Liban après cet affreux événement, atterrés du coup dont la Providence les avait frappés, et sans aucune diversion à leur douleur que les larmes de leurs compagnons de voyage et de leurs amis. Au mois de mai, le navire l'*Alceste* revint à Bayruth, comme il avait été convenu; les voyageurs, pour épargner une douleur de plus à la malheureuse mère, ne remontèrent pas sur le même navire qui les avait apportés, heureux et confians, avec la charmante enfant qu'ils avaient perdue. M. de Lamartine avait fait embaumer le corps de sa fille pour le rapporter à Saint-Point, où à ses derniers momens, elle avait témoigné le désir d'être ensevelie. Il confia ce dépôt sacré à l'*Alceste,* qui devait naviguer de conserve avec lui, et il affréta un second bâtiment, le brick *la Sophie*, capitaine Coulonne, pour s'y embarquer lui-même avec sa femme et ses amis.

Le journal de ses notes ne reprend que quatre mois après son malheur. —Avant de quitter la Syrie, il visita Damas, Balbek, et plusieurs autres points éloignés et remarquables : c'est le sujet des notes qui vont suivre.

(*Note de l'Éditeur.*)

FIN DU TOME CINQUIÈME.

TABLE

DU TOME CINQUIÈME.

	Pages.
AVERTISSEMENT DE LA PREMIÈRE ÉDITION.	3
SOUVENIRS, IMPRESSIONS, PENSÉES ET PAYSAGES pendant un voyage en Orient (1832-1833), ou Notes d'un voyageur.	7
ADIEU. Hommage à l'Académie de Marseille.	11
Pensées en voyage.	71
Athènes.	95
Visite au pacha.	113
Bayruth.	130
Visite à lady Esther Stanhope.	164
Visite à l'émir Beschir.	185
Notes sur l'émir Beschir.	197
Les Druses.	214
Voyage de Bayruth, à travers la Syrie et la Palestine, à Jérusalem.	224
Syrie.—Galilée.	256
Jérusalem.	321
Bords du Jourdain, au delà de la plaine de Jéricho, à quelques lieues de l'embouchure du fleuve dans la mer Morte.	357
Jéricho.	363
GETHSÉMANI, ou la mort de Julia.	398
PEUPLADES DU LIBAN.—Les Maronites.	438
Les Druses.	445
Les Métualis.	450
Les Ansariés.	452

FIN DE LA TABLE DU TOME CINQUIÈME.

LAGNY. — IMPRIMERIE DE VIALAT ET Cⁱᵉ

www.ingramcontent.com/pod-product-compliance
Lightning Source LLC
Chambersburg PA
CBHW050240230426
43664CB00012B/1769